让 我 们 牛百文 一 起 追 寻

TEN YEARS IN JAPAN

A Contemporary Record Drawn from
the Diaries and Private and Official Papers of Joseph C. Grew,
United States Ambassador to Japan,
1932-1942

Ten Years in Japan: A Contemporary Record Drawn from the Diaries and Private and

Official Papers of Joseph C. Grew, United States Ambassador to Japan, 1932-1942

©Joseph C. Grew, 1944

Original English edition published by SIMON AND SCHUSTER, INC.

使日十年

1932~1942 年美国驻日大使
约瑟夫·C. 格鲁的
日记及公私文件摘录

〔美〕约瑟夫·C. 格鲁　著
Joseph C. Grew

沙青青　译

社会科学文献出版社
SOCIAL SCIENCES ACADEMIC PRESS (CHINA)

献给艾丽斯，我的队友
她明智的建言与鼓励宛如磐石，助我渡过那些艰难岁月

目　录

关于作者

约瑟夫·C. 格鲁（Joseph C. Grew，1880—1965）

约瑟夫·克拉克·格鲁自 1932 年至 1942 年间任美国驻日本大使。马萨诸塞州波士顿人，出生于 1880 年。比富兰克林·罗斯福早两年从哈佛大学毕业。1904 年，他在美国驻开罗领事馆开始了自己的外交官生涯。第一次世界大战前，格鲁先后在墨西哥、俄国、奥匈帝国以及德国的使馆工作过。1918 年，他成为国务院西欧司的负责人，代表美国参加了巴黎和会。之后，他出任驻丹麦公使、驻瑞典公使、副国务卿及驻土耳其大使。1932 年 6 月，他转任驻日本大使。1942 年返回美国后，格鲁再度出任副国务卿，成为当时美国政府内部数一数二的日本问题专家，直接影响了战后的美国对日政策。1945 年 8 月 15 日，日本正式宣布无条件投降后，格鲁从国务院的岗位上退休。

序 言

有必要先说明本书的写作手法与写作目的。

首先是写作手法。我确信，若要准确地记载历史，必须依靠当时的直率评述。有鉴于此，我在为美国外交界服务的三十九年里，都保持了一个习惯，即每天都会把当时的情报、观感和想法记录下来。如此形成的记录，也决定了其性质及优劣。我辈的决断与行为所依赖的信念及假设，唯有在诚实坦率的日记中才能寻得踪迹，任何人在任何时候都无法奢求绝对正确，但是每个人都可以随时把他的真实见解记录下来。这些见解当然会有变化，有时是因为情况变了，有时则是因为我们不断获得新资料，遂使我们修正了过往的看法。

我在日本十年间所写的日记，当然带有这类记录所共有的缺点。尽管我的部分判断因情况改变而随之修正，但当时的实际情况仍被逐日认真记录下来。此外，我还认为这类严格按照当时实情记录下来的东西，自有其价值。这与记录中的主观判断明智与否并没有什么关系。因此，某些我日后因注意到新事实而会修改的见解还是留在了这本书里。不少观点和语言后来也被证明是错的，但同样照旧直录不讳收入书中，亦如那些经过时间证明是正确的部分一样。我保存日记时，绝没有想到有朝一日会公开发表。在珍珠港事件之前的艰难岁月中，尤其是任职于东京，我们不可能像身处华盛顿那样总览全局，我们对世界的看法也不可能与在华盛顿所产生的观点完全一致。任何观点都来自一个人的知识，更多的知识又会扩展和加深一个人的认知，使其理解力变得更敏锐。

　　我遭遇过很多挫折，特别是有过那么一段时间：我与心存和平、有意推进建设性工作的日本政府的合作刚取得一点成就，就因为该政府倒台后被反动内阁取而代之，希望全部落空，如同遇到台风一样，成果瞬息之间就被一扫而光。尽管如此，我还是为和平奋斗到底。毕竟一个大使刚到外国上任，马上就攘臂大呼"战争是不可避免的"，那就等于是卷起铺盖回家了。我们的外交是我们国防的第一道防线。只要尚存可能，就必须守住这第一道防线；想要守住，就得去做工作。就日本的情况而言，伴随着欧战爆发，德国初期的胜利就像烈酒一样，灌进了日本军国主义头头们的脑袋，局势马上就露出了凶兆。当时我就向美国政府提出警示，日本可能会采取行动，并且可能会是那种危险的、戏剧性的、突如其来的行动。不过，我当时从未彻底放弃希望，也没有彻底放弃为和平做工作。因为若不如此，我在外交界的名声势必受损，而本人正是外交界的一员。

　　在此还要提请注意的一点是，本书收录的只是日记原稿的一小部分。过去十年的日记原稿是用打字机打的，足有十三大本之多。此外，我的书信、讲稿、会谈记录、相关剪报还有若干册。日记原稿中有不少内容并没有什么值得永久保存的历史价值，重复之处也不少。有许多内容则不适宜现在发表。况且日记毕竟是私人的、不供发表的记录，所以我还得为许多在世的同僚及其他人的身份保密。若透露了他们的姓名，有可能会让他们为难或是给他们带来不测的后果。不过，以上这些并不损害主旨。为避免搅乱正文，我没有使用星号和脚注，只是把日记原稿的一些条目和同时段的其他材料摘编在了一起，使之能成为流畅的编年体叙述。要把所有与书中故事有关的官方文件纳入日记显然是不可能的。不过，这些文件中有相当一部分已经公开了。美国政府印刷局于1943年出版了一部上下两卷的文件集——《美国对外关系文件：日本部分（1931～1941）》（*Foreign Relations of the United States，Japan，1931 - 1941*），因此大家也都能读到。

接着想谈一下这部记录的写作目的。此书的写作目的是希望向美国人民及联合国的其他各国人民，提供一个比当下大部分见解更准确的、关于日本问题的看法，只有对日本及其国民有正确认知，才能明智地去处理一些难题。我们在军事上夺取全面胜利后，这些难题总得解决。此前，我写《东京报告》（*Report from Tokyo*）一书时，主要是想要让美国人民意识到日本的军事机器不容小觑，并希望纠正一些错误的想法。这些错误的想法一度泛滥全国，它们低估了日本这个敌人的生命力、战斗力与耐久力。经过长达十年的近距离观察，我了解这个敌人。因此我担心，我们可能要走上一段漫长而艰苦的路后，才能最终获得胜利。想当然的臆想与自满情绪都是危险的。要获得胜利，要迫使敌人无条件投降，必须不断增强、加快我们举国一致的备战工作，容不得片刻懈怠。

这些年来，我们已经见识了大量有关日本军阀和军事机器极端阴险、狡诈、残忍的行为，以及自私自利的背信弃义之行径。我的故事为之提供了新的证据，足证日本军队的心理和气质仍处在中世纪。军事家都说要"了解你的敌人"。我的前一本书收录了我在全国各地发表的演说和广播，试图讲述日本军队骇人的战力、疯狂的决心以及极端的残酷与野蛮。

此外，本书若不能使读者认识到另一个事实，那么其目的也就未能达成。即使在当下的日本，仍有不少人并不想要战争。他们认识到攻击美国、英国及联合国的其他国家是愚蠢的。由于战时激愤的情绪与偏见，不少人或许会否认在日本国民中还有好人。提出这些主张的人，绝大部分对日本人没有亲身的、直接的认知。他们也不知道，有些日本人曾坚决反对与美国进行战争。这些日本人也曾试图逆转潮流，希望抵抗军方的自大狂妄与扩张野心。尽管最终徒劳无功，但他们英勇地奉献了一切，甘冒被监禁甚至被刺杀的严重危险（事实上也确实有数位被刺杀）。

在战争中，日本人必须而且必定会忠实拥护他们的领袖，必须参加战斗的人也必定会战斗到底。但是，在处理战后的困难问题时，我们必须了解和权衡一切因素。我希望这些私人日记能为将来提供一幅更广阔、更有助益的图景，让人们将这些日本人作为一个民族整体来理解。

xii　　　当然，首先还是要全部摧毁日本进行战争的力量。为了使我们的下一代不必再打这样的仗，就必须彻底地、一劳永逸地解决问题。决不能让日本和德国再来威胁世界和平。必须永远根除侵略成性的军国主义。

在完成这本书的时候，我必须向三位同事的帮助表示感激。第一位是尤金·H.杜曼（Eugene H. Dooman），在珍珠港事件前最关键的那几年中，他在东京的美国驻日大使馆任参赞，他是我的挚友，拥有久居日本的经验、成熟的意见和对政治情势敏锐的判断力。许多书中形成的观点，都有赖于他的帮助。另外两位是我的秘书：玛丽昂·阿诺德小姐［Miss Marion Arnold，现在是达纳·W.约翰斯顿夫人（Mrs. Dana W. Johnston）］和纳尔逊·牛顿（Nelson Newton）。为协助我准备撰写本书所依据的日记，他们花了许多时间和精力，并对此事关怀备至。

约瑟夫·C. 格鲁

华盛顿

1944 年 1 月

第一章　刺杀阴影笼罩下的日本

（1932 年 5 月 14 日～1933 年 2 月 15 日）

在本书所记述的十年间，我见证了日本内政外交方面一连串的爆炸性危机。一些危机属于政治范畴，而另一些则是刺杀与军事进犯引发的。1932 年成了一系列政治刺杀事件的开端。5 月 15 日日本首相犬养毅遇刺，成为此类事件的一个高潮。①本书第一章描述的是一段看似平静的时期。全书中也只有这部分不以暴力事件落幕，而仅以日本承认"满洲国"的成立并决定退出国际联盟而告一段落。

---

① 1932 年 5 月 15 日，时任日本首相犬养毅遭陆海军青年军官刺杀身亡。该事件也成为"大正民主时期"终结的标志性事件。本书脚注多为译者注，原书作者添加的脚注将以"作者注"的形式标明。

使日之始

1932 年 5 月 14~18 日　芝加哥至旧金山横贯大陆的特快列车上

我们出发了。我们千变万化的生活中的一次新冒险——第十四个工作岗位与第四次出使，这或许是最冒险的一次。五年间，我们目睹了土耳其共和国从奥斯曼帝国覆灭后留下的废墟中破土而出，披荆斩棘，艰难前行，重获新生。现在我们又要登上另一个更大的舞台，在未来的几年或几十年里，全世界的注意力将会聚焦在这里。几乎任何事情都可能发生，只有一件除外，那就是：日本会放弃它在中国满洲地区的投资、财产、侨民和重大利益。日本的势力一定要待在那里，除非打了败仗。现在令人感兴趣的问题是，它将采取什么政策和方法来应对国际上的关切，用什么伪装来掩盖那些令人不快的事实。

事实上，许多有趣的问题已经浮出水面。日本是会满足于巩固它在中国满洲的现有利益，还是如某些人所说的那样计划建立一个囊括亚洲的庞大帝国，征服朝鲜只是第一步，而征服中国满洲是第二步呢？日本能避免与苏俄和美国的冲突吗？最大的问题是，如果日本继续一意孤行下去，会不会终将遇上世界反对势力坚定不移的抵抗？如果碰到抵抗，由此引发的冲突又将是什么形式的？是爆发国内革命，还是与外国爆发战争？这在很大程度上基于日本究竟采取什么样的政策，而我们即将有幸从日本内部来观察上述问题，这是我长久以来的期盼。

我会尽量保持不偏不倚的观点。作为一名大使，若一开始就对驻在国抱有偏见，那就等于已经卷起铺盖回家了。一方面是因为他的偏见迟早会被人发觉，进而使互相信任的基础难以建立，而他又只有在互信的基础上才能履行好自己的职责。另一方面，因为这样又存在受当地氛围影响过多的风险。无论如何，我深知总统、国务卿和国务院的想法，这将有助于自己保持正确的航向。首先，我非常同情日本在中国满洲地区的合法愿望，但对其为实现这些愿望而采用的非法手段毫不同情。

趁世界各国忙于世界大战之际，日本提出了"二十一条"。自1931年9月18日以来，日本又不顾《凯洛格－白里安公约》①、《九国公约》② 和《国际联盟盟约》③，在满洲和上海采取典型的"普鲁士式手段"等诸如此类的行径，这都是很难令人同情的。那些纯属中日之间的问题都有特别复杂的特征，例如条约理应如何解释、哪些条约是有效的、谁先违反有效的条约，等等，以致人们只好将这些情况视为技术上难以解决的问题。好在我们的立场是非常明确的：对中日之争，我们不袒护任何一方；我们维护的是国际和平条约与"门户开放"原则的不可侵犯性，而我们关于这个问题的意见和我们所采取的立场都已经向全世界仔细表述过了。今后若有必要，我们还会继续这样做。这里就先讲这么多，姑且作为前言。

---

① 亦称《巴黎非战公约》，由时任法国外交部长白里安、时任美国国务卿凯洛格发起，于1928年8月27日在法国巴黎签署。最初的签字国有十五个，至1934年签字国达到三十四个。该公约原则上规定放弃以战争作为国家政策的手段，只能以和平方法解决国际争端或冲突。虽然并未发挥实际作用，但凯洛格因此获得了1929年的诺贝尔和平奖。

② 正式名称为《关于中国事件应适用各原则及政策之条约》，美、英、法、日、比、意、葡、荷、中九国于1922年2月6日在美国华盛顿正式签署。该条约要求各签署国尊重中国的主权独立和领土完整，遵守"门户开放"原则和各国在华工商业"机会均等"的原则。

③ 即国际联盟的基本章程和纲领。

　　赴任伊始，局势就已动荡不堪。一位来自《先驱调查者报》（Herald-Examiner）的记者曾在芝加哥车站等候我们，并送来该报 5 月 16 日星期日的晚报，上面印有非常醒目的标题："日本首相遇刺身亡""严重的叛乱""皇居危在旦夕"。这已是第四次重大的行刺事件。日本军部简直就像脱缰之马，正在四处横行，显然是想要建立法西斯制度。不过，尽管报上那么说，但我并不相信天皇会有危险，日本皇室恐怕还是受到普遍尊崇的，其中一定有些事情搞错了。如果最近这次恐怖事件——杀害首相犬养毅并向几处公共建筑物扔炸弹——是一群狂热分子干的，那么我怀疑这种极端行动可能不会对军部本身产生持久的影响。我们之后会看到答案。

　　沿途经过芝加哥、奥马哈和旧金山等大站时，都有摄影师和记者迎接我们并请求采访，但我自然是对日本、日本问题或有关我出使的问题只字不提。我稍微谈一些土耳其的情况，接着就客气地把他们都打发走了，至少这比一句话不说好得多。我们还被一家檀香山的报纸逗乐过，他们如此写道：

　　　　格鲁大使是一位有教养的人，兼备美国人的机警进取与欧洲人的谨慎矜持。他是个高个子，脸上常带着迷人的微笑，讲话慢条斯理，既不是波士顿式的，也不是英国式的，而是混合二者的悦耳声音。

　　简直是把我形容成了美欧的大杂烩。

　　在奥马哈时，有位记者问我认为最近三十年来突出的世界外交问题是什么。我立即答道："毫无疑问，那就是尝试去建立一个国际和平体系。"在这位记者看来，当今世界主要的危险因素是德国以及另一场可能爆发的日俄战争。对于他的看法，我未做评论。

横渡太平洋

1932 年 5 月 20 日　旧金山

请美国驻东京总领事加勒尔斯（Arthur Garrels）、驻天津总领事洛克哈特（Lockhart）、二者的妻子，以及格雷厄姆·小帕森斯（J. Garham Parsons）吃了一顿便饭。小帕森斯是我的私人秘书，他是马萨诸塞州格罗顿镇人，毕业于耶鲁大学，颇受我们格罗顿的前校长皮博迪（Peabody）先生等人的赏识，又是美国大学生联谊会的成员。他很有前途，看起来很热爱学习，也乐于助人。

搭乘大来轮船公司（Dollar Line）的"柯立芝总统号"（SS *President Coolidge*）于下午 4 点启航，加勒尔斯和洛克哈特以及日本总领事都来送行。纸片飘舞，欢声四起。鲜花既多又美，乃我生平前所未见。

1932 年 5 月 20 日～6 月 6 日　"柯立芝总统号"上

航程相当顺利，起初风冷浪大，南下后天气逐渐转暖，风浪趋于平静。自旧金山启航后，最初的四百英里航程向来都有这样的风浪。以头等舱的感受来说，这条大船几乎是空的，头等舱旅客只有五六十人。23 号那天，汽笛突然响了六下，船停了，放下一只小艇。原来是统舱里的一个中国妇女跳了海，留下三个小孩。尽管我们的船在那周围转了一个多钟头，但还是没能找到她。

航行的头几天里，我在拼命赶时间，一口气写了十五封信，还写了一些准备在日本用的演讲稿，读了许多关于日本和中国满洲的资料。这次航行虽不能说是令人兴奋的，但至少还算能派上用场。除工作之外，主要有两项娱乐活动：一是在露天游泳池里游泳，早餐前游一次，傍晚在甲板网球场上狠打两三盘后再游一次，如此可以很好地保持健康；二是每隔一晚看一场有声电影。 6

1932 年 5 月 26 日　檀香山

抵达檀香山的头一天简直像一个盛大节日。5 点半起床，这让我想起以前在秀美的那不勒斯湾时，我的女儿安妮塔（Anita）和我常常很早起来观赏风光。6 点刚过，我们的船迎着岸上乐队奏起的夏威夷欢迎曲《阿罗哈》（Aloha）的乐声驶进码头。我家里其余的人也确实被乐声吵醒了。檀香山行政长官兼总督贾德（Judd）的副官罗斯（Ross）少校同领港员一起登船，代表总督欢迎我们，依照当地的惯例为我们戴上花环。到了傍晚，"颈上套的花环一定有十多串了，我们得不时取下旧的，换上新的，所有花环全是各种鲜花编成的"。

白天，海军司令官耶茨·斯特林（Yates Stirling）上将邀请我们去参观海军基地并坐一回海军的水上飞机，但我们太忙了，无法赴约。陆军司令官则派副官带花环来欢迎我们。日本总领事也来探望、送花。之后，我用无线电报一一致谢。

从檀香山到横滨的十天则是一段风平浪静、温暖舒适的时光，只有一两天遇到了雾雨天。在从旧金山经檀香山到横滨的这整个航程里，这条船本来还可以提早三四天抵达，但因为要与走这条航线的其他船只行动一致，所以才不得不放慢速度。

抵达东京

1932 年 6 月 6 日　东京

多么美好的日子啊！多少个礼拜、多少个月以来期待、向往的日子终于到来。虽然事实总会与期待有所不同，但今天的情况也太超乎意料了。因担心错过例行手续，我早上 4 点 45 分就起床了，自己都觉得好笑。大雾弥漫，只能看见其他船只朦胧的身影。昨晚我们的船沿着日本海岸行驶，在雾笛尖叫了一个多小时后，于夜里某个时候便已在横滨的锚场停泊了。到了 5 点半，船上开始乱了起来。乘务员使劲砸门，把每个房舱的门都捶得砰砰作响，扯着嗓子大叫，要我们起床去见检疫官员。五分钟后，他们又重演一次。那些乘务员当然晓得怎样用最彻底的方式来执行命令。但我深表怀疑，他们不用这种讨人厌的办法，难道就没法达到同样的效果吗？

无论如何，我们确实在上午 6 点便见到了检疫官员。其实，艾丽斯（Alice）和我们的女儿埃尔西（Elsie）只睡了两小时，大可不必这么早就起床来穿戴整齐，因为日本方面已派专人来照料我们。后者只是与小帕森斯一道检查了我们的护照，根本都没与我们见面。另一个日方人员检查了我们带来的警犬基姆，签发了一张健康证明书，还有一人专门照管我们的行李。一切都办得安静而有效率，尽量减少烦扰。

7 点钟船停靠码头之前，欢迎仪式就已经开始了。昨天已有一批欢迎电报传来。今晨，各类代表接二连三挤到舱前。来客中有几位是日本新闻记者和摄影师，最后是大使馆出色的参赞埃德温·内维尔（Edwin Neville）及其夫人。我们排列好以便照相，之后是接受记者提问。我当然绝口不谈政治，可结果对一些简单问题的回答还是被处心积虑地篡改为"访问谈话纪要"。例如英文的《日本时报》（*The Japan Times*）以"格鲁先生接见记者"为题，开头就凭空捏造了这么一段话，还宣称是我讲的："我写过一本书叫作《远东的体育和旅行》（*Sport and Travel in the Far East*），但对当前的日本我几乎一无所知。我希望在正式履新后，便开始认真学习。格鲁夫人的母亲就是海军准将佩里①的女儿……"好一个有来头的丈母娘！

　　我们终于和"柯立芝总统号"的阿林船长告别了，在蒙蒙细雨中驱车前往东京。不过，我没有觉察到沿途的景色不佳，因为内维尔和我坐在一起，要谈的趣事太多了。到大使馆时，只见灌木繁密、草坪如茵，喷泉、鲜花、水池嵌以彩石，共有四幢楼，白色的馆舍装饰着黑色的铁艺制品，环绕着郁郁葱葱的绿树。在这新兴都市不太悦目的大环境里，这里算是一处世外桃源。大使官邸在山脊上，可以俯瞰办公楼和宿舍，上下之间有茂叶密林中的石径可通。在官邸内部，我们随内维尔夫妇查看了一遍，瞧见了大客厅里的家具、窗帘和奢华的厚地毯，还有小客厅及更小的客厅，有吸烟室及其精美的壁板、一排排书架、一层层食橱（至少在这里已有足够的地方可以随心所欲地、分门别类地储存东西），看了凉廊、宴会厅、便餐室、衣帽间、七间卧室、四间浴室、熨衣室、缝纫室和储藏室，埃尔西不禁发出高兴的尖叫声，基姆也在摇尾表示接受这个新环境。我便问艾丽斯还有什么不满意的，她答道："一点也没有，全都满意。"

8

---

　　①　马修·佩里（Mathew Perry，1794—1858），美国著名的海军将领。1854年，率领舰队抵达日本横滨，迫使德川幕府与美国签订一项开放日本港口的通商条约，史称"黑船来航"。

大家又到办公楼去，途经游泳池。我和全体工作人员见了
面，然后接见了来自主流媒体的美国记者：美联社（The
Associated Press）的巴布（Babb）、《纽约时报》（*The New
York Times*）的拜厄斯（Byas）、合众社（The Uited Press）的
沃恩（Vaughn）、《日本广告报》（*The Japan Advertiser*）① 的弗
莱彻（Fleisher）。聊了一会儿，我表示希望跟他们密切合作，
这样对彼此都有好处，还请他们常来坐坐。陆海军武官麦基尔
罗伊（McIlory）上校和约翰逊（Johnson）海军上校告诉内维
尔，按他们军方的规定，见我时必须穿全套军装，我却传话回
去：但愿他们忘掉他们的规定，因为制服上的金边肯定会弄得
我不自在，省去那一套规矩，我们的谈话反倒会轻松愉快
得多。

玛雅·林斯利·普尔（Maya Lindsley Poole）和小帕森斯
来吃午饭。玛雅在吃饭时自我介绍，我才认出她。回想起来真
有趣：1904 年 1 月，在科普利礼堂的一次舞会上，有人指她
给我瞧，说那是刚从日本回来的姑娘。后来，当我求人引介这
位"刚从日本回来的姑娘"时，我却被带去见了艾丽斯。

下午 3 点，内维尔带我去日本国会拜会斋藤子爵②，因为
他无法离开会场去外务省接见我。他已经是一位老人，大概年
逾古稀，看着老态龙钟。他讲话吞吞吐吐，并且一副心事重重
的样子，精神似乎也不够集中，但他确实有名望：他以前是海

---

① 1890 年美国人罗伯特·米克尔约翰（Robert Meiklejohn）在横滨创刊；
1908 年美国记者弗莱彻将其收购；1940 年被《日本时报》合并，改名为
《日本时报和广告报》，后成为《日本时报》。
② 斋藤实（1858—1936），1932 年 5 月接替遇刺身亡的犬养毅，成为日本
第三十任首相。早年曾出任驻美武官，1912 年晋升为海军大将，先后担
任过五任海军大臣、两任朝鲜总督。

军大将，当过朝鲜总督，现在由他来填补首相和外相的空缺，是要倚仗（很可能只是暂时借助）他的声望来渡过组阁的难关。我知道他忙着开会而我们也只能讲几句应酬话，所以我坐一会就走了，给他留下了请求觐见天皇和皇后的照会、我的国书副本、召回我的前任卡梅伦·福布斯（Cameron Forbes）的文件副本，以及打算向天皇献词的草稿。因为内维尔觉得送上献词草稿比较合适，于是我们就照做了。随后，我还拜访了比利时大使兼外交团团长①巴索姆皮埃尔男爵（Baron de Bassompierre），双方相谈甚欢。

5点，艾丽斯邀全体工作人员偕同妻女来赴茶会，赴会者足有六十五人之多。竟有这么大一伙人！在我们抵达的当天，竟就能以冷餐会的形式来招待六十五人。福布斯的日本仆人都在忙着，办事如钟表般精准高效。我想我们大概会全部留用他们。

宾厄姆（Bingham）和小帕森斯来吃晚饭。小帕森斯要和我们暂住在一起，等宿舍里的房间收拾好后才搬走。趁最初的印象犹新，我详记了今天的日记，谢天谢地，我现在可以在晚上10点半睡了，真要好好地睡一觉了。

各家报纸对新大使的评论

1932年6月7日

日本媒体的报道真让我感到好笑。昨天《日本时报》引

---

① 国际法对外交团制度并无专门规定，而主要遵循国际惯例及外交传统。在天主教国家，外交团团长多由教廷大使担任。在不适用此惯例的国家，则一般由各国高级外交官中驻在资历最长者担任。外交团团长的职责并不具有法律上的职能，其职责主要是：在某些正式典礼和社交场合代表外交团致辞、祝酒；就某些有关外交特权的问题与驻在国联系、交涉；向外交团成员传达驻在国政府有关礼仪事项的通知。

用我的话,说我对现在的日本几乎一无所知,但我希望认真学习云云。我压根就没说过这些话,虽然可能表示过在这里有许多要学的。尽管如此,这份军国主义的、反美的时报今晚竟又围绕着那段所谓的谈话写出一篇长达一栏半的社论,用看似恭维的语句称我"谦逊",说我来到这里虚怀若谷、乐于学习。有些日文报纸就更信马由缰了。《时事新报》评论道:

> 新大使是一位志在促进和平的外交家,而格鲁夫人堪称最佳的伴侣。在船上答本报记者提问时,**新大使以柔和的语调说道:"局势的确是严峻的,**而他对日本的情况却还没有足够的了解……"大使阁下写过一本小册子,名叫《远东的探索与旅行》(*Exploitation*① *and Travel in the Far East*)。格鲁夫人的母亲画过许多描绘日本的风景画,新大使和格鲁夫人颇受这些油画的影响,故对日本抱有好感。(粗体字是我自己加的)

《中外商业新报》写道:

> 新大使是一位运动健将。他身材高大,仪态伟岸,一双浓眉是他的显著特征。他用外交辞令讲道,除象征日本风光的富士山而外,他对日本没有足够的了解,因此不能回答所有的问题。显而易见,新大使是一位有才能的外交家。

10

---

① 原文如此。

《东京朝日新闻》的评论中有这么一段：

> 新大使身材高大，精力充沛，有六英尺高。浓浓的眉毛，显示其为人机敏果断。他写过一本小册子，叫作《远东的体育和旅行》。当前日本已经获得在全世界范围内都无人能及的惊人发展，而他对日本的认识可能还像童话一般不成熟。格鲁夫人很久以前一度访日，她藏有许多日本风景油画，都是她自己画的。① 她对造访日本的欣喜程度甚至超过了大使本人。大使有个女儿，有人看见她在船上冒雨散步，兴致勃勃。

《日日新闻》写道：

> 新大使在船上接见《日日新闻》记者时回答道："现在就让我来谈论满洲问题、圆桌会议等时事问题，真的很让我为难。当前日美两国的关系都处于紧张状态，微小的刺激也可能会刺痛双方的神经。所以先不谈这些问题吧。我倒想谈谈即将在美国举行的、举世瞩目的奥林匹克运动会。我听说日本也打算派一队实力雄厚的选手去参加，他们将会有精彩的表现。为了保持和增进各国间的友好关系，必须不畏困难去推进外交活动，但在目前这个时候，体育交流是比通常的外交活动更重要、更伟大的外交活动……随新大使前来日本的还有他的第四个也是最小的一个女儿。"

---

① 格鲁夫人艾丽斯·佩里是美国著名印象派女画家丽拉·佩里的女儿。

我的想象力迟钝，当时根本没有提到奥林匹克运动会，甚至都没有想到奥林匹克运动会确实是一个可讨论的话题。从这点也可以看出，日本报界的外交手腕显然比我的高明多了。什么"紧张状态"，什么"最小的一个女儿"，我当然更是一字也未提过。

准备觐见天皇

1932 年 6 月 7 日

我原以为在呈递国书之前可能会比较清闲。未曾料想，今天就已经很热闹了，我之前在任何地方所经历的繁忙日子也不过如此。所幸我在早上 7 点以前已开始做事，9 点已在办公室工作了。我希望今后能保持这个状态，因为确实需要带领馆员们遵守办公时间。

11 点，宫内省式部①官长手下的一位课长山县武夫来了。山县先生说，天皇将在 6 月 14 日接见我，皇后也会接见艾丽斯和埃尔西。接见仪式后，我们三人将回来更衣，再去参加天皇、皇后的宴会。山县衣着得体，态度诚恳。

晚上 7 点，内维尔给我看了他写给国务院的电报，大意是汇报今天下午英、法、意三国大使及内维尔同斋藤子爵的会谈经过。在此以前，他们在我们大使馆开过预备会议，因为这里距外务省最近。意大利大使年纪最长，所以作为我们的发言人把其他三人都同意的内容一并告诉斋藤：由于芳泽②关于在东

---

① 宫内省负责典礼事务的专设机构。
② 芳泽谦吉（1874—1965），曾任日本驻华公使、驻法国公使等职，也担任过犬养毅内阁的外务大臣。

京召开圆桌会议的提议已经传开了，中国人对此提议已有反感，因此他们认为，如果没有中国人参加，那么在东京召开这种会议是毫无意义的。

不过，四国仍希望能保持合作并建议以后日本如再有提议，可先由日本驻各国首都的大使提出。斋藤答道：他个人认为，这个会议应当在上海举行，而且应该邀请中国人出席，但在任命新外相（即外务大臣）之前，他不想先做承诺。他希望下周就能任命新外相，因此关于会议问题暂不做决定。电告国务院：因我尚未呈递国书，故委托内维尔参加这次会议。从斋藤的话来看，南满铁道总裁内田伯爵①将很可能出任外相。

1932 年 6 月 9 日

上午 11 点，英国大使弗朗西斯·林德利（Francis Lindley）爵士驱车来接艾丽斯和我去游叶山②，埃尔西则与内维尔夫妇乘火车去。我们三人到达后，在他们海岸边上的和式小平房里与林德利夫人、内维尔夫妇和伦敦《泰晤士报》（*The Times*）记者肯尼迪（Kennedy）的夫人共进午餐。

给使馆人员的指示

1932 年 6 月 13 日

上午 10 点，召集参赞、秘书、陆海军武官、商务参赞及其助手、两位领事等使馆人员开会，告诉他们，我要把我们这

---

① 内田康哉（1865—1936），明治维新后日本的资深外交官。曾先后在明治、大正、昭和年间三次出任外务大臣，还曾代理首相职责，也是第十二任南满铁道总裁。

② 位于神奈川县三浦半岛西部，毗邻湘南，又能眺望天城山脉乃至富士山。近代以来，不少日本各界名流爱在此地修建别墅。

一小群人变成一个努力且密切合作的集体。我的门始终为他们当中的任何人敞开。无论有什么消息、意见或建议，只要他们认为是对我有帮助的，都可以随时来找我谈。我还要求他们，听到什么重要意见或消息，尤其是带政治性的，就写成机密备忘录呈报我，我会对这类文件严加保密。因为他们肯定会接触到我本人难以接触的个人与各层面的人士，所以这些备忘录将对我纵观事物全貌大有助益。我想知道各种各样的意见。我还告诉他们，我没有定期召开馆员例会的习惯，因为开这种会通常都是勉为其难，用处也不大，但是若有具体问题需要讨论，譬如有什么评论时局的报告要电呈国务院，或有什么新情况我希望弄清楚，我将随时召开会议。

宫内省式部副长黑田伯爵来访，讲解了一遍明天向天皇呈递国书的仪节准备流程。接着来的是《时事新报》记者某君，他去过中国满洲，我们进行了一段有趣的谈话。他说，新"满洲国"的日籍官员根本不喜欢按日本政府的观点看问题，压根不愿听命于东京。又说国际联盟调查团①一直很谨慎，至今仍未表示任何态度。随后又来了美联社记者巴布，他是我请来的，因为我将在美日协会发表演说，想请新闻界人士对演说稿提提意见，特别是要看其中是否有可能会被报刊妄加渲染的内容。他仔细看了后提了两三点小意见，说此外挑不出毛病，他认为不错。商务参赞巴茨（Butts）也看了，同意巴布的看法。宾厄姆提了一些很好的意见。那些真能使听众感兴趣的问题，例

---

① "九一八事变"爆发后，国际联盟派遣了以英国李顿伯爵为首的调查团，了解事变经过。1932 年 10 月，调查团正式发表调查结果否定了日本所谓"自卫"的说法，明确指出其侵略行为。基于这个调查，国际联盟对"满洲国"不予承认。这也直接导致日本退出了国际联盟。

如，美国对中日争端的真实态度、满洲问题、《九国公约》、圆桌会议、胡佛主义等，一定会在舆论界引发相当令人厌恶的批评和争论，必然都得回避。然而，回避后还得让演说有内容，这就是件极难的差事了。第一次演说就大谈我国政策，向他们进行填鸭灌输，在我看来并没有什么好处，但我还是要强调美国对远东问题普遍的关切与忧虑，希望这一点能够深入人心。

有一位日本政界要人请我在明天觐见天皇之前能先与他见面。他告诉我，在去年冬天他赴美之前，天皇与日本公众都认为，史汀生先生①在满洲危机②期间提出的那些照会只是代表史汀生先生的个人观点，是按他本人的倡议起草的。这位日本外交家从美国回来后，告诉天皇事实正好相反。美国之所以会给日本政府那些照会，是因为有公众舆论的压力，特别是来自教会、教育机关、妇女俱乐部和协会的舆论压力。实际上，这些团体的愤慨之情正是美国普遍舆论的反映，是来自对第一次世界大战的回忆，因为人们对大战记忆犹新。美国持这种态度，另外还有一个原因。美国曾创立并支持国际联盟，虽然它并不是其成员国，但这些美国团体仍觉得自己对国联负有道义上的责任。这种道义上的责任感又受到欧洲国家的鼓励，这些欧洲国家希望能让美国挑起重担。换言之，史汀生的那些照会所具有的社会基础多于政治基础。他曾对天皇说，美国教会和大学的影响力不亚于日本的皇室，举足轻重，影响甚大。他

①　亨利·史汀生（1867—1950），历任美国战争部部长、菲律宾总督，1929～1933年任美国国务卿。因坚决反对日本在中国的侵略行为，其相关立场也被称为"史汀生主义"。

②　"满洲危机"为西方学术界用语，指自"九一八事变"至1933年3月27日日本退出国联这段时间中的中日冲突。

14　说，关于所有上述事实，他问过很多美国知名人士，都得到他们的证实，例如休斯先生（Hughs）、柯立芝先生（Coolidge）、卡斯尔先生（Castle）、查尔斯·弗朗西斯·亚当斯先生（Charles Francis Adams）、各大学校长等，他们对美国舆论都有同样看法。

　　这位日本上层人士说，他认为我在觐见之前应该先知道天皇已经听过这些事实，这可能对我有用。因为天皇与我的谈话有可能会触及这个问题。对我的妻子也将同样有帮助，恐怕皇后也会同她谈到美国的妇女组织及其社会影响。

　　我感谢这位特来关照的日本客人，他想得如此周到。我对他说：关于美国舆论，他跟天皇说的那些话就一般情况来说都是很正确的。至于美国的道义责任，却不局限于对国际联盟而已，主要还集中在《凯洛格－白里安公约》和《九国公约》上。

　　晚上7点，我把内维尔叫到使馆来，因为我觉得最好还是把日本可能提前承认"满洲国"和内田伯爵即将被任命为外务大臣两事电告国务院。现在谣言四起且彼此矛盾，舆论界关于现在承认"满洲国"这个问题有分歧，但是内田正在和陆军大臣荒木将军会谈。很明显，假如内田确实愿意接任外相，他就会在军人完全赞同的情况下把这件事继续做下去。

　　不论结果如何，有一点是确定无疑的。那就是，日本军人正明显地支配着政府，不经他们同意，政府寸步难行。

觐见天皇

1932 年 6 月 14 日

　　今天是了不起的一天。毕竟生活不过是一连串的跨栏赛跑。跨过之后，就会觉得那些栏架远不是像之前所想的那样困难。困难这种东西，你不敢去碰它，它就会来折磨你，我们遇到的困难大都是由完全不必要的忧虑造成的。

上午10点20分，皇家马车来到使馆办公楼前，对这些马车和扈从骑兵队来说，这里比官邸前有更多的回旋余地。使馆人员全穿上整洁的礼服，照了相。照相时列成的队形还没有散，式部副长黑田伯爵就来接我们了。不巧大雨倾盆，驾车员和骑兵队队长帽上的羽饰都淋得趴了下去，但大雨并没有使车队的威严减色。10点35分出发。骑兵们前呼后拥，载着使馆人员的马车排成一线随行，美利坚合众国的大使威风凛凛地单独坐在马车后座上，黑田伯爵坐在对面陪同，沿途车辆行人已在警察的有效管制下停止行进，电车上、汽车上或街上偶尔有人鞠躬致敬，大使便脱帽答礼。

我们庄严地进入非常优美的宫前庭园，仪仗队肃立而待，号手吹奏一番。10点50分整，马车在宫门前停下。式部官长林男爵①出迎，我在洛桑会议②上见过他，那时他是驻英大使。他领我们来到接待大厅，那里已是众官云集，斋藤子爵当然在内，还有其他显要。艾丽斯、埃尔西和使馆女眷也随即抵达。我们闲坐了十至十五分钟，观赏这间装点精美的大厅，那些屏风和油漆大门尤其值得欣赏。然后我即应召觐见天皇，门口一鞠躬，半路再鞠躬，到他面前三鞠躬。

① 林权助（1860—1939），从1887年就开始在外务省工作，历任驻仁川领事、驻上海领事、驻韩公使、驻英大使等职，曾积极推动日本对韩国的控制与吞并。

② 1923年，第一次世界大战的主要战胜国与战败国土耳其在瑞士的洛桑举行的和会。

我读了献词，由著名的译员白鸟①译成日语。他是"外务省发言人"，经常发表相当重要的言论。我呈上国书和召回我的前任的文件。天皇以尖而单调的声音用日语读了答词，由白鸟译成英语，接着握手如仪。天皇问了两三个礼节上常问的问题，尽管白鸟翻译的四个字里我只能听见一个（已经告诉过他我的耳朵不大好，但在天皇面前，他就是不能提高嗓音），我还是尽最大努力做了机智的回答。

当天皇说再见时，我便请求允许我引见使馆人员，他们依次进来：内维尔、狄考福（Dickover）、特纳（Turner）、华盛顿（Washington）、宾厄姆、麦基尔罗伊、约翰逊、罗伯茨（Roberts）、巴茨、多德（Dowd）皆在被引见之列。每人照例三鞠躬，退出时又三鞠躬。我自己也成功熬过了倒行退出这一关，觐见到此结束。整个仪式都进行得极为准确而庄重。

昭和天皇裕仁很年轻，我看有三十一岁。他留小胡子，戴眼镜，说话时带着微笑。他当然是穿着军装接见我的。天皇、秩父宫、高松宫三兄弟的样子非常相像。

见完天皇，艾丽斯、埃尔西和我立即去觐见皇后，再行一次礼。当然，这次没有致辞和递国书这两个环节，我们又向皇后引见了使馆人员和他们的夫人。皇后看起来比在场的其他所有女士都更像可爱的日本洋娃娃，她虽然没有着实美丽动人的秩父宫王妃那么漂亮，但表情优美，笑起来很可爱。高木夫人充当翻译，但她的声音在我听来还是太小，还好艾丽斯在场，每句话都帮我重译一遍，否则我根本无法回答皇后的问题。我

16

---

① 白鸟敏夫（1887—1949），曾任外务省情报部部长，是之后轴心国同盟的积极鼓吹者，还有其他积极投身侵略扩张的行为，因此在二战后被确认为甲级战犯，获判无期徒刑，1949 年病死于狱中。

想他们迟早会发觉，如果想让我明白作答，就得说大声一点。耳朵背，加上日本宫廷这样的场景，真是让我烦透了。

之后，又像来时那样，我们回大使馆更衣。我请黑田伯爵、骑兵队队长和众馆员到我办公室喝了一杯香槟，但都是快进快出，因为我只有七分钟的时间进官邸换上晨礼服并坐上我们自己的汽车去皇宫赴午宴。12点12分，返抵皇宫，在迎接处站着与秩父宫两殿下、斋藤夫妇、牧野伯爵①、林男爵、松平伯爵夫妇及其他宫中官员闲谈，直到天皇和皇后驾临。我引艾丽斯和埃尔西觐见天皇，旋即一同入席。

这次午宴没有我想象的那样难对付。气氛固然肃穆，但天皇和皇后几乎一直同我们谈话，没有什么拘束感。尽管他们只讲日语，总得由对坐的客人来翻译。进入这间华美的餐厅时，仆从们皆深深鞠躬，众人见到天皇、皇后之时会比欧洲人鞠躬更深，而且鞠躬了很长时间。入席者约有二十四至二十六位。秩父宫夫妇当然坐右边的位子。艾丽斯坐天皇左边，其下是内大臣兼枢密顾问官牧野伯爵；我则在皇后左边，下面是高木夫人。埃尔西坐在两位式部副长之间。

菜肴十分可口，乐队在屏后轻轻吹弹。我觉得，这间屋子虽然富丽堂皇，但不如接待大厅精美：死板的木器和厚重的幔帐未免太多了。不过，那些安置在摆得很巧妙的矮松和花卉后面的豪华金屏以及餐桌上的鲜花，还是非常引人注目的。艾丽 17

---

① 牧野伸显（1861—1949），明治维新功臣大久保利通的次子。少年时代就曾留学美国，从政后既当过地方官，也担任过内阁大臣，还出任过外交官，曾作为日本代表参加了巴黎和会。1925年，转任内大臣，之后也成为昭和天皇亲近的重臣，与元老西园寺公望被欧美视为当时日本所谓"自由主义政治"的代表人物。"二二六事件"时曾遭刺杀，侥幸未死。日本前首相吉田茂为其女婿。

斯觉得牧野伯爵和她谈得来，天皇的兴致也很高，容易交谈，谈话自然是通过牧野翻译。牧野确实是个大人物，但所有在座的哪位又不是呢？我们自然会跟牧野大谈比尔·卡斯尔（Bill Castle），此人是卡梅伦·福布斯之前的驻日大使。

通过高木夫人，我与皇后几乎聊个不停，高木夫人终于把声音提高到我可以听见的程度；皇后似乎对什么都感兴趣，问我的旅游经历、我们的历次职位、我们的体育爱好、家庭，当然包括安尼塔曾游了十九英里的事迹，还扯到从马尔马拉海至黑海的博斯普鲁斯海峡的整个长度。这样一点一点的，她差不多把我们的全部生活史都了解了一番。宴后分散成小群，天皇通过白鸟和我闲谈，问了许多关于土耳其的事情，皇后则同艾丽斯和埃尔西聊天。下午 2 点整，林男爵走过来了，于是大家鞠躬的鞠躬，行屈膝礼的行屈膝礼，午宴到此结束。

一切都办完了，国书也稳妥地递上了，这大概算是一件快事。作为一个久经历练的老兵，我没有再像过去那样为这类事情所苦，毕竟这只是又一次跨栏。

回办公室后，签署致外交界各位同僚的照会，其中我坚持要修改致德国大使的照会，因为内有"始终存在于我们两个使团间的愉快关系"一句，我并不同意。为保持态度一致，我也改了致西班牙大使的照会。内维尔问为什么不改致英国人的照会，我说在 1812 年时这里还没有我们两国的使馆呢。

工作正式开始

1932 年 6 月 15 日

美国人协会的正副会长赫茨尔（Herzel）和泰特（Tait）来访，说协会要宴请我，问我何时方便。内维尔跟我说过，他认为这事可以推迟到秋天，但协会的人似乎想要赶在美国人离城避暑之前举行，所以我同意 7 月 1 日去。当然又要做一次演讲。出乎意料的是，泰特先生给我们送来一辆新的林肯牌大轿车，在我们的凯迪拉克轿车运到之前我们可以先使用它。这辆车子本来是给已故首相犬养毅订购的，但在交货前他已遇刺身亡了。

随后是美国商人协会的秘书哈珀（Happer）先生来访，他要请我吃午饭。又要做一次演讲。试想，除了美国人协会、美国商人协会、美国学校和美日协会之外，光是日本参加奥林匹克运动会的代表团出发前，我就预定要分别做三次演讲：大使馆招待选手时为福克斯公司拍电影要讲一次，日本人饯行宴会上要讲一次，日本报界饯别该队时又要做一次广播演说。这样的生活着实难过，以后到了特定时候一定还要做许多次演讲。哈珀是日本版画的鉴赏家和收藏家，我们很想看看这些版画，他不久后就打算把其中的珍品汇集起来。

后来又接见松竹合名会社的社长大谷先生①和导演三岛先生。大谷拥有日本大多数的高级剧院，他来请我们去看星期五的一次演出，我们答应了。头一次看日本戏，一定会觉得很有趣。之后来访的是花旗银行的一位经理，名叫沃。

中午去拜访了法国大使德·马特尔（de Martel），他在中国当过多年外交官，他关于远东局势的见解高明合理，我们就此畅谈许久，给我留下了深刻的印象。随后即赴皇宫，在天皇和皇后的来客登记簿上签名，又到秩父宫府签名。下午 2 点

18

---

① 大谷竹次郎（1877—1969）早在 1895 年就开始经营剧场生意，与兄长一道创建了"松竹"。20 世纪 20 年代后，松竹开始涉足电影拍摄，很快就成为日本规模最大的电影制作与影剧院运营公司。

30 分，在递送国书后正式拜访斋藤子爵，他在首相宫邸接见
我，邸宅富丽堂皇，庭院优美。他说，曾与内维尔及其他三国
大使会谈过，对我已无须再多说什么，但他料想新外相很快就
会确定。3 点，拜访意大利大使马约尼（Majoni），他的使馆
设在一所很难看的房子里，房子却在一个很好看的花园之中，
树丛环抱，与世隔绝。一见面，我就喜欢他，畅谈甚久。他的
看法与别人无异，认为当下这个时刻随时都可能发生事变。4
点 30 分，拜访巴西大使阿马拉尔（Amaral）。他说："那天我
去您那座宫殿的时候，您叫它小平房；如今欢迎您来我这所小
平房的时候，我一定要叫它宫殿。"

19 　　对林德利的拜访要等他钓鱼回来以后才便进行，而德国大
使也不在家，所以拜会各大使的任务算是完成了。不过现在还
得去接见公使和代办，此后还要再去回访他们。除俄国使团和
我们自己以外，共有三十二个使团，这就意味着共有六十四次
互访，而且每次都得预约，还都得亲自出马，真是活受罪。

　　一位大使就是这样开始工作的，全靠自己的辛劳。午饭前
赴东京俱乐部的鸡尾酒会，这是这一整天唯一的插曲，参加者
有内维尔、修建过大使馆的建筑公司的雷蒙德（Raymond）和
俱乐部会计主任秋本等。假如工作老是这样紧张，我真需要每
天有那么一场酒会。

　　使馆人员响应我那天在会上的要求，已开始将他们写的机
密备忘录送来。下面是比较有意义的几条的要点：

　　　　在大使馆的一次午宴上，某国大使馆参赞发表过一番
　　有趣的谈话，称将来俄日之间合作的可能性比打仗的可能
　　性要大得多。他暗示他自己的（大概也是他使馆的）想

法是，日本国内很可能发生一场激烈的革命，从国际政治的观点来看，他觉得俄日联盟的力量是可怕的。

告诉我上述消息的人又说，最近有人散发过号召刺杀斋藤首相的传单。按他的说法是，许多人正在紧紧盯着首相。他还相信，甚至敢对天皇下手者都大有人在，可能是行刺，但更可能的是想把皇室赶回京都。他认为，上届国会无所作为，也许会被反动的极端分子利用。即便眼下无事发生，但难保不久后的将来不会发生事端。

某上校写道，往年富家子弟被征入伍后，通常被派去和近卫兵一起值勤，尤其是在可能发生不测的时候。可是，1932年农民子弟也被派去负责此类任务，富家子弟并没有得到什么特别优待。他称这个消息是从可靠方面得来的，并认为此事意味深长。他还说另一件事也值得注意：三井财阀给职工普遍加薪，并以私人捐献巨款用作救济费，显然是为了明哲保身。他暗示，向来吝啬的三井竟然有此举动，无疑是一件新鲜事。

日本剧院之夜

1932 年 6 月 17 日

晚 6 点，作为大谷先生的客人，与宾厄姆和小帕森斯同赴歌舞伎座。大谷是日本最大的剧院会社的总裁，麾下有日本全国三十多座剧场和四百五十座电影院。看了两出戏：《桐一叶》和《镜狮子》。《桐一叶》由著名演员中村歌右卫门主演，艾丽斯以前看过他的戏。在今晚的戏里，他演一位老妇人。另一出戏《镜狮子》由以"狮舞"驰名日本的舞蹈演员尾上菊五郎主演。

　　这是日本最好的剧院，上演的古典戏剧和舞蹈也是最好的，给我们留下深刻印象。剧院很大，座无虚席，舞台之宽，不比我在其他地方见过的逊色。布景和服装简直令人叹为观止。所有女角都由男人扮演，他们演得非常出色。菊五郎及其被视为杰作的狮舞，誉满全国，备受崇拜。他曾拜名伶市川团十郎为师学习狮舞，据说比他的老师演得还好。团十郎以前常说，在他所知道的舞剧中，狮舞是最难演的。这些名角的技艺大都是世代师承，菊五郎就是他那个谱系的第五代。在狮舞中，他脸上没有闪露过一丝表情，这舞蹈的旨趣全由他的头、手、身的动作来表现；他演妙龄美女时，头部动作尤为优美。这类日本舞蹈的传统程式和我们的全然不同，所以一时间还不懂欣赏其高超的艺术表现，它只能逐渐引起人们的爱好。对日本人来说，这种艺术则几乎是神圣的。

　　《镜狮子》的剧情很简单：有个美丽的侍女被选到将军城堡前表演一年一度的狮舞，她在众人面前感到羞怯，经过一番敦促才翩然起舞。她舞步优美，手里拿着一个狮子头，身边飞来两只蝴蝶为她伴舞。头一场只是装在长杆上的假蝴蝶，后来换成两个漂亮的舞女。蝴蝶挑逗她，使她激动欲狂，竟为狮子的灵魂所附身，最后变成了狮子。在这个时刻，她从观众的后面走过一座桥来到舞台上，穿着灿烂夺目的金袍，披着长密的白鬃，随即跳起狂放的、作为终场的狮舞，乐队给她配上更狂放的音乐，以壮声势。乐队由十八人左右组成，成员均穿和服，坐在台后，面对观众；其中约三分之一的人负责吟唱，其余的击鼓奏乐。在我们西方人听起来，这种音乐纯属杂乱之音，特别是那刺耳的横笛，它总是同日式六弦琴和歌声的主旋律或曲调格格不入。听了一个钟头以后，我简直头痛，但这种音乐也的确加强了舞蹈的感染力。观众如痴如醉，这种热情我完全理解。至于吹笛，其意是在宣告主角即将登场、下场或剧情即将达到高潮。

幕间，大谷先生带我们到了后台，郑重其事地给我们介绍这位还穿着全套戏服的大名鼎鼎的菊五郎，我们和他一起照了相。随后，完全出乎意料，大谷还招待我们和他的两个导演同事在戏院餐厅吃晚饭，餐桌上还插着日美两国的国旗。无法想象要是在华盛顿，新大使刚到任，就有个戏院巨头来这样招待他。但在这里，人们似乎已经习以为常，而美国也没有与此相近或能与之相提并论的、举国崇拜的传统表演和舞蹈，也没有像歌右卫门和菊五郎那样举国敬仰的演员。这些节目共有六出不同的戏，组成一套，从下午 3 点演到晚上 9 ~ 10 点钟，但我们已经把最好、最红的两出看了，这两出大约演了两小时。这些戏为何会对民众有那样大的魅力并不难理解，甚至连我们这些新观众在回去后仍久久难以平复兴奋之情。

此前曾电告国务院，日本可能即将承认"满洲国"。今天接到复电。国务院问：据新闻报道，日本国会已通过决议赞同承认，此事我们能否予以证实？我回复道，日本众议院已经通过了决议案，但尚无迹象表明此举除了政治上的热情外还有别的含义，也无迹象表明日本政府曾策划这个决议，或者将在决议的指导下行事。我还附上内维尔和有田①非正式会谈的要点：有田称政府不会仓促行事，内田伯爵也肯定不会那样轻率，他正准备回满洲处理南满铁道公司的一些事务，要到 7 月才能出任外相。　22

---

① 有田八郎（1884—1965），当年在外务省被视为"亚细亚派"，当时担任外务次官，之后曾在第一次近卫内阁、平沼内阁及米内内阁中担任外务大臣。

在我看来，由自己去和外务省谈论这个问题并不明智，至少目前是如此。我们连日本有承认"满洲国"的可能性这一点都无法完全肯定，因为他们若这样做，就会被视为在实际上废弃了日本对我们所做的最终将从满洲地区撤军的一切保证。但同时我又必须了解目前的实际情况，所以我才叫内维尔去打探，让他在轻松谈论其他事情时，顺便提到报上那些众说纷纭的报道。

在美日协会的致辞

1932 年 6 月 21 日　东京

诸位阁下、女士们、先生们：

你们当中如果有人是登山运动员或者山地原住民，就会稍微理解我今天的心情。因为你们也许领略过，当旭日初升，登临那渴慕已久的高峰，带着新的眼光，眺览四周的景色，感受新的鼓舞，将是多么兴奋。我在此想到日出，是因为你们的美丽国徽使我联想到我往日观赏过的高山晨景。自我上次访问日本已经过去快三十年了。今天我见到的景色和眺望的前景确实都是崭新的。我国政府授予我的这个地位也确实是高位之一，在外交界供职二十八年之后来到这个特殊职位上，我感到心满意足。这种深切的心情难以言表。

你们对我的热烈欢迎，让我难以用言辞来表达无限谢意。这给了我很大勇气来承担这次领受的重大使命。尤其是要感谢德川公爵阁下①和其他政府要员出席此会，你们的殷勤好意为

---

① 即德川家达（1863—1940），德川宗家的第十六代家主，其前任第十五代家主即末代幕府将军德川庆喜。德川家达曾先后担任贵族院议长、华盛顿会议首席全权大使、日本红十会总裁等职。

这里增色添香。你们还欢迎了我的妻子和女儿，我代表她们致以谢忱。日本人慷慨好客，久负盛名，我们初到贵国不过数日已明白名不虚传。有时我们的语言，准确地说各种语言的言辞，似乎都有词不达意之嫌。在这种场合，我们就得依靠一种如 X 光那样的语言，其在口头语言之下振动，却比任何话语都更能传神。你们对我的欢迎，使我更有理由希望，当我们彼此深入了解时，将会感到这一种听不见的、只可心照不宣的语言将是一位高明的译员，你我的口谈或笔述，他都能补其不足。

　　现在让我们来看看时局。若说没有什么重大问题困扰着我们，那是愚蠢的。必须承认问题是存在的，并且要尽最大努力去解决。我们今天正面临着复杂的国际问题，有许多问题还亟须在今后几个月内解决。在日本、在美国、在其他各国，若不是有数以百计的人正在用全部时间和精力去解决世界上的难题，那么目力所及的前景必然会令人灰心。人们正在逐渐学会彼此合作，共同协商，在会议上开诚布公地讨论问题、交换智慧和知识而共同获益。我深信，朝这个方向做下去，最终将获得成果。这些问题，今晚我无法一一细谈；还没有在你们的国土上扎下根来就大谈这些问题，也未免太冒失。但是我希望你们相信，全美国都在深切地、普遍地关心着日本。我要请你们相信，今天几乎没有任何问题像远东问题那样受到全体美国人民的密切关注。

　　这种关切不限于在华盛顿或纽约或加利福尼亚，而是普遍的。我和总统、国务卿、福布斯先生和卡斯尔先生等好友，以及其他许多人都谈论过。此后，我又横贯大陆，在每一个地方，在接触到的每一个人身上，都感到有一种强烈的愿望，那就是想要了解日本，了解它的思想、目标和根本意向。我相信日本人民一定也有一种强烈的愿望，要真正认识美国，真正了解它的思想、目标和意向。在我看来，我在这里主要就是发挥一个译员的作用，我希望能为两国做一种通译工作，能在某种程度上有助于不断增进双方的互信。我认为我的主要任务将是向我的国家解释你们的国家。多年来，你们日本人一直在孜孜不倦地研究我国，而我们作为一个民族也需要去了解你们的风俗习惯、历史和取得惊人发展的文化方面的许多东西。你们也能使用我们的语言这一事实，只不过是这方面的一个证据。

说到美国人民，如果有人问我，在今天的世界事务中，他们最感兴趣、最关心的问题是什么——关于这个问题，在过去十五年中，他们花过不少心思、做过很多讨论——我就会毫不迟疑地答道，那就是各国如何努力建立一个持久的国际和平机构。关心这个问题的，不限于所谓的知识界，即教会、大学、各种男女协会等旨在培养和形成舆论的组织，尽管它们的影响很大。上自最高官员，下至底层劳动者，皆包括在内。这种关心是普遍性的、根本性的。对 1914～1918 年那些黑暗日子的回忆，随着时间的流逝，可能已渐趋淡漠，但那几年的经验，已在美国人民心中，在同样有此惨痛经验的各国人民心中，培育出一种志向：一定要在精神上和实际上建立一个在任何时候、任何情况下都坚不可摧的国际和平机构。

至于世界局势，其严重性是不能否认的。所有国家，包括我刚离开的土耳其，包括美国，都正在经受经济萧条的重压和严峻挑战。国家是由个人组成的，在紧急情况下，国家就往往会像一个人那样可能做出与平时截然不同的反应。这就使局势更加易变难测，此点是必须考虑到的。但我不是个喜爱危言耸听的人。在当今世界上这种人也太多了。由于天性，又由于有信念，我是个乐观主义者。我坚信，人类的能力和智慧能够战胜、克服这些让全世界不安定的困难，对此日本和我国都肩负重任。

在解决我们的问题时，尤其需要镇静、从容、达观，尤其是东方式的美德。这就得花时间。任何国家都休想在一夜之间重建繁荣。我们或多或少是在一条船上的，而且我们都知道，我们已是彼此依靠，一国有事，邻国马上就会深受影响。我们毕竟好像被囚禁在这个浮游于太空之中的小小星球上，满天的恒星都比这个小地球大得多。我们不能离开它，所以我们还是要尽力学会好好相处。

美国之所以真诚地关心日本并切望它能顺利渡过这个萧条时期，原因很多，前面说的只不过是其中之一。单拿我们的贸易关系来说吧。美国一国就承销日本出口商品的40%，并向日本提供30%的进口货物。这些数字，值得深思。

25

就我本人的同情心和善意来说，我希望不久后就能把这些心意具体化，化为对我们两国都有益的、有建设性的工作。要不然，仅表示好感，有何意义？要完成有建设性的工作，只有直话直说才行，这样才能对彼此的观点有一个十分明确的概念。到底什么叫友谊？它是建立在什么基础上的，当然不是建立在空话上，当然不是建立在哗众取宠而不开诚布公的基础上。只有说真心话的朋友才算得上是朋友，在任何一个阶层中都是这个道理。他的话有时中听，有时则不中听。但听的人也就晓得自己是站在什么立场上了。现今，不坦率乃是一种缺点，不是优点。时下爱讲假话的人，信誉扫地；爱表示真怀好意的人，也必须用行动来证明自己的好意。而我也只懂这种外交，只懂这种友谊。

两周前我抵达日本时，承蒙各报记者到船上来迎接我，问了我许多问题。我尽力作答，但恐怕还是有误会，因为有许多奇怪的话竟被认为出自我口，说我自称对当前的日本毫无了解，便是其中之一。不错，我的确有好多东西要学，我此来确实是虚心坦率而不抱成见，确实是想竭诚研究日本及其各种问题。但是，说我对当代日本毫无所知，恐怕就不准确了。恰恰相反，我读过、想过、谈过不少关于日本的东西，不仅和我国政府高级官员谈过，而且和许多了解日本的我国、外国的杰出人物谈过，我还和许多我重视其意见、相信其材料的日本政府驻外代表谈过。一个人有这样的经历，就不可能完全无知。我热切希望，只要有幸和你们在一起，就能不断增加这方面的知识；我还希望，如有不当之处，能通过善意的批评和研究来予以改正。

我和日本还有别的联系。多年前我访问过日本，下榻在东京的一家日本旅社，千方百计地力求融入贵国的生活，目的就是要尽量学习。然而。自那时以来，变化多么大啊！宽阔的街26 道，高大的现代建筑物，瑰丽的公园和花园。这个城市进步得如此之快，弄得我这个旧时的游客几乎不可能追上它了。此外，我与妻子的结识也得感谢日本。她还是一个年轻姑娘的时候在这里住过三年。回美国后，有一次我见到她穿着一套颜色鲜艳的和服，扎着腰带，妆饰齐全，站在她家的壁炉边。我确信，正是当时这个情景令我倾倒，促使我向她求婚。另外请允许我再说一点，我们还藏有一些名人的亲笔签名，例如巴黎和会上西园寺公爵①、牧野公爵及其他参加那次历史性会议的日本代表亲手惠赐的，这些是我们最珍贵并以为自豪的宝物。有了上述的一般背景，今后无论要画什么画，就已经有了一张有用的、好下笔的画布。

在处理我们之间的问题时，必须有耐心，一百个耐心，还必须信任领导层的官员。我觉得我的地位负有重大的责任。要在实际上起作用，不仅需要日本政府，而且需要侨居这里的同胞们在认为适当时相信我，信任我。我希望他们和日本朋友们都有一样的感觉，我的大门始终是敞开着的，欢迎他们经常同我合作，随时随地提出建议和意见。我衷心希望，此次出使贵国，能获得富有实效的、使我们两大民族都长久受益的成果。

最后，我想再提一下卡斯尔先生，自与他在哈佛大学同窗以来，我和他一直交往甚密。他是贵国的挚友和倾慕者。我现在提到他，是因为最近我偶然看见他在东京美国新使馆奠基时发表的一篇演说稿，其中有几段话我认为我们应该永记不忘。我想用那些话来作为我使日期间的座右铭，因为这些话恰好表达了我对我们使馆的要求。在今天这个对我而言非常重要的盛会上，最好的莫过于把这些话重述一遍：

> 我们希望这些新建筑物能给改建后的东京增添一道新景。但是，一个使馆，倘若徒有其表，不论外表如何美

---

① 西园寺公望（1849—1940），日本第十二、十四任首相，曾与伊藤博文一道创立了政党组织"立宪政友会"。大正年间，被封为"元老"，拥有向天皇推荐首相人选的特权。早年曾留学法国，自称是"自由主义者"，主张发展君主立宪原则下的"政党政治"，称之为"宪政常道"。

观，它也是失败的。如果它只是用于防风挡雨，使大量的文件不受损坏，或只供日常办公人员居住，那它也是失败的。它必须是为美日两国服务，成为这种服务精神的寓所。它必须是友好关系的中心。在里面工作的人员必须献身于实现这个伟大的目的……我希望这块不怕风吹雨打的基石，能成为我们两国间友好精神的具体象征，象征这种友谊永远经得住诽谤者和挑拨者的打击。在这种持久的谅解和友谊中，珍藏着我们对未来幸福与和平的信心。

想要培育出这种谅解和信心，就要多仰仗这个热心公益的协会的合作。与此同时，我保证会全力以赴。

"日本的局势非常严峻"

1932 年 6 月 29 日

下面是一位日本人向我的一位部下所讲的话，他来自警视厅。平常这位来客多半只是谈天气，这次的内容却值得玩味：

日本的局势非常严峻。表面上看似平静，实则暗流涌动，民间积累了很大的不满情绪。只要有几个人聚在一起，神经就会被挑动起来，谋求解决问题，寻找出路。我们正不断获悉，各式各样的人群都在蠢蠢欲动。我们搜查他们，抄走他们的文件，抓了一些人，想这样压住事端，不让任何事件爆发。但是，什么时候会爆发重大事变，那就很难说了。任何时候都有可能。陆军青年士官们已不受掌控；对于该何去何从，他们有自己的看法。全国充斥着不满于政治现状者。

至于内阁，斋藤子爵是个正派人，阁员中也有几位正试图为国效力。然而，大多数依旧是那些老政客，还只是在为个人及其党派利益忙碌而已。看看有关县知事的风潮吧。安达这个人，要他为国家做任何一点好事都是不可能的。① 他正是一个专搞他自己的政治阴谋的老政客。

许多人一直想组织起来，想物色一个有领导能力的人，来组建一个以公正的原则为基础的新党，但这种人是很难找到的；据我所知，这个规划并无多大进展。

是的，我认为很可能还会有刺杀事件。在目前的氛围下要防止这类事件是很难的。

政客们削减了所有官吏的薪俸，说是为政府省钱，同时却任命各类政治上的同伙去当官。而这些官职又是完全不需要设立的，例如各部的政务次官，这些次官都无事可做。这类事情民众都知道，非常气愤。

光荣的 7 月 4 日

7 月 4 日 独立纪念日

今天的工作开始得很早，因为我得去参加上午 9 点在东方文化学院举行的开学典礼并做简短讲话。斋藤和另外两个阁员原定要来参加，但都没现身。

12 点 15 分赴东京俱乐部，美国大使照例要在那里向到会

---

① 指安达谦藏（1864—1948），九州熊本人，青年时代曾以记者身份前往朝鲜，曾参加包括乙未事变在内的多起政治事件。1896 年后开始从政。精于各类有利于选举的政治操作，为达政治目的，也曾多次更换政党或组建新派系，被右翼政治学者德福苏峰称为"选举之神"。

成员提议为美国总统的健康干杯［到会者有英国大使林德利、加拿大公使马勒（Marler）、波斯公使、林男爵、石井子爵，还有很多日本人和外国人］。12 点 30 分在美国俱乐部，再祝一次酒。两处庆典都是在酒吧间举行的，这是久已奉行的惯例，我不便干涉。

下午 4 点半至 7 点，艾丽斯和我在家招待各方来宾。尽管很多人已表示过一定要来，但我们还是登报邀请了所有美国人，又电话通知各个使馆和外务省，表示欢迎所有人。我穿上礼服，叫陆海军武官也穿上军装。这里的各国使节在自己国家的国庆日通常是不把外国人请到使馆来的，但我和艾丽斯认为，我们既然有一座又新又大的使馆，何不开个先例，把庆祝会变成一种招待会。各使团和外务省的几乎所有人员和许多美国人都来了，从斋藤子爵本人算起，共约三百五十位。艾丽斯把大使馆布置得很漂亮，天气正好晴朗，客人们可以在凉台和草坪上随意走动。大餐厅里可以自取冷菜、香槟酒以及各类饮料，舞厅里可以跳舞，音乐却不甚如意，因为日本乐队的那个指挥兼钢琴家没有来。尽管四个队员还是很卖力，但他们觉得惭愧，坚决不肯收费。虽然美中不足，今天下午的招待会仍然很成功，差不多每个人都留到散会，而且看来都很快活。

后来我们在平台上吃冷餐，在这儿可以俯视游泳池和馆舍。艾丽斯早先特别定做了一些日式灯笼，上面用日语写着大使馆的名字，并画有黄色的大帆船（我明白这是为了照顾我对船的爱好而设计的）。平台上放着藤椅、草席和许多枕垫，大树罩在头顶，照明唯有灯笼和月光，真是一个吃晚餐的好地方。留下来共进晚餐的有弗兰克·麦科伊（Frank McCoy）将军和夫人，连同他的属员布莱克斯利（Blakeslee）博士和比德尔（Biddle）中尉（麦科伊是今晨随国际联盟调查团来的，上午来探望我），还有德·沃尔特（de Vaults）夫妇、约翰逊海军上校、麦基尔罗伊陆军上校、内维尔夫妇、米尔德里德·托伊斯勒（Mildred Teusler）和她的已婚姐妹芬斯顿（Funsten）夫人、杜森伯里（Dusenbury）中尉、华盛顿、小帕森斯，以及一伙年轻人，他们后来又带埃尔西去横滨参加纪念 7 月 4 日的舞会，她在那里玩得很愉快。

我刚才忘记说了，参加我们招待会的还有国联调查团的全体成员，除李顿（Lytton）勋爵因病未到外，克劳德尔（Claudel）将军、阿尔德罗万迪（Aldrovandi）、施内（Schnee）博士等都来了。南希·阿斯特（Nancy Astor）的儿子小阿斯特现在是李顿勋爵的随员，他为他的上司不能来转致歉意，对我派麦基尔罗伊上校去车站迎接调查团、表示愿意协助该团工作而感谢。李顿确实病得很重，得了肠炎，发烧到 105 华氏度，林德利非常着急。我告诉麦科伊，我们本来很想留他们夫妇住在大使馆，但日本人对此会有什么想法恐难意料。这样做很有点像在贿赂陪审团。麦科伊说，他一向总是避免和我国使馆或领事馆的人员待在一起，因此即使我们挽留他也不能接受，他们上次来这里的时候就曾谢绝福布斯的邀请。

我们就是这样庆祝光荣的独立纪念日的，恰到好处。

满洲将成为"满洲国"

1932 年 7 月 5 日

弗莱彻是美国记者中唯一接受了我的邀约并常来的一位，每天或隔天来一次。他告诉我他今晨发表的论国联调查团某些观点的文章的材料来源，这篇文章已引起一片抗议声。他又

30

说，曾电告《纽约先驱论坛报》：关于日本承认"满洲国"，林德利已向外务省表示反对，外务次官有田答称，即便要承认，最早也得在国联调查团向日内瓦提出报告之后。这个消息后来也在日本报界引起一阵对有田的猛烈抨击，有田为摆脱困境，只好说他不过是发表个人意见而已。

弗莱彻还顺便告诉我现正在东京访问的"满洲国交通部"部长丁鉴修①昨天接见记者时的情景。他一进屋，就立刻有大约七个日本官员把他围起来，记者们觉得非常好笑。一位记者问道："您赞成'满洲国'完全独立吗？"这位中国人给出了肯定的答复，刚说完，便有个日本官员凑到他耳边来耳语，于是他又补充了一句："这将由满洲人民自己做出决定。"另外一个记者问到日本给予承认的问题，丁鉴修也回答了。那个日本官员又站起来在他耳边嘀咕，于是他又补充说："我们也希望得到美国的承认。"弗莱彻说，这实在太滑稽了，记者们再也忍不住都哈哈大笑起来。

1932 年 7 月 6 日

去拜访了马特尔，因为我想了解一下，他是否也对日本将承认"满洲国"提过抗议。他告诉我，还没有接到叫他这样做的训令。不过，昨天和有田谈话时，他曾力劝日本政府不要操之过急，理由是这样行事会使整个局势复杂化。马特尔认为，有田等人表示决心早日承认的公开声明，纯粹是说给国内人听的，日本政府不会急于行动。

---

① 丁鉴修（1896—1944），清末曾留学日本，奉张时期曾担任东三省陆军司令部外交处处长、奉天省省长公署咨议等职。"九一八事变"后，获关东军支持，组织奉天地方自治维持委员会。"满洲国"成立后，任"交通部"部长。

内田今天正式就任外务大臣，并接见了日本的新闻记者。他说，日本的外交政策依旧不变，日本虽将要求得到它应得的权利，但也不想采取不必要的、损及其他强国利益的行动；其他强国的误解，终究是可以消除的，但日本方面如有任何失策，就可能导致严重的后果。"严重的后果"一语，是译载在《日本时报》上的，自然引起了我的注意，我便叫狄考福去找白鸟，问他内田的话这样翻译是否准确。白鸟答道，英译的语气比原话重了一些，但我们所领会的意思基本上是正确的。

31

"开了好头"

1932 年 7 月 9 日

今年夏天，要想碰上许多可以探听消息的交际场合恐怕不会那么容易，因为很多人走了，应酬接待也几乎没有了，无法获得与消息灵通的日本人接触的机会。初期的良好基础，看来已经奠定，问题在于怎样好好地利用它。前几天有个外国的外交官告诉我，他的日本牙医曾对他说，美国新大使"开了好头"，牧野伯爵也曾对李顿调查团的美国代表弗兰克·麦科伊将军说，我们在这里将会有巨大影响力，可以做很多工作。问题是：怎样做工作呢？

日本政府完全清楚美国的观点，在公众舆论极难把握的现状下，反复强调这种观点，我相信只会得不偿失。任何传闻，只要意味着美国大使正企图阻止日本政府承认"满洲国"，就会导致舆论一片哗然，这又反倒会迫使日本政府改变其初衷而提早承认，报刊现在都充斥着代表军部的观点。刚开过一个群众大会，有高级将校参加，其中还有一两个陆军中将，该会通过了一个决议，要求立即承认"满洲国"。

今天我写了一封信给牧野伯爵，询问我可否去看他，向他表示敬意。我希望能跟他进行一次很坦率的交谈，他也许能给我一些有用的建议。我希望按照最近史汀生先生和新渡户谈话的精神来与他详细讨论时局，希望他能把我们所谈的内容上奏天皇；我要间接地弄清楚，牧野对麦科伊讲话的意思，究竟只是他认为我们可以在向华盛顿解释日本的观点方面多做工作呢，还是他认为我们可以更明确地向东京阐明美国的观点，进而影响当前的局势。这两种意思是大不相同的。现在我正找不到开展有益工作的途径，深望在这次和牧野的谈话中可以得到启发。从上面记的这些可以推知，日记既有记事之用，亦有厘清思路之效。

牧野伯爵说已经是年青一代在管事了

1932 年 7 月 13 日

上午 11 点，如约拜访牧野伯爵，他穿着和服在他的和式房间里接见了我，与我亲切长谈。我引用了条约并按照史汀生先生最近和新渡户博士谈话的精神，详述了美国对满洲问题态度的根据何在，并表示我恳切希望日本在经过深思熟虑前不要轻率地承认"满洲国"。他以极谦和的态度听我陈述，然后说现在已经是年青一代在管事了。他追溯了日本自明治维新以来的历史，说如今左右国策的元老多已亡故，年青的一代又还没有培养出他们自己的政治家，目前正是青黄不接的时候，但年青的政治家早晚是会培养出来的。他说，对于前途，他是个乐观主义者。他的这种新旧交替论，跟我在伦敦听见松平大使讲的很相似。

后来我们讨论到教育的极端重要性和大学在美国国民生活中所起的重要作用。我告诉他我国的大学毕业生是怎样越来越多地参与公共事务。他描述了他自己在赴巴黎和会途中访问美国时的情况，那次距他上次访问恰恰相隔半个世纪。谈话中牧野伯爵提到我在美日协会演讲中的几段话，大加赞赏，说演讲稿已被译成日文，呈天皇御览。他谈到比尔·卡斯尔及其在此期间所做的建设性工作。最后我说，只要牧野伯爵认为有什么具体办法可以帮助我发挥作用，就希望他以非正式的、私人的方式向我提出，不必拘礼，因为我非常重视他的意见。

33

　　每个民族都会有大人物出现。这次会谈无疑是我到这里后最愉快的一次，在谈话的整个过程中，牧野伯爵给我的印象很深，他真是一个大人物。他是天皇近臣，可惜如今军人当道，他也发挥不了多大作用。几乎和这里的每个人一样，他也谈到日本人对艾丽斯有一种特殊的感情，总把她当作佩里家族的一员。他跟弗兰克·麦科伊也谈到过这点，讲得更多一些。这次和牧野谈话到底有什么收获呢？的确，我并没有听到多少具体的东西，他当然不能向美国大使明确表露他对日本国策的态度。不过，我多少可以体会他的言外之意，我相信他将会成为一个同情我们的、可能还会提供帮助的朋友。

　　还有另一件完全不相关的小事：独立纪念日招待会以后，我忽然发现我们餐桌上所有的糖果都带有"莫斯科，苏联制造"的标记，不禁大吃一惊。听说苏联人正在远东倾销这种糖果，售价比粗糖还低，味道居然还不错。

"危险思想"——反法西斯主义者的专利品

1932 年 7 月 15 日

　　有两百名被认定为共产主义者的人正在东京各处的法庭上受审。这批人是自去年 4 月以来，警察在历次突然搜查中逮捕的。报上几乎没有一个星期不报道某处又有激进分子被捕的消息。但不必多说，没有哪一次抓的是军国主义极端分子或其他反动分子。通常是相当无辜的学生和职员遭殃。反法西斯运动看来规模并不大，其实基本上已被扑灭，但是官方搜捕之后，又继之以大肆宣传，其目的无非是要震慑其他持有同样信仰的派别，并为军国主义极端分子打掩护。

折中还是诡辩？

1932 年 7 月 16 日

弗莱彻告诉我，在今晨记者招待会上，白鸟对记者们说，为配合国联调查团的观点，日本政府正在考虑，在"满洲国"证明自己已具备被称为国家的资格之前，是否可以先承认它为一个"政权"而推迟承认其为"国家"。至于这种主张里有没有保持中国领土完整及其对满洲的主权的意思，还不清楚。但不管是什么意思，日本政府总算是头一次暗示有可能采取折中方案。这话要么含有维护中国主权之意，要么就是十足的诡辩。

日本为什么在"满洲国"问题上闪烁其词

1932 年 7 月 18 日

今晨弗莱舍告诉我，白鸟再次跟外国记者谈到"满洲国"，说法和周六时一样。他明确表示，出于尊重国联调查团的劝告，完全承认一事可能要搁置一段时间。白鸟的话可以做各种解释，特别是因为其中牵涉到中国是否继续对满洲拥有主权的问题，所以我便叫内维尔去和有田非正式地谈谈。此去一定要说明，他并非听奉任何指令，只是想了解白鸟的话到底是什么意思。要是由我去找内田，请他做正式的解释，就可能会对局势产生不利的影响，这是我无论如何要避免的。

内维尔跟有田谈了将近一小时，主动和他拉家常，讲了许多实话，他跟有田很熟，所以能这样做。有田说，白鸟想必是"疯了"，日本政府承认"满洲国"的意向从未有任何变化；并说一旦给予承认，就会承认它拥有完全的主权。

我给国务卿写了一封长电，汇报白鸟和有田两人的话，并陈述我们的看法，认为前者的话很可能带有释放"风向气球"的性质，目的是要试探外国的反应。因此不能设想他竟没有先和上司通过气，就敢发表这样的谈话，而且仅隔两天又基本上重复说了一遍。有田还对内维尔说，他认为内田不久就会约我去讨论整个局势。关于时局，众说纷纭，互相矛盾的各种声明、新闻报道、街谈巷议犹如洪水泛滥，搅得人心烦意乱。而我总得要随时向华盛顿报告究竟是怎么回事，现在把要说的话都电告了国务卿，我感到舒服得多了。我想，恐怕日本人自己也还不知道应该怎么办，白鸟谈话的态度是仔细研究过的，目的是要在国外造成一个好印象，等事到临头再说。

1932 年 7 月 20 日

拿起晨报，看见内维尔前天拜访有田的事上了头条，其内容是：现在英美两国俱已插手"满洲国"的承认问题，唯内维尔此举是否奉华盛顿之命尚不得而知。这自然是那个无法无天的白鸟干的，稍过一会儿，弗莱舍就向我证实了这一点。内维尔非常小心地对有田说过，他只是要求弄清某些新闻报道是否属实，并非奉命而来，也不是来提什么抗议的，这当然是大使才能做的事。我不明白外务省想从这种大规模宣传方式中捞到什么。内维尔去谈，只不过意味着我不能非正式地跑去商谈事情，因为我每一次到外务省，在那里讲什么话，都一定会被捅到报纸上，一定会引起夸张的宣传。若是日本大使出渊去一次国务院，的确也会有记者来找他，向他提问，但是至少国务院本身不会透露谈话的性质，除非有什么正当理由，即使透露，他们也会留心不要传错。在东京却不是这样。

上午9点一到办公室，就看到国务卿发来的论及"满洲国"承认问题的密电，深感欣闻。我认为他是在严格遵循正确的政策。他说他已经看了我的报告，是带着关切和"焦虑"的心情看的。"焦虑"（solicitude）一词在韦氏字典上的解释是"怀着恐惧和担忧"。

今天早晨，中国新公使蒋作宾将军①正式前来拜访。他来访时穿着一件黑色的便礼服，却戴着一顶大礼帽。这就让我在服装（服装是外交极重要的组成部分）问题上感到为难。如果我回访他时，按常规穿燕尾服戴大礼帽，就会超过他来访时的礼宾规格。如果我穿便礼服戴常礼帽，显然又会损害中美间的良好关系。无论如何，我都不能像这位公使那样严重违反服装上的外交惯例。这是一个我在今后几天得反复考虑的问题。因为外交就是由这类小事构成的。

意大利大使、即将在本周内回国短期休假的加拿大公使马勒夫妇、外务次官有田夫妇来吃午饭。饭后我告诉有田，看到

---

① 蒋作宾（1884—1942），湖北德安人，官费留日学生，学习军事。早年即受宋教仁影响，倾向革命党人，也是同盟会的元老之一。辛亥革命后，曾任临时政府陆军部次长。与孙文、蒋介石的关系都非常密切。北伐成功后，转向外交界，先后任驻德国、奥地利公使，并作为中国代表参加了国际联盟在日内瓦召开的第一次国际裁军会议。1931年年底转任驻日公使。1935年，中日外交关系升为"大使级"，他随之成为中国第一任驻日大使。

内维尔同他的非正式会谈竟发表在报上，不胜惊讶。因为内维尔已经很小心了，曾强调他此行并非奉命而来，也不是正式陈述意见，不过是要求弄清报上的某些传说而已。我还说，有田告诉内维尔，内田大概会在这几天内请我去详论大局，我已经知道了。有田答道，英意两国大使曾要求在本周内会见内田，他认为如果我也请求会晤就更好了。我说，此刻我没有什么特别的理由要请求会晤、打扰内田伯爵，虽然以后或许会有这种愿望。此事就到此暂时搁下。

新闻媒体的外交功用

1932 年 7 月 22 日

又是一个大热天，早上 8 点早餐室的气温就达到 86 华氏度。

给国务院发了一封电报，报告热河的军事形势；又呈国务卿一封密电，报告我不要求会见内田一事。我告诉他，以后要和外务省保持密切联系，时常非正式地讨论问题，将会十分困难，因为这类谈话总是会传给报纸，几乎没有例外，而且往往传闻失实，还会在本地报纸上惹出一些令人反感的、有时甚至是煽动性的评论。如国务院所知道的那样，白鸟此人似乎自行其是，不受上司约束，又好像专爱哗众取宠且以此为乐。不过我还是说，我希望能尽早解决这个问题。白鸟的确是个谜；币原①曾想赶走他却没成功，因为他显然有军部的支持，看来他

---

① 币原喜重郎（1872—1951）在 1924 年第一次出任外务大臣时，开始推行尊重华盛顿体系、对欧美采取协调主义，同时缓和对华关系等一系列主张，后被称为"币原主义"。随着日本国内军国主义势力抬头，"币原主义"最终无法阻止对外侵略扩张政策。"九一八事变"后，币原在日本政坛开始被边缘化。二战结束后，再度复出，成为第四十四任首相。

37　和军人是沆瀣一气的。他还是石井子爵之侄，又与枢密院议长、反动团体"国本社"的头子平沼①相熟：凭这些关系，他在外务省的地位当然就很稳固了。此外，他还和外务省亚洲局局长谷正之②非常亲密，后者又是陆军将领谷将军的兄弟，因而两人都和军部有密切关系。

弗莱彻前来辞行，他要去轻井泽度假两周。他是我和新闻界的经常联系人。他走了，我会惦念他的，但他已答应由他的同事唐·布朗（Don Brown）暂代，我仍可时常得悉白鸟在每日记者招待会上的妙论。

另一些记者显然仍旧是老一套想法，以为美国大使馆绝不知道什么消息，也绝不会给记者透露什么消息，因此也就不肯费事打听一下此种情况是否已有改变。弗莱彻却从中得益，因为我常常告诉他一些他自己无从知道的新消息。除非这些关系是彼此有用的，否则你不能跟新闻界建立有益的关系。

以球会友

1932 年 8 月 4 日

美国影片进口商沃纳建议，在公映前在大使馆提前放映一些博比·琼斯（Bobbie Jones）③打高尔夫球的新影片，我想这倒是一个好办法，还可以借此和日本高尔夫球界联谊。通

---

① 平沼骐一郎（1867—1952）司法官出身，曾先后担任枢密院副议长及议长、司法大臣、内务大臣及首相。首相任内与苏联签署互不侵犯条约。战后被认定为甲级战犯，被判处无期徒刑。
② 1942 年曾担任东乡内阁的外务大臣。战后曾被列为甲级战犯嫌疑人，后未予起诉。
③ 史上最著名的高尔夫球选手之一，创造过大满贯的优胜纪录。

过东京附近各高尔夫球俱乐部的会长发出了招待券，来了约八十位日本高尔夫爱好者，还有几个美国人和其他国家的人。放映会搞得不错：放映机和留声机都摆在大舞厅帐幔的后面，尽量不露出来。博比·琼斯讲解他的球艺时，声音很清晰，就像他本人在这个厅里讲一样。可惜十二部成套的影片中，只有四部运到了日本，演示如何使用推杆、铁头杆、短铁头杆和短球杆，但仅此已足以引人入胜。之后，在吃精美的冷餐时，我注意到不少日本人仍在练习握杆和挥杆的空挥动作。每部高尔夫球片子之间加映的通常是一部朴素的音乐动画片，但日本人好像都还挺喜欢的。他们对这次聚会表示非常感谢。

史汀生国务卿"卑劣的、挑衅的"的演说

1932 年 8 月 15 日

下一个让日本报纸大吵大闹的事件是反对史汀生先生在对　38
外关系委员会上的演说，这使我在轻井泽才休息了几天（8
月 10 ~ 13 日）就不得不赶回东京。内维尔也回来了。演说应
该是在 8 月 7 日发表的，日记写到此处的时候还没有看到演
说稿的原文，所以还不知道他究竟讲了些什么。不过，从搜
集到的最新新闻电讯来看，国务卿只是泛泛地谈到在远东局
势中运用《白里安－凯洛格公约》，并没有直接指出日本就
是侵略者。强悍的白鸟先生却不管史汀生是怎么讲的，竟对
日本报界说，史汀生先生如此攻击日本，全日本皆为之愤慨。
报纸同样大放厥词，诬之为"恶意宣传""极不得体""出言
不慎""卑劣的、挑衅的"等。有两天日本报纸满篇都是这
类言论，这类论调对日美友好关系毫无益处。事件收场后，

我才终于看到演说全文，其中并没有什么值得日本生气的东西。日本口口声声说它在满洲的行动是自卫，外务省对这篇演说的公开回应，却正好表明它做贼心虚。这是在他们意料之外的。

日本支持战争、反对国联的宣传

1932 年 9 月 1 日

国际联盟调查团于 1932 年 7 月访问东京时，日本报刊秉承官方旨意发表了一批论调类似的文章，重申日本奉行其"既定方针"的决心。这既是写给调查团看的，同时也是怂恿国民在必要时要对抗国联。如前所述，国务卿在对外关系委员会上的演说刚发表，外务省发言人白鸟先生便在 8 月 9 日向报界做了一通莫名其妙的、不正确的、挑衅性的解释。这样做的目的显然也是要煽动民族主义的反美情绪。

39　　当前，日本全国人民（甚至小学生）又在官方鼓动下捐款，为陆军捐献"爱国"飞机、坦克、汽车、装甲车和防空设备。这既是为了筹措军费，同时也是在激励战备狂热。

只有武力才能遏制日本

1932 年 9 月 3 日

召开了一次有陆海军武官参加的馆员会议，向他们读了打算呈史汀生先生的电报，这是经过重新考虑后改拟的。大家都同意。我不想感情用事，但我确实还要不断地公开表明一个意见：除非受到更为强大的力量制止，日本政府打算继续执行在满洲的计划。电报写道：如果不为强大的力量所阻，日本政府会坚决执行它的满洲计划；此外，现在操纵日本政府的人物还自以为他们的事业是正当的，这就更坚定了他们的决心。以上两点无论怎样强调也不为过分，请国务卿务必注意。日本国内自由派政治家无足轻重，甚至说一点分量也没有。军事准备正在稳步进行。他们料到，国际联盟肯定会发表对他们不利的报告书，但他们还是把美国看作最大的绊脚石；至于同苏俄的摩擦，现在已无人谈起了。

我说，日本人是聪明的，很难想象他们会真心相信满洲自决这么一个显属捏造的前提，但是他们认为自己的整场行动，即便不算自卫，也关系到国家最高的、最根本的利益，因此他们准备在必要时不惜一战。所有上述意见，均已得到越来越有力的证实，特别是在最近这几个星期中。仔细观察时局，我还看不出有什么办法能够改变如今日本人的这种顽固态度。由于国外的道义压力和国内的财政压力，日本的政策或许终有一天会被迫改变，但我们依旧不能不正视目前我们两国间在政策上和原则上存在公开对立的这样一个事实。

电报发出了，情况也如实记载下来了，我很高兴。美国在制定政策时应当对这些事实有明确的认知。

住在这个国家，使人有一种奇怪的感觉：作为个人，每个都是友善的，私交是最好的；但作为集体，他们总是对我的祖国怀有很深的猜忌和仇恨。这种敌意看来根本不是针对个别美国人的。史汀生先生是个例外，日本人的敌意全都集中在他身上了。显而易见，从报刊上常会得出这种印象：日本人在怀疑史汀生先生的对日态度是否真的代表美国公众的普遍态度。在不少日本人看来，他对日本在满洲的行动提出

40

的数次抗议照会，都仅代表他个人的观点。他们直言不讳，一旦史汀生先生离开国务院，那么情况就会随之改变。但对美国人来说，任谁在读起日本报刊时都会感到不舒服。这些报刊向来对美国破口大骂，而有关满洲问题的社论和文章则不过都以荒诞的思想为立足点。它们的大致论点不外乎：日本并没有违反《九国公约》及其他条约。而这都是建立在两个虚假的前提之上，一是所谓"自卫"，二是所谓"自决"。所谓"自卫"，其法律论据是荒谬的。但日本人一边提出所谓的"满洲自决论"，一边心安理得地宣称：满洲的两千七百万中国人已经在一场真正的革命中脱离了母国，这些中国人已经自己建立了那个"闹剧式"的"满洲国"。此时此刻，日本人表现得如此幼稚。这简直是对他人智商的侮辱。然而，这种论据还是日本人经常作为一个公认的、不容争论的前提拿到台面上说的，日本报刊也就凭这些捏造的根据，一刻不停地为日本的立场辩护。

他们想法的荒诞之处在于他们的全部论点就如纸牌屋般摇摇欲坠。我不相信李顿调查团会无法驳倒日本全部论点所依据的这两个虚假前提，当然我也能料想到为了取悦法国人，调查团应该会把话说得比较婉转。有谣传说，日本媒体称克劳德尔将军已接到训令，要尽量为调查报告书降调。

9月3日的《日本广告报》发表了一篇署名为藤田进一郎的长文。文中，作者将日本在满洲的行动与美国在巴拿马的行动相提并论。这的确是日本报刊社论作者最爱的题目。其实，我很高兴看到弗莱彻把两篇文章并置一处，一篇是这位日本人写的，一篇是他写的社论。弗莱彻列举了巴拿马建国的全部事实，在结尾写道：

上述内容均为事实。美国在巴拿马推行的政策和日本在满洲推行的政策有一些相似之处，谁也不会否认。然而，两者间有一个根本的区别，那就是时间的要素。日本作者们通常忽略了。美国干涉巴拿马是在三十年前。当时美国派军舰支持巴拿马 1903 年的革命并助其建立了政府，因此该政府才将运河权利让渡给美国，那个时候并没有什么国际条约义务限制美国政府不能这样做。

《国际联盟盟约》《九国公约》《白里安 - 凯洛格公约》都是在世界大战结束后才问世的。在此之前，各国都只能靠强力政治来决定国运，以战争为推行国策的手段。今天则不然，世界各国人民都坚信应有一种新的秩序，上述条约就是这种新秩序的象征。

在《日本广告报》上发表的言论只能到这个程度，否则它就会被没收。对于向来小心翼翼的弗莱彻来说，如此行事已需要相当大的勇气了。

以上的评论，一般人并不会特别感兴趣。但我认为写日记时或多或少理应把当时的想法写出来。历史是一系列连续展开的活动图景。如果能在数年后给过往的某一个场面增添一点色彩和气氛，同样不无价值。

花旗银行事件

1932 年 9 月 10 日

今天大部分时间用来处理花旗银行事件。如果说这事还不算严重的话，那就是在自欺欺人了。该银行的纽约总行曾要求远东各地的支行，如中国、马尼拉、新加坡等支行将其所在城市商业区的照片寄去，以便了解这些城市现代建筑的进展情况。日本也不例外。结果在大阪，日本宪兵突然叫停了当地支行的拍摄活动。此后不久，不仅大阪的报纸，甚至日本全国的报纸都登出醒目的标题和大幅的图片，指控该银行进行拍摄（其实都是严格遵守日本相关法律进行的）的真实目的是给美国政府提供市镇详图，以备战时轰炸这些地区。单从表面来看，整个事件是荒唐的，因为这些地点的照片是在商店公开出售的。而横滨的日本商会为了做广告，最近还在美国散发过附有同类照片的小册子。银行这么做其实也是为了日本人的利益。但是，整件事就如流感一般，迅速蔓延，至少已有一名该行的日籍职员辞职。银行又接到日本国内爱国团体的恐吓信乃至登门造访，要求日籍职员全体辞职。如此下去，即便银行人员和财产不受损失，其商誉与日常经营也必然受到影响。

白鸟照例在新闻记者面前肆意夸大其词。由于制造这起事件者显然是日本宪兵队，而宪兵是归陆军省管的，所以昨天我便叫麦基尔罗伊上校去找陆军省的某些高级军官，要求发表一篇宣布银行无罪的正式声明。但那些军官大概只觉得这事好笑，不肯认真对待。此外，银行的柯蒂斯昨天也找有田谈过了。有田似乎表示了同情，但当前者要求发表正式声明时，有田沉默了大约三分钟，最后竟说："啊，我们如何能完美地证明银行此举并无可疑之处呢？"不过，报纸的言论目前暂时停息，柯蒂斯认为我在这方面已无须再有什么行动。不过，今天他来电话说大阪报纸又闹起来了，刊登了极具煽动性的标题。电台公然广播，爱国团体也在捣乱。于是，我决定往访内田伯爵，就此事直接向他提出申诉。

会谈第 2 号 　　　　　　　　　1932 年 9 月 10 日

外务大臣内田康哉伯爵
纽约花旗银行事件

下午 3 点，如约拜访内田伯爵。他笑着说，久违了。我答道：自他就职以来，就想尽量少打扰他。 43

关于纽约花旗银行总行指令大阪支行在大阪商业区拍照一事，我向他做了详细的申述。

我告诉内田伯爵，尽管并无法律、规章规定不许拍照，大阪宪兵队却仍要求银行停止拍摄，此后，日本全国报纸几乎都用耸人听闻的标题来报道此事，指控银行所拍照片是要送给美国政府，并供拟制战时轰炸计划之用。我详述了这次报纸煽动滋事，已给该银行的声誉和经营造成了损害，同时要求：第一，开始正式调查；第二，为使已造成的损害得以部分补救，在接到调查报告后，立刻向新闻界发表正式声明，宣布银行无罪；第三，采取措施叫停报纸上的宣传。

内田伯爵认真听完我的陈述，讲道：在日本，政府难以干涉新闻界的事，但由于柯蒂斯先生访问过有田先生，调查已在进行。一旦接到报告，他便会按照我的请求对此事给予充分考虑。

邀请格拉斯·费尔班克斯来度周末

1932 年 9 月 11 日

此后到轻井泽消遣了几天，算是今夏的最后一次。道格拉斯·费尔班克斯（Douglas Fairbanks）① 是最受欢迎的客人，他非常风趣，是天生的演员，却又出人意外地谦恭有礼。他一到东京，我就写信邀他来轻井泽（我们多年前在华盛顿见过）。不过，我也说明这里并没有多热闹。他本另有约会，要和奥林匹克运动会的障碍赛马英雄男爵西中尉②共度周末。因着急来我们这里，他就把别的约会推迟了。周日我们先在冰水池里游泳，后又冒大雨打了三十六洞高尔夫，费尔班克斯连击四十三次。他是个高尔夫球高手，在英国常参加比赛。周一下午在他回东京之前我们又打了一盘。

我们这里还来了一伙年轻人。实际上，他们几乎都是我们的朋友。大家一起吃午饭、吃晚饭、喝茶，费尔班克斯玩尽各种戏法，分享各种传说、逸闻、旧事，逗得他们一直很开心。他特别喜欢埃尔西，让她快活极了。周一午饭后，我们一起去拜访德川侯爵夫妇，他们曾邀我们午餐，而我们因打高尔夫球未能前往。他们横渡英吉利海峡时在船上见过费尔班克斯，此后很想与他再见一面。

毋庸置疑，即便是在恬静的轻井泽，也无法完全避免因出名而惹来的麻烦：费尔班克斯总被人认出来。从早晨7点给莫斯小学的两个学生签名开始，大部分时间不得不花在签名上，他倒总是愉快地有求必应；他的现身当然也轰动了整个高尔夫

---

① 好莱坞早期的著名演员、导演及剧作家，代表作有《罗宾汉》《佐罗》等。

② 即西竹一（1902—1945），日本陆军的骑兵及坦克军官，参加过1932年洛杉矶奥运会。与爱马乌拉诺斯在马术场地障碍赛中夺冠，因精湛马术与良好风度获得美国舆论的好评乃至社交界的追捧。因有男爵的贵族头衔，所以一直被美国民众称为"西男爵"（Baron Nishi），曾被授予洛杉矶荣誉市民身份。1945年战死于硫磺岛。

球俱乐部，他们事前已备好最好的球童，开球时还有一大群观众。我把每个人都介绍给他，他总是和颜悦色、热情招呼。他每天都拍电报给玛丽，玛丽在一两个月内就要来东京和他相聚。他在那里租了房子，打算小住一段时间，因为他想了解日本人并多打一阵高尔夫球。有人请他签名，签完后还要他再写一点，他便在后面加上"玛丽·皮克福德（Mary Pickford）的丈夫"。他最近在南洋刚拍完一部片子，答应在我们使馆首映。

　　告别后，他来电话说："周末愉快极了，无时不欢，非常感谢。"我相信这是真心的。当然，他让我们大家都欢度了假日。现在，关于制片、好莱坞和电影界，我们比过往要知道得多一些。他的电影——凡是我们想知道的——他都详细讲解，例如电影《八十分钟环绕地球一周》（*Around the World in* 80 *Minutes*）里的印度把戏是如何拍摄的，等等，他和盘托出却又绝不夸大。一根绳子抛在空中，印度小孩竟能爬上绳去，这般惊险绝技的拍摄方法其实很简单，倒转镜头拍摄就可以了，绳子是朝下吊着的，而不是朝上。

　　9月12日，周一，报上登出了华盛顿电讯，报道我上周六就花旗银行事件向内田伯爵提出申诉一事，并引用了我发回国内的电报全文。新闻登得可真快。我想一定是如我所期，电报已及时送达，赶上了国务院的周六记者招待会。我知道，美国报纸定会把这次事件当作相当惊人的新闻，因而会向国务院提出一大堆问题。在电报里，我创造了"摄影谍报"这个词，45
报纸当然也采用了。不管它叫什么，都是强加给银行的罪名，不外乎这个意思。电报在《日本广告报》上登出后的第二天，《时事新报》就抛出一篇社论说这是小题大做，美国大使竟然诉诸内田伯爵，致使此事变成外交事件，令人遗憾，还说美国大使太过轻率，着实不幸。起初，白鸟告诉记者：内田伯爵答应调查，只是按外交惯例对一个大使的申诉给予礼节性的回答而已，并不是真要做什么调查。但两天后，他显然又奉命改口说，内田伯爵即将答复我的申诉，会宣布"日本政府并不认为美国银行的行为不正当，也不认为有不良动机。预料内田伯爵将会通知美国大使，他不反对向美国报界披露这个消息，但是他未必会向日本报界发表任何声明"。我想，肯定是有人劝告过外务省，要求它稍微留意一下美国公众的反应。至于日本报纸，我相信外务省是控制不了的，当然外务省本也没有打算这样做。操纵新闻界的是军部，这次反美国银行的风波十之八九就是军部一手策划的。他们认为这又是一个机会，可以在国内煽动反美情绪。

日本在婚姻和政治方面的正统观念

1932 年 9 月 20 日

以下是一位使馆职员写来的备忘录：

日本关于使私生子合法化的法律和习惯，比世界上大多数国家要宽松。在欧洲各国和美国的大多数州，只有父母结婚之后，私生子才能有合法地位。而且即便在这种情况下，通常还有相关的限制条件，譬如在孩子出生时父母双方均有能结婚的合法身份。在日本，非婚生的子女在出生时就已是母方家族的成员，而只要父方予以承认（不论父亲是否已婚），这孩子便能成为父家的"庶子"，即合法的孩子，使用父方的姓。他既可以继任家主之位，也能继承家产。于是，他就可以成为正常的社会一员，并不会因出身而背上任何污名。父亲办理承认子女的手续也很简便，只要告知当地户籍官，这孩子为他亲生的就行了。换言之，就是在主管官员面前认下这个孩子而已。

如此轻易就能使私生子合法化的惯例，在日本人的观念里早已根深蒂固。所以在日本人看来，类似的惯例无法适用于国际事务自然是毫无道理的。"满洲国"就像是一个私生子，虽然怀胎时并不光彩，生下来更丢脸，但只要通过父亲的承认这个简单手续，就可以把它变成国际大家庭里正常、体面的一员了。

生活的情趣藏于琐事之中，所以我觉得记日记是莫大的幸福。书信所描绘的，最多不过像一幅印象派的画作。即使如大部分通信员那样连续讲一个故事，也不会总是前后紧密相连而一丝不断。而私人生活，特别是亲近者的生活，却能提供最有趣的故事。我岳父托马斯·萨金特·佩里的书信自成一格，近乎日记，也让我念念不忘。我女儿利拉和安妮塔的信件也如实反映情况。写日记，难免有考虑不周之处，这是人之常情。近三十年来，即便我自己在写作上有不慎之处，但在回顾时从来不会为之烦恼。

还是回到政治问题上。日本媒体预言或毋宁说期待国际联盟不久就会瓦解，理由如下：

（1）美国和苏俄都没有加入国联，今后美国也不见得会加入。因此英国和法国都赞成解散国联，另成立一个有美国参与的国际机构。

（2）英国对国联的支持已无多少热情。拉姆齐·麦克唐纳①认为，国际问题应通过直接谈判来解决。

（3）国联在远东问题上进行的活动毫无价值。如果国联强迫日本服从盟约，日本就会退出。

（4）如果法国想通过国联向德国施加压力，德国就会退出。意大利因同情德国，也将一同退出，匈牙利、奥地利和保加利亚则紧随其后。

（5）处理玻利维亚和巴拉圭之间的查科问题②时，国联已显无能为力。

（6）埃里克·德拉蒙德爵士（Eirc Drummond）③的即将辞职和经费问题也都是促使国联解体的原因。

议论有趣，值得深思。是否真有人在考虑解散国联，我无从知晓。但自盟约通过以来，洪水已一再溢出这个堤坝。它的弱点和不利条件已为现实所证明。正因为如此，现在才有了《白里安－凯洛格公约》，对国联进行一番美国乃至苏俄都能认同的全面革新则是有可能实现的，而且这对有关各方都会有较大的裨益。国联作为国际政治领域中一间巨大的"股票交易所"，实为世界所需，我国本就必须与其合作，而且事实上也在合作。不过，自有《白里安－凯洛格公约》后，《国际联盟盟约》的某些条款在理论上已经过时了。那么就应该保留现有机构，进而整顿整个组织，再根据《白里安－凯洛格公

---

① 拉姆齐·麦克唐纳（Ramsay MacDonald，1866—1937），时任英国首相，英国工党的最早创始人之一。

② 1932～1935年，玻利维亚与巴拉圭曾因查科地区归属问题而爆发战争。

③ 埃里克·德拉蒙德（1876—1951），时任国际联盟秘书长，英国外交官出身。

约》重订盟约，使美国有参加的可能。利用这十三年来的实际经验，在新的基础上再从头做起，又有何不可呢？

德国使馆馆员论日本

1932 年 9 月 27 日

今天，有一位德国大使馆馆员来谈了一会儿。最近几天的新闻报道日苏已达成谅解，他却对此表示怀疑。可小矶①（武藤将军的参谋长）动身赴满洲前，又确实找苏联大使特罗扬诺夫斯基（Troyanovsky）进行过非正式的会谈。特罗扬诺夫斯基表示，双方并没有达成什么协议。不过，他感到满意的是，苏联在短期内不会受到日本的进攻。日本现内阁不想找俄国的麻烦，小矶将约束陆军。因此，只要现内阁不倒台，大概就会太平无事。但估计现内阁的寿命难以延续到明年 1 月后，到那时会发生什么事情就不得而知了。

我问，俄国人是否认为现在进行的军事准备是针对他们的？

回答是：他们不知道。这位德国人因为要向他的政府写一份报告，所以一直在研究此事。他不认为军事准备会有这样大的规模。照他的说法，情况是这样的：若槻礼次郎②内阁（1931 年 12 月倒台），特别是若槻和井上藏相曾想维持金本位。若要维持金本位，就必须尽量削减政府开支。陆军原是完全不受任何裁军建议羁束的，但为了省钱，若槻和井上曾打算裁减陆军。陆军因此不得不有所行动，否则就会丧失他们在日

48

---

① 小矶国昭（1880—1950），时任陆军次官，之后担任过朝鲜总督。1944 年接替东条英机出任首相。战后被认定为甲级战犯，被判处无期徒刑。

② 若槻礼次郎（1866—1949），日本第二十五任、第二十八任首相，大正年间政党政治的代表人物，后因未能约束陆军发动"九一八事变"而下台。

本国内的全部势力。若槻内阁希望联合资本家们一起治国，而不是联合官僚或军部。因此陆军就发动了满洲事变，刺杀了井上准之助①和团琢磨②。国内一掀起战争热潮，陆军就趁势拼命要钱，以便获得最新式的装备。拨给驻扎满洲的五个师团的经费，名为驻军军费，其实根本用不完。他们正在用这笔经费买装备。同时，为了得到更多的钱，他们还在叫嚷要警惕未来的危险，如将与美国打仗之类。

一个日本男生的来信

1932 年 9 月 20 日

下面这封信来自一位日本男生，值得一记：

我亲爱的先生，

您好吗？

虽然我只是一个十八岁的男生，但我非常喜欢飞机，喜欢各种各样的飞机。只有飞机的照片才能让我高兴。日本没有漂亮的飞机照片，而且非常贵。我非常想要一张好飞机的漂亮照片。

请不要笑我。请不要嘲笑我的请求。

如果您手上有飞机照片的话，请给我一两张吧。哪怕是借给我也好啊。

---

① 井上准之助（1869—1932），曾先后两次担任大藏大臣与日本银行总裁。因此曾主张削减军事预算，遭军内极端分子仇视。1932 年 2 月在参加选举活动时，遭"血盟团"成员刺杀身亡。
② 团琢磨（1858—1932），明治维新后三井财阀的实际缔造者。1932 年 2 月，遭"血盟团"成员刺杀身亡。

如果您能给我的话，我该有多么幸福和高兴啊。如果您没有的话，请教我怎么写信给你们国家有名的飞机公司吧。

先生，请答应我的请求吧。求求您了。

再见，先生。

年轻的男孩

"要么忍着，要么打"

1932 年 10 月 7 日

常听人说，日本的自由主义者们一直在暗中坚持活动，早晚会听到他们的动静。这种说法并没有什么具体证据。尽管不顾军部的反对，日本政府已决定让驻美大使出渊胜次①返任，这或许是个好迹象；不过，我又觉得，这恐怕是天皇干预的结果。无论如何，有的明智之士已经看到，若在这个时刻派一个耀武扬威的人去华盛顿，后果将不堪设想。同样的，美国要是派这样的人到此地来，也会招致毁灭性的灾难。去年 5 月我在华盛顿见到陆军部部长赫尔利（Hurley）时，他用一句话就概括了这样的局面："要么忍着，要么打。"

下午弗莱彻来访，讨论了他即将寄给《纽约先驱论坛报》的文章。随后是某某人来，谈了一小时。他说，他一直不断在做演讲。有一次是向三百位军官讲，清楚地说明了美国的立场。他曾在牧野伯爵等人在场时和天皇谈了两小时十分钟，天皇对他讲的一切都深感兴趣，这使他受宠若惊。他说，天皇完

① 出渊胜次（1878—1947），自 1928 年至 1934 年间担任日本驻美大使。

全理解我们的立场，亟欲制止反美宣传和沙文主义的好战言论。此人还要我注意两点：第一，只要少帅张学良按兵不动，那么日军就不会直捣北平，这完全以张学良的动向为准；第二，他希望美国的大西洋舰队在太平洋演习后，能在冬天返回大西洋，因为它留在西岸就给日本许多排外好战言论和陆海军备战活动提供了口实。他再三强调，日本国内的政局目前算是控制住了，军人中比较严重的沙文主义观点正被迫缓和下来。最后一点是否属实，我仍怀疑。

此人做了我无法做的事，正如我函告史汀生先生的那样，如今是这么一个时候：身为美国大使，公开演讲时不谈政治问题，倒是上策。我可以在私人谈话中阐述美国的观点，但在公开演讲时则不然。另外，实际上所有讲话都会被传给报纸，连保证保密的也照传不误。只要试图说明美国的观点，就会引起公开的争论，沙文主义者唯恐我的话会在日本大众心中留下一点好印象。此后，如果美国因李顿调查团报告书而采取行动，那时再公开发表演说，可能较合时宜。国务院最近发了一份文件，就裁军、德国要求军备平等和条约的神圣性等问题，进行了极为清楚的、系统的阐述，充分说明了我国的态度和政策，供我国驻欧洲各国的大使们参考，鉴于这种说明也能间接适用于现在的局势，所以也给了我一份。文中一部分，连同国务卿历次讲话的一些部分，在今后发表演说时，皆可以引作依据。不过，这要等情况发展到需要的时候才可以。

此人告诉我，因为我面对攻击时能忍耐，公众的同情其实在我这一边。他还提醒我，如果我不采用别的策略而只是在适当的时候才运用我的影响力，我的影响力将会变得更大许多。

因为谈到这里需要一点轻松的调料，我便引了一个记者名片上的两句话。这张名片是前几天送到办公室并转给我的，他要求予以接见：

请告诉我，您对李顿调查团的报告书有什么看法？美国人民的观点和史汀生先生是一致的吗？

他理当受到接见却没有获得接见，因为与记者会面的危险不亚于发表演说。

记在日本赴宴的经历

1932 年 10 月 10 日

去德川公爵家赴宴，客人中有出渊夫妇、有田夫妇、武田、麦基尔罗伊夫妇等。德川家的媳妇（亦出自德川家族）是女主人。在我看来，料理、鲜花、陈设、餐具几近十全十美，只是电灯没有加灯罩，强光刺目，把整个屋内的景色都给糟蹋了。以客厅里的灯光强弱来衡量主人是否殷勤好客，此种想法连一些文明国家也仍然摆脱不了，真是奇怪。这种强光既伤视力，又刺激感官，而且把在座女士们的一切优美之处都照掉了。和往常一样，在酒席上聊天对我来说是件苦差事，因为日本女人除极少数外，总是不肯轻松谈话，说一句，下面的又听不见了，甚至发表意见时也如同在窃窃私语，我只能把耳朵凑到她们的盘子上去听。况且，听得如此辛苦，也很不利于消化。我总想对讲话不肯大声一点的人说"如果说干什么都得费一点劲的话，那么提高嗓音总比竖起耳朵省力得多"，但这话我始终没有讲出口。艾丽斯常占优势，因为每次她都是坐在

51

两个男人之间，我的左右则都是女人。不管怎样，得与德高望重的德川公爵共餐并追忆他家一度统治日本的历史，也算是一件乐事。

另一个日本发声了

1932 年 10 月 18 日

下午，某君如约前来。他说因有幸接受宴请，特来致谢。不过，通常只需留下名片就行了，他显然是有话要说才来的。他谈了许多，大意是日本稳健派的力量还是相当强大的，影响力也相当广泛。只是因他们的观点未能在报刊或演讲中发表，所以一般人低估了他们。话讲得最多、在报上写得最多的人，不一定就是最有影响力的人。到了适当的时候，那些思想上的温和派就不会再如此默默无闻了。

这是他们常在我面前念叨的内容，但我当然要看到一点真凭实据才行。况且我想要知道，即使这个所谓的稳健派运动最终引起了人们的注意，那它又要怎样去影响实际政策呢。现在，日本既然已经正式承认了"满洲国"，那就很难相信今后会有哪届日本政府能够否认这一决定，又或是承认中国在满洲拥有哪怕是名义上的主权。显而易见，这才是整个问题的关键。至于我，对某君说得很坦率，并把美国政府在这个问题上的明确立场告诉了他。听说他将会在日本得势，这让我很高兴。因为他绝不是那种沙文主义的好斗之徒。

在内田府邸的宴会上，客人中有伍德罗·威尔逊（Woodrow Wilson）① 的夫人、出渊夫妇、牧野伯爵、桦山伯

---

① 伍德罗·威尔逊（1856—1924），1913～1921 年任美国总统。

爵、德川公爵、有田夫妇、麦基尔罗伊夫妇等。进餐前后，我都和牧野伯爵长谈，他的话和今天下午某君所谈的非常合拍，都是强调目前确有一股稳健思潮的"暗流"，继而又谈到《凡尔赛和约》导致的后果。后来我和某人坐在一起，他谈的也和牧野伯爵如出一辙。他们都想使我理解这个意思。

　　大概只有两件事尚可视为军人气焰有稍被遏制的迹象：一是明知军部会反对，出渊仍将返回华盛顿继续担任大使；二是今晨《时事新报》刊出一篇文章，称朝鲜总督宇垣将军或将接替斋藤。因为人们觉得作为荒木的上级，宇垣是陆军中唯一能驾驭荒木的人。此文竟被允许发表，这一点已值得琢磨，尽管到目前为止我还不怎么相信这类预测。

　　如果说有什么东西能逐渐削弱军阀的势力，那就是国家预算中用于满洲战事的庞大开支：这一点确是必须考虑到的。满洲所谓的"匪患"，看样子是有增无减，虽听说已攻占了一些"土匪"的据点，却没有听到大量"土匪"失去战斗力的消息。其间又有报告称"满洲国"部队中存有不满情绪。还有更值得担心的，那就是不晓得苏俄究竟会做什么。由于"土匪"的破坏，满洲的大部分铁路或多或少地陷于瘫痪状态，此间忧虑又因此加深。如果交通线遭到破坏，那么面对假想中的俄国威胁，日本军方就无法处之泰然。这里还包含着另一层危险：日本人终将感到有必要占领北平和整个华北。在国际联盟按李顿报告书采取行动以前，他们大概还不会攻占热河，但张学良总是疲于应付，那个地区正在酝酿着什么事。麦基尔罗伊对此很是不安，但现在他也不能冒下判断。事情总这么模糊不清，令人惆怅。

52

与伍德罗·威尔逊夫人共餐

1932 年 10 月 24 日

艾丽斯陪同伍德罗·威尔逊夫人驱车出游，在明治神宫外苑散步，她们都谈意颇盛。威尔逊夫人谈到一件很有意思的事。她说，在日本经常微笑非常有用。此话不假，艾丽斯就交了许多"微笑"朋友，从我们门口的警察到她训练警犬基姆时路上遇见的母亲们和孩子们都是她的"微笑"朋友。

53　　与伍德罗·威尔逊夫人、桦山伯爵等在当地美国人创办的圣路加医院①院长托伊斯勒博士（Dr. Teusler）家用晚餐。威尔逊夫人在我邻座，跟我讲到 1916 年威尔逊总统是怎样听到他再次当选的消息。故事讲得生动有趣。据说威尔逊总统觉得不宜在白宫指挥竞选，便在新泽西城阿士布里公园附近租了一所房子，然而整个夏季他都在忙，离不开华盛顿，直到大选（当然照例是在星期二举行）前几天才迁到那里。当时还没有无线电广播，本来可以叫电报公司在屋里装一条专线，可是威尔逊总统又不想要这种"特权"。于是，他们便决定由总统的秘书图马尔蒂（Tumulty）从设在阿士布里公园的办公室用电话报告选举的结果。

星期二晚上的唯一一次电话是玛格丽特·威尔逊（Margret Wilson）②的一个朋友从纽约打来表示慰问的，因为《纽约时报》大厦刚才闪烁的信号灯是红色而不是白色的，说

---

① 即圣路加国际医院（St. Luke's International Hospital），建立于 1901 年，是一所隶属日本圣公会的教会医院。

② 伍德罗·威尔逊的长女。

明休斯已经获胜。玛格丽特·威尔逊回答说，除非进一步得到证实，她不承认这是最终结果，但总统认为已经无望了。威尔逊说，他感到高兴，可以不再为国事操心（威尔逊夫人说，若当时他真的离任了，现在也许会在这里）。讲完，他喝了一杯牛奶便睡觉去了，其余的人仍旧坐着，谈到深夜。到了星期三也没有消息，只是万斯·麦考密克（Vance McCormick）在凌晨4点来电话说，他表示在西部的选举结果揭晓以前也不会认输。

星期四晚上，已是大选后两天了，依然没有消息。威尔逊总统和夫人便动身前往威廉斯堡去参加塞尔家（Sayre）一个小孩的命名礼。行至威霍金小镇换乘火车时，就是在这个车站里，有个陌生的妇人来向威尔逊夫人献花，向她表示祝贺，因为她的丈夫赢得了选举。这是他们第一次听到胜利的消息，但还是难以置信，之前以为已经失败了。至少二十四小时以前，华盛顿已得到了消息，但谁也没去通知他们，因为大家都以为他们理所当然是知道的。我问，那些时候图马尔蒂干什么去了。威尔逊夫人说，她猜想他已完全被胜利的报告冲昏了头脑。就这样，总统本人——这位最关心此事的人——就成了国内最后得知自己已经再次当选的人之一。

日本的寺院

1932 年 10 月 27 日

今天又是在日光①旅行的美好一天。早上，和莉莲·米勒（Lilian Miller）出去瞻仰庙宇。寺社很多，神道教、佛教的都

54

---

① 位于日本关东北部的栃木县境内，以风景、神社及寺院闻名，是著名的观光胜地。

有，有的是为纪念德川幕府的开创者家康及其孙家光而修建的。[1] 建筑设计和细节装饰之富丽堂皇，漆器和木雕之绚丽多彩，无法用笔墨来描写。米勒小姐说，以前林德伯格（Lindbergh）[2] 看到这些东西的时候一言不发，直到全部看完以后，他才说了这么一句："所有这一切都应该保存在玻璃柜子里。"这样的评价大概比较恰当。我特别感兴趣的当然是那世界知名的表示"非礼勿视、非礼勿言、非礼勿听"的"三不猴"，还有就是那涂着金色和红色的神桥。此外，这些寺社（我看总共有六十座左右）都深藏在一大片巨杉林中，此种景色才真是令人叹为观止。有些杉树按年轮计已有千年之久。这些树属红杉类，有加利福尼亚红杉的"小兄弟"之称。它们高高伫立，犹如寺庙的忠诚卫士，排列在长长的长满青苔的石级两旁，筛下点点阳光，洒在金、红、绿三色交辉的殿宇上。这种奇观，令人终生难忘。

参观日本丝厂

1932 年 11 月 2 日

今晨艾丽斯、埃尔西和我在商务参赞巴茨夫妇的陪同下，赴大宫参观片仓缫丝厂，车程大概是一小时一刻钟。这次参观是早已安排好的，他们郑重其事，大宫的市长和警察署署长、公司的副总经理今井老先生等高级职员俱隆重出迎。我们参观了整个生产过程，从蚕茧加工、热水泡茧、抽丝、绞丝，直到

---

① 指位于日光的东照宫，是专门供奉德川幕府开创者德川家康的神社。

② 查尔斯·林德伯格（Charles Lindbergh, 1902—1974），美国著名的飞行家、探险家。1927 年 5 月，驾驶座机"圣路易斯精神号"创造了史上首次不着陆飞越大西洋的纪录，旋即成为誉满全球的名人。珍珠港事件前，对美国参战持否定态度。

将丝扎成捆以备装运。全日本生产的 92% 的生丝都销往美国。最有趣的工序是抽丝，机器排成长龙，数以百计的日本姑娘同时看管着二十台各不相连的机器，五个茧上的丝通过一个洞眼扭成一股线，那丝细极了，几非肉眼（至少是未经训练的肉眼）所能见的。 55

当茧抽完了或丝断了，姑娘们就得把手伸进 150 华氏度的热水里去换茧或接丝，那纤纤十指上的皮都破了，可是她们的动作很快，外行的参观者无论怎样也看不清她们在做什么。车间有扩音器，不断为姑娘们播放音乐，希望使艰苦的工作变得轻松一些。我们在场时，扩音器突然响起美国国歌，以表敬意。我们当然就地肃立，但令人苦恼的是他们放的大概是一张完整的唱片，那崇高的曲调吹奏了三次，没有奏完我们就不能动。

罗斯福当选

1932 年 11 月 9 日

我自己对大选结果是持"观望"态度，因为我不大了解富兰克林·罗斯福究竟有多大的潜力。有些人一当上总统就备受推崇，至少富兰克林就有这种背景。虽然我不知道他对外交事务是否熟悉，但他有一个好班子，可以从中挑选他的国务卿。至于我辈命运将受到什么影响当然心中无数，得到 3 月 4 日以后才见分晓。在此以前，大概也不会知道什么，尽管报上将会有各种各样的猜想和预言。有个驻纽约的日本记者电称，密苏里大学新闻学院院长戴维·威廉姆斯博士（David Williams）很有可能被任命为驻日大使，但那只是猜测。我自然是很想把这个工作做到底，但我不能在蛋孵出来之前先数有几只鸡。

日本报界对大选结果一致感到庆幸。因为，首先他们预料今后定会有对日本较为有利的关税政策。其次，大选结果意味着史汀生先生从此就会消失，他们还都认为，日本之所以因满洲问题而与世界发生那么多纠葛，大部分应由史汀生个人负责。值得注意的是，连使馆里的日籍仆人，例如小帕森斯的女仆和约翰逊的司机，听到这个消息也都欢天喜地，两个人都说："史汀生要下台了。"他们之中几乎没人认识到，在对待各项和平条约的态度上，美国人民整体来说都是坚决支持政府的，毫无同情日本的倾向。

日式晚宴

1932 年 11 月 25 日　京都

今晚又有一件大好事。在日本，似乎总会碰到许多使人心生快意的事，因为这里的生活丰富多彩。在漂亮的大泽府邸饮宴，全是日式风味。大泽是个商人，是通用汽车公司在京都的代理人、京都商会会长，却出身于古老的武士家族；他那个出来招待客人的儿子是普林斯顿大学毕业生，儿媳很漂亮。同席的还有他的妻子、女儿、另一个儿子，加上我们一行和泷野先生。我不知自己能否恰当描述这次宴会——这很难，因为整场宴会优美雅致，必须身历其境才能领会。

进屋时先把鞋脱在门口，他们全家出迎，除儿子外均穿日式服装，年轻妇女则身着华美和服。寒暄后，男主人领客人到茶室，茶室内沿墙壁设有坐垫，就座时或坐或跪。房间是用普通方格隔板装成，下铺洁净的草席，为保持简单朴素，室内没有一件家具。按照习惯，这样的茶室里只陈设一件艺术品，或挂卷轴，或置花卉，期望客人通过欣赏它静下心来开始享受茶道的仪式。室隅有热水瓮嵌入地中，下烧木炭（木炭自然是看不见的），当家的女儿来到门口，俯身下拜，然后在她兄嫂的帮助下将木盘、轻便木勺、放勺子的茶匣、钵、茶筅等物一一取来，她腰带上还别着一条猩红手绢。一切安排就绪后，她的兄嫂拿来第一个茶碗，这是一个小巧的瓷碗。以上各物全放在那洁净的草席上，各有特定的位置。

　　茶道仪式开始。先在每个客人面前摆上一种豆面和大麦糖做的名叫"馒头"的甜品和取食的小箸，女儿跪着用勺子把地下瓮里的开水舀入碗中；打开猩红手绢，再按一定动作折三四下，洗了茶碗，装上抹茶，舀上开水，用茶筅刷三次，每刷完一次后在碗边轻点一下。于是第一碗茶做好了；嫂嫂扭身起立，走向主宾，下拜，把茶碗放在他面前。主宾深深鞠躬表示领谢；捧着茶碗奉右边邻客，邻客婉拒，又奉左边邻客，后者也婉拒；主宾这才俯首饮下，注意要用左手捧着茶碗，右手护着，又要注意须将茶碗旋转半圈，不要从送来时的那边喝下。饮后将茶碗置于面前席上，倾身观赏，向主人品评茶碗之美。每个客人都这样一一敬到，一丝不苟。这是我首次参加茶道仪式，只觉其雅致宜人，印象深刻，已近乎庄严的国礼。

　　仪式结束，转赴邻室，又在垫子上或跪或坐，围成方形，身穿优雅和服、头梳古典发式的侍女捧着常用的漆饰餐儿而入，在每个客人面前拜置一张。先上热米酒，干两三小杯，再斟满，然后吃第一轮菜：鲜美的炖鱼汤、炸鱼、鲜虾沙拉，还有一两味别的菜，吃时自然是用筷子。大部分我都吃光了，这有点不妙，因为后面还有照烧鸡。

　　原先的餐儿撤去，换上两张大矮圆桌，各放炭炉一个，每客一个小碟，碟上盛着一个生鸡蛋，另外就是一碗碗生牛肉片、

57

洋葱，以及烹制这道最可口的料理所需的备种配料。不用说，我们早在宴席结束前就吃撑了。最后是水果和接连两杯茶。但最吸引人的还是屋子本身，结构匀称、摆设清雅，席间我几乎无时不在欣赏。那是一大间四四方方的内室，墙壁是平常朴素的方格隔板，一侧有开阔的檐廊，廊窗宽敞，可览室外的日式庭园。室内铺的草席纤尘不染，陈设只有三样：一是挂轴，画上是一株盛开的樱花；二是插花（瓮中插三朵蔷薇和一大枝樱花）；三是带有漆座的瓷狮，放在漆匣之上。这就是全部陈设，但在日本人看来，这屋子已经布置得再完美不过了。我们在告别时，步履蹒跚，活像是过冬的熊一样，但这是一个难忘之夜。

大使的消遣

1932 年 12 月 29 日

在使馆玩了一场精彩的扑克牌，狠狠地教训了白鸟一下，颇觉痛快。人品如牌品。这次我请人来玩牌，并不是单纯为了娱乐。下午 5 点开始打牌，7 点半吃晚饭，饭菜极佳，饭后一直打到 10 点。参加者有挪威公使奥贝特、白鸟、金子①、大桥②、勒·加莱（Le Gallais）③、艾丽斯和我。白鸟是最大的输家，我是最大的赢家。对我而言，这恐怕不大符合外交礼节，但打牌就是打牌。我得让他最终明白，论虚张声势的本领，我和他不相上下，但我通常有胜利的把握。

---

① 金子坚太郎（1853—1942），曾参与过《明治宪法》起草的政治家，担任过司法大臣、农商务大臣。晚年致力于日美的民间外交，担任过日美协会会长、日美同志会会长。
② 后来当外务次官。——作者注
③ 卢森堡实业家，后任该国驻美公使。——作者注

苏俄：给外交礼节添了一个脚注

在土耳其时，我始终采取这样的态度：不能承认苏联大使为外交团团长，而应以年资排名第二的德国大使作为尚未承认苏俄的国家使节们的代理团长。但在土耳其时从未出现什么意外情况，以至于我非得记下这种态度不可。可如今在巴索姆皮埃尔离职期间，特罗扬诺夫斯基暂代使节团的团长之职。他将在1月5日的国宴上向天皇致辞，特发出通告，请求各国使节为他的致辞讲稿背书。这就让我突然遇到了是否应该在通告上签名的问题。荷兰公使仿照已故的伦杰斯男爵（Rengers）在土耳其的态度，拒绝签名。同样，我、罗马尼亚临时代办及其他一些同僚也拒绝了，但是我请福雷奇（Voretzsch）[①] 转告特罗扬诺夫斯基，这纯粹是技术问题，并非有意违反国际礼节。特罗扬诺夫斯基答称，他认为承认他本人为团长，并不等于承认他的国家，他希望下次见面时和我谈谈这个问题。因此，为慎重起见，我特去电请示国务院，相信它定会赞成我的想法。

结果却大大出乎我的意料，也出乎内维尔和全体馆员的意料，国务院回答道：不反对我和特罗扬诺夫斯基保持外交团团长和团员之间所常有的社交上和礼节上的一切往来。因此他若来访，我应当接待他，还可以交换柬帖，只需写明"致外交团团长"即可，以后凡交换柬帖，我就用私人的名帖。实际上，只要不是把他当作苏维埃政权的代表而和他正式打交道，任何事我都可以做了。

反正事情还没有搞砸。我迅即拜访荷兰公使帕布斯特

---

① 德国大使。——作者注

（Pabst）将军，告诉他我已改变决定。对此，他颇能体谅，又去请罗马尼亚代办斯托伊切斯科（Stoïcesco）来，以便我告知此事。接着，我才叫内维尔去请苏联大使馆再把通告送来，及时签了名。

日本人为什么不善于打扑克牌

1933 年 1 月 24 日

下午 5 点半，到一个日本朋友家打牌，留下来吃饭，又继续打到 10 点。我是唯一的外国人，跟六个日本人玩。这是一个非常愉快的夜晚。虽有我在场，轻松的气氛却似未见减少，因为他们之间讲日语或英语都各听其便。白鸟说，日本人不是玩扑克的高手，因为他们太诚实了，但是有好几次我观察到，他们的行为和这种声誉并不相符。不管怎样，我总归是赢了。

外交界的座谈

1933 年 2 月 14 日

昨天和今天，接连同德国大使、荷兰公使、意大利和法国代办谈话，德国大使是我去找他的，后三位则是主动来问我对大局有何看法。福雷奇认为，自从中日争端开始以来，局势没有比眼下更危险的了。意大利代办韦尔硕特（Weillschott）还更激动，断言两年内肯定会爆发世界大战。他和德国人福雷奇预言，《国际联盟盟约》第十六条规定的国际制裁终将实施，日本将会退出国联。帕布斯特和我则在整个谈话中持完全一致的意见。

当他们问我有什么看法时，我先慎重讲明，自己要谈的都纯属个人见解。这是因为：第一，美国既非国联成员国，对于国联的行动步骤，我们难以置喙；第二，继任的美国政府尚未上任，除引述罗斯福关于尊重条约的公开声明外，我不能正式代表继任的美国政府发言，而现政府的态度已反复申述得十分清楚，无须补充。

讲完这个开场白以后，我总是乐于坦诚相告。根据自己个人的意见，我看不出国联或者别的什么国家会按第十六条实行积极的制裁（在"满洲国"问题上）。小国因无利害关系，考虑问题偏于以国联的威信为重，可是我不相信在远东有利害关系的大国会轻易容许事态发展到那种地步。因此我认为国联的行为不会超过道义制裁。

日本人最爱与压倒的优势进行所谓"英雄式的斗争"，强制性的措施只会使他们更紧密地团结一致，甚至比现在更厉害，况且即使各国愿意采取行动，究竟能否把他们赶出满洲，都还是值得怀疑的。我还认为，日本未必会退出国联。军部和沙文主义者现在就要退出，但自由主义者竭力反对。币原今天已谒见了西园寺公爵（最后一个元老）。韦尔硕特想说服我相信，币原是去保证支持政府可能采取的一切步骤，但某君曾明确告诉我，正如我所料的那样，币原是去劝说日本不要离开国联。还有一些人也正在为此努力。

当然，由于军部的力量到底有多大谁也弄不清，也许到头来我还是错的。但退出国联，首先必须得到内阁、枢密院和天皇的同意，而据我所知，斋藤、高桥、牧野等名流都在反对，因为若要走出这一步，至少也要估计一下代价。我的同僚们虽各有所见，但都同意这么一点：强制措施将会给世界和平带来极大的危险。

61

日本的交通法规

1933 年 2 月 15 日

今天没什么特别值得一说的事情，不过听说东京警视厅贴了一张英文的交通法规，倒是给我解闷了：

（1）遇到警察向你举手示意，立即停下。

（2）不要视而不见，又或有其他不尊重警察的行为。

（3）当发现行人迈腿横过马路时，按一边的小喇叭就好。先礼后兵，如果他还是挡着你的路，那就冲他喊："喂！喂！"

（4）小心路上的马，它们不会因为你在通行而害怕避让。当你经过马匹时，不要突然加速，要小心地驶过。

（5）给路上的狗保留足够的活动空间。

（6）平稳地驶过泥泞处，就好像那里藏着不容惊动的怪物。

（7）避免碾压到狗。

（8）转弯时踩好制动器，以免翻车。

呈国务卿史汀生函件

李顿调查团关于满洲问题的结论

东京　1932 年 7 月 16 日

绝密

国务卿先生：

如果把我们在此地了解到的情况做成一份简短的摘要会对您长期有用的话，我乐意在有事报告时每两周寄出这类摘要。

最近两周的大事当然是国际联盟调查团的来访，此事刚刚才结束……简单来说，调查团成员一致认为日本在满洲的行动根据两个假设：第一，自卫论；第二，满洲自决论。两个论点都被认为是站不住脚的。调查团已清楚地证明：自1931年9月18日以来，铁路被炸以及随后的每个事件都是日本人自己一手密谋策划和执行的。他们认为建立这个傀儡国家，非但不可能让远东安宁，还会种下深仇大恨，导致日中、日苏之间终将难免一战，会产生一个远比收复阿尔萨斯－洛林地区更为严重的要求收复失地运动。他们认为，日本人或许能给满洲提供一个比中国人统治时效率更高的政府，但这个事实丝毫削弱不了中国收复失地的决心。他们认为，日本的行动直接违反《九国公约》《白里安－凯洛格公约》《国际联盟盟约》的条文，在行动之前，本应与其他缔约国进行磋商。他们建议，仍应进行这种商讨而推迟承认现在的满洲政权。在调查团看来，哪怕他们没有和中国人谈过，就算他们只与日本人进行会谈，判决仍将对日本不利。这是毋庸置疑的。所有上述各点，除了最后这一句外，我都已在与内田伯爵的两次会晤中向他清楚说明。内田伯爵方面则毫不含糊地表示：日本已决心承认"满洲国"，他不会考虑任何反对意见，也不能就此事进行任何讨论。

调查团呈国联的报告书是否将明确地反映上述各点，又将用什么语气，我当然无从知晓，但调查团的五个成员对调查结果都有一致的判断，这看来是确定无疑的。

　　至于目前正在满洲掌权的日本人，我知道所有调查团成员都认为这些官员实际上都直接听命于日本政府。如有什么不同的迹象，也不过是"装点门面"而已。不过，也有一些调查团的工作人员并不这么看，而是觉得那些日本官员表现得"自命不凡"，并不愿听从东京的指挥。

　　调查团向内田伯爵陈述的那些调查结果和意见是否会对日本政府产生任何影响，又是否会使其态度有所改变，都很难预料。我猜大概不会。就目前的形势来看，恐怕要不了多久日本政府就会承认"满洲国"，但若日本真走出这一步，那就意味他们明明知道西方的意见却故意对着干。

　　我在 7 月 7 日电报中说过，放下法律方面的问题暂且不论，而仅从实际效果来看，我认为美国若在现在抗议日本承认"满洲国"是不明智的。日本的报刊现在大都代表军部的观点，一定会抓住美国的抗议大做文章，无限夸大。在目前的情况下，他们是做得出来的，接着很可能会引发一阵喧嚣，军部就会以此为借口，不顾政府中较稳重者的意愿，提前采取行动。这个危险是存在的，我的部属们也一致同意。若从法律的观点或从世界舆论及历史的观点来判断抗议是否明智，我当然还不够格。关于这方面，有一位知名的贵族已发过议论。最近，他和我的一个馆员谈到军部时说："我希望他们尽早改变主意，不要非弄到亡国不可。"

格鲁谨上

日本如何仿效德国

东京　1932 年 8 月 13 日

绝密

国务卿先生：

　　您在外交关系委员会的演说发表后，日本舆论一片哗然。此间意味显而易见：日本人若不是心虚，就是在小题大做。因为我们现在了解到，演说只不过是在理论上讨论一种假设的情况，而日本人却视之为某种特定罪行的指控。令人遗憾的是，我无法缓和这篇演说在此地产生的影响，因为我还没有接到演说的原文或原文的内容摘要，原文得由上海寄来，等到寄达时，此事恐怕已收场了。无论事件如何发展，反正外务省已经拿这篇演说做了文章，故意煽风点火，使日本民众的反美情绪熄而复燃。之所以称其"故意"，是因为日本报界的激烈反应并非根据来自美国的新闻专电，而是根据外务省对出渊大使的来电所做的煽动性解释，而这种解释又是提前发给日本报界，第二天才发给外国记者的。

　　这种情况，使我清楚地回想起 1914 年德国政府的做法，那时他们就是用诽谤外国来煽动国民的战争心理。以后每当要进行新的冒险时，例如要发动无限制潜艇战袭击交战国和中立国一切船只时，他们就会重施这种伎俩。在日本，蓄意煽动公众的仇外情绪，特别是仇美情绪，无疑也是出于类似的目的，让军人们可以不顾外国特别是美国的反对而在满洲任意妄为。

　　我认为这其实是日本人虚弱的一种表现，而非强大的标志。日本国内的经济财政形势严峻，也许还会走到绝境。农民困苦不堪，许多工业机构陷入萧条，失业人数不断增多。日元正在贬值，物价却未相应地上升，日本无法从国外获得资本；最近听说（虽无法保证可靠）日本政府曾相继向英、法、荷寻求借款，都没有借成。

内债也日益难以为继。当前形势还不是那么险恶，然而一旦"日本银行"吸收国内公债的能力枯竭，恐怕就很危险了。

与此同时，上百万日元又正被浪费在满洲的军事冒险上，由此到底能获得多大经济利益，其实令人起疑。忍受严重剥削的人民一旦明白这些费用全部花在哪儿了，那么后果如何就难以设想了。我相信，除了不肯面对现实、头脑发热的军阀外，在日本政府和愿深思熟虑的人中，都有人渐感不安。看来主要就是这些军人，以白鸟之流为喉舌，认为要掩盖上述那些事实，最好的办法是进行宣传，指责外国尤其是美国要阻止日本致力于所谓自卫，借此在民众中煽动爱国的、民族主义的狂热。

这类民族主义情绪向来是危险的。1914 年，在精心营造的民族主义战争心理的支持下，德国的军事机构成了脱缰野马，挣脱了一切束缚力量。日本的军事机构与此并无二致。它本来就是为战争而建立的，现在又自以为已经做好了战争的准备，势必也会欢迎战争。它迄今还没有被打败过，拥有无限的自信心。我从不危言耸听，但我认为我们应该时刻当心，看到未来一切可能发生的事。历史事实将证明，闭目塞听就是犯罪。

格鲁谨上

满洲与李顿报告书

东京　1932 年 10 月 8 日

绝密

国务卿先生：

前函寄出后，在日本又发生了两件大事：一是承认"满洲国"；二是李顿报告书的发表。日本政府如此急于承认"满洲国"，有两层用意：在国联可能按照李顿报告书采取行动之前，先在国联和美国面前造成既成事实；给陆军一点甜头，以防他们颠覆斋藤的现内阁，乃至企图建立军事独裁。最后的结果是，日本稳定了国内局势。采取相关措施后，日本国内确实安静不少。

承认"满洲国"之时，美国竟毫无反应，全世界的反应也相当微弱，日本人显然感到意外。尽管日本会感到宽慰，但我倾向于认为，他们在宽慰之中还带有几分失望，因为从现在全国的情绪看，日本人实际上最不希望的是各国对他们不加理睬。他们喜爱的是有戏剧性的反应。

目前对李顿报告书的反应全在意料之中。各界群起谴责调查结果，故作义愤填膺之态，但除粗暴否定调查结果的准确性外，未见有任何严肃认真的反驳。不过，思想比较稳健而明智之人并没有跟大众一起叫嚣，式部官长林男爵就是其中之一。他是个心直口快的人，最近和一些朋友谈论时曾说，他认为报告书是一份值得钦佩的、通情达理的文件，尤其是第六章。这部分指出满洲政权是日本军人建立的，在满洲的冒险行动将把国家引到何处？日本有很多人忧心忡忡，但是　66

报刊都不敢登载他们的意见。军部仍完全把持着报刊。

最近有两个人的谈话颇能说明当前日本人的心理状态。秩父宫最近宴请弗雷德里克·穆尔（Frederick Moore）。穆尔刚从美国来，将充当即将召开的国联大会的日本代表团的顾问。秩父宫想了解美国当前的舆论情况，竟询问穆尔逾一小时之久。最后，秩父宫直截了当地问：据说美国正为对付日本而积极备战，不知是不是实情？这个问题竟出自天皇的兄弟之口，日本此刻的紧张不安可见一斑。另外是一个日本友好人士跟我讲的话。我觉得他对时局的评论颇为中肯，因此摘其大意附上。他的话的核心就是这么一句：军人之所以在满洲铤而走险，是因为他们感到不"为国家的利益"做点事情，就可能会失去已有的一切权势。所以不管今后事态如何发展，都得考虑"保全面子"这个重要因素，这是东方国家最看重的。我认为，在整个局势中，最危险的因素就在这里。偏执狂妄的军阀，一旦发现其计划受阻，以致可能失败，不论阻力来自何方，国内或国外，他们都会继续蛮干，宁陷国家于大难，也绝不会向比较明智的稳健派投降或承认其失败。

报纸上的反美宣传正趋平静，虽然军部也许不会让它完全停息。最近报纸上已经登了几篇较为友善的文章。《报知新闻》举办的飞行大赛有飞机失事，总统发电慰问。此举也会有良好的效果。前几天，有位美国新闻界名人告诉我，他曾和白鸟谈到日本人是多么荒唐，竟担心美国正在准备和日本打仗。结果，白鸟答道："当然是荒唐的。您看，如果我们认为真有发生战争的危险，我们会如此大胆地去攻击史汀生先生吗？"

新来的一个姓鲍的"满洲国"使节，逢人便粗暴地声称，"满洲国"打算尽早摆脱日本的监护，长春的华人部长大多数是日本人雇用的，但他本人"相当独立自主"，等等。这话是否真实，我深表怀疑。他还发表政见，称亨利·溥仪①不久就会成为包括满洲在内的"华北国"的皇帝，建都北平。有些外交界同僚和外国记者似乎还很把他的话当回事，林德利和我却没有把它当真。形同稚童的小鲍，大概还要继续说大话。

至于我们自己今后的政策，我现在更觉得，高明的办法是一方面坚持我们的立场，维护《白里安－凯洛格公约》《九国公约》和"门户开放"政策；另一方面又尽量不要采取可能刺激舆论的措施，以免助长日本军人的气焰。您最近在费城的演说中对日本有好评，连白鸟也不得不终于承认如此友好的姿态是充满善意的。加上总统对飞行失事的慰问，这些都能助这里的稳健派一臂之力。想必您也有这种感觉。依我之见，国联若按李顿报告书采取行动，最好能够吸收一些友好的和建设性的建议，从长远的观点来看，越这样做，反倒越对我们利大于弊。要使各项和平条约在远东最终得到履行，唯一的希望在于支持日本国内的稳健派。

关于这方面，有位参谋本部的军官跟我们陆军武官讲的话值得关注。这位军官说："如今我们是在加班加点地从早上 8 点一直工作到晚上 6 点，因为我们得管两个各不

———————————

① 溥仪的英文为亨利，当时不少外国人以此称呼溥仪。

相干的部门：陆军省和外务省。"

格鲁谨上

日本友人论日本陆军对俄国的恐惧

有位日本朋友说，军人在满洲开始冒险之初，日本人民对此事是抱怀疑态度的。后来，直到国联和美国开始谴责日本人的行为时，人民才团结起来充当军人的后盾，就像全家站出来维护一个受外人攻击的家人那样。他们不会在当前这个时候承认军人是错误的，然而也正由于像一个家庭，他们终究会承认，也许那个被攻击的家人确实没有道理。现在对日本采取任何激烈行动，都只会加强这种家族情感，使军人继续当权；倘若大家都少安毋躁，就会出现一种对军人的反感，币原外交也许还能恢复。国家也和人一样，都不喜欢被人厌恶。

军人正在力图保持其权力，同时也正在力图使人民处于激愤状态中。他们总是想向人民显示：军人为国家之所必需。这是他们发动满洲事变的原因之一。日本认为国家总得在经济上有个出路。而军人也感到，若不为国家的利益做点事情，他们就会丧失一切权势。如果实现裁军，将来军人就会一钱不值，所以他们不得不采取行动，以保全其地位。

日本人特别容易激动。他们就像是孩子，打了别的孩子以后，现正惊慌失措，东张西望，就怕有人来惩罚他们。这种紧张状态要到国联开会讨论满洲事件以后才会缓和下来。

日本陆军的作战计划确实是针对俄国的。然而，不是现在就要付诸实施，而是有朝一日再兵戎相见。日本很担心布尔什维克主义，认为一定要把布尔什维克主义赶出亚洲。

日本政局的片刻平静

1932 年 12 月 3 日

绝密

国务卿先生：

目前政局十分平静，只有一个意义非常重大的例外。那就是包括荒木将军在内的当政人士看来已感到日本的政治刺杀事件太多，决定加以制止，方法就是打击整个阴谋活动的主脑人物，即黑龙会的老人头山满。他的住宅最近被警察查抄，儿子被捕。头山向来是个不受侵犯的人物，但最近谣传有刺杀斋藤、牧野、一木、高桥的计划，仿照以前对四个优秀人物（滨口、犬养、井上、团）的政治谋杀。这就使政府下了决心，认为采取严厉措施以终止刺杀的时候到了。有相当一部分人，包括军部在内，一直都认为头山是一个所谓超级爱国的人物，而政府竟敢向他出手。这个事实本身就说明政府的信心和权威在增长。这并不是说斋藤内阁的寿命一定会延续到下届国会以后，因为这看来是不可能的。不过，这确实意味着那些对以往恐怖政治应负直接或间接责任的莽撞的沙文主义军人和所谓的爱国社团不再是那么不可动摇的了，人们希望它被较有裨益的开明政治取代。

报纸上的反美宣传现在实际上已告停息。我想这也许和某某人有点关系，还很可能是天皇亲自下令制止的。值得注意的是，陆军省的新闻局最近完全换了人。有个新换来的军官是从驻墨西哥的日本公使馆调来的。当我们的陆军武官向他含笑致意、希望他能制止反美宣传时，他答道这正是他要做的。荒木将军最近遇见我们的陆军武官时态度亲切。出人意料的是，这跟他对我的态度一样。白鸟已经失势：他在陆军中的密友已被调走，他的政治盟友、政友会①的策士森恪也生病了，暂时销声匿迹。在记者招待会上，白鸟已比以前低调得多。日本反美情绪现在何以沉寂下来，我在 11 月 28 日电中还举了一些别的原因。当然，这种情绪始终存在，一旦有任何不愉快的事件发生，很快就会煽而复燃。

关于即将在日内瓦召开的国联大会，我和许多外交界同僚、外国记者、熟悉日本的美侨都谈过，发现没有一个人认为日本会做出实质性的让步。日本绝对不可能变更或修改对"满洲国"的承认。另外我又觉得，日本很可能还留有一手，准备在最后时刻拿出来。

我这样推测有三个理由。第一，尽管日本现在说话肆无忌惮，行事却未必会那样轻率，甘冒全世界的道义谴责。看来他们可能有某种计划，想用来防止国联通过谴责的决议。第二，日本正在日内瓦为自己的立场辩解。如果一个国家确信自己有理，且如它所自称的那样，那又何必辩解呢？第三，越来越明显的是，日元汇率最近猛跌，国家的海外信用随之进一步降低，其主要原因都应追溯到人们对日本同全世界的政治关系缺乏信心。这种心情不平复，就始终存在货币崩溃引起财政和社会混乱的危险，也不能指望外国金融市场会给予援助。

在我看来，日本人正在设法缓和李顿报告书反对日本

---

① 当时日本的两大政党之一，较保守；另一个叫民政党，相对具有自由主义倾向。——作者注

行动所激起的情绪，在别人以实际行动反对他们之前，先设法掩饰自己的行为，到最后则可能主动提出一些建议，企图在今后几年使问题能最终得到解决。不过，无论是什么建议，我绝不相信日本会有放弃承认"满洲国"为"独立国家"的盘算。关于这些建议（如果有的话）的内容，我的属员和我最近一周来都在尽力打听，想略知一二，但一无所获。国联大会上的讨论很可能还要延续一段时间，一旦查知日本的意图，我会立即电告。

我在11月28日的电报中曾建议，处理中日争端时必须克制，因为强制胁迫肯定只会使日本民族更加牢固地团结起来反对国联和美国。我相信无论是军事的还是经济的压力，都会促使日本全国团结起来成为军部的后盾，以致完全压倒比较稳健的势力，这些稳健势力正在暗中致力于恢复日本过去在国际会议中的重要地位。不过，我觉得施加道义上的压力就不会造成这种危险，说不定还会加深军部和稳健派之间现正开始显露的裂痕。全世界舆论的压力，加上平定满洲的困难和过重的军费负担，最后也许能使日本改变它对这个问题的态度。不管怎么说，既然以物质压力来威胁就几乎一定会带来事与愿违的后果，那么施加道义压力就是我们唯一的机会了。因此，时间的因素很重要，问题只能逐步解决而不能一蹴而就。

我在大阪的演说似乎还有点效果。其主要目的是想纠正这里的普遍看法，即以为您那样积极维护各项和平条约的态度并没有得到美国人民的支持。我对此明确提出相反的意见：

"至于美国人民，他们全心全意支持（和平）运动、支持那些为缔造和平局面而努力的人。在和平局面下，各文明国家之间将不再有战争，就像现今各文明国家都已废除了奴隶制度那样。这种和平运动，代表着全体美国人民根本的、统一的、一致的愿望。美国在这个问题上的立场是鲜明的、绝不含糊的。我们已经反复阐明了我们的立场。"

另外，演说的语气、内容又都极为友好，希望有如用药一般，既给人服下，又不致引起疼痛。昨晚外务大臣私下向我表示赞赏这篇演说。

借此机会，我想向您表示：您给诺曼·戴维斯和休·威尔逊的指示，是非常合适的。

格鲁谨上

史汀生国务卿的复信

1933 年 1 月 21 日

昨天深夜收到的两周邮袋中有一封史汀生先生亲笔书写的令人欣慰的函件，其中有这样两段话：

您对形势的描述与我们所见略同，我们的行动方针一向和您所建议的大体一致。

我注意到关于美国人民的情感和我维护各项和平条约的立场，您一直在向日本人解释，对此我特别感兴趣。您所援引的您最近演说中的那段话把我们的立场阐述得十分明确。我深信，您正在做的事必对未来大有助益。

迄今为止，大使馆的工作看来是顺利的。

第二章　暴风雨前平静的三年

(1933 年 2 月 20 日～1936 年 2 月 11 日)

谁也不会忽视日本决定退出国际联盟的政治意义。这标志
着日本与西方列强彻底决裂，为它后来加入轴心国做了铺垫。
但日本离开国联的直接后果并不是日本在内政外交上立刻转向
极端主义。恰恰相反，日本领导人在对西方列强摆出了敌对的
政治姿态后，却采取了一种近似缓和政策的方针。至少对美国
是这样。尽管表面温和，但日本外交政策的实质依旧强硬：不
再继续遵守限制海军军备的条约，又向中国派遣大量部队。对
军国主义者来说，这一切的进程还是不够快，不符合他们的要
求。平静的时间越长，风暴往往就来得越猛烈。

日本决定退出国联

1933 年 2 月 20 日

　　内阁今天议定，一旦国联大会通过"十九人委员会"的
报告和建议，日本就立即退出国联。显而易见，纵然斋藤、高
桥等人反对，但他们已全被压制了。内阁行动如此急速，则又
表明是要以此作为要挟，企图阻止大会通过报告。此外，这也
是一种姿态，想再次显示其沙文主义的特立独行。此举须经天
皇和枢密院批准，至于如何退出、何时退出，还没有讲清楚，
但终归是要这样做的。现在看来这几乎是确定无疑之事。

　　我的猜想错了：直到最近，我还认为他们不会走到这一
步，然而这和他们迄今所做的每件事，例如马上承认"满洲
国"等，皆是一脉相承的。他们的政策就是要用一个接一个
的既成事实来对抗全世界。军部的地位依然至高无上，仍旧构
成一种恐怖主义的独裁体制。毫无疑问，斋藤一定被告知必须
跟他们保持步调一致，否则国内就会发生分裂。而这种分裂将
以刺杀他本人和其他曾反对退出国联的人为起点。即便如西园
寺公望这样的元老，在军阀面前实际上同样无能为力，看来今
后他将继续受到冷遇。政府中较明智的首脑人物的处境与斋藤
内阁刚成立时完全一样。当初他们在爱国心的驱使下，屈从于
极端分子，以为以后总能掌握控制权，还以为如此才可以避免
再发生"五一五事件"那样的情况。这才是对国家有利的，
但这一切愿望都落空了。在此期间，白鸟还扬言要进军热河，
并随时都可能付诸行动。如果日本真要进军北平，就有发生全
面战争的巨大危险。前景简直暗淡无比。

　　不管如何，我完全赞同国联的行动和"十九人委员会"

的报告与建议。日本既然终于决定甘冒天下之大不韪，而使自己处于孤立地位，非要推行所谓"重返亚洲"的运动，最终很可能还要打出远东的"门罗主义"，那么继续幻想以容忍迁就日本就已毫无意义。我们的苦日子恐怕还在后头。

76

让人民了解实情

1933 年 2 月 21 日

弗莱彻来向我征求意见。他将给《纽约先驱论坛报》发一篇非常激动人心的专电，指出时局险象环生，谈论战争爆发的可能性。我说，让国内公众认识到前途有潜在的危险是很好的，而且他的专电将在巴黎发表，这对日内瓦也可能会产生有益的影响。我告诉他，无须掩饰当下时局的严峻形势。

日本与西方决裂意味着什么

1933 年 2 月 23 日

经过几日来的思考和讨论，尝试将我的一些想法集中在以下几点结论中。

无论怎样估计远东形势，皆应充分考虑下列各点。

（1）内阁决定退出国际联盟以前，日本已采取各种手段摧毁了它与外部世界联结的最重要的桥梁。如今走到这一步，意味着它国内的稳健派已完全失败，军部已取得压倒性的优势。自中日争端爆发以来，对于国际联盟的每个重要行动，日本不是事先阻止，就是以制造既成事实的方式在事后予以破坏。这都是为了清楚表明日本要撇开西方而独行暴走，蔑视西方对它的事务以及它自视为生死攸关利益的干涉。无法指望它会屈服于西方的道义压力或别的压力。军阀和在军阀煽动下的国民都有充分的思想准备，即便开战也在所不惜。如今世界各国的道义谴责在日本所起的作用微乎其微。这类谴责非但无法改变日本人的决心，相反只会加强他们的决心。只要政府露出一点与国际联盟敷衍或妥协的倾向，国内即使不爆发革命，也几乎肯定会发生更多的刺杀事件。

（2）这种民族情绪是由许多因素造成的，重要的有如下几点：　77

a. 军部决心保持其威信，不容有任何干涉行为；

b. "保全面子"本来就是一个重要原因，以致日本寸步不让；

c. 满洲是日本的"生命线"——这一信条经过精心地反复灌输早已深入人心；

d. 尽管满洲的巨额军费将会造成财政困难，但这完全不在军部考量之中，但凡涉及他们那个领域之事，就不会考虑什么节约；

e. 当条约义务和日本人所自称的切身利益发生冲突时，还要说此种义务神圣不可侵犯，他们就根本无法理解了。

（3）至于是否会入侵热河的问题，我有理由认为日本会特别谨慎以避免越过长城，尽管这样做可能给战役带来大得多的损失和困难。当然，忽视下列危险同样是不明智的：当情况有变或发生意外事件，日军可能会进犯天津和北平，这自然立刻就会直接触及列强的利益。国联若采取任何积极制裁的行动，日本完全可能用迅速占领华北来作答。这确实是未来最大的潜在危险。

（4）最后，我们必须记住这样一个事实：在军部宣传的影响下，相当多的日本国民和陆军都认为，美日之间，或苏日之间，或美苏同日本之间终将难免一战。效率已经很高的军事机器仍在不断地、急速地得到加强，其自大和自信已达到无以复加的程度。海军也越来越好战。陆军、海军和国民都处于这种精神状态，因而就始终有这样的危险：任何足以激怒舆论的事件，都可能使日本不计代价地采取激烈措施。

上述判断，不仅代表了大使馆主要成员的意见，东京的外交界同僚和其他外国人士大多对此也有同感。在我日常呈送国务卿的报告中，当然会反映这些事实与见解。

有趣的小插曲

在眼下政治形势暗淡无光之时，华盛顿的国务院接到这封电报，想必可聊以自娱。我国驻欧洲某国首都的杰出同僚最近电告国务院："王后生了一个女儿。我已向首相道贺。"

真有能维持和平的和约吗？

1933 年 2 月 23 日

我最近曾在日记中说，赞成国际联盟处理中日争端的报告和建议。这句话必须修正了，就像这本日记中的许多话一样，只是说出一时的想法而已，经过深思熟虑后，必然要随时修正。那些建议在理论上也许还不错，但问题在于不切合实际，实行起来不会奏效，至少在眼下是行不通的。当然，从国联的观点来看，除此别无他法。况且国联卷入这个问题后，正是在我国政府的鼓励下，至少曾经表现出耐心与克制。然而随着思考越深入，就越忍不住要问：十四年来全世界煞费苦心经营的这个和平机构究竟是否完备，或者更准确地说，是否堪用？

不妨想象一下，将 1931 年的满洲局势与 1898 年的古巴局势放在一起进行比较。假设古巴危机是在《白里安－凯洛格公约》①签订后发生的，"缅因号"① 巡洋舰在哈瓦那港口被炸沉，战争心理便如森林大火那样蔓延到我们全国，全国上下的男女老少都在高呼"记住'缅因号'"。在此背景下，我国政府最终能防止跟西班牙开战吗？1898 年的麦金莱②想避免战争，却无能为力。即便那个时代已经有了《白里安－凯洛格公约》，我们是不是同样难免会受舆论所迫、以自卫为理由、不经宣战就占领古巴？直至今日公众仍在猜测，到底是谁引爆了"缅因号"；而今天的公众也在猜测，是谁制造事端导致 1931 年 9 月 18 日那天日本发动进攻。两个问题都没有答案。

当然，古巴和满洲地区的情况在许多方面大不相同。我国的行动基本上是出于人道主义的，日本的行动则纯粹出于私利。可在这两件事当中，战争心理都发挥了重要的作用。有许多人深信日本图谋满洲由来已久，与吞并朝鲜无异，只是等待良机而已。这样看也许对的。

我的观点当然不是要为日本开脱，而是想探究如果有任何一个国家，也包括我国在内，因求战心理十分强烈而发动战争，和平机构能否制止它动手。譬如说《白里安－凯洛格公

79

---

① 1898 年 2 月 15 日，在古巴执行护侨任务的美国战列舰"缅因号"在哈瓦那港突然爆炸沉没。由于当时美西关系已因海外利益矛盾等原因日趋恶化，美国国内一致认定这次事件是西班牙所为。同年 4 月 25 日，美国正式对西班牙宣战，美西战争爆发。但是，"缅因号"爆炸沉没的真实原因至今仍是一个谜。

② 威廉·麦金莱（William McKinley，1843—1901），美国第二十五任总统。1901 年 9 月 6 日参加泛美博览会时遇刺身亡。

约》能够阻止南非战争①吗？英国大使馆的某某告诉我，当年他的父亲就因主张和平，在自己的村子里竟也有人拿石头砸他。詹姆森偷袭德兰士瓦②，自然是暴行，就跟 1931 年 9 月 18 日日本人的行径完全一样。假如不发生德国皇帝电贺德兰士瓦总统克鲁格获胜这件事，英国人自己本来会谴责这类暴行。那封贺电看来微不足道，却成了点燃战争狂热的星星之火。这类事情在每个国家都会造成一种战争心理。这种狂热让人可以不顾一切，甚至都不需要军事宣传来煽动。

可以十分肯定地说，将来还会出现一模一样或类似的情况。尽管已经有了《白里安－凯洛格公约》《国际联盟盟约》与其他一切费尽心机建立起来的和平机构，但敌对行动还是在不断发生并将继续发生。

如果世界各国听任日本破坏这些盟约而不受惩罚，那么不仅这些和平条约本身会丧失其效力和尊严，还会导致其他各种条约终将丧失稳定性。正是因为世界无法也无力对日本的所作所为进行清算，许多地方的条约已被破坏。对此我们打算怎么办呢？

进行道义制裁吗？当一个国家被战争心理缠绕着的时候，即便其他国家都对它进行道义上的谴责，其力量都是微不足道的。这除了加剧——而非减弱——其好战情绪外，不会有什么别的效果，今天日本的情况就是明证。况且，人们始终怀疑这种举世一致的道义谴责又能维持多久，因为碍于各自的私利，

---

① 指 1899 年至 1902 年间，英国与南非布尔人（荷兰人后裔）殖民地之间爆发的战争。

② 1895 年，英国南非矿业公司代表及殖民地官员詹姆森率领武装部队企图远征德兰士瓦，推翻当地的布尔人政权，结果却完全失败。

团结一致的阵线迟早会破裂。

如果道义上的斥责无效，或多半无效，那么还能做什么呢？怎样才能执行《白里安－凯洛格公约》呢？当然不能用武力，一动武就恰好违背《白里安－凯洛格公约》所维护的原则。以战止战，显然已经不能达到终止战争这个目的。假如唯一方法是再通过打几场世界大战来保障我们的和平体系，那么还是此时此地就抛弃这种体系为好。因为如此一来，文明本身也岌岌可危了。断绝外交关系也没有用，除非辅之其他措施。武器禁运一般也没有什么效果。以目前情况来说，武器禁运只会对侵略者有帮助。所剩下的就只有经济和金融抵制了。这恐怕在实际上还是无济于事。从当前的情况看，经济抵制只会促使日本把中国能够提供必需物资的那些地方也都一并占领，结果还是有爆发世界大战的危险。在金融上，日本现在已经不能从国外获得贷款了；尽管无法借款，但它还是可以支撑下去。

显而易见，我们的和平机构在理论上是漂亮的，在实际上却无用。因为只做表面文章，所以才无用。它就像贴膏药来治疗癌症一样，听任癌症发展很久以后才请外科医生来敷上这么一点止痛的药，自然无济于事。国际间的祸事，多似癌症。最初只是某个地方长期受刺激，所以开始时一般并不厉害。这种刺激，即使是最高明的医生也不大可能觉察到，但一出现明显的症状，早在需要动手术之前，医生就应设法消除这种病症。

未来的世界和平机构必须比医生早走一步。哪里有刺激，它就得有所觉察，诊断出将来生病的可能性，早在产生病灶前就着手治疗。这当然纯属理论。究竟如何才能在实际中建立这么一个机构，的确是我们那些总是没有效力的和平组织应该研

80

究的问题，就如洛克菲勒基金会和其他类似团体正经常引领消除癌症的研究工作那样。总而言之，世界和平机构要做到消灭战争，就必须比现在更加激进，更有先见之明，更多留心事实、形势和环境，而少谈理论。

外交工作与消遣

1933 年 3 月 14 日

在保土谷乡村俱乐部吃了午餐，又与古尔德（Goold）、丹尼逊（Dennison），以及我的私人秘书小帕森斯打了高尔夫。前两位是标准的石油人。我们打了一场非常激烈的比赛。在第十八洞（四个标准杆）时，作为明星球员的丹尼逊与我都需要发挥最佳水平才能赢。小帕森斯抓到"小鸟"①。丹尼逊在离果岭整三十码的地方挥杆，球击中了竹旗杆，然后直落入洞中，抓到了"老鹰"②。这让我们有机会以所胜洞数来决定胜负，但我们还需要继续努力。我和古尔德都有了麻烦：他上果岭时已花了四杆；而我在离果岭几英尺的地方也已是第四杆了。令人惊喜的是我打第五杆时，球越过杂乱的冬草飞了二十英尺进了洞，结果古尔德也是第五杆入洞。我们在关键时刻用两次堪称奇迹的挥杆，赢下了那天的比赛，让我们的对手十分受挫。高尔夫大半的乐趣都源自类似的意外。

提到高尔夫球，我记得在君士坦丁堡时，一些难于应付的商人常觉得使馆人员令人生厌，因为我们每天都没有按照商人的方式朝九晚六地坐在我们的办公桌后面，所以他们认为这些

---

① 指低于标准杆一杆。
② 指低于标准杆两杆。

使馆人员不知道如何为所谓真正的工作而努力。但他们忘记了，我们这些备受指责的外交官需要二十四小时随时待命。我每天早上6点半起床，7点15分就开始工作。如果我从下午2点开始打高尔夫到5点，这就意味着为了应付不变的工作，我需要从下午5点后一直工作到把事情做完。上周我跟艾丽斯三次从美梦中被使馆的电话吵醒，因为要马上去看传来的电报。在家时，只要晚上得闲，我就能读不少文学作品，如今则不敢有此奢望，只能去读跟工作有关的书。在许多晚上，我们去参加各式各样的官方宴会。尽管看着有趣，但更多时候只是坐在一张桌前，瞅着时钟一圈一圈地走。我怀疑海外普通商人的工作时间会不会像我们这样长。

接着聊高尔夫，我记得君士坦丁堡高尔夫俱乐部的记分卡上印有一条严格的规则，那就是"在遮阳篷、蹄痕或果岭上的车辙上发现的球都可能会被拿走"。在当地巡防的土耳其骑兵和野战炮兵对高尔夫球场颇有不满。尽管已经有铁丝网围着，但他们仍会在被雨淋软的地面上疾驰而过，尤其是果岭上。这倒是激励了高尔夫球手提高球技！

皇家猎鸭会

1933 年 3 月 23 日

艾丽斯、埃尔西和我在令人扫兴的倾盆大雨中前去参加皇家猎鸭会。整个冬季都常有这种游猎，每个大使馆和公使馆都要被请来参加一次，使馆负责人、参赞、陆海军武官、商务参赞及其妻女俱在被邀之列。也会有一位皇室的亲王到场，今天正是秩父宫夫妇特来参加，我们很高兴，因为他们喜欢我们这伙人，其中还有另外几个大使馆的人员。上午9点15分，在浅

82

草雷门车站会合，乘专用电车约五十分钟至武州大泽，然后步行十五分钟穿过一片田野（有些人坐汽车），最后来到皇家猎屋。这附近有成千只野鸭，为驯养的媒鸟所诱导，栖息在沟渠中。每次打猎时会有十位客人受邀参加，每人获发一个类似捕蝶网的大网，但要大得多，网口很宽。客人有各自的编号，约定信号一发出，立即各就各位，沟两边各站五人，沟窄而深，两岸有栏，人在栏后。野鸭一听见"猎人"来，便会从沟渠中飞起，"猎鸭"就是当它们飞起时把它们兜进网里。这根本就不是什么打猎，因为只要有鸭子飞到网边，几乎没有逮不到的，除非两网相撞而让它们逃掉。有四只飞近我处，我便轻而易举地将其一网打尽。有多少只飞近身边，全看走运与否，而捕捉这种无力逃跑的动物也并不是件乐事。林德利这天抓到十只，大多数客人捉住一两只，有人则一无所获。埃尔西捉得一只，她并不是很想捉到什么的。艾丽斯没有参加。鸭子飞起后有跑掉的，人们便放猎鹰去追捕。今天不巧，没有风，许多鸭子都不飞。随从曾两次叫我把它们从水里舀起来，我都断然拒绝，尽管别人倒是这样做了。他们恨不得把鸭子捉光，因为每位大使得给六只，级别低一点的客人也各有相应的份额，其余的供宫廷佐餐之用。

83　　　这天雨过天晴，春光明媚。真正有乐趣的是在猎屋前面做一些小游戏，例如在小球场上打高尔夫球、打乒乓球、掷铁圈、打板羽球、踢毽子，还有一顿美餐。我们大部分时间是和秩父宫夫妇一起玩。我在乒乓球赛中打败了他，但最后是王妃赢了。他们毫不拘礼，平易近人，我们暗自庆幸，今天来的不是其他亲王，因为那些人大都死板，更不善于接待外国人。埃尔西特别快活。秩父宫夫妇说，他们非常欣赏我们大使馆的晚餐和电影，要我们不久后再请他们去一次。他们在别处看不到好电影，此言非虚，复活节后我可以请他们再来。秩父宫是天皇的弟弟，他那漂亮的王妃是前驻美大使松平恒雄的女儿，在华盛顿上过学。

来自赫尔国务卿的好消息

1933 年 3 月 23 日

下午 5 点返家，看到赫尔国务卿来电，令人高兴。电报提到 12 月 5 日我给总统的辞呈，国务卿现特欣然告我：我这段时间的工作令总统感到满意，他希望我继续担任驻日大使。闻讯甚感快慰。这个消息并不意外，本以为总统如果望我留任，不派继任者即可。而这封电报则等于新政府明确下达的任命书，让我们明确知道将要继续工作，让我们很高兴。

日本退出国联

1933 年 3 月 27 日

今天枢密院和天皇批准日本正式退出国际联盟，并已电知日内瓦。与此同时，还公布了天皇的诏书和斋藤的声明。这些文件和其他类似的文件都在夸夸其谈，称日本的一切行动均为维护和平，但问题在于日本对此的解释大概同我国及国联的解释均大相径庭。日本所谓"维护和平"，意思是用武力肃清满洲的抵抗力量，直到没有敌人、谁都无法反对它的控制为止，打造一幅由日本主宰一切的和平局面。

如果我没有记错的话，日本宣布站在协约国一边参加世界大战的文件也曾说它此举是为了维护东方的和平。然后，它就理所当然地把德国人从中国赶了出去。然而，当时的"维护

84

和平"跟现在一样，都属用词不当。不过，我还是怀疑一百个日本人当中会有一人当真认为他们实际上已经违反了《白里安－凯洛格公约》、《九国公约》及《国际联盟盟约》。只有少数有头脑者敢于坦然面对现实。有位日本人曾对我说："是的，我们违反了每一个条约。我们已经公开作战了。'自卫''让满洲自决'等论调纯属扯淡。只是因为我们需要满洲，就是那么回事。"可是这种人仅占少数。绝大多数日本人都有真正的自欺欺人的惊人本事。他们确实相信，他们做的每件事都是对的，李顿调查团为中国宣传所骗，列强和国际联盟也都受了骗，因而对事实产生了完全错误的想法。

　　这样一种心理状态，比那些厚颜无耻但自知理亏者还要难对付得多。绝大多数日本人，哪怕有才智者也在其中，都不知道是自己错了，所以抵抗外国干涉的决心反而倍加坚定。他们的心理活动、推论方法和我们截然不同。与他们交往得越多，越能体会到这一点。这是东西方之间的巨大鸿沟之一。西方人以为，日本人既已仿效西方的服装、语言和习俗，就一定会像西方人那样思考问题。这是最大的谬误。东西方之间围绕条约义务之所以总会产生误解、易起争论，这是原因之一。这并不是说日本人签字承担义务时总不屑于遵守，而是想指出当那种义务和他们自认为的切身利益有抵触时，他们就将按自己的需要来解释这种义务。同时，照他们的见解和心理状态来看，这样做也许倒还是十分诚实的。如今中日争端中发生的情况实际上就是如此。难怪即便不是不可能找到一个解决办法，但也很难。

　　关于日本违反条约明文规定，在雅浦群岛①和其他委任统

---

① 位于太平洋西部加罗林群岛，也是密克罗尼西亚联邦最西的一个州。

治岛屿上设防，我们握有充分的第一手证据来证明，即便从日 85
本人的角度来看，恐怕也很难设想这种举动符合他们的庄严承
诺与条约义务。但在这个问题上，那个不容争议的事实又出现
了：东方关于此类义务的概念与我们的不同。整个关于委任统
治岛屿的问题都具有爆炸性，可能还会引起如满洲事件那样的
重大纠纷。恐怕我这个职位将来也不会是一个清静岗位。当
然，我并不是在发牢骚。

顺便一提，有个很难应付的问题倒是被日本政府明智地解
决了。它允许外国天文考察队明年去上述岛屿进行全日蚀观
测。他们已决定用一艘日本军舰把那些考察队全送去，这些人
将成为日本的座上宾，不过他们也将是处于极严密护送下的贵
客。为答复我们代表美国考察队提出访问那些岛屿的申请，此
种邀请又或说是命令已正式发给我们了。

日本人赈济加利福尼亚地震难民

目黑区的主日学校有九个小孩把他们每周的零用钱九十六
钱（约合二十美分）送来，请我转寄加州地震①的受灾难民，
以感谢 1923 年日本大地震后美国对日本的救济。我已复信感谢，
把来信和复信都送给了报馆，并拟将这笔钱以官方急件寄国务院
转交美国红十字会，以彰显其礼轻情重。钱有多寡，情义无价。

顺便一提，日本红十字会确实也向我们的地震难民捐助了
一万日元，其中半数是东京市捐的。但想到 1923 年我们送给
日本的善款有数百万美元，日本红十字会的这点捐赠就远不如
小孩子捐的那九十六钱让我感动了。

---

① 1933 年 3 月 11 日，美国加州长滩地区发生了 6.4 级地震。

附：她没找到工作

刚收到一封让人沮丧的信，其内容翻译如下：

先生：

86　　　随着春季的到来，我们在屋内屋外感到非常愉快。在一年中的这个季节，您和您的家人是否依旧康健？我很高兴地说我身体健康。首都东京是否在所有领域都发生了变化？

　　　我非常乐意来东京并待上一段时间，越快越好。在您家服务的那几天里，我就好像在自己家一样。

　　　您能否帮我在东京找一份工作呢？我请求您告知您现在的住址。

　　　期盼很快会得到回复。

您忠实的仆人

松冈汇报日内瓦会议的情况，矛头直指西方

1933 年 5 月 1 日

和松冈①谈话还真是一桩趣事。他刚从日内瓦和美国回来，事实上几乎都是他在讲话。他的英语很熟练，但给人一种

---

① 松冈洋右（1880—1946），早年曾在美国俄勒冈大学留学。回国后进入外务省工作，曾参加巴黎和会。1921 年后，转而加入南满铁道会社，曾任理事、副总裁。1930 年当选议员，强烈批评"币原外交"。1933 年作为日本代表在日内瓦宣布日本正式退出国联。在第二次近卫内阁中任外务大臣，积极推动德、意、日的三国轴心同盟，曾与苏联签订中立条约。战后被列为甲级战犯，但在审判期间病亡。

非常自信乃至自负的印象。从他的一些公开谈话和演说来看，我觉得他是"见人说人话，见鬼说鬼话"之辈，他可以表达各种意见和感情。今天他告诉我，他在美国时曾为改善美日关系而努力，曾在太平洋沿岸各州对那些在美国出生的日本人演讲，勉励他们一定要做忠实的美国人。他又说他认为发展日美之间的友好关系应是日本政策的基础，他今晨还曾向内阁宣讲了这一点，并将继续致力于这项工作。

从他谈话的那副派头可以猜想，他在内阁发言时一定像在对一群小学生训话。我跟他讲了报刊上的反美宣传所造成的危害。最近他曾对人说，如果他任下届外相，他就要如何如何行事。显而易见，由于日本社会各界的奉承，他从日内瓦回来时被当作英雄来欢迎，于是就更加趾高气扬了。

演讲的负担

1933 年 5 月 21 日

圣路加医疗中心（又称圣路加医院）新建大楼落成，计划前去献词。准备讲稿花了一整天时间，已经写完。上周日写了两篇讲稿，一篇讲稿将用于横滨，供阵亡将士纪念日之用，另一篇将用于"美国学校"的毕业典礼上。所有这些讲稿，遵照主题写起来都是开头难。真开了头，之后就容易了。阵亡将士纪念日和"美国学校"那两篇倒比较简单，可以参考以前在土耳其用过的稿子，但在圣路加医院讲的，则要重新考虑。但愿秋天之前，讲这三次就行了，可谁也不敢担保。演讲的确是一个沉重负担：它虽和我的职业有密切相关，但随着时间的推移，我对这类邀请越来越不耐烦。从一年前来到日本以后，我已经做过三十五次演讲了。

华北又有麻烦了

1933 年 5 月 23 日

下午 6 点，大使馆的一个日本朋友匆匆送来一张纸条，据此我电告国务院：日军已接到明令，不要进入北平；如部队仍打算前进，还会有更严厉的命令下达，这些命令都准备好了。看来我们上周呈报的判断是对的，我们断定日本人仅仅是要"包围"北平，然后逼迫中国人谈判，只要中国人保证不继续在长城一线攻打日军，日军就会撤退。但又有迹象表明，日本人想在华北建立一个缓冲国，而且他们很可能成功。北平周围的这种军事活动正好发生在石井子爵在华盛顿举行会谈①的前夕，看来很不妙。日本军事方面和外交方面的行动及政策总是缺乏协调，使人深感遗憾。正当满洲的紧张局面逐渐消失而世界各国非常有可能终于默认现状的时候，日本陆军却又跳上报纸头版，并在国外造成一种印象：它仍旧在胡乱攻伐（实际也是这样）。而且恰恰是在这样一个时刻：各国正在想方设法，至少在研究已经提出的各种办法，希望坐到一起来共谋达成某种有关裁军、安全和互不侵犯的切实协议。我知道，现在有许多日本朋友确实在为大局焦虑，却无能为力。

来栖评史汀生

我的秘书小帕森斯写道：

---

① 在石井子爵赴伦敦出席 1933 年世界经济会议途中经过华盛顿时举行。——作者注

昨晚来栖先生和我翻了一下最近一期《外交季刊》，谈到史汀生的文章时，我大胆地表示了一点意见，认为史汀生是一个真诚的伟大理想家。来栖回答道："你若不身处险境，当个理想家总是容易的。"我认为这是一个很好的例子，说明日本许多当权者虽曾助长侵略行动，但骨子里自以为是地抱着防御的心理。我相信，有教养的日本人之所以也会相信去年夏天甚嚣尘上的"自卫"论，绝不是因为他们想入非非。在我看来，不先消除这种日本"身处险境"的观念，就无法制止日本陆军可能被误称的"扩张主义"的行动。我并不怀疑日本军人抱有称霸亚洲的幻想，但我仍然认为，他们的力量源自一种日本人内心深处的防御态度，即恐惧俄国、担心自身的安全。因此，就有了"非胜即亡"的说法。

应建立一座"国际政治保健学院"

在圣路加医疗中心新部门开幕式上致辞

东京，1933 年 6 月 5 日

任何时代的有识之士都会认识到一个真理，即人类是一个整体。不过，要让这个基本真理在现实生活中得到完美的落实，则必须要经历一个缓慢的、渐进的过程。过去，每个民族都有人在培养这种思想，将来还会有人培养。这些人坚持寄望于这种思想，他们所关心的不局限于自己的家庭、自己的信仰乃至自己的国家。

在这个人类是一个整体的哲思中，最能打动我们共有仁慈之心的要素，便是身体上的疾病；救死扶伤不只包含功利主义，其中还有更广更深的意义：我们的医院教人有同情心，它们之所以令人尊敬，根本上是因为它们象征着爱，象征着人类作为一个整体对人类幸福所负的责任。

正因为有这种开明的哲思的引导，美国主教派教会上千的教区、洛克菲勒基金会以及许多进步的、热心公益的人士才慷慨解囊，我们今天为之开幕的这座崇高的大楼才得以落成使用。已故的前日本天皇陛下的慷慨恩赐，皇室、内务省、东京市和其他团体的大方捐输，后藤伯爵、大隈侯爵、涩泽子爵等日本显要人物的资助，有力地证明了圣路加医院在东京的建立过程就是一个共同合作的事业。日本理事会协同美国理事会，在其最需要支援的时候给予最慷慨、最有益的指导和帮助。这种帮助对整个巨大医疗机构的发展起了显著的作用；而圣路加医院及其附属部门的成就大部分应归功于一个人，即鲁道夫·博林·托伊士勒（Rudolph Bolling Teusler）博士，他富有远见、信心和不倦的精力，代表我们两国的那些能干的同事们又给了他有力的支持。今天大家向他表示敬意，他受之无愧，我也同声赞颂，并向已实现其理想的理想家祝贺。

我今天讲话，目的不在于详述这所医院的背景和历史。关于这方面，与它的发展密切有关的人已经讲到了，远比我讲得好。我是想谈谈这座建筑物的广阔意义和它所象征的一切，由此也以表达我自己的一些想法。可能会词不达意，但无疑是真诚的。

我刚说过的人类同为一个整体这个高尚的哲理，是远超乎政治谋略和政见的。它是人类的崇高理想，在走向这种境界的过程中，自然的力量必然会给予推动。虽然这大概是渐进的，但它终将得以实现则是确定无疑的。文明总的发展趋势不正是沿着这个方向发展的吗？史前时代的家庭认识到要组建部落，才能得到较大的利益。部落逐渐发展成为国家。今天世界各国又正在朝着更密切、更开明的合作步步前进。因为它们终于认识到，只有这样，才能为最大多数人谋得最大的幸福。因此人类的共同协作，虽是渐进的，但肯定已在过程之中。当我们经历失望阶段的时候，就应该回顾一下已经走过的路和已经取得的进展。哪怕是在我们这一代也都在取得进步。这场运动最终将取得胜利，它并不是一个随着时代或个人是乐观还是悲观而会有改变的问题。这是一件确定无疑的事，即便会遇上难免的挫折、障碍和延误，但人类就其全体来看，总是在朝着至善极乐的方向而努力，人类依靠这种固有的本能，必定会得到最后胜利，正如宇宙的法则必然会得到体现一样。如果有人称我为幻想家，那就请这些有怀疑的人去探索一下历史的事实、发展和基本趋势，然后按数学上的类推法去推断一下将来吧。

我今天之所以谈到这个运动，大致有两个原因。首先是因为在日本设立这座大医院，以具体形式展现国际合作的原则，正是刚才说过的那个基本真理的物质体现，即人类在精神上是一个整体，而按事物的本性又终将在实际上成为一个整体。其次，是因为医学的原理也非常适用于救治世上的疾患：世界过去受难，现在受难，在经过逐步发展、取得经验、积累领导人的智慧而达到天下大同的太平盛世以前，无疑还将继续受难。

我们国际上的疾患，大多跟人身体上的隐疾很相似。就像癌症那样，国际疾患一般先是某个地方长期受刺激，所以最初规模不大。若能预知那种刺激为癌症的先兆，迅速处理，这种病或许就可以避免了。即使是最高明的医生，也可能无法或没有机会预先觉察到这种刺激，但一出现明显的症状，早在必须动手术之前，他就能设法根除这种疾病。

在遥远的未来，有一天我们或许会有一种"国际政治保健学院"之类的机构。它将从各个角度来研究国际关系，就像家庭医师研究或应当研究他所照料的人的心理、生理和品行的状况那样。一旦发觉国际健康中有潜在危险的根源，早在实际发病以前，这个学院就会对症下药，以消除可能引发冲突的原因，即感染的根源。必须远在疾病生成以前即采取医疗措施。在国际事务中，仇恨的狂热一出现，才想到要避免发病就没有把握了，也可能已经来不及了。必须及时采取预防措施。在舆论有可能被激怒以前，在公众的明智判断力尚未为事态发展所遮蔽、为国际间仇恨偏激情绪所蒙蔽之前，就该有几位有远见的政治家，围坐在铺着绿色台布的桌旁，依靠各自冷静的判断为防治病症做大量工作。

这个"国际政治保健学院"，是对将来的一种幻想（我想称之为我别出心裁的一种奇妙的发明），它必须经常开会，就像普通实验室所做的那种研究工作，和现今洛克菲勒基金会及其他类似团体经常为消除癌症而推动的研究工作一样。它的成员不是内阁总理或其他高级官员，而是许多社会各界、各组织的非政治性的专家。为了能够采取预防措施，并能行之有效，他们理应及时提出自己的研究结果、警告和建议。

自 1899 年第一次海牙和平会议①以来，我们已经走了很长一段路。今后仍有很长的路要走。但我们有必要因此而灰心丧气吗？这个走向国际合作的运动，并不会如雅典娜那样从宙斯的前额诞生出来，而且一出来就已经是一个成年人。它必得如一切婴儿那样，从经验教训中得益，慢慢地发育成长。它终究会长到完全成熟，正如这所大医院，由于汲取医学界的经验、发明和发现，它为社会服务的潜力同样在随之增长。

朋友们，今天的典礼意义深长，它使我有所感悟，才敢做这些大胆的遐想。我所谓的"国际政治保健学院"不过是臆想的产物，也许只是空中楼阁。因为想到这个医院在完成其进步使命时，将会对个人与社会做出良多贡献，所以才借用它的名词和概念。这只不过是想用比喻来说明问题而已。有时做做白日梦，也并没有什么坏处。梦至少可以把我们引向使人受益的思路。我从这幢大楼，从它将容纳的、大量的从事种种医疗活动的设施，看到了人类基本上是统一整体思想的具体表现。现在人们正在为促进人类的密切合作而努力，那就让我们在这幢大楼所象征的原则中去寻找实例吧。把这所大医院所代表的国际友谊、治病救苦所体现的基督教精神和箴言等都运用到那个更宏伟的事业上去吧。

---

① 指 1899 年 5 月 18 日到 6 月 29 日在荷兰海牙举行的万国和平会议，参加的有中、俄、英、法、美、日等二十六国。

日美关系得以改善的片刻

1933 年 6 月 8 日

92　　去了横滨，"休斯敦号"（USS *Houston*）① 军舰接待如仪。参观全舰一小时，随即陪同泰勒（Taylor）将军招待了大批来自横滨和东京的客人。该舰外形壮观，十分整洁。此舰已两度获得海军射击冠军，一次获得通信冠军，今年的这两项锦标现在都归它了。高射炮和火力控制台当然是被严密掩蔽起来的。

　　我问巴格利（Bagley）舰长，日本海军军官上船来时是否曾要求参观，他说他们没有这样要求，大概是因为他们不愿意在美国将军访问横须贺时受到同样的礼遇。不过，还是看见有飞机在军舰的上空拍照。下午 6 点奏起国歌《星条旗》，招待会到此结束。在招待会上，不少日本姑娘们很快活。埃尔西欲邀内田须磨子前来做客，但须磨子和她的母亲都不敢请示内田伯爵，理由是"他最近已经准她外出多次了"。不过，内田伯爵夫人还是建议由埃尔西去找外相直接请示。于是，埃尔西鼓起勇气，在外相宴请佩里夫妇的午餐结束后去找他。起初，他果然说不行，后来态度才软下来了。须磨子在我们家玩得很好，当然有艾丽斯作陪，她很感谢埃尔西。我好像记得，那些老式的土耳其帕夏②也不太鼓励他们的家人与外人亲近。

　　写了一封给国务院的长电，呈报美日关系有显著改善。这背后有种种原因，首先是日英关系逆转，这主要是由于日本与

① 美国亚洲舰队的旗舰，前来日本访问，这是它一系列常规任务中的一项。——作者注

② 帕夏（Pasha），土耳其奥斯曼帝国内对高级官员的敬称，类似英文中的"Lord"。

印度的贸易协定已告废除，对日本的棉纺织业是一个沉重打击。军部则已得到它要求的拨款，中国局势也较之前有所缓和，日本虽已退出国际联盟，却没有因此和西方国家发生冲突。当然，不能说好战情绪已经消失了，但明显有官方指使的反美宣传现在已大大减少了。

对美感情的好转突出表现在报刊对下面几件事都有明显的正面评价。第一，关于石井子爵与罗斯福总统的会谈，人们普遍相信，总统是怀着赞同的心情来倾听石井对日本问题的说明的。有一种看法是美国新政府会比上届政府对日本更友好。第二，泰勒将军的来访获得完全成功。泰勒将军去年在上海与野村海军大将①的通力合作受到普遍赞赏，他在此地受到的接待也极为热情。第三，美国驻菲律宾的新总督来此短暂访问，并曾拜望日本高级官员，给人印象很好。第四，佩里主教来访，特别是他往浦贺瞻仰了佩里纪念碑，其间受到一致赞扬。第五，圣路加医院的新医疗大楼开幕，有皇弟莅临，名流到场。

当然，军阀很可能不久后又要兴风作浪，依旧会在报刊上塞满反美宣传，把这阵子出现的改善风潮打压下去，但我觉得，毕竟还是有了积极的甚或是持久的进展。白鸟调离外务省而改任驻瑞典公使，这又是一个使人可以对前途抱希望的因素。顺便提一句，我还听说白鸟反对调职，曾挣扎到最后一分钟。

93

---

① 野村吉三郎（1877—1964），时任日本第三舰队司令官。1932年4月29日，在虹口公园参加庆祝会时被炸伤。1937年退役后，曾短暂出任阿部信行内阁的外务大臣。因与富兰克林·罗斯福有私交，后被派往华盛顿任驻美大使，负责对美谈判。战后，出任过JVC会社的社长。1954年，在政坛复出，当选参议员。

这种新出现的对美亲善，甚至在私人交往中也能看得出来。例如约翰逊海军上校告诉我，在过去一年中，某些以前和他最亲热的日本好友也不敢在人前与他接近。其中有一位曾被军部视为太喜欢外国人的日本友人尤其避之唯恐不及。前几天在高尔夫球俱乐部时，此人竟与井上子爵一同主动来到我们的桌前，跟约翰逊和我坐在一起，笑容满面，和蔼可亲。在过去一年中，他们可是不敢这样做的。能在此地留下来，得见关系有此改善，我很高兴，友情若能持之久远，总是令人欣慰的。我想这会持续下去的，除非有不测风云，使之又受损害。一年来，情况的确有了很大变化。

艺妓之夜

1933 年 6 月 29 日

梅雨天闷热，一直出汗，令人讨厌。我只穿衬衫，整天待在书房里。

约翰逊海军上校在"红叶"艺妓馆宴请日本海军将领和大部分使馆人员，共三十二人。大家分成两长排，坐在榻榻米上，姑娘们以热米酒待客，日式盛宴应有的佳肴逐一奉上。约一小时后，宴会热闹起来了。两小时后，猜拳进入高潮，人们开始敬酒。

猜拳是用手势来玩的，剪刀剪纸、纸包石头、石头砸剪刀，是一个历史悠久的游戏。某个艺妓前来陪酒（她们是不断换座位的），提议玩这种游戏。她赢了，就该你喝，表示向她祝酒；你赢了，就该她喝。这里的姑娘们格外活泼，远胜别处，而且都非常风趣。这时，邻座的客人也不断向你祝酒，还有挨个前来敬酒的，然后你还得去一一回敬。虽然酒杯很小，每次喝的量很少，但积少成多，当晚还是喝了很多米酒。如此畅饮，整晚欢愉。第二天清晨却毫无不适之感。当然，前提是你不效仿一般日本人那样掺上威士忌酒一起喝就行了。热米酒本来就蒸发得很快，日本料理比较卫生，易消化，恐怕也是原因之一。这一切都有助于举行一场欢宴，有醉意而绝不狂乱，虽亲昵而常保尊严，不纵情，不越礼。

上菜的间隙会插入日本音乐和扇舞，后来我们也站起来了，在榻榻米上坐了将近三小时，得把屈久了的腿伸一伸。此时留声机响了，艺妓们又拿出她们跳西洋舞的本事，跳得和本国舞一样好。坐在我旁边的高桥海军大将发表感想说，如果国际会议有这样的气氛，达成协议就毫无困难了。我同意他的说法。

大使馆里的浪漫

这批邮件到家之日，埃尔西的喜事对家人就不再是秘密了。虽然此事原本要到 8 月某个时候才能公开。6 月 30 日，她和塞西尔·莱昂订婚了。莱昂来到这儿还不到一个月，就跑来求我准他娶埃尔西。我说他是个做事性急的人。他答道："您能怪我吗？"既然他这么说，我当然不好再说什么。这事让我们大家都高兴。他是一个诚实、优秀的小伙子，二十九岁，至少在身高方面能比得上我们的另外两个女婿。至于别的条件，就让埃尔西自己去品评吧。她选的这个对象，且不说性格和人品都受到我们大为赞赏，单就她要嫁给军人这一点而论，我自然就很高兴。我猜三个女儿都嫁给了军人，肯定是可以创造纪录的。有了这种想法，大可以补偿因想到她终有离去之时而产生的伤感，她在家总是给我们带来情趣、音乐和欢乐。现在她至少又带来了一个艾丽斯和我都十分喜欢的女婿。他们打算在 10 月 7 日举行婚礼。那天也是我和艾丽斯结婚二十八周年的纪念日。

日苏间的紧张局势加剧

1933 年 7 月 18 日

参加首相府招待韦尔奇（Welch）主教和夫人的便宴，主客是几年前在朝鲜时认识的。饭后与斋藤子爵长谈。他说希望美国能帮助中国自立。我答道，这个问题绝不是单靠一个国家能够解决的。他殷勤好客，第二天送了我一面日本丝绸制成的美国国旗。官邸，即设宴之处的门口，恐怕至少有十几个警察守卫着。因错发了警报，就在我们来到的那个时刻，那里正有一场虚惊，只见警察拔刀出鞘，子弹上膛，冲来冲去，搜索不速之客。既然常有刺杀的威胁，官邸周围自然会有一种紧张气氛，这并不奇怪。那晚斋藤子爵的夫人好像一直都闷闷不乐的。

已有一月左右几乎没有电讯往来了，我给国务院发了一封很长的电报，汇报日本和苏俄之间的紧张状态，列举已经发生的种种事件以及严峻局势可能加剧的理由。这些事件也可以说有挑衅的性质，和满洲事变以前发生过的事件都有相似之处。日本军阀的意向不能用西方的标准来衡量。他们若预见到冲突终不可免，就很可能趁苏俄羽翼未丰而先发制人，毕竟时间因素对苏俄有利。因此，我虽不认为战争迫在眉睫，但确实相信局势有潜在的危险，值得密切关注。我们将这些都写入急件，随上次邮袋一同寄出，但这要再等十天才能到达华盛顿。尽管我不想神经过敏或危言耸听，但也不想事到临头而措手不及。在这个地方，对任何事，甚至是避免蓄意挑起战争这样的事视若无睹、不够重视，都是不明智的。

外交革命与日美关系

为《日本时报》日美关系专号撰写的文章

在美国外交界服务的三十年中，我观察到世界各国外交官的工作性质已逐渐发生了明显的变化。以前，每个国家都希望通过它的外交代表在与别国订立公开的或秘密的双边条约或协定时智取之，进而占到某种政治上或经济上的便宜。在描述外交官生涯的小说中，这类纯属虚构的事例常出现在缔结条约时。常规套路是：有个男主角，例如卢里塔尼亚王国有个年少英俊的公使，通过他和埃列思里亚的王后的特殊交情，同埃列思里亚订成了秘密条约，遂在智斗中打败了反派角色——里西亚的大使。① 过往订立条约是有点像这个样子的，直到19世纪末都还有这种方式，但是这类外交故事的作者和读者大概还很少意识到：自20世纪初以来，我们的国际关系和订约事宜已经起了变化。

若查一查现行的条约和国际协定，对缔约国对外关系有约束力的，在一定程度上对缔约国内政和政策也有约束力。如此就会发现其中相当一部分不是两国间秘密谈判的

---

① 英国小说家安东尼·霍普（Antony Hope）所著《曾达的囚徒》（*Prisoner of Zenda*）中的情节。

产物，而是公开的国际会议的成果。连双边的商务航运条约或仲裁条约，也常是与一切有关国家议定的一系列同类条约的一部分。如今的外交代表致力于商订秘密协定的例子反倒十分罕见。在国际政治关系发展过程中，世界已经走过签订秘密协定的阶段了。

若想了解其间缘由，无须远求。今天交通发达，世界已经变得如此之小，各国间的交流是如此频繁，各国的商业金融关系又如此密切，以至于任何一国与另一国的关系都会引起所有国家的深切关注。这和我们美国社会生活的发展情况很类似。在过往开发边疆的日子里，各地的移民住得很分散，大家都各行其是。每个人既是他自己的警察，也是法官兼行刑人。但随着人烟逐渐稠密，交通发达，有组织的社区兴起，那些先来的移民就再也不能只按自己的利益和愿望行事，转而不得不同时考虑公众的利益。社区内任何两个社会成员之间的关系，无论是敌是友，都成了全体成员所关心的问题。今天的国际关系也是这样。我们的各种利益，政治的、经济的和军事的，都如此紧紧相连、密切相关。以致无论哪两国的关系失调，都必然影响到其他许多国家的关系和利益，不仅是涉及两个当事国而已（在不久以前，情况还是这样的）。

我们两国正应该根据这种情况来看待双方关系。我们是政治上、经济上都一步步迈向强盛的两个大国，中间则是浩渺的太平洋。这个大洋的命运，主要是掌握在我们两国手中。太平洋今后是要成为无休无止的妒忌、猜疑、纷争之地呢，还是要成为文化、商业友好交流的和平大道，又或是为增进世界福祉而精诚合作的媒介，多半也要由我们两国来决定。

我们两国的政策和行动，对全世界国际关系的未来发展都将有巨大的影响。因此，美日关系的前途，就不仅仅事关我们两国而已。为了我们各自的幸福、安宁和繁荣，我们固然一定要努力确保日美友好关系的持续发展，但除此而外，我们还肩负更大的责任，即对世界各国的责任。这个责任就是要让即将到来的"太平洋时代"演变为和平与友好合作的时代，而不是苦难和斗争的时代。举例来说，在国际关系发展的历程中，这种苦难和斗争曾在"地中海时代"出现过。

我们两国要和睦相处，互助合作，这理应是不难的。在世界历史上，经济利益曾是许多重大冲突的起因，但我们的情况不同。我们的经济利益并非互不相容，而是相辅相成的。我们两国都是原料供应国，但这些原料无须竞争。同样，我们虽然都向世界市场提供工业品，但产品各不相同，也无须竞争。日本提供的工业品主要是以手工业为基础，以其精巧著名，美国则提供能由自动化机器大量制造的产品。因此，我们的经济利益不一定互相抵触，别国之间发生冲突的主因在我们的关系中也就不存在。日美两国的沙文主义者经常提出其他利益作为可能发生冲突的原因，但只要耐心研讨、发挥互助的精神，这些利益也无疑是可以调和的。

即将到来的"太平洋时代"的命运大部分掌握在我们手中。我看不出有任何理由不创造一个造福世界的和平友好时代，只要我们齐心协力，就可以使它成真。

俄日战争的谣传越来越多

1933 年 9 月 7 日

罗马尼亚代办斯托伊切斯科来访,与我谈了日苏关系。我把我最近谈这个问题的电报私下拿给他看,他说完全同意我的意见。我们有个助理陆军武官说,他和他的同僚都认为战争难以避免,并预言战争将在 1933 年春天爆发,但有些人认为还会大大提前。苏联大使最近在招待外国记者宴会上的讲话引起了许多议论。他显然很气愤,日本报刊明里暗里攻击他的国家和人民,已使他忍无可忍。他在宴会上毫不含糊地指责日本的"国防宣传",向听众宣示苏联的耐心和克制已临近极限。他还声称,苏俄不仅能够对付日本陆军任何公开的侵略行动,而且在陆空两方面都有充分准备。如果有必要采取这一步骤的话,苏俄可以发动攻势,攻入满洲地区。这说得够坦率了。

99　　当然,这些情况一定已经透露给日本人了。俄国人曾讲过,一旦开战,他们就要从空中把东京和大阪两座都市全部摧毁。因此我想,万一真有此一战,东京便会有点像战场。最近日本举行防空演习,空袭演习时东京接连三晚全城一片黑暗,连看书的灯也不许开。显然是感到了俄国的威胁,日本才会举行这样的演习。

初会广田外相

1933 年 9 月 18 日

下午 2 点,接受新任外务大臣广田接见。同时在场的只有巴西大使阿马拉尔。俄国大使尤列涅夫 (Yurenev) 和意大利大使奥里蒂（Auriti）一个缺席，一个迟到。广田热情相待，两手紧握着我的手。在简短的交谈中，他说：增进对美友好关系是他政策的基础，实际上主要是为了这一点，他才接受这次任命。任命是突如其来的，他完全没有料到。从他的态度来看，我相信这些话发自肺腑。我说，在我自己看来，日本报界是增进我们两国友好关系的主要障碍之一。它们总是捕风捉影，煽动不信任和猜疑。他答道："这事我们将一起细细商谈。"

我对他的初步印象还不错。实际上，比之道貌岸然的内田伯爵，他要热情开朗得多。我相信，现在去外务省将会是件乐事了，以前可绝不是这样。我看值得和他坐下来好好谈一谈。内田伯爵则不光是重听，还从来不想谈话。有几次我因特殊事件去找他，他都好像对那些事件一无所知，只是说他将加以考虑。总之，他既不能也不愿认真讨论问题。

我要找广田交涉的首批问题之一是关于报界的问题。只要我们的人一去外务省，就会招来不适当的、令人恼火的新闻宣传。譬如前一天，我想商讨一下神户附近美孚石油公司油库的问题。那纯粹是一桩日常公事。油库是经政府明确许可、花了很多钱修建的，但因村民无理取闹，硬说怕引起火灾，所以建成后却无法使用。春天时，我曾向有田提出这个问题，但未得解决。可我知道，去外务省又会引起不愉快的宣传，于是便叫内维尔去找重光葵①。一小时后，《东京日日新

100

---

① 重光葵（1887—1957），历任日本驻华大使、外务次官、驻苏联大使、驻英大使。太平洋战争爆发后，曾任东条英机内阁、小矶国昭内阁的外务大臣。日本宣布无条件投降后，再次被任命外务大臣，与梅津美治郎一起签署了投降书。战后被列为战犯，判刑七年，1950年年底获释，并出任过鸠山一郎内阁外务大臣。1932年4月29日在上海虹口公园爆炸案中受重伤，终身跛行。

闻》就登出内维尔的照片，在照片下面刊载一篇言之凿凿的报道，竟说他是和重光商谈如何停止两国间的海军军备竞赛。外务省竟一声不吭，不加否认。拜厄斯、巴布、沃恩、弗莱彻等人纷纷来访，要求核实报道是否属实，以便决定是否转发回美国。当然，他们听了我们的回答后，就立刻决定不发新闻了。这类事情实在令人恶心，但在内田任内报界始终不改，也从未见他设法制止过。

还有一点，那才真是妙不可言：内维尔与重光谈话时，重光还曾主动提起报道失实的问题，痛骂日本报界不负责任；一小时以后，上述那个荒唐的谣言就出笼了。当然，这也可能是一种笨拙的、释放风向气球的手法。广田此人，也许可以制止造谣，使我能毫无顾虑地去外务省。然而，他也可能会发现自己与他的前任一样无能为力。

有关满洲的内幕新闻

下面这篇有趣的报道是我认识的一位美国记者最近秘密撰写的。他讲到他在东京结识了一位日本商人，认为此人某天晚上讲的话"揭开了"内幕，特引述如下：

> 我要跟你讲讲满洲问题的真相。夺取满洲，原是一个陆军院校的计划，由来已久，但总是没有立即实现的可能。满洲的中国人惹恼了军部，令他们无法容忍。于是他们不等时机成熟就突然动手了，决心惩罚中国人。军部原以为会遇到抵抗，但一点抵抗都没有。中国人跑了，我们在满洲到处追击他们。在追击的过程中，我们总觉得有只脚举步沉重。低头一看，到底是什么东西粘住我们的鞋。

这才大吃一惊，原来就是满洲。

在外务省和陆军省，会有人告诉你，现在即将实行这样那样的高明计划。老实说，究竟应该怎么办，他们自己也心中无数。他们正都茫然不知所措，极为沮丧。除陆军外，人人都开始醒悟了，感到我们已经犯了最可悲的错误，没有哪个现代国家犯过这种错误。举例来说，如果他们开发了满洲铜矿，日本本土的铜矿就得全部关闭，数以千计的人就要失业。日本政府完全明白，把满洲当作解决日本人口过剩问题的出路不过是白日做梦。日本人移民满洲，每年最多可望达两万人。但对一个一年增加九十万人口的国家来说，这并不是一个解决办法。

这位美国记者继续写道：

如您所知，某某君是日本知识界的领袖人物之一。满洲事变时，他因公然反对军方的行为险些被刺杀。他的朋友把他送进医院，又偷偷地在夜间帮助他从二楼越窗逃走。他来到美国；为了保命，在人前就到处呼喊万岁，私下才把心里话告诉我。

他也认为占领满洲是一个可悲的错误。我问他对荒木将军有什么看法。他答道："和所有军人一样，荒木将军也是一个傻瓜。"

他说，他那一派主张的政策是承认中国对满洲的主权；只将日本对辽东的租界权扩展到整个满洲，为期九十九年。他说，日俄之战几乎肯定会在下个五年计划末期爆发。

他认为，为了避免这场战争，日本应该让俄国在满洲的某个港口有出海的自由，并设法说服欧洲国家向俄国开放达达尼尔海峡。

某某君回日本后，天皇曾召见他，要他谈谈美国的舆论现状。召见的真正用意显然是要保护他，使他免遭刺杀。事后某某君和我讲了召见的经过。他说，天皇对满洲事变甚为苦恼，不赞成这样搞。他（天皇）说，日本最大的危险是沙文主义。国家主义太过头了。某某君说，天皇曾命令陆军无论如何不要进攻北平。

102

（在这期间，荒木将军却一直在公开叫嚷"天皇命令我军举着旭日旗前进，我们岂能向后转"，等等。）

我还会见过斋藤子爵，可以断定，这次会晤是受过审查和阻挠的。他非常苦恼。

他说，满洲事件本来就是绝不应该发生的。不那样冒天下之大不韪，也可以得到同样的结果。我问他现在何以善后。他说："某某先生，我不怀疑小鸡是常想回到蛋里去的——那里多么温暖舒服啊；可是一旦啄出蛋壳，就无蛋可回了。现在我们只有往前走，尽量往最好处想了。"

我问他，谣传美国和日本要打仗是怎么回事。我告诉他，双方海军的情绪都好像很紧张，但我看不出有任何打起来的可能。他说："某某先生，不要把事情看得太死了。要时刻记住，靠战争吃饭的人总是想要打仗的。"

我问他："阁下，您是指海军吗？"

他说："不是，不是。海军没什么。陆军却太不懂事了。"

太平洋上的伟大实验室

大使在泛太平洋协会和泛太平洋

俱乐部举行的巴波亚①纪念日午宴上致辞

东京，1933 年 9 月 25 日

主席、诸位阁下、女士们、先生们：

我们在想象四百多年前，巴波亚站在连绵的达连湾山岭上第一次凝望浩瀚的太平洋时，不禁要问他是否有深邃的远见，能料想到这片大洋有朝一日不仅将成为世界上许多主要物产交换的大商场，而且会发展成历史上最大的实验室。之所以会这样，是因为大洋沿岸的许多国家都正在政治体制有着根本不同的情况下各自发展。这些大大小小的国家之所以有着根本不同的政体，是由于种族、历史地理或是舍旧维新的结果。

在太平洋各国中，日本以其深厚的东方文化素养，结合一个刚健民族的干劲与首创精神，吸取了西方文明，并完成了西化过程。这个过程迅速异常，其民族个性和特征却依然很强，其中突出的因素则是权力集中和君权至上。

疆域遍布全球的英联邦，各邦之间虽远隔重洋，却仍能保持必不可少的交往。这是由于它有防护妥当的海上交通线，有定期召开的会议，以共商互助互卫之道捍卫彼此的自由和利益。它的力量全在于其制度的灵活性和弹性。

美国的贡献则在于建立了一个联邦组织，既允许组成

---

①　文艺复兴时期的西班牙探险家，据信是最早看到太平洋的欧洲人。

联邦的各州毫无阻碍地互相交往，又让每个州在非全国性问题上拥有其立法上的独立性。

最后是俄国，它走上一条前人从未走过的道路，给政治词典创了一个新词——苏维埃制度。全世界都在一旁注视着，看政治学实验室中这个新添的试验将如何发展。

现在展望未来，我们必须尽可能设想到，国际间的联系和交往定会有惊人的发展。由于航空事业的发展和进步、电学方面和其他领域中的发明创新，不难预见有一天世界各国将会在交通运输方面互相连接，其关系之密切远非现在所能比拟。一个世纪以前，蒸汽机和轮船尚在襁褓时期，电报和电话犹未被普遍应用，无线电和飞机更不可思议。历经之前几代逐渐加速的发展和发明，从现在的进度来看，下个世纪、再下个世纪会变成什么样子呢？如果世界的发展速度一直不断加快（必然如此），国际商业和金融结构——其实还有许多别的部门——又会变成什么样子呢？一定会有那么一天，国际疆界将失去其大部或全部现有的天然约束力，这些天然限制一旦崩解或消失，谁能晓得世界利益的最终趋向一致将会使各国的政治关系紧密到何种程度？对此，处在目前发展阶段的我们只能进行模糊的想象。

我曾把太平洋比喻成一座巨大的实验室。从前，化学家曾力求发现一些必要的元素，以配制出长生不老之药。如果让我们对模糊难测的未来稍骋遐想，那么为何不可以问：在将来某个时代，从上述各种各样的试验和经验中，会不会出现最能为大家所接受、最适于实现世界大同的一种制度或多种制度的结合呢？这个目标，如果堪称目标的话，今天只存在于我们的空想中。但空想或白日梦也未必全然无益，未必总是那么荒唐的。或许巴波亚也有他的梦想，不过，即使他有最丰富的想象力，也难以预见自己的发现所产生的结果——那才真的是令人不可思议的。

在那个时代到来之前，人们的观点可能业已经历了很多变化。但是，为促进文明而表现出高度才智的各民族已在这个太平洋上的伟大实验室里共聚一堂，总是在工作，总是在推进、试验、了解，甚或已完成它的工作，以求有朝一日如今视为天然应有的国界不复存在。那时候，大海和高山都不能成为阻碍各国亲近的障碍。那时候，国际关系的整个结构具有如此复杂、微妙、普遍的性质，以至于公共的利益终于远远超过任何一群一国的利益。当那一天到来之时，如果适合那时情况的机构经过世世代代的设计和创造妥善地建立起来了，如果这个机构牢固地建立在德川公爵最近表达的那种开明观点的基础上，即"全人类未来的幸福安宁将在相当大的程度上有赖于增进太平洋沿岸各国间的互谅互助"，谁又能说世界达不到比我们祖先所设想的境界更加幸福和文明的境界呢？

那时巴波亚又可以来俯瞰他向世界揭开的这个大舞台，他在看到他对解决历史上的最大问题也曾做过贡献时，一定能感到欣慰。

婚礼日

1933 年 10 月 7 日

埃尔西的大喜之日过去了。达官贵人们和新娘新郎都已经走了。

105　　今天不是 1905 年 10 月 7 日那样的晴朗秋日，但至少雨云被大风吹散了，没有落下来，天气还算暖和，让人并无不适之感。上午 10 点，先是一起去总领事馆，来到施潘尔（Spamer）领事面前签署文件，内维尔和我当证人；然后赴麴町区公所，美国侨民总是在这里举行婚礼，因为这里的官员熟悉美国法律手续，美侨无须回答没完没了的问题。不过，该侨民必须是住在这个区的，于是我们的新娘和新郎便把帝国饭店当作他们的临时住处，因为饭店在这个区内。区公所也就承认了这个假设事实。新娘和新郎险些死于非命：有个摄影记者乱扯窗帘，把窗顶上一种很重的木头装置扯下来了，木头差一点砸在他们的头上，扬起一阵积年已久的尘埃。不用说，大家都笑了，但如果真的砸中他们，那可不是开玩笑的事。那位町长之类的官员心里很不舒服，向内维尔用日语嘟囔道："我太粗心大意了。"仪式结束后（收费极低，才十五钱，约合三美分），我们又回到领事馆，施潘尔发给证书，表示他已为此次世俗婚姻做证，按照美国法律，莱昂先生和莱昂太太就此结成了夫妇。

下午 3 点举行宗教婚礼，4 点招待客人，这些埃丝特·克兰（Esther Crane）和广濑千代（Chiyo Hirose）已分别在《日本广告报》和《日本时报》上做了极好的报道。我可以补充的只有：新娘令人称道，新郎为国增光，伴娘法伊·范·雷希特伦（Fay van Recheteren）使场面增色不少。我们原本只邀请六十五人作为埃尔西的朋友来观礼，结果来吃喜酒的却约有四百人之多。艾丽斯和我得去应酬秩父宫夫妇，他们倒一点也不拘礼，可是和其他皇亲国戚周旋就不能说总那么自在了，尤其是在日本，这些人周身都为皇室的繁文缛节所束缚。好在我算细心，事先写好了程序单，送交前田伯爵，征得了他的同意。秩父宫夫妇在阳台饮茶，我把公使们也请到那里去坐。后来听马勒说，公使们对这样的安排将永远感激不忘。

根据日本的规矩，在外国人的住处应酬社交时，向来只有大使才能同皇族谈话。我却偏要让加拿大等国的公使到那里去，这样一下子就把难办的问题解决了。

埃尔西和塞西尔驱车往横滨，从那里坐火车去御殿场，御殿场在富士山斜坡上，桦山伯爵已把他在那里的别墅借给了他们。父母则重理日常事务。抚育儿女，一向是他们生活中最重要的事，如今楼上孩子住的房间已空空如也，父母也只好强展笑颜。

一位外交官谈泛亚洲运动

1933 年 11 月 13 日

有位外交界同行对我说，自今年 3 月荒木将军、芳泽、广田等集会后，日本就萌生了修改泛亚洲运动或大东亚协会的打算，正在加紧推进。他认为，广田虽说要实行与外国改善关系的政策，但依然是这个运动坚定的支持者，他赞同日本的扩张计划。然而，这位同行并没有确凿的证据足以佐证这个说法。据他了解，这个计划是要建立一个"亚洲版的国际联盟"，由日本、"满洲国"、中国和暹罗组成，当然以日本为首。换言之，即建立一个反对白种人的黄种人集团。他说，刚看过一本新编的日本小学教科书，内有一张远东大地图，包含日本、"满洲国"、中国、法属印度支那、暹罗、海峡殖民地、菲律宾，以及荷属东印度群岛等地，地图上有三面国旗——日本的、中国的和"满洲国"的，而美、法、英、荷的国旗都没有。他认为背后的含义意味深长，又说昨天参加朝香宫妃殿下的葬礼时，他还注意到一件很有意思的事：花圈的摆法是，"满洲国"执政溥仪送的放在首位，"满洲国"驻日公使丁将军送的次之，外交团的花圈则在第三位。与他一道的他的译员曾把花圈上的题词念给他听。

这位同行觉得苏日间的局势很紧张，任何严重事件都可能引起冲突。他认为，俄国人的态度已经强硬起来了，日本确实害怕来自海参崴的空袭。合众社昨天发自莫斯科的专电报道称日本飞机在苏联领空被击落，日本辅助舰在堪察加海面被击沉，但他还没有听到这个消息。这次谈话我已做了摘要，作为密件寄给了国务院。

苏联大使前来致意

1933 年 11 月 20 日

上午 11 点，苏联大使尤列涅夫来访，这是我国承认苏联后的正式拜访。我在官邸书房接待了他。我们喝着雪利酒，举杯互祝健康。我相信，俄国革命之初他在海军起义中发挥过重要作用。他当过驻意大利大使，驻波斯、奥地利公使，必定有丰富的外交经验。他说，在中东铁路问题上，俄国将寸步不让，看样子他对俄日关系的前途是悲观的。对我国承认苏联，他显然十分高兴，态度极其友好。

我很快就回访了。在苏联大使馆享用樱桃白兰地酒，还有美味的鱼子酱三明治。大使馆是一幢极为时髦的新建筑物，房间宽敞明朗。如果布置得体，还是会很吸引人的。顺便一提，我国承认苏联一事倒也让我沾了光，竟得到一大罐味道鲜美的鱼子酱。但想不出拿什么东西回赠他，他又不抽雪茄烟。

特罗扬诺夫斯基受命出使华盛顿，他是非常合适的人选。苏联挑选了国内主要的日本通出使美国。由此看来，这个事实本身就大有深意。

为什么日本人尊敬罗斯福

1933 年 11 月 30 日　感恩节

读了总统在教堂发表的公告。到会的美国人很多，有使馆的大部分人员，代表圣职人员的则有赖夫斯奈德（Reifsniders）主教、伯顿（Burton）神父、高恩（Gowan）博士、埃文思（Evans）博士，还有协和会的另一位牧师。

公告中有一处暗示值得玩味，话是这样说的："要使世界各国更加清楚地认识到，我们决不谋求征服别国，只求所有国家都以信誉担保，尊重邻国的主权和权利。"公告已在《日本广告报》上发表，肯定会刺痛日本读者中一些人的良心。说不定还会使日本某些自由主义者苦恼不安。总统办事高明：他绝口不谈满洲问题，却着手加强海军，承认苏俄；结果日本便转而采取了全新的、较为友好的对美政策。胡佛和史汀生过去不得不公开表明美国的政策，而现政府却能从采取行动中得到好处。罗斯福只消在上台时宣称政策不变就行了，接着便保持沉默。这一点他做得十分成功，只做不说，更不写，用的是不见诸文字却能让日本人心知肚明的语言。

日本式的广告

1933 年 12 月 7 日

邮件此刻刚到，我面前有一张别有风味的广告单，是银座哥伦比亚零售商店寄来的，上面写道：

> 现代生活紧张、嘈杂、急迫，以致令人烦躁。唯有音乐才能缓解，唯有音乐可以抚慰不愉快、不健康的心境。
>
> 本店备有唱片音乐可供欣赏，如蒙光顾，还将免费奉上香茗一杯，以佐雅兴。有古、今、欧、美、日之乐曲，任君选用……各色唱片唱机，一应俱全，任君随意挑选。不妨一试，即知详情。备有善操英语人员，热诚招待。得便敬请光临，欣赏各种音乐，保证不虚此行。

向罗斯福致敬

1933 年 12 月 9 日

昨天送达的邮袋里，有一封总统亲自签名的、极令人欣慰的信。他向我们的各个家庭、各个单位、所有驻日外事工作人员祝贺圣诞节和新年，还称赞我们能与政府同舟共济。我从来没有见过这样的行为。他能想到大家且不怕麻烦，向美国所有驻外使节亲自签发信件，想必共有五十封这样的信，这的确是罗斯福特有的作风。一个总统对外交官员如此关心，实为我国前所未有之事。民主党人在野十六年之久，不少人求官心切，对他施加的政治压力极大，但他都顶住了，没有换掉任何一位担任使节的职业外交官。

日本皇后产子

1933 年 12 月 23 日

早上 7 点钟，艾丽斯准时叫醒了我，说"警报在响了"。

还真是在响，这是在宣告皇家诞下子嗣。生女响一分钟，生男则隔十秒后再响一分钟。那十秒钟内，我热切盼待着，第二声一响，我们皆大欢喜，只有在日本生活过的人才能理解此事的全部意义。

纳粹外交官的做派

1933 年 12 月 28 日

德国新大使来访。他刚从莫斯科来，似乎是在那里就已从波利克罗尼亚德斯（Polychroniades）家打听到我们的情况。他个子很高，头长而秃，面孔瘦削，一副典型的"容克"地主样。人们满以为他照例会是粗声粗气的，但奇怪的是他握手时居然举动柔和，嗓音又尖又细。他一上任就按典型的普鲁士方式行事，派德国大使馆一个叫诺尔（Knoll）的人去告诉《日本广告报》，该报有些谈德国的文章的论调让他很不喜欢，必须改变。其实弗莱彻已经很小心了，在社论中总是避而不谈希特勒主义，因为当地外国人住得相当密集，他不想惹德国人来闹。他一向只限于刊登新闻电报，这些电文当然不一定都是在恭维希特勒。当他问诺尔，要是《日本广告报》不改变调子，那大使会怎么样时，诺尔答大使就要向柏林报告。多么吓人的威胁啊！

威尔弗里德·弗莱彻（Wilfrid Fleisher）告诉我，他把这个事件讲给他父亲听了，并问他父亲：要是他父亲遇到此事的话应该怎么办。他父亲答道，那就把诺尔扔出办公室。据《日本广告报》报道，这位大使的夫人在首次接受该报采访时——对新到的使节夫人的采访向来由该报女记者埃丝特·克兰进行——讲道，她希望很快就能了解日本人，"因为我们德

110

国人对外国人的心理向来是敏感的"。那正是他们最大的弱点之一，上次大战期间他们对比利时人、英国人，最后还有美国人的心理都判断错了。这就是明证。《东京日日新闻》登出的各大使、公使对太子诞生的贺词中，有这位大使的一段话："欣悉太子诞生，谨表衷心的祝贺。到任伊始便恭逢此事，我认为这也是赐给我个人的光荣。"皇后竟这样都还热烈地欢迎他，还真是太善良了。

日式摔跤——"相扑"

1934 年 1 月 15 日

今天下午赴大竞技场观看日式摔跤比赛。想不出有哪种运动能比这种运动更令人厌烦的。这种摔跤跟我们的一点都不像。相扑手自成一个社会阶级，从小因身高体长而被挑选出来，然后就像填火鸡那样被喂得无比肥胖。他们出场只围一块腰布，赤身露体，大腹便便。比赛时双方面对面，先做出各种礼仪性的姿势，得做上好一阵，然后弯下身子，两拳撑地，活像在斗鸡。接着，双方同时跃起，较强的一个几乎总是推撞一次就能把对手扔出圈外，然后这场比赛就算完了。我们看的最长的一场也没有超过十到十五秒钟。只要身子的任何部分触及圈外的地板，这一回合就告结束。不能在地上打滚，就只能彼此推撞。据说相扑有四十八种擒拿法。

更可笑的是，比赛开始、躬身准备跳起时，相扑手要互相对视几秒钟，却又站起来，悠然步出圈外，擦擦身子、喝喝水，好像真的费过多大劲似的，又拿一把盐撒在圈里，然后，又照样从头来一遍，通常要搞六至八遍甚或更多次。如此观众每看几秒钟的真正格斗都得等上十至十五分钟。

听说他们之所以不再跳起来，是因为双方都以为，只要瞪眼盯着对手，叫他在对决前久等，就可以使对手迷惑。偶尔有一个也居然唬住了对手。有时也会这样：一方跳起，对方却伏着不动，误以为是搞错了，还得重新来过。真是荒唐透顶。但这些角斗士是公众崇拜的对象。竞技场中的观众当有一千人以上，各带着火炉取暖煮食，因为要在那里露营一天。每一场比赛都会在报纸上报道。那些选手，特别是那几个最胖的，在群众中的声望堪与贝比·鲁斯①在美国的名声。相扑比赛其实是神道教的一种仪式。每场比赛都有神官在场，他在斗士蹲下时还要做一个戏剧性的姿势，撒盐也是仪式的一部分，报幕员必须拿着一把扇子，高声朗诵。看到这个，我们是高兴的，不过看一次也就够了。

日本人在怀疑林德柏格

1934 年 1 月 16 日

近日报纸纷纷转载末次海军大将②在《现代》杂志上发表的文章，该文通篇充斥黩武主义议论，几乎是直言明说美国有好战的意图。他说，日本先后进行日清战争和日俄战争并接管

---

①　贝比·鲁斯（Babe Ruth，1895—1948），美国职业棒球历史上最著名的球员之一。一共获得过七次世界大赛冠军、十二次美国联盟本垒打王、六次美国联盟打点王，也是美国棒球名人堂首批入选的五人之一。另外，由于棒球运动在日本同样流行，因此当时贝比·鲁斯在日本同样是家喻户晓的名人。

②　末次信正（1880—1944），日本海军内部反条约派的代表人物，强烈主张日本废弃《伦敦海军条约》。对美、中、英、苏皆持强硬立场，退役后曾出任内务大臣。

满洲，都是为了维护远东和平。不必说，每个日本人都知道
"维护远东和平"的意思就是由日本来进行统治。而他们提到
"维护远东和平"时，显然还都真心实意这样认为的。末次的
议论中有这么几段：

> 他们（美国人）现正把大量飞机运到广州；他们正
> 在加强上海、汉口等地的航空运输线。目前，他们运到广
> 州的飞机较多，以后还要运到厦门和福州。从这些地方直
> 至上海沿海都在建航空基地。至于北方，我们还记得美国
> 人曾一再试图取道阿拉斯加横跨太平洋，但几次尝试都失
> 败了。以我们的军事观点来看，他们屡败屡试，无疑是在
> 进行侦察。他们别有用心，但日本人是老实忠厚的民族，
> 仍慨然宽待他们，那些乡民尤其厚道，把他们看作想飞越
> 大海的自家子弟。

> 有位中尉进行了一次奇怪的飞行并返航。后来怎么
> 样？你猜。林德伯格夫妇来了，在千岛群岛逗留了一个
> 星期。第一天说天气不佳，第二天又这么说。他们飞了
> 一下，又折了回去。他们其实是在我国北部侦察，尽管
> 这只是一种猜想，但未尝不可以说是一种可能。现在美
> 国人在干什么？自那时以来，他们一直在阿留申群岛附
> 近勘查，测量队、电讯队、飞行队等都大规模地轮番上
> 阵。这一切是针对谁的？此刻他们已和苏俄恢复了外交
> 关系。

> 当然，其中可以看到经济上的动机，但也可以说他
> 们是在备战，企图从四方八面包围日本。苏俄正在集
> 结强有力的轰炸机，在远东搞战备。战争一旦爆发，

112

他们就可以从台湾、从北方、从苏联领土三路空袭，包围日本。我们必须料到，横跨太平洋的大舰队会载来强大的空军。对这样的不测事态，我们正在逐步加强防备。

我看有关林德伯格正在进行间谍活动的说法会越来越多。

三位日本人救了大使馆的一条狗

1934 年 1 月 19 日

今晨埃尔西和我带着我们的爱犬基姆和三博沿宫外的护城河做最后一次散步，不料回头一看，三博不见了。埃尔西说："你看它会不会掉到护城河里去了？"我们往下俯视，只见至少三十英尺下，可怜的三博正在冰和水中挣扎，只有头还露在外面，像只落水的耗子。护城河的壕壁笔直，几乎不可能爬下去。我往回跑，想看看哪里可以找到小艇，宫门外值勤的警察却只是摇头，一副漠不关心的样子。四下望去找不到可以爬下去并游到狗那里的地方，此刻我以为救它是没指望了。可是当我走回现场时，三博却已经在岸上了，正在那里打哆嗦，停下观看或来援救的众人与车辆正把它围住。

事情经过是这样的：我们的司机本泽、一个过路的出租汽车司机和一个送货小孩弄了根绳子系着爬下去，此时那可怜的小动物不知怎么已爬到岸壁上的小缝中，他们也抓着沿壁的缝隙而下，如此便救了它。他们可算是见义勇为，因为只要滑一下，就会猛跌到下面的冰上，那可不得了。三博没有摔死，已经是很幸运了。我想知道前来相助的司机和小孩的名字，但出租汽车早已开走了，送货的小孩则坚决不肯说出名字，也不肯

113

收礼。我只有跟他握握手，表示谢意。不管怎样，总算把三博救回来了，让它在电炉前取暖半小时、喝了一点热牛奶后，三博又健壮活泼如故。

午饭后，我把这事告诉了桦山伯爵。他说可给报纸提供这段佳话，问是否可以派个《朝日新闻》的记者来找我。我接见了记者，对获得的帮助表示感谢，并说我很想跟那两个不知名的好人取得联系。第二天，这故事连同三博的照片怡然展现在《朝日新闻》上，《日本广告报》也登了同样的文章，现在三博竟成了社会名流。艾丽斯带它驱车外出时，它会站起来朝窗外张望，艾丽斯看见有人在指它。对埃尔西和我来说，这次算是有惊无险。我猜三博是蹦跳着跃过了沟边，然后就被基姆无意中撞下去了。我们的确爱这些狗，两条都爱。

有音乐助兴的日式家宴

1934 年 1 月 20 日

在朝吹家进餐，他们筹办得极好：漂亮的餐桌，精美的古董餐具，非常可口的菜肴。我们在不少日本人家吃过饭，这回算是最好的。菜肴有野猪头、鲜美的鲑鱼、满洲野火鸡等小菜，配鸡尾酒。火鸡肉有鹿肉味，但味道更香。餐后，主人的儿子奏木琴，池田文子小姐以钢琴伴奏。他家有七个孩子，每人玩一种乐器，组成一个家庭管弦乐队。他家在轻井泽的内维尔房子附近有栋大房子，我经过那里时常听见他们在演奏。朝吹夫人已是七个孩子的母亲，但依然那么年轻貌美，真是少见。

荒木辞职，林接任

1934 年 1 月 21 日

今天荒木将军辞去陆相之职，我不得不拟长电一封呈国务院，23 日发出。拟电前我已和很多人谈论过，此电主旨是对荒木辞职一事试做说明。关于这件事，各种解释五花八门，各执一词。主要原因当然是他现在确实有病，国会即将举行辩论，陆军需要有个代表列席，而荒木的病又不知何时才能痊愈。但我认为，这不过是给那些想赶走他的人提供一个借口而已，他们总是善于抓住此类机会。正如某某对我说的，"荒木嘴巴太大了"。他实在是说得太多，也写得太多了。在全世界面前，他是军人跋扈的象征。我从相当可靠的方面获悉，民政党的若槻和政友会的铃木曾威胁说要在国会提出质询，借以煽动公愤来羞辱陆军，后来才答应克制，条件是荒木辞职。

在陆军内部，荒木在少壮军官中也并非众望所归。但奇怪的是，他们居然还嫌他太温和、软弱无力，不符合他们的期望。他又太厚道了，迟迟不肯辞退老将领而为年轻人让路，他们还认为他在内阁中妥协太多。事实上，荒木是一个介乎自由主义的宇垣和年轻躁进的沙文主义者之间的人物。他的继任者林将军①是野战部队的指挥官，而非参谋人员。他以沉默著称，但冷酷无情，固执鲁莽，敢于迅速做出决定。譬如 1931 年，他就曾不顾币原反对，独断专行，从朝鲜派兵去满洲。据

114

---

① 林铣十郎（1876—1943），在斋藤内阁、冈田内阁中担任过陆军大臣，1937 年曾短暂任首相。"九一八事变"爆发后，曾擅自指挥日本在朝鲜的部队越境进入中国东北，后被称为"越境将军"。

说他认为陆军不应该参与政治，只管自己的事情，不必发表演说，尤其不要发表煽动性的演说。因此大多数评论者都觉得，

115　由他出任陆相预示着日本的对外关系将有所改善。另外，有些人却认为任命他当陆相，其实是备战的一个具体步骤，因为他是部队首长，不会倾向于调和，与人妥协的可能性比荒木还小。我的电报中谈到了这一切因素和各种意见。我说，目前我相信林的任命对政局和日本的对外关系将产生有利的影响，而不是相反的情况。至于是否如此，到国会辩论时大概就能看出端倪。

暴风雨前的平静

1934 年 1 月 23 日

纵观政局可知：

（1）广田确实在尽力从各方面改善日本同外国的关系。在对美关系上，他主要是要求军部更安分守己和安抚报刊的情绪，已营造了比较好的气氛。由于和印度达成了协议，同英国的关系也有改善，但还不大稳定，因为双方在经济和商业上还有许多纠葛。同中国的关系则没有改善的迹象。大概是正在尽力收买某些华北的地方头目，一般的看法是华北迟早会被并入"满洲国"，要不然就是变成一个自治"缓冲国"。同苏联的关系则几乎是坏到极点了，因为苏联虽想重开把中东铁路卖给日本的谈判，但它的报刊仍在攻击日本，日本则以牙还牙，事态演变成了激烈的、挑衅性的公开对骂。终将一战的危险总是存在。德国退出国际联盟后，已开始和"满洲国"眉来眼去。

（2）各政党正在国会里批评政府，已经好久没有这样的情况了。这说明它们那方面的力量和信心正在增强，表明有人

相信，全国范围的庞大的陆海军军费开支正越来越招人厌烦。但也有危险，如果搞过头了，就会惹恼陆海军少壮军官，使其恢复恐怖活动，现在已经可以听到这些人愤怒的声讨了。

（3）一般都认为，荒木辞去陆相职务，意味着自由主义者和政党的胜利。公开挥舞军刀之声大概不会如以前那样响亮了。但林这个人还是难以捉摸、深不可测，何况他还是个意志坚强的人。陆军，还有海军，要想继续得到它们志在必得的巨额拨款，就必定要培养战争心理。

（4）如果说日本总的政局真有什么好转，那也很可能只是暴风雨前的平静。1935 年的海军会议，不论发生什么情况，不论是否开得成，不论能否达成协议，都会导致日美关系或许在较小程度上还有日英关系趋于紧张。问题只是事态会严重到什么地步而已。日本必然会大吵大闹，怒骂我们老让它处于"次等国家"的地位。怒潮终有平静之时，但此后即使不留下伤口，也会又多一道伤疤。应该预见到会有这样的风暴，要尽量早做工作。任何工作，只要能创造友好的气氛，都会是有益的。

（5）日本人其实并不指望我们会在最近的将来承认"满洲国"。他们是知道我国的政策的，我们无须重申，没有重新引起对抗的必要。默默坚持我们的立场，也并不会使我们丧失原则。

1934 年 1 月 24 日

在大使馆宴请外相。

广田还是如往常般友好，但因为召开国会、回答质询太紧张了，看上去非常疲倦。他说，对他来讲，这是一次全新的、困难的经历。菜肴不错，头道菜是野鸡奶油浓汤，获得不少好评；最后上来的是冰激凌加热红糖；主菜有鳟鱼和鹌鹑之类。在日本，容易烧出好菜。

三博故事的后续

1934 年 1 月 25 日

今天我被告知，救三博的那位出租汽车司机已经被《朝日新闻》找到了，为满足我们登报的心愿，特来接受我们的感谢和礼物。为此，艾丽斯买来一块手表，她要包好才送到办公楼去，以免耽搁了时间。最后我要他们把这个人请进来，所以又耽搁了一阵。约二十分钟后，内维尔和杰夫（Jeff）进来了，他们有点局促不安的样子，最后又转为大笑不止。原来就在等礼物的那个时候，那位司机在使馆外面被另外一个司机打了，因为他偷了后者的出租汽车开到使馆来。后来两个司机都被带往警察局。结果发现，自称救过三博的那个人不过是个冒名顶替的骗子，他看到广告后，就起了骗取礼物之心。老内维尔又惊又喜。我把礼物放回抽屉里锁上了。

1934 年 1 月 30 日

今天《朝日新闻》的人把那位真正救过三博的司机带来了。我们请他来了官邸，艾丽斯把手表送给了他，还郑重其事地照了相。艾丽斯授礼、三博在旁的照片登在第二天的《朝日新闻》上。司机是个标致的小伙子，十分腼腆、谦和。能让他得到应有的回报，并宣扬其义举，我感到高兴。

苏日紧张关系开始缓和

1934 年 2 月 8 日

苏日间常有开战的可能，于是大部分消息灵通的人士一直感到不安。除各种挑衅事件而外，这一仗也许还会在 1935 年就爆发。不过在最近六个月里，和平的希望倒稍有增加。有些重要因素，现在发挥着阻止一场苏日战争的作用。

（1）最近几个月来，有一种反对军部的显著倾向。预算中军费庞大，开支、要求激增，尤其让人不满。这种倾向在内阁、在报刊，特别是在国会上都能看得出来。最近国会议员在质询时攻击陆海军当局，这是反对军部的最直接、最猛烈的表现，也是 1931 年满洲事变以来所罕见。

（2）国会的质询强而有力，表明政治领袖们的力量和信心在增长。军部确实做过头了。现在就要看这些信心增强的政治人物是否也会做过头。假若如此，那就有激起更多的恐怖活动的危险。海军方面已经传来了愤怒的声音。不过，国会休会后，政客们当众发表意见的机会就会变少，虽然他们仍将有足够多的机会对军人的跋扈妄为将给国家造成的危局表示忧虑。

（3）与 1932 年 5 月 15 日犬养首相被刺案有关的军官获罪较轻，而牵连程度较小的非军事人员反而获判重罪，这又加剧了公众对军部的反感。我从可靠方面获悉，荒木将军不久前说过，军事法庭在给军人定罪时犯了一个严重错误，那就是完全错估了舆论的力量。他又说，当时军官们如果在犬养首相的门口切腹自杀而不是去刺杀首相，那就会立刻引发革命。可惜他们为达到正确的目的，却采取了错误的手段。

（4）人们普遍认为，荒木将军的辞职确实是出于健康原因。不过，许多人觉得这就是天意，给政局除去了一个兴风作浪的祸因。虽然还不知他的继任者对预料中的苏日战争抱什么态度，但至少可以说公然的战争叫嚣眼下会小一些，军人发出

118

的挑衅言论也会少一些。这种情况应当能起一种稳住局势的作用。

（5）中产阶级包括自由职业者、商人、工业家、地主的心理状态在过去一年中已开始变化。目睹出口增加所带来的经济繁荣，他们希望保持现状，担心战争会造成混乱。然而工商业阶级享受到了这种繁荣，农村居民却没有沾到多大的光。在不断上涨的生活费用面前，农民的收入却一直未变，或者近乎没有变动。另外，现代人都迫切要求改善生活状况，这对农业区也有影响，农民已不再满足过他们祖祖辈辈过的那种艰苦朴素的生活。这些因素，加上须由农村负担的重税，已造成农村地区扰攘不安。这些地区自然盼望能减轻负担，因此对沉重的军费负担比以往任何时候都更为关注、更加反对。

（6）国家最高当局是爱好和平的。天皇是一个性情温和的人。他在位时期的特征正是以"昭和"二字来表示，这个年号是他自己选的，有"昭示和平"之意。没有理由相信他赞成在满洲的冒险，因为事情并不是由他决定的。元老西园寺公爵和牧野伯爵对战争的恐怖印象很深。自1931年后，他们就已无法使自己的意见为公众所了解，但他们还是经常在幕后做工作，人们认为他们的影响力正在逐渐增强。

首相也是一位喜爱和平甚于战争的权贵人物。外务大臣广田已显示出意想不到的力量，自他就职后报纸的调子开始变得比较温和，外交方针转为力求同外国发展友好关系，这主要都应归功于他本人。国内有一群坚强的自由主义者，他们一直坚持在幕后做工作。据说，他们的力量正较过往有所增强。最近在东京俱乐部招待英国大使弗朗西斯·林德利爵士和出渊大使的宴会上，主席林男爵介绍讲话人时缓缓陈词，语气坚定威严，他在桌上砰地猛拍一下，强调道："我们要和平！"这是一件小事，但林男爵是宫内省式部官长、天皇的亲信之一。

（7）从陆军本身的观点来看——毕竟是战是和很可能还得由陆军来决定——有些新因素也许能起抑制作用。甚至在陆军内部，头脑清醒者也不乏其人，他们知道一场日苏战争的严重性，他们怀疑所要达到的目的是否值得冒这么大的风险，会不会只是徒劳无功。

诚然，陆军有充分的信心能够拿下海参崴和沿海各省，甚至占领直抵贝加尔湖的全部领土，因为俄国人与内地补给基地相隔数千公里，在战略上始终处于危险境地。不过，俄国在东方的防务已经大大加强，驻海参崴和边境其他地方的空军能对东京和日本其他重要都市构成严重的威胁。此外，美国正式承认苏俄，则给形势添加了重要的心理因素，使日本当权者不能无所顾忌。因为美国虽奉行和平政策，但在日苏发生战争时，它究竟会采取什么行动？对日本人来说，这仍将是一个未知的、令人忐忑不安的因素，必须予以考量。即便军事计划制订得周密无误，但美国的态度如何、会有什么行动，仍是一个无从知晓的因素，因此就导致了可能存在不测的危险。美国的外交承认则增加了莫斯科方面的自信，但谁也不相信苏联会发动战争。因此我认为，我国承认苏联，已对时局起了抑制作用，其效力也许比别的任何要素都大。

（8）驻东京的各国陆军武官都有一种意见，认为日本陆军的战斗力将在1935年达到顶峰。在此之后，时间越久，苏俄在交通线、有组织的人力、防御工事和装备等方面就越有利。外国观察家基本都提出并坚持一种假设，认为在日本实现扩张目标的总计划中，苏俄沿海各省和东西伯利亚占有重要地

120

位，而苏联则是实现这些目标的障碍，必须在有利的时候予以清除。即便果真如此，我仍旧认为日本有一派正在得势的人，他们认识到在进一步从事军事冒险之前，把既得成果巩固下来才是重要的。建立"满洲国"就是巩固成果的一个步骤。这派人认为在实施下一步的扩张计划以前，"满洲国"必须先向世界证明自己是一个稳定的、进步的政治实体。比较稳健的这派现在似乎较有希望占据优势，进而压倒那些并不那么讲理的人。

尽管有上述那些倾向以及其他值得考虑的因素，但未来的时局还是变幻无常的，容易发生无法预料的事件。我相信，外国陆军武官们全都抱持悲观态度。的确，日本帝国武装力量有个重要的派系，特别是少壮派，非常渴望同苏联一战，为达到这个首要目的，陆军和海军都在倾其全力进行紧张的、上下一致的战争准备。以前，我曾把这些人比作经过特训的球队：他们自信能占据优势，因此不满足于埋头训练，而总是盼望出场比赛。陆军中有相当大的一部分人正是抱着这种态度，恰似1914 年的德国陆军。如果让这种人为所欲为，就会有战争，就会始终存在这样的危险。而他们的行动会造成一种战争无法避免的局面。

《密勒氏评论报》（*China Weekly Review*）编辑 J. B. 鲍威尔（J. B. Powell）先生对我讲的下述事件，可以作为这种危险的例证。有一次他在沈阳和一位日本年轻军官共餐，那位军官指着屋里的一张小桌子说，那张桌子具有历史意义。"轰炸锦州的计划就是在那张桌子上拟订的。当时意见不一，表决时我本人反对，但大多数同僚赞成，于是轰炸便照计划进行了。"这故事的含义在于他们未经上级指示，就可以采取行动。我当然无法保证确有其事，但鲍威尔先生相信这个故事是真的。这种做法与 1931 年满洲战役中的其他事件并无二致。我们无法回避这个现实：不论东京当局或前线指挥部的观点、政策如何，将来仍有可能发生类似事件，而任何一个严重事件又都可能造成另一种局面，即对苏战争不可避免。

总而言之，最近几个月来，日本潜在的和平倾向已经显露并为人所知。自 1931 年 9 月 18 日以来，没有哪个时候如现在这样明显。有此倾向的人若能稳扎稳打，那么他们的力量和影响就有望增加，早晚可以有效地引导国家采取比较明智的方针，少用军国主义的侵略手段。日苏冲突能否避免，在某种程度上取决于这些新出现的倾向能否继续增强。在目前看来，似有理由对此表示乐观。

日本宫廷庆祝太子诞生

1934 年 2 月 23 日

宫廷丧事暂停三天，以便庆贺太子诞生。这三天里，宫中得分批接待有一定品级的所有日本官员，第三天时人数将多达七千。今天是邀请亲王、王妃、各国首席使节、内阁成员夫妇同天皇和皇后共进午餐，所有人都围着一张大桌就座。巴索姆皮埃尔不在，阿马拉尔代理外交团团长，首先由他代表使团献礼，向天皇敬献一个特大的银碗和一本银面精装、内有各国使节签名的簿子，并致贺词。天皇致答词，然后和我们一一握手。

午宴庄严奢华，艾丽斯作为外交团的代理首席夫人坐在两位亲王之间。天皇和皇后坐在正中。每个客人面前都摆着特制的绘有皇家金羽顶饰的红酒杯和小型的武士银盔。席间有一位和我素不相识的李王子①，忽然隔着赫尔特曼（Hultman）夫人探过身来用德语问我："世界上什么地方最美？"我不假思索，迅即答道："谢德格山②，在容弗劳峰的一侧。"他似乎显得很满意，说道，"我要去那个地方"。攀谈到此为止。

餐后，各国使节及夫人相继被请进天皇和皇后见客的房间里，分别座谈五分钟左右，交谈自然是通过翻译进行的。天皇说，日美关系有显著改善，他很高兴。我代表美国祝贺太子诞生。不料他突然问道："三博怎么样？"（或大意如此。）显然，关于那条狗如何掉进宫外护城河里、如何被救的报道他都看过了。我觉得天皇非常热诚，皇后则喜气洋洋；她很想知道埃尔西的一切近况。艾丽斯告诉他，埃尔西去北京时不敢带着皇后送的结婚礼物去，怕给弄丢了，因为那是她最珍视的宝藏。我也和币原谈了许多话。内阁大臣的夫人们和几个高级官员的夫人们穿着大约一千年前的服装——花缎衣裳，红鞋，簪子夹着发辫，垂于背后。这是一次难忘的盛会；我们在那里从中午12点待到下午3点多钟。

苏联大使认为 1934 年春季将是关键时刻

1934 年 3 月 9 日

今天与苏联大使尤列涅夫先生长谈，他先告诉我关于出售中东铁路谈判的现状。谈判还只限于日本外务大臣和他本人之间非正式的讨论，双方全体代表的会议尚未恢复。会谈纯属讨

---

① 应为朝鲜王朝的末代王世子李垠（1897—1970），高宗的第七子。早在1907年便被伊藤博文接到日本留学，毕业后加入日本陆军，官至中将。日本正式吞并韩国后，李垠名义上获得日本皇族的身份。

② 位于瑞士。

价还价。不用说，双方都想占到便宜，尤其是广田先生，他怕 123
难以满足日本的舆论。简况如下。

　　苏联政府把谈判分为两类。第一类包括：①撤换苏籍铁路
人员；②"满洲国"承担铁路债务。第二类才是铁路本身的
出售事宜。苏联政府要求付给苏籍人员的补偿费是 900 万 ~
1000 万日元。债务约计多少，他并没有告诉我。关于铁路的
售价，"满洲国"当局只出 5000 万日元，一直不肯松口。苏
联最初要价 2 亿 5000 万卢布，后来减为 2 亿卢布。为方便日
本，苏联政府后来又同意总额的 50% 以货物支付；在另外的
50% 中，协议签字时立即以日元付 15%，其余 35% 由"满洲
国"政府在三年内付清。最终双方达成的数字将是交易总额。
现正谈判用哪类货物支付，日本人想尽量在这方面占便宜。

　　我问大使，他对谈判的最后结果是否乐观。他用一句耐人
寻味的话来回答："如果日本人有心避免和苏俄打仗，那就可
以达成协议。"我对他说："这话似乎可以解释为：如果日本
人不妥协，苏联就要宣战了。"他答道，当然不是这个意思。
他的本意是，如果出售铁路一事不能达成协议，这个事实就将
是一个重要信号，表明日本人意在求战并将以谈判失败作为借
口，使日本舆论确信有理由进行这场战争。他们已经在公布的
文件中泄露这个玄机，扬言不论谈判成功与否，他们都要取得
这条铁路。

　　于是，我又问尤列涅夫先生，他对避免战争是否乐观。他
说，乐观是重要的，但又暗示抱这种态度时必须非常小心，因 124
为到一定时候，日本政府可能会对外公布他和广田关于铁路的
会谈记录，那时他的态度就会透露出来，进而可能对局势产生
重大影响。话虽如此，他给我的印象仍清楚地表明，他对前途

绝不是乐观的。他说，本月内东京将举行各师团主要将领的会议①，这个会还将充分讨论关于进攻苏联的正反两面的意见。他提到一个很有意思的事实：1931年9月满洲事变爆发前不久，军部也开过类似的将领会议。他说，林向来都在进行反苏活动，特别是在中国新疆地区。尽管很难确知他现在的态度如何，但恐怕也没有多大理由认为他有和平的意图。

尤列涅夫先生重复他以前常对我讲的：苏联有充分准备，可以应对一切不测事件，海参崴和西伯利亚边境的防御固若金汤。西伯利亚大铁路已在改建双轨，即使冬季酷寒，铺轨工程也未有丝毫懈怠。日本人若进攻，他们当然能够派大军到满洲，或许还能够夺取海参崴及其邻近的东西伯利亚地区，但是往后的军事行动就将导致过长和虚弱的交通线，苏联人则可以逐渐把越来越多的部队运到那个地区。战端一开，不到一方精疲力竭是不会罢手的，而要耗尽苏联人那几乎无穷的力量，就得费很长时间。他说，俄国海军当然比不上日本海军，但海参崴的俄国潜艇队实力很强，若击沉一两艘日本战列舰，就会产生巨大影响，改变远东全局。他又说，虽然苏联的措施现在纯属防御性质，但战端一开，防御就会立即转为进攻。除非日本迅速获得大胜，否则苏联人就能占领部分或整个满洲，何况"满洲国"现有部队中至少有十万人将支持苏军，可以改变整个战局。

我对大使说，东京的外国军事专家大都认为，日本陆军的战斗力将在1935年达到顶点。如果他们想打，1935春季将是

---

① 这次师团长会议定于3月26日在东京召开，为期五天。该会议不是每年都开，据说通常在新陆相就任后举行。——作者注

最有可能发动进攻的时刻。大使答道，谁也不能预定一个准确的日期，但他觉得今春进攻的可能性更大，在即将到来的日本将领会议之后，任何时候都有可能发动进攻，因为他们懂得，随着时间流逝，苏军正越来越有利。他似乎坚信，这次日本高级军官的会议将做出最后决定。他同意我的看法，认为日本是有不可忽视的和平力量在起作用，其中有天皇、西园寺公爵、牧野伯爵、一大批自由主义者，尤其还有广田，但他又说，归根结底还是要由军部来决定。

我们接着谈下去，尤列涅夫先生又提到新疆的局势，说苏俄遣返的中国军队已在那里打败了别的军队。他认为，日本人在中国不断进犯，是想要制造更大的分裂。他觉得，日本人深信，美国正在支持中国，特别是在航空方面。他对于美国在菲律宾、关岛等地的进一步设防方面问了许多问题。他还说，根据他的情报，英国正在表现出明显的亲日倾向。他说，英国处境很困难，因为英国是完全有理由害怕日本过于强大的。他大体上同意政局还相当模糊不清，虽然他已看出在整个远东都有国际间的阴谋在幕后若隐若现。

庆祝日美友谊

1934 年 4 月 22 日

今天是一个重大的节日。艾丽斯和我早上 6 点起床，7 点 45 分在横滨坐上日本驱逐舰"岛风号"①。我问过国务院，可否允许我们坐一艘美国驱逐舰到下田去，国务院不赞成。因为

---

① 第一次世界大战期间建造的峰风级驱逐舰中的一艘。1940 年被改为哨戒艇。之后，"岛风号"的舰名由 1941 年开建的新型驱逐舰继承。

下田在法律上不是开放港口，除非日本人自己提议这样做，但
他们又没有这样提。不过，他们还是带我们乘他们的驱逐舰
126　去，同乘的有出渊、野村海军大将、桦山伯爵、罗杰斯
（Rogers）夫妇、克兰夫妇、狄考福夫妇、古尔德（Gould）夫
妇，以及另外几个日本名流、一大堆新闻记者和摄影记者。这
是去隆重庆祝佩里海军准将同日本签订日本第一个国际条约的
八十周年，地点就在当时"黑船"停泊的主要港口。

　　去下田的航程约三个半小时，航速每小时二十五海里。春
光明媚，风平浪静，这要感谢老天（要是昨天走就可怕了）。
即使如此，一出东京湾，仍有大浪，有些女士脸色发青，出渊
和桦山则完全昏了过去（passed out）。（这使我想起日本报纸
郑重报道这次即将在佩里部下五个水兵墓前举行的祭礼时，也
说这五个水兵"passed out"，不是"passed on"!）沿途都能望
见富士山，山色清朗，气象万千。

　　下田的小港湾风景优美，岸高林茂，岛屿秀丽。有个小岛
不那么美观，曾有一艘俄国军舰因遭大雾在那里撞毁。那时
候，日本人原想把这里辟为对外贸易的主要港埠，在与佩里签
订的条约中只开放下田和函馆。后来事实证明，下田当然不合
适，遂改为开放横滨。

　　我们先在下田对岸的一个叫柿崎的小村庄上岸，汤森·哈
里斯（Townsend Harris）① 曾在这里的玉泉寺住过四年，此后
才带着一个名叫阿吉的艺妓去江户，阿吉是抛家弃友来为哈里
斯料理生活的，在那个时代为社会所不容，去世后也未能得到

_____

①　汤森·哈里斯（Townsend Harris，1804—1878），美国第一任驻日总领事，
后升为公使。在其任内，曾与德川幕府签订了《安政条约》及《日美修
好通商条约》。

体面的安葬。然而，后世又因为她能无私地帮助当时受人憎恶的外国人而几乎把她奉若神明。今天的诗歌中还可以见到人们对她的怀念之情。原来的寺庙已经毁坏了，但就在旧址上现在又立着一所一模一样的新寺，方丈来迎接我们，陪同前往该寺，我和方丈早已有过多次书信往来。

艾丽斯和我先在五个美国水兵墓前一一烧香，然后才去庙里纪念汤森·哈里斯。纪念意义之深，礼仪之隆重，无不使我们深受感动。我们在遗物橱前站了一会之后，便细看寺中虔敬保存下来的哈里斯的各种遗物，有他本人的一些物品，还有他的荷兰译员赫斯肯（Heusken）的衣服，赫斯肯后来是被刺杀的。寺庙附近有哈里斯纪念碑，上面刻着他的一段日记，那是 127 他在日本升起第一面领事旗那天所写的：

> 1856 年 9 月 4 日，星期四。只睡了一会儿，因为兴奋，还有蚊子。这儿的蚊子特别大。海边的人帮我立起旗杆。工作既费力，又缓慢。旗杆立而复倒：横杆折断，所幸无一人受伤。终于从船上找到加固旗杆的材料。旗杆立好了。人们在杆旁围成一圈，下午 2 点半，我升起了这个帝国从未见过的"第一面领事旗"。这是严酷现实的反映，预示时代将要改变。一叶知秋。请问，这是否真的对日本有益？

野村将军问我，他所谓"一叶知秋"是什么意思。我说，想必是说这意味着日本的锁国时代即将结束（未知是否确有此意），他最后那句"请问，这是否真的对日本有益？"表明他当时既想到他本国的利益，也同样考虑到日本的利益。

接着驱车一英里左右赴下田，几乎沿途一直有日本小学生夹道欢迎，男女学生都有。大批大批的欢迎者来自各个城镇，远至名古屋，他们都挥动着日美两国国旗，高呼"万岁!"其热诚是很难装出来的。这也真是令人很感动。最后来到市立学校，庆典就将在这里的户外操场举行。那里已临时搭起了一座神社，纪念佩里和哈里斯的典礼是按神道教仪式进行的，有音乐、几个神官和照例堆满几桌的酒馔；神官先挥动榊①树枝驱邪，给观众洒圣水涤污，然后主祭人就位、降神、读祈祷表，祈求神保佑那两位英雄的灵魂得到安息。此后便是我们大家走上去，献榊树枝，最后龛内的小门关闭，表示诸神现在可能离开了。

接着是讲话环节，演讲者甚多。先是县知事，接着是町长、庆典委员会主席、代表广田的出渊、桦山、野村将军、著名的江川英龙②的后裔山田和我。以演说家著称的山田讲得坦率，他说今后二十年的日美友谊要比过去八十年重要得多（言外之意是到了紧要关头），到纪念佩里签订条约一百周年时，其意义将远比现在还大。

讲话太久，以致再游览一个寺庙、参加市镇午宴等节目都只好取消。下午3点离开下田，在此已有三个半小时，小学生又夹道欢送、欢呼。和欢迎时的排场一样，有许多彩船伴随，送出港外，其中有艘旧拖网汽船被装扮成"黑船"的样子，船侧明轮翼等一应俱全，船尾突出地标着"波瓦坦号"。回程风浪较小，很愉快，在军官室吃茶点联欢。今天确实是个重大的节日。

---

① 即杨桐树，在日本称"木神"，常用于神事中。

② 江川英龙（1801—1855），德川幕府晚期的名臣，一生致力于引进西方先进的军事技术，多次建议幕府加强海防。

俄国寓言

据报道，特罗扬诺夫斯基在美国国际法学会演说时讲了一个俄国寓言：有个厨师看见猫在偷肉吃，便向它大讲道理，教训了一番。猫一面听着，一面继续吃。"我认为这则寓言是针对国际关系而编的，因为它提出这么一个问题：如果猫听了还是继续吃，那又该怎么办呢？"

局势又突转紧张

1934 年 4 月 28 日

最近几天政局非常紧张。的确，对我们这一行来说，有趣的形势和任务总是周期性地出现：过几段比较平静的时期，从容操办一些例行的公事，然后突然间又出事了，又要忙得不亦乐乎。自 4 月 17 日外务省发言人天羽英二①发表声明以来，政局一直在动荡；长电来来往往；大使、公使、代办、新闻记者川流不息来打听消息或探问对时事的判断，几乎无片刻休息。天羽至少让新闻记者有得忙的，外交官则在花上千美元付电报费。在不久前的一次晚宴上，我告诉天羽，我们大家都想把电报账单交给他，找他报销。他答道，好，没关系，他既然照顾了电报生意，就自然应从递信省那里得到回扣。目前还不太好判断，公众是把天羽视为一个说话不负责任的人呢，还是当作一个英雄呢。这大概要看你是去请教稳健派，还是去问沙 129

---

① 天羽英二（1887—1968），曾任外务次官、内阁情报局总裁、驻意大利大使。1934 年 4 月 17 日，天羽英二在与记者的非正式谈话上表示：日本与中国有特殊关系，要求欧美列强不应干涉中国事务，日本有维持东亚秩序与和平的义务。之后，这番言论也被称为"天羽声明"。

文主义者。

对天羽原来的声明，日本报刊最初的反应是无条件赞同，但当国外反应不妙的消息传来时，有些报纸便一面绝对赞成唯独日本有责任"维护远东和平"之说，另一面却同意声明的措辞确实有点毛病。值得注意的是，广田 26 日给我的声明和天羽的声明是不同的。据 17 日声明的非正式译文，天羽是这样说的：

> ……为维护东亚的和平与秩序，日本必须单独行事，自负己责。这在我国看来是理所当然的。为了能够履行此项义务，日本必然期盼其邻国能分担维持东亚和平的责任，但日本认为，除中国以外，其他任何国家都不能够与日本一道来分担这个责任。

在 26 日的正式译文中措辞却有了改动：

> 然而，如果任何方面无论用任何借口采取不利于维持东亚法律和秩序的行动，日本都无法坐视不理；对维持东亚的法律和秩序，日本有最切身的利害关系。只需看它的地理位置，便可明白这一点。有鉴于此，它不能允许任何第三者不考虑上述情况而利用中国问题来推行其自私的政策。

据报道，天羽在 17 日声明中还说：

> 如果中国有利用别国势力来排斥日本的任何企图，日

本都表示反对，因为这将危及东亚和平。如果中国企图采取任何"以夷制夷"的手段，日本同样表示反对。有鉴于最近满洲事变和上海事变的特殊情势，日本希望外国认识到对中国采取共同行动，哪怕只涉及技术援助或财政援助，最后仍必将对中国产生政治上的意义。如果将会产生此种意义的行动计划贯彻到底，必定会引起纠纷，而这又可能会迫使列强讨论划分势力范围，甚至国际共管中国或瓜分中国等问题，这将是中国可能遭遇的最大不幸。同时，这也将对东亚，最后对日本，产生最严重的影响。

130

因此，作为原则问题，日本不得不反对这些计划，虽然它并无意干涉任何外国单独和中国商谈财政或贸易事项，只要这些事项有益于中国而又无害于维持东亚秩序。如果这类谈判具有可能扰乱东亚和平与秩序的性质，日本就不得不反对。

例如向中国提供军用飞机，在中国修建飞机场，派军事教官或军事顾问到中国，提供贷款以供政治所用等，显然都会导致日本及其他国家同中国不睦，终将证明是有害于东亚和平的。日本将反对此类计划。

上述态度在日本过去奉行的政策中应已清楚体现。但由于外国要共同援助中国，要提供其他侵略性援助，其态度表现得越来越明显，以至于太过露骨，所以日本才会对外公布上述政策。

至于为何要发表 4 月 17 日的天羽声明，已有许多揣测。我在致国务院的各次电报及最近的快信中力求讲清脉络，主要是根据这样的推测：外国在中国的活动迹象正日益增多，所以日本也日益顽固。另外我还说，如果赞成唯独日本才应维护远东和平的责任之说，就会使它在即将召开的海军会议上更有权要求拥有与英美同等的海军实力，还会使它能够独霸中国。天羽曾被日本新闻记者追逼，要他对此类问题表态。他最后得到重光的同意，披露已经发给驻华公使有吉的训令的内容。

广田是否批准发表此项声明无关紧要，因为声明正好准确地表达了日本目前想推行的政策。声明的措辞虽受到了一点批评，声明的内容却似已得到几乎所有日本人的无条件赞同。舆论的现状正是如此，广田要是否定这个声明，就保不住自己的位置。声明最后很可能会产生以下结果：①加深日本在满洲事变以来已普遍存在的孤立感；②推进陆海军为应对1935~1936年"危机"而做的准备活动；③使爱国激情发展到能够钳制政府的地步，以致日本在对华政策上或海军比例问题上与列强发生明显的意见分歧时，无论何人当政，都不敢与列强妥协。

到车站给弗朗西斯·林德利爵士送行，广田和大多数外交界同僚都到场了。

看见林德利走了，心里很难过。三十年前在开罗，我们就共事过。艾丽斯、我同他夫妇俩始终保持着诚笃的友情。他一向是个好同事，非常直爽，连机密消息也不吝赐教。

还有个同行，最近把送呈他政府的一封急件念给我听。之后经我请求，又私下送了我一份。其中有这么一段话：

> 正如某人（在柏林与多德大使谈话后）对我说，到目前为止，美国对"满洲国"的态度没有改变。我曾向你表示过我的意见，那就是，一旦美国认为改变态度有

利，它就会毫不犹豫地放弃史汀生主义①，它没有对任何人负有必须坚持这个主义的义务。尽管《国际联盟盟约》是其总统的杰作，美国在 1920 年还是不顾这一事实而抛弃了国联。

这种类比表明他完全不熟悉我国的政府制度。所谓史汀生主义，只是行政部门的一项政策，承认不承认某个国家也是一种行政特权。譬如派大使，国会可以做决议，但不能够不经最高行政长官的同意和命令而自行派遣。可是国会又有权拒绝批准包含《国际联盟盟约》在内的《凡尔赛和约》。

这位外交官接着又说，他坚持认为，本来就不应该认为《白里安－凯洛格公约》同样适用于满洲事变，他提出如下论点：

> 根据 1901 年 9 月 1 日的北京议定书，美国（还有法、英、意、比等国）有权在中国，即在北京、天津、山海关及其他地点驻军。假定至今还驻天津的、拥有现代化优良装备的大批美军为情势所迫，不得不使用武力以执行其正常的、条约所要求的任务，例如到离城二十公里甚至一百公里的地方去制止屠杀美国传教士的行动，那么史汀生先生会坚持说这一事件是侵犯了中国边界或违反了《白里安－凯洛格公约》吗？不会的，因为那是讲不通的。然而谈到与此假设情况相似的日本在满洲的军事行动，他

---

① 1932 年 1 月美国国务卿史汀生发表声明，表示美国"不承认"因日本占领中国东北而成立的"满洲国"，因此也被称为"不承认主义"。

　　却坚持这种说法。执着于法理，随意引申解释，推演到一
　　定程度，就有违反基本常识的危险。

　　他的这番议论论据薄弱，比喻不伦不类。一个是当地外国
驻军出击，保护侨民生命；一个是数十万大军侵入外国境内，
从事大规模军事行动，其目的和结果都是使那个地区和它的所
有者永久分离：二者岂能相提并论？我对他这样说了，他却不
同意。他在他的信件中仍旧写道，只要美国和国际联盟坚持目
前的态度，东亚局势就仍将存在战争的危险。

　　对于《九国公约》，这位同行的态度是，他既然不肯承
认日本违反了第一条的规定，因此也就不承认它违反了第二
条的规定。可是，缔约各国在第一条中同意"尊重中国之主
权与独立及领土与行政之完整"后，又进而在第二条中同意
"各国不得彼此间及单独或联合与任何一国或多国订立条约
或协定或协议或谅解，足以侵犯或妨害第一条所称之各项原
则者"。即使那些能接受显属虚构的满洲"自决"论，因而
能相信日本没有违反第一条的人，也很难理直气壮地认为日
本没有违反第二条。它既然和"满洲国"订了条约，那就当
然违反了第二条。情况变了即可废弃法律上的义务，这话我
们听得多了，但明目张胆的违约行为假如可以得到宽恕和承
认，那还不如干脆把一切条约都视为"废纸"——当个别国
家觉得不方便时，就可以随意撕毁，就像1914年德国侵犯比
利时那样。赫尔先生在他最近的备忘录中讲得很清楚，公认
的修改或终止条约义务的办法是有的，但只能按照缔约各国
规定或承认或同意的程序办理。我不希望看到美国承认"满
洲国"的一天。

赫尔国务卿立场坚定

1934 年 4 月 29 日

赫尔先生关于外国援华问题的备忘录发到时，幸好我在家。下午 5 点译出电文，5 点半左右用打字机打好。虽然是星期日，又值天皇寿辰，我还是立即写一封私函致广田，问他能否即刻见我。他以电话答复，约定 6 点半会晤，因此我可以毫无延误地将文件送去。他慢慢地、仔细地看了，问我认为哪一部分或哪几部分最重要。我答道，我不认为我应该尝试对它做出解释，我认为电文本身的意思已经很清楚了。他只讲了一句评语，称天羽声明已引起"很大误会"，并说备忘录一经研究后即予答复。他极为友好，一点也没有表示诧异或不以为然。在我看来，备忘录确实堪配赞誉，它完全符合形势的需要，行文巧妙，主旨鲜明，而语气委婉。

我看事情总算是过去了。广田保证日本仍愿尊重《九国公约》，约翰·西蒙爵士①似乎就欣然接受了，这未免太快了一点。他向下议院报告说，他对此种保证感到满意，这可能会使英国公众中某些人觉得有人还会有更多的要求和希望。无论如何，反正我们已经清楚地表明了我们自己的立场。我想，国务院之所以"紧急"指示我尽快送交备忘录，大概是要阻止日本再发表此种虚伪的声明，据说外务省明天就要向报界发表这个声明了。显而易见，这份备忘录的确已制止了这类行为，因为第二天天羽便向报界宣称，眼下将不再有任何声明。不管

134

---

① 约翰·西蒙（John Simon, 1873—1954），1931～1935 年任英国外交大臣。

别国有什么想法或做法，反正我们将会得到日本人的（也许是勉强的）尊重。这算是一件快事。

日本爱国主义者恐吓荷属东印度

1934 年 5 月 14 日

帕布斯特来访，我们时常聚谈，这次是其中之一。他说，日本爱国团体"明伦会"① 最近派了一个代表团——内有退伍的海陆军将领各一人——来找他，交给他一份该会草拟的备忘录，就不久即将在爪哇巴达维亚举行日本－荷属东印度贸易会议一事敦促荷兰政府确保谈判成功，态度相当蛮横。备忘录还大发议论，提及荷兰政府对荷属东印度群岛原住民的压迫，并说荷兰政府倘不与日本人妥协，就会使两国关系蒙上"乌云"。

帕布斯特将军说，他提出两点：①他的政府与荷属东印度原住民彼此如何相待纯属内政问题，不容别人干涉；② "乌云"之说含有恐吓性，这也是无法接受的。若要作为公使的他收下这份备忘录，这两点必须撤销。代表团的人鞠了一躬，貌似默然同意。公使说："我可以把你们的鞠躬看作道歉吗？"他们又鞠了一躬。

公使又告诉我，他还听说，上述团体曾向日本政府建议，将来谈判若不成功，就同荷兰断绝外交关系。

荷兰公使想了解一下，美国大使馆在接待这类代表团和收受他们的信件时一向是怎么处理的。我告诉他，美国大使馆对这类代表团通常是以礼相待，但它从来不代表美国政府收受任

---

① 日本昭和初年的极右翼国粹主义团体，成员都是退役、预备役的在乡军人，积极主张海外扩张。

何致美国政府或官员的备忘录、抗议书或其他信件。我们一贯 　135
认为，这些信件既然来源于日本，就应该通过惯常的、正当的
渠道，即日本外务省和日本驻美大使馆。

有几次，我们以为这些团体可能会找到大使馆要求转送什
么信件，但自我到任以来，它们都没有这样做过，可见我们大
使馆坚持的那种手续已卓有成效，打消了爱国团体和其他团体
来我们面前陈述意见的念头。

日本式的绥靖政策

格鲁先生致美国驻瑞士日内瓦领事普伦蒂斯·B. 吉尔伯特（Prentiss B. Gilbet）函

东京，1934 年 5 月 17 日

机密

吉尔伯特先生台鉴：

4 月 5 日来信收到，谢谢。遵嘱谨将眼下政局，特别
是日本对待国际合作的态度略加概述，也会谈到日本志在
称霸东亚的基本政策。

您在信中说：“人们有清楚的印象：日本在满洲的目
标既已大部达到，所以它现在正试图尽量平息各方面对它
的反感。”这实际上正是广田出任外相所承担的特定任
务。于是，用日本报刊目前流行的话来说，广田先生的
“国防外交”便代替了内田伯爵的“绝望外交”。

广田推行其和解政策，已显示了力量和才能。他是今
年 9 月上任的，那时群众情绪正逐渐恢复正常。外务省咄
咄逼人的发言人白鸟已被撵走。内田伯爵辞职，此事本身

就是对军部势力的一个打击。几周内又开了有重大意义的"五相会议"，会上广田在与荒木交锋时据理力争，据信已获得了荒木不干涉外交政策的保证。随后在1月间，军国主义的"大祭司"荒木本人，也自知其对陆军许下的诺言无法实现，终于辞职了。

此外，在公开言论中，国会、公众舆论都对庞大的军事预算表示震惊，并出现批评陆军的倾向，认为他们不该让整个国家陷于不必要而又危险的动荡状态。商人和资本家也希望维持出口贸易的平稳状态。

这几个月来，广田一直都在做工作，主要是为日本同中、苏、英、美的关系打下一个友善的基础。我也深信他确有此意。报刊排外主义的缓和，显然是他插手的结果；重新努力逐个解决日苏间的悬案，说明是他在发挥作用；在他和我的谈话中，这点表现得更突出：他总是热心于探索一切可能改善美日关系的途径。有些人觉得他是个真正的自由主义者，是小村①和加藤②之后最有才能的外相。

然而，许多人则认为广田的温和不过是一种手法和策略，实质上并不温和。的确，在去年如果不保证支持日本的大陆冒险事业，不深信日本有"维持东亚和平的使命"，他就无法上台。从这里正可以看出日本根深蒂固

---

① 小村寿太郎（1855—1911），1901～1906年、1908～1909年任日本外相。曾代表日本签署《辛丑条约》与《朴次茅斯条约》。

② 加藤高明（1859—1926），1899～1916年曾四次任日本外相。1924年发动第二次护宪运动并成功出任首相，任内改革了选举法，并起用币原喜重郎为外相。1926年病逝于任上。

的、与温和相反的一面。日本政府目前正在力求摆脱国际上孤立的危险境地，但在骨子里每个日本人，无论在朝在野，仍旧坚决地认为他们的国家一定要实现其久已抱定的野心，即称霸东亚。

正是出于这个缘故，除了嘴上的友谊之外，日本政府发现它很难向世界求得一点真正的友谊。人们都不免疑心，有很多人甚至可以说绝大多数人都打心底里认为，日本参与各种条约，承担各种国际义务，只是在帝国的道路上设置重重障碍。当然也有通情达理之士，如在御前有影响的老一辈政治家西园寺、牧野等人，对这些近乎蛮横的观点，并不是毫无保留地赞同，但他们都是老人了，不能指望他们能对政局发挥长久的约束力。日本在每阵扩张浪潮过去之后，往往有一段巩固成果的时期。目前，这段时期对国家最为有利，但由于国民总以为目标已经在望，所以不肯承认这一点，这种情绪是显而易见的。

这使人立刻想起那个非常有名的、因外国援助中国而宣布日本将采取何种政策的天羽声明，这就表明了广田为日本争取朋友的愿望同这个国家的基本目标之间是互不相容的。一方面，声明已经给广田的睦邻政策造成极为尴尬的局面；另一方面，却没有任何人，甚至没有任何政府官员站出来否认这个声明代表真正的国策。碰巧天羽声明的原稿本是发给日本驻外使节的训令，它的公开发表并没有经外相同意。这是事实，但这个细节无关宏旨。日本一向表示坚决反对《九国公约》的宗旨和意图，反对国际联盟给予中国国际（和西方的）援助，他们任何话都能说得出口……

至于苏俄，在目前看来，日本正试图与其保持和睦。就东京观察到的形势而言，双方现在都不想打仗，日本或满洲都没有进行临战准备的迹象。至少目前，我们只需担心发生非常严重的边境事件。广田已着手逐一处理中东铁路、日元和卢布兑换率、渔业纠纷、边界等各种问题，显然是真心希望了结这些悬案，但进展迟缓，也不见得有加快的可能。

苏联计划参加国联的传闻在此并没有引起多大注意。虽然出现过一些把此步骤解释为苏联旨在保障国家安全的评论。但日本人明白苏联人进入国联将会加强国联在远东的影响，但这种可能性极小，看来到目前为止还没有引起什么严重的忧惧。顺便一提，苏联大使最近告诉我，他没有理由相信苏俄即将加入国联，但将来会怎么样他就不知道了。

至于苏日间订立互不侵犯条约的问题，广田说过，他的政策是先消除两国间具体的争端，然后才考虑订立一般性条约的问题。据信，有个很强势的少数派——显然是陆军——反对订立此种条约；目前国民心理正趋于正常，如果无视这个少数派，这种趋向就有倒退的危险。在消除这些具体争端以后才订立条约，少数派就没有什么正当理由再继续反对了。

在结束这封信时，我要提到来函所述当前日本方面在日内瓦提出的意见，即希望仍能参与国联的一些机构，作为换取日本合作的条件，否则日本便废除与国联有关的一切条约。既然我在东京写信，那根据我在这里的暗中观察，首先我倒怀疑日本所谓的合作到底有多大价值（麻醉品控制之类的社会问题除外），因为日本在远东的目标是具有独占性的；其次，我怀疑废除与国联有关的一切条约是否就会造成一种让日本广大人民深恶痛绝的局面，至于说接受日本的保留意见，在技术上和政治上都难免有困难，如此东京会认为这就找到了似乎可信的理由而在明年不退出国联。对此，我也不敢置信。关于国联的事，日本早已下了破釜沉舟的决心。日本政府已再三表示，日本退出国联是因双方意见有根本分歧，乃势在必行。仅在两周前，外相——即便他是现已明确表态的调和派的先锋——还公开说：

"我们是因为我们的主张被列强否决，才不得不宣布退出我们与之密切合作过这么多年的国际联盟。不过，为了能够完成我们在东亚的使命和任务，这一步骤也是日本必定要采取的。"

日本"在东亚的使命和任务"就是表达日本自信负有"天命"的词句之一，任何一届日本政府，倘欲保持日本的国联成员国身份，就要甘冒否认这种"天命"的危险。而如果日本确定无疑会退出国联及国联的各种活动，那又自必带来这样的结果：日本再也无法利用国联来作为在列强间纵横捭阖的工具了。

上述各点也表明了当今"老人内阁"所面临的问题的性质。斋藤政府可以说是在试图继续踩刹车。此外，内阁虽已渡过了最近几次政治危机，但一次比一次吃力，所以它又是在抢时间。究竟是让国民的明智与见识尽快重新显现出来呢，还是等不到温和势力占上风政府就被拖垮了？现在，不顾多方面的不满继续支撑政府的只有天皇御前那些开明的、超党派的谋臣。要是他们在最近的将来失败了，继任的政府几乎必然会更加反动。为日本真正的国家利益着想，他们必须尽量坚持下去。不管怎么说，当年掌握政权、使日本跻身于世界列强之林的那代人再也不会接管今日的政治事业了。我们早晚会严重关切这样的问题：新一代人能否胜利完成国家势必承担的艰巨任务，因为美国和日本在远东的政策将会发生直接冲突，除非有人竭力扭转航向。

向您致以私人的问候。

您十分忠实的格鲁

7月3日，斋藤首相的内阁辞职，以冈田海军大将①为首的新内阁接任。

评价冈田内阁

1934 年 7 月 6 日

电告国务院，有一位知名的日本自由派人物同我大致谈了谈新内阁。他认为成立这个内阁是稳健派的巨大胜利。事实也确是如此。因为沙文主义者曾大施压力，要求由极端的国家主义者来组阁。西园寺、牧野和他们那派人显然正在掌权。广田外相和林陆相将留任，高桥藏相也将暂留，虽以后大概会由大

---

① 冈田启介（1868—1952），海军大将，先后参加过甲午中日战争、日俄战争、第一次世界大战，也担任过日本联合舰队司令长官。20 世纪 20 年代后，先后两次出任海军大臣，1934 年接替斋藤实任首相。"二二六事变"中侥幸未死，但其内阁随之倒台。

藏次官藤井来接替他。和我谈话的这个人说，这个决定犹如"天上掉下来的馅饼"，就是让美国按其自身利益来挑选内阁，也挑不出比这更好的了。他说，新内阁将严格遵循斋藤内阁的政策，但将更有魄力和主动性，这是斋藤所欠缺的。我告诉国务院，我虽然还不能够完全同意上述评价，但我的确相信稳健派已占据上风。给我提供情报的人已经证明，此人的意见值得重视，因为连冈田的名字都还没有被公开提到以前，他就已经预言冈田大将要受命组阁了。

140

和苏联大使一次有益的谈话

1934 年 9 月 7 日

拜访苏联大使，询问他关于出售中东铁路的谈判，除已经见报的进展而外，是否还有其他特别的新情况或事实，能否相告。尤列涅夫先生答道，尽管日本宣称谈判只是中止，但事实上已经谈崩了。他说，谈判停止，至少也能把大桥先生赶下舞台。此人既无知又碍事，纯粹是满洲的日军当局硬把他塞进来进行谈判的。他认为若摆脱此人，广田先生或许会同样高兴。

我问尤列涅夫先生，出售铁路无法达成协议，是不是还由于彼此都怕丧失威信和想获得精神上的胜利，而不仅是价钱的问题。因为苏联的要价和"满洲国"的出价现在只差四千万日元了。这根本不是问题。大使答道，谈到钱，日本人是锱铢必较的。广田先生当驻苏大使时，为了五百万日元的事就曾和苏联政府磨了很久。我问大使，有无迹象表明哪一方将会提议重开谈判。他只答现在还看不出来。

在这一点上，尤列涅夫先生对广田先生颇表赞许，说自己真是佩服他。他认为广田是个谈判能手，很机灵。比起之前的内田伯爵，和广田打交道要愉快得多，内田不过是日本军部的传声筒而已。

总体关系

141   大使说，他认为目前爆发一场苏日之战的可能性极小。苏联人在西伯利亚和海参崴的力量很强，且早有准备，足以防备万一。他认为即使发生什么令人动火的事件，也会局部化，特别是因为满洲的日军现在还不具备发动攻势的条件。他说他也认为日本军部的气焰比荒木将军当权时期收敛很多，天皇及其近臣的势力大有起色，比以前有很大的能力来为该国推行稳健政策。他认为，最近撤掉末次海军大将的舰队指挥权而代之以永野海军大将，乃是一个很重要的迹象，说明稳健派的力量确实已经增强，也是一个信号，说明在即将举行的海军谈判中日本愿意实行和解政策。末次大将会不会另有任用，尤列涅夫先生似乎还不知道。

尽管大使避而不谈对大局是悲观还是乐观，他的话仍给了我一种印象：展望前途，他现在并不特别担忧，而认为情况正在好转。

中东铁路职员被捕事件

问他大批中东铁路苏方雇员被捕意味着什么时，他好像并不十分重视这个事件。他当然说，他们完全无辜，加给他们的罪名都是莫须有的。相反，有确凿证据证明，所控破坏行为都是其他方面的人干的。他说，装载日本枪炮和其他军用品的铁路车辆一点也没有遭到损坏，这就特别值得玩味了。

《洛迦诺公约》①

大使转而讨论欧洲局势，说《洛迦诺公约》肯定会成功订立的，但他对德国和波兰是否参加毫无把握。

英日同盟

大使问我，有英日结盟之说，我是怎么看的。我把我所知道的有关这些谣言的情况告诉了他，并说从理论上很容易谈论这个话题，但我并没有任何真凭实据。相反，我甚怀疑英日之间是否进行过重修旧好的具体谈判。大使说，他同意我的看法，他也没有得到任何情报，但他认为英国目前在远东的处境的确值得其忧虑。他问我对英国派工业代表团到"满洲国"一事有无准确的了解。我答道，我没有理由相信此中含有任何政治意味。大使表示同意。

142

广田论 1934 年的海军会议

休假

将赴北平度假一月。行前拜访外务大臣，向他告辞并告诉他，在我休假期间如有事要和大使馆商讨，可以找内维尔先生，他随时都乐于效劳。

海军会议

外相主动提及海军会议问题，说日本已明确决定，大概会

---

① 1925 年 10 月 5～16 日欧洲多国在瑞士洛迦诺商议的七项协议。同年 12 月 1 日于英国伦敦正式签署。通过该公约，一战中的欧洲协约国与中欧及东欧新兴国家彼此确认战后领土界线，并与战败的德国恢复正常的外交关系。

在 1934 年年底废除《华盛顿条约》①。海军中有许多人希望立即废除，但广田先生坚持要等到 10 月伦敦会谈之后，因为一个缔约国一旦废约，对所有其他缔约国来说《华盛顿条约》也将归于无效。广田先生是想在废约前同有关各方讨论此事，以免得罪其他缔约国，也免得在海军会议前夕造成不良气氛。如果大家不先有某种谅解就废约，是有可能造成这种气氛的。外相说，废约的事将分别同各国商讨，由于斋藤大使不在华盛顿，此事将由松平大使在伦敦与美国出席预备会议的代表团讨论。

143 　　广田先生说，同外国解决海军问题的困难固然很大，但还不如国内问题那么难，在国内他还得对付那些沙文主义者。他说希望在海军问题上能找到某种解决办法，如此就可以使各国今后免于负担沉重的造舰计划，特别是因为日本海军的少壮派军官坚决反对建造大型舰只而赞成建造小型的。

"一定要为帝国海军雪耻"

1934 年 11 月 2 日

"青年及在乡军人协会"② 在神户开会，我们得到了有关此会的第一手报告。陆军第四师团司令官的参谋人员松本中佐在会上发表了煽动性的讲话，要点如下。

（1）海军会议结果如何根本无关紧要。因为在日本所要

---

①　1922 年 2 月 6 日由美、英、法、意、日五国在华盛顿签订的关于限制海军军备的条约。条约的有效期到 1936 年 12 月 31 日。条约主要规定：美、英、日、法、意五国主力舰总吨位之比为 5.25:5.25:3.15:1.75:1.75。
②　日本预备役、后备役军人的组织，本部设在陆军省，在日本全国各地及海外殖民地都设有分部、支会。

求的那一级军舰方面，它现在已占优势，并将继续保持这种优势。日本任何时候都能够打败美国，而且老实讲，也能打败其他任何国家或国家集团。

（2）前几次海军会议上，美国耍两面派手法，致使日本的地位低人一等，一定要为帝国海军雪耻。

（3）归根结底，公道之所以得不到伸张，就是因为美国这个国家总是从中作梗，必须消除来自这个国家的一系列侮辱。要把日本确立为公正世界的统治者，就必须打垮美国。

（4）以前曾是世界上最富裕、最繁荣的美国，由于奢靡浪费已变得虚弱不堪，现在是日本显示其大和魂所赋予的品质的良机。

（5）仗是一定要打的，一切都必须准备好，这样才能保证胜利。日本陆军现正伺机而动，退役和预备役军人必须随时准备应召入伍，时间或许在今年年底以前或明年年初。凡退役军人皆不得离开所在地区，有最要紧的事也只能短暂离开。

（6）日本从来没有打过败仗，将来也绝不会被打败。

想到经常参加这类会议的年轻人易受影响的年龄及相当有限的眼界，上述那一类讲话看来确实有点危险，而且容易导致政治事件，特别是在人们因伦敦海军会谈而有点激动的这个时候。我将非正式地提请广田注意这个问题。

接待贝比·鲁思

1934 年 11 月 6 日

驱车与贝比·鲁思、勒弗蒂·奥杜尔（Lefty O'Doul）和东京高尔夫球俱乐部冠军赤星四郎一道去朝霞打高尔夫球。尽管整场都有摄影记者缠着贝比，我们还是设法打完了大约十四洞。贝比的高尔夫球艺高超，和奥杜尔一样，两人都打得很稳，但因好些日子没有练了，并不是每一杆都准。贝比·鲁思说，我老是想猛挥（我常有这个毛病），和打棒球的原理完全一样，如果挥得太猛（你瞧，这位击球之王居然这么说），眼睛就无法始终盯着球。听他这样评论，我觉得有趣。之前倒没留意过贝比·鲁思在本垒准备打击时是否真的一眼不眨。

这天，我真觉得有趣的还是在来回的车上听贝比和勒弗蒂谈论棒球界的许多事情。当时要有个速记员在场就好了。因为要拍新闻影片，打完高尔夫球后，我们还得坐在俱乐部的台阶上继续谈话，球童站在后面。不料突然之间，又要我谈一点感想，我便说（现在记得是这样说的）："贝比！总之能在东京见到你，太好了。不知道你感觉到没有，今天你的游伴都与众不同：一位是赤星先生，东京高尔夫球俱乐部的冠军；一位是我，全世界最差的高尔夫球选手。"

贝比豪爽地答道，他绝不同意我给自己封的称号。因为在球场上他老是被引入该死的圈套。这倒是实情。但是，头一杆他就猛然一挥，结果每次他都能脱险，而我却办不到。不必多说，俱乐部的人员和球童都兴奋到了极点，我还给所有在球场上遇到的运动员介绍了贝比。他总是说："很高兴见到你。"他这次来，当然全日本都轰动了，他才是一位显赫有力的大使，我根本无法跟他相提并论。

美国在远东为何必须立场坚定

1934 年 12 月 27 日

145　　在伦敦海军会谈中，不管日本的态度如何顽固，我国政府和代表团都应毫不动摇，坚决主张现行的海军比例保持不变。

我国政府和代表团决定，日本政府通告废除《华盛顿条约》这一行动，已自然地造成了一种会谈应当无限期中止的新局面，遂使日本人空手而归。对我们从所处位置观察伦敦会谈如何发展的人来说，这种结果令人特别满意。

首先，浮上我心头的想法是，美国现在和将来主要有两条路可走。一是准备退出远东，也许是体面地、逐步地退出，但终归是退出，听任我们的条约权利被取消，"门户开放"原则被废弃，既得的经济利益化为乌有，商业活动丧失保障。有人主张走这条路，而且私下向我鼓吹过，理由是任何别的政策终将导致难免与日本一战。弗兰克·西蒙兹（Frank Simonds）就曾强调说，这种危险几乎是必然存在的。在他们看来，冒这种危险是"得不偿失"的，因为美国放弃它在远东的各种利益并消除未来的战争危险之后，还是照样可以过得很舒服。

另一条路是始终坚持维护我们在世界这部分地区的合法权利和利益，意志坚决但不咄咄逼人，在切实可行的范围内积极地、循序渐进地促进这些利益的正常发展。

已有许多迹象表明，华盛顿的现任政府想走第二条路。因此我想，我们可以抛开退出远东那个假设，在估计前景时可以相信，我国政府绝对无意放弃美国在远东的合法权利、既得利益、不受歧视而均享机会的特权和商业的健全发展。

就我们自己的态度而言，走这第二条合乎逻辑的道路，不会也不应该与睦邻政策有什么矛盾之处。既然决心支持和保护我们在远东的合法利益，就难免时常与日本发生摩擦，但这个决策是可以而且应当采取绝不牺牲原则以及争取将美日间摩擦控制在最小限度的办法来实现的。

日常执行这一政策就是外交的事了。外交有时很难办，但总归是重要的，因为政策能否实现，在很大程度上取决于用什么方式方法来处理我们已经碰到的以及今后还会继续碰到的各种问题。日本人有明显的自卑感，在表现时又披着同样明显的优越感的外衣，因此会极为敏感，伴之而来的便是咆哮、恐吓、沙文主义、惧外、仇外和有组织的全国性宣传：由于这一切，处理悬案的方式方法就很关键了，其中大有讲究，尽管就争端的性质来说它们往往并不值得那么小心翼翼。我国政府完全了解这个事实，从现政府就职以来发给大使馆的训令中可以很清楚地看得出来，而我们执行这些训令或相机行事时，也经常考虑到上述情况。

但在我们日常外交的背后有一个头等重要的因素，即国家作为后盾，并以国家的军备来显示和加强这种支持。我认为，我国军备的基本要素应是在原则上维护现行的海军比例，最后在实际上、在与日本海军力量的对比上达到并保持现行比例。在这种背景下，也只有在这种背景下，我们的外交才能有把握做到说话有人听并言出必行。最近报纸报道，美国陆军总参谋长道格拉斯·麦克阿瑟①将军说："陆海军保持精锐，就可以给政治家的和平言论增加分量；危机临头才急切如狂，加紧建军，那就只能招致敌人进攻。"我们需要充分的准备，不是为了战争，而是为了和平。

不住在日本的人很难理解这个国家目前的情绪。听说有位

① 道格拉斯·麦克阿瑟（Douglas MacArthur, 1880—1964年），1930年被从少将越级提拔为上将，担任美国陆军参谋长。太平洋战争初期，出任远东军司令，却在1942年3月被迫从菲律宾撤退。1943年后开始组织、指挥盟军在西太平洋的反攻。战后，任驻日盟军总司令，负责对日本管制、改造等工作，成为当时日本实际上的"最高统治者"。

美国参议员最近建议，我们应当给日本同等的海军比例，以免将来发生战争。姑且不论这位参议员对我国在远东应奉行的总政策的见解如何，他公开讲这种话，就足以坚定日本的立场，助长扩张主义者的侵略野心，而这种危险恐怕是他根本不知道的。日本报刊当然就把美国要人中诸如此类的言论挑出来广泛宣扬，以此论证日本的普遍信念，即美国的和平主义分子正占压倒优势，终将支配美国政府的政策和行动。在这种情况下，就有一种普遍倾向：把我国的外交声明说成虚声恫吓，认为大可以置之不理，不用担心后果。

147

日本人不停撰文高呼日本命中注定要征服和统治世界（原话如此）；陆海军中某些人、爱国团体、狂热的国家主义者都要求举国一致。他们的扩张野心昭然若揭。关于这一切，那些赞同这位参议员意见的人若能听到和读到一点，若能有所认识，那就好了。日本人之目的是要在中国、菲律宾、海峡殖民地、暹罗及荷属东印度群岛、苏联沿海各省和海参崴取得贸易控制权，最后取得政治上的压倒优势，就像征服朝鲜和满洲那样。一个时期走一步，中间稍歇一下，以巩固成果；然后，一见面前的障碍能用外交或武力来扫除，便又走下一步。眼看许多人都在做这样的帝国梦，陆海军可以不顾东京政府稳健派首脑的约束而恣意横行（这种危险确实存在，满洲事变已是明证），而我们还要指望条约的约束力或国际间的规矩来保障我们自己的利益，即我们自己的财产，就是在自我催眠。这是不可饶恕的。

在与荷兰公使帕布斯特将军的一次密谈中，这位久居日本、精明练达的同行说，据他看日本海军充满排外好战的狂热，且一心要与陆军争功，以免在公众面前失势，所以很可能会在危机时刻或实际上在任何时刻不计后果地攻占关岛。

我不认为现在就会有这么疯狂的一幕，可是，若从条约权利和国际法的观点来评判，陆军在满洲的行动也可以说是没有理智的行动。重要的事实是，在目前的情况下，在今后也依然如此的情况下（虽然在日本历史上沙文主义的钟摆总是往复于强烈和暂缓的周期之间），这个国家的军人完全可以冲破政府的约束，抱着错误的爱国观念，进而干出近乎"民族切腹"这样的事。

当日本人说日本是东亚的"稳定因素"与"和平保卫者"时，他们的意思是要实现日本治下的和平，最后在经济上完全控制东亚。照某些人的想法，日本还要在政治上全面控制东亚。最近一期的《费城公报》（*The Philadelphia Bulletin*）引斋藤大使的话说，日本准备用战斗来维护计划中的和平，看来可能是误引。不过，这话也恰好道出了今天许多日本人的心思。日本国内有一种虚浮狂暴的氛围，这主要是军部的宣传培养起来的。这种氛围可以在今后几年或几代内把日本引向极端，让他们什么事都干得出来，除非政府中头脑比较清醒的人确能力挽狂澜，能防止国家走上民族自杀之路。

这种防止行为能有多大功效，始终可疑。经常有人在密谋反对政府。例如听说 11 月 22 日发现，有几个第三步兵联队的少壮军官和东京士官学校的学生已策划好要刺杀包括牧野伯爵在内的各种政府要员。① 密谋被发现后，有几天不准士官学生走出校园。还有一桩类似的密谋，据称要在国会临时会议开幕

---

① 即所谓的"陆军士官学校事件"：一批支持皇道派理念的青年士官企图刺杀重臣、元老，但由于消息败露而被宪兵破获。该未遂事件也成为之后"二二六事件"的一次预演。

时袭击政界人士，再来一次"五一五事件"，听说也被发现、被提前处置了。这类密谋的目标是要建立军事独裁。诚然，要证实这些谣传是不可能的，但是谈论颇多，无风不起浪。

我希望有更多的美国人出国来这里住一住，慢慢就会觉察到局势确实有潜在的危险和祸害，不要继续在一个自己毫无所知的问题上发表学究式的议论、写学究式的文章，徒为日本军部和极端分子提供炮弹。这些分子得势已非一日，现在则更有力量了。有人认为自1931年以来即暗中存在一大批自由主义者，只要外国稍予鼓励，他们就会强大起来，崭露头角，获得控制权。这种想法是完全错误的。自由思想是有的，但他们无法畅所欲言，而且大都软弱无能，短期内多半还会是这样。

这么说也许会造成一种印象，以为我们这些大使馆的人是在助长某种"反日"情绪。事实绝非如此。不喜欢、不赞成某家的一些成员，不一定就是敌视其全家。依我看，日本的典范人物可以说是举世无双。我倒想把广田归入这一类，假如他能如愿以偿而不为军部掣肘，我相信他可以把国家引上较安稳的航道。

有位属于这一类型的朋友曾向我们哀叹说："我们日本人做事总是慢手慢脚，又自高自大，错了连解释一下都不肯。"他们的外交一向是现在也还是"拙劣的外交"。他们的手段向来不高明。不错，日本"拙劣的外交"要由军部和极端分子负主要责任，但日本人作为一个民族往往缄口不言，敏于行而拙于言。军部和极端分子又一点也不了解、一点也不在意日本和别国的关系，政府官员如白鸟、天羽之流则一味巴结军部，一心只想借此提高他们自己在国内的声望，保住他们的前程，许多麻烦都是这样造成的。也许我们还得感谢他们，常常事先

149

就在无意中泄露秘密的也正是这伙人。

但是，这一切并没有减少我们对日本生活中那些优良部分的好感，也绝不会使我们"反日"。日本是一个矛盾百出、爱走极端、大智与大愚兼而有之的国家，这可以在有关海军会谈的言论中找到恰当的例证。海军当局和报刊一直都在坚持说，日本如果没有与美英同等的海军实力，就不能有效地防卫它的海岸；与此同时，报刊和公众又在文章、演说、交谈中大吹大擂，称日本海军今已强过美国海军，一旦打起来，轻易就能击败美国。在这种气氛下，一个外国人要保持超然冷静的态度就非常难了。我们使馆中人正力求冷静，但愿确能做到。在此期间，我只能做到不要惹起严重事端。建设性的工作目前是谈不上了。我们的精力正集中于反对破坏性的势力。

鉴于上述诸多考虑，我必须毫不迟疑地再次强调：局势有潜在的危险，做好应变的准备乃美国当务之急。在国际裁军运动中，作为一个国家，我们曾带头限制和裁减军备。我们抱过希望，以为这个运动会有进展，但是，华盛顿会议后十二年来时局的发展却并未给运动的进展提供有利条件。除非我们准备赞成在远东实现日本统治下的和平，赞成日本所设想和解释的这种和平运动必然会带来的一切后果，否则我们就应该迅速把我们的海军加强到条约所允许的极限。《华盛顿条约》期满后若不继续签订，我们也应该不惜代价地继续保持美日之间现在的比例，这是为了控制和减少战争危险而在平时缴纳的保险费。同时，还应采取一切适当措施，防止或抵消美国强硬派的好战言论，就像防止或抵消和平主义者的失败主义言论那样。这两种言论有许多都被日本报刊登出来了，因为前者可以用来煽动公众的反美情绪，后者则可以用来制造一种印象，使人觉得美国软弱、踌躇，只会虚张声势。

我自己的看法——尽管只是猜测——就是日本绝不想挑起海军军备竞赛，它发现我们在比例问题上立场坚定，就会在《华盛顿条约》期满前的今后两年内，或在我们现在的造舰计划全部完成前提出另外的建议。据信，一旦美国的造舰计划确已完成而达到了条约允许的极限，那时候——大概不会在此以前——日本就会认识到我们是认真的，就会谋求妥协。我们认为，日本的海军政策是在这样的前提下制定的，即认为美国绝不会把海军扩充到条约允许的极限。过去两届政府的海军政策、美国和平主义分子的表面得势，再加上最近经济萧条的结果，更助长了这种想法。

不错，日本正在拼命制造和煽动舆论，即要求哪怕不是在事实上，也要在原则上拥有和美国同等的海军实力，大有破釜沉舟之势。但日本领导人也是善于用宣传改变舆论以适应新情况的高手。一旦日本确实看到争取同等地位已不可能，那就很难相信它会听任事态发展到非搞海军军备竞赛不可的地步。1935～1936 年的国家预算共达 2193414289 日元，其中陆海军军费约占 47％；到 1936 年，国债估计将为 9 亿 8800 万日元，几乎等于内阁统计局所估计的 1930 年的国民收入 10 亿 6350 万日元；在满洲的费用高昂，居民的税负已够沉重，很大一部分人民亟须拨款救济：在如此情况下，很难设想日本还能实行与美英并驾齐驱的海军计划。

只要我们的立场表现得坚定明确，就可以静观日方的下一步。我相信这一天指日可待。

关于最近伦敦海军预备会谈的情况，就我们在此期间所能猜想的而言，我认为最重要和最有价值的成果是英美呈现出在

151

远东加强合作的明显趋势。日本如此藐视条约权利，控制东亚的野心永无止境，如果我们能够指望日后美英结成坚强的联合阵线与之抗衡，而这恰是"拙劣的外交"的又一直接后果，那么我们大家都会有一个比较光明的前景。

西奥多·罗斯福（Theodore Roosevelt）宣布过一项政策，叫作"说话和气，身携大棒"。要使我们在远东的外交有成效，要想把终将与日本一战的危险性减小到最低限度，就只有采取这个办法。这样的战争也许是不可思议的，真是不可思议，但它的鬼影总是在那里徘徊，在今后一段时期内也还会是这样。把这一点丢到计算之外，就是可耻的鼠目寸光。最好的回避方法莫过于充分准备，因为战备是一个冷酷无情的事实，日本的沙文主义者、军人、爱国者、极端国家主义者虽在叫骂美国的"挑衅性措施"，但是连这类人也能领会和懂得这个事实。苏联大使最近告诉我，有个日本要人曾对他说，苏联沿海各省之所以得免于日本的进攻，最重要的因素就是苏联在西伯利亚和海参崴加强了战备。我相信这是真话。我要再三敦促，我国也要做充分准备，以防远东发生不测。

上述各项意见，我当然已向我国政府呈报。

有关日记和函电的说明

1935 年 1 月 22 日

回头重读这本日记时，我真不禁感叹：我竟能有这么大的勇气将其示人。它就是这么一个草稿本，一张用碎布缀成的褥子，其中有很多评论还是草草写成的，都需要进一步阐释或讨论。例如日美关系，这方面是很广泛的，绝非此种流水账式的记录所能容纳得了。我那样逐日论述，仓促行文，就很可能会给人留下错误印象。我们的正式函电，就其整体来说，也许还能涵盖这个方面，从历史学的观点来看，还是必须以这些函电为准。日记的作用仅仅是给正文补充一点例证而已，在历史研究中绝不能只考虑这些例证而撇开正文。

我们的函电也必须作为一个整体并按一段时期来读，才能得到正确的观念。有些函电也许可以说是互相矛盾的。例如有一封讨论海军会谈的、据说是寄给总统的呈文（1078 号），原是根据这样的想法写的：日本人就全体而论，对海军比例等问越绝无妥协之意，在这个问题上日本是举国一致的。这在目前来看是实情，千真万确，但两周后我又写了一封信（1102 号），上报这么一个意思（仅属揣测，也声明是揣测）：当日本人终于发现我们真的是要保持现行比例，要把海军实力加强到条约允许的极限并付诸实践，即便这意味着海军军备竞赛也要继续实行此项政策时，他们就会谋求妥协而不敢搞军备竞赛。尽管他们已是背水一战，但过一段时间以后，还是可以改变舆论和政策，甚至在条约期满前的两年内就会改变。正如我说的，这只不过是猜测，但包括参赞和海陆军武官在内的使馆所有人都认为这是合理的猜测。所以这两封信实际上并不矛盾：第一封是谈现在；第二封是预测在一定情况下将来会怎么样，即若我们用事实清楚地表明我们决心要把我国海军建立起来并保持在 5：3 的比例上，日本将会做出何种反应。如果两封信总统都看见了，但愿他能领会此意。

153

美国为何不应撤销《移民法》

1935 年 1 月 27 日

刚从美国回来的赖夫斯奈德主教夫妇和正在进行环球旅行

的沃尔特·埃奇（Walter Edges）夫妇前来茶叙。赖夫斯奈德
把他和赫尔、卡斯尔等人的谈话内容告诉了我，主要是谈废除
1924 年《移民法》中有关区别对待的条文①的问题。他在加
州时曾想拜访赫斯特（Hearst），征询其意见，但赫斯特病了，
不能见他。我认为现在不是处理这个问题的时候。这项法令固
然一直招人怨恨，今后也一样，但是现在废除区别对待的条
文，就会被许多人视为示弱，被解释为意在安抚日本的好战情
绪，也许会出现几篇动人的社论，称赞此举，说我们有承认日
本享有同等权利的雅量，但日本的政策绝不会因此而有丝毫改
变，军部的宣传也绝不会因此降低调子。相反可预料的是，有
些日本人一定会撰文论证说，美国既能在移民问题上承认日本
的同等地位，那么在海军问题上承认它的同等地位就更是理所
当然的了。何况，谁敢说某个法案一定能在参议院通过？我们
就曾以为我国和土耳其签订的《洛桑条约》肯定会得到通过，
政府也以为《国际法庭议定书》定能通过，然而两者都没有
通过。提出废除《移民法》的区别条文而又废不成，后果将
不堪设想。所以，还是暂时不动为妙。

我国海军在太平洋演习为何有助于和平

1935 年 4 月 1 日

新当选为"美国基督教科学派联合理事会"理事长的伊
凡·李·霍尔特（Ivan Lee Holt）博士从上海回国，顺道来看

---

① 1924 年 5 月，美国政府颁布新的《移民法》，严格限制（几乎等于完全
禁止）日本人和其他东方人迁入美国，但允许欧洲人按每年规定的人数
向美国移民。

我。我已为他安排好与广田会晤，他只是想带个表示友好的信
给广田。他说，国内各教会正在要求取消预定在太平洋举行的
海军演习，理由是对日本来说，这将构成一种挑衅和威胁。对
这件事，他问我，他应该抱什么态度。

我竭力为演习辩护并告诉他，我认为反对演习的运动是极
其错误的，实际上还是危险的。演习纯系例行公事，大约两年
前已做了部署，不会进入距日本海岸一千五百英里的范围之
内；我们有两大洋需要保护，假若取消演习，那不仅是荒谬透
顶，而且是示弱于人，自认害怕日本。如果我们制定政策，采
取行动，全是要为讨日本人的欢心，那就只会使他们更加趾高
气扬，只能招致日方采取进攻的策略，还会使他们觉得我国所
谓的和平主义者正占优势，他们日本人就可以为所欲为，可以
任意侵犯我们的合法权利和正当利益，丝毫不必担心我方会采
取防卫行动。若造成这样的印象，显然是有害的。

我们要和平，不要战争，但若奉行某些教会所鼓吹的软弱
和失败主义的政策，肯定只会加速战争的到来。遵循我国政府
的明智政策，备战而不犯人，保护我们的正当利益而不悖睦邻
精神，这才是保证和平的上策。假如日本认为应当把我们例行
的海军演习解释为武力威胁，那也只能悉听尊便。因为首先炫
耀武力的正是它，我们越显得没有骨气，它就越要拔刀相向。
东方人欺软怕硬，最能助长其凶焰的是软弱。

交谈时，我当然没有完全使用这样的措辞，但我的确讲得
极其坦率，因为国内有些教会的态度使我非常不安，霍尔特博
士作为联合理事会的理事长也许可以施展巨大的影响。他好像
有点诧异我的看法竟会是这样。因为据他说我在人们心目中原
是个教会利益的坚决支持者，不过我觉得他还是明白了我的意

155　思。临走时，他至少暗示了他将按我的话去做。如果我真有侨居此地的教会工作者的好朋友和支持者（我确实是）的名声，那我在这个问题上所提出的忠告或许会格外受到尊重。

德国重整军备，为何有利于日本？

1935 年 4 月 2 日

罗马尼亚代办斯托伊切斯科及帕布斯特相继前来漫谈政治。德国宣布重整军备，确实让时局陷入一片混乱，一切都有利于日本。欧洲的紧张局势加剧，除仍在关心远东的美国外，列强的绝大部分注意力都集中到那边去了。日本可以更加安心，不用担心外来干预，自英日同盟终止以来，像这样的时机还从未有过。若与别国进行政治谈判，它也就居于特别有利的地位。昨天，天羽否认苏日将订立互不侵犯条约，声称并没有为此推进过任何工作。的确，在目前形势下，日本确实无此必要。事态发展正对日本有利。天羽说，日本除与波兰有过某种非正式的谅解外，同别国都没有联盟或协约的关系。我们还看到一些迹象：日本和德国正在密切交换意见和情报。但这一切还都不明朗，主要的事实是，日本现在可以"稳坐"一侧，并按部就班地推进其计划，它估计欧洲列强自顾不暇，不可能多为远东操心。这种局面只会使我们的外交更加难办。

一位伟大的日本绅士论日本

1935 年 5 月 22 日

式部官长松平子爵和夫人在梅普尔俱乐部举行了日本式的盛大宴会，座中有牧野伯爵、林男爵、宫内省官员和全体外国使节（临时代办除外）及其夫人。有头衔的代办也在座。这真是一次盛会。

　　宴后与牧野伯爵同坐，交谈颇为有趣。其间他讲到他刚和巴黎《时报》（*Temps*）编辑杜博斯克（Dubosc）的一次谈话，此人正在日本旅行。杜博斯克明确告诉牧野伯爵，他认为日本的政局"险恶"，因为各政党互相倾轧，腐化堕落，国政既有走向军事法西斯主义的危险，也有走向共产主义的危险。

　　牧野对杜博斯克说（据牧野对我的转述），"您回到巴黎以后，无论做报告还是写社论，在讲到日本国内局势时，请把'危险'一词从您的语句中删掉。在日本，我们有一种他国无法企及的预防设施，那就是皇室。只因天皇至高无上，永能独断乾纲，所以断不会有来自军事法西斯主义或共产主义，或别的什么'主义'的'危险'"。

　　这位老人说话如此刚劲，显出这么强烈的爱国心，我还是第一次领教。他热泪盈眶，不得不擦拭眼镜。他今晚说话的神态和语气顷刻之间便流露出日本人强烈的忠君思想。我觉得，全国这种忠君思想的力量（不管有多少争吵、政治骚动，甚至刺杀，或许正因为有这些）是很强的，比外国人通常感觉到的要强得多。总之，今晚我窥见了这位平素温文尔雅的牧野伯爵的内心。这瞬间的一瞥给我留下了很深的印象，我将永远把他看作世界伟人之一。

美利坚先生和夫人访日

1935 年 6 月 20 日

　　美利坚先生和夫人到处拜访，今晨拜到大使馆来了。它们是两个和真人一样大的美国吉祥物，是纽约市市长送到日本来作"亲善使节"的。它们不仅身材如人，而且外形生动逼真。艾丽斯盯了一会儿这位年轻太太秀媚的眼睛，不禁说道，那双眼睛后面没有灵魂才怪呢。这次访问引起了很多争论，争论的形式是写公开信给《日本广告报》：一记者认为，这全是无聊之举，有损尊严，听说总理大臣和美国大使还向吉祥物敬过冰茶，他们都来接见吉祥物，简直不像话，把日美两国的人都置于荒唐可笑的境地；而另一些记者则不同意这种看法。

157　　大概是这么回事：日本铁路的旅游部门向纽约市市长提出，送两个美国吉祥物来做"友好访问"，它们将在日本受到热烈欢迎，拉瓜迪亚（LaGuardia）市长接受了这个建议，便把这两个吉祥物派来了，在它们临行前还于纽约举行了适当的仪式。据报道，在载它们来的日本邮船上，它们坐的是头等舱，现在则正在乘火车、公共汽车、飞机、渡轮及其他各种交通工具遍游日本。当然，此举不过是为日本旅行社做宣传，是一种噱头十足的广告而已，但当得到通知说这对吉祥物要来使馆拜访我们时，我却无论如何也不能拒绝接待，否则只会徒然得罪人，造成不良印象。不过，我还是很小心，特向美日协会的一个日方工作人员请教。他经过调查后，劝我放心接待。

　　之所以要接待，有几个理由：第一，首相、几个阁员和东京市市长都要接见这对吉祥物；第二，在日本，人们对吉祥物的感情深厚而普遍，这无疑起因于日本人热爱小孩，一年有好几次儿童节，还有各种玩偶社团；第三，我相信应该支持美日间的旅游业，来日本游历的美国人越多，对日美关系越有好处，可以防止某些意外事件和变故。因此艾丽斯和我便在后阳台接见这对吉祥物，大部分使馆人也在这里看热闹。美利坚夫人进来时掉了一只手，但很快就被修好了，它们被放在两张椅子上坐着，我们则在一群摄影记者面前和它们握手。按惯例用冰茶款待陪同吉祥物前来的日本人。不到十分钟就完事了。

后来又在日比谷会堂开群众大会，参加的多是小孩，东京市市长亲临致欢迎词，我至少得派个代表，于是便派三等秘书安德鲁斯（Andrews）去代我读了演讲词，说我很乐意赞助这次访问。为了添上一点轻松味，我的演说词有这么一句："美利坚先生和夫人有一点比其他来日本观光的人强：它们说日语、懂日语的情况，就和它们说英语、懂英语的情况完全一样。"不幸日本报刊未能领会这样故作玩笑的真意，竟把我的话引成：这对吉祥物精通日语。

每天仍有人写信给《日本广告报》，有的很友善，有的很 158
可恶。这事其实不值得这么重视。不过我确信，我也来凑热闹，尊重这个国家对吉祥物的感情，日本人是高兴的。

苏联大使认为美日关系前景不妙

1935 年 7 月 17 日

今天拜访苏联大使尤列涅夫，他要去休假，即将启程。话题从苏日关系谈起。大使说，两国对某些困难问题虽有争执，但他毫不忧虑结果如何，因为日本人不想打仗，更没有准备好。他认为我要对付的日美间的问题远比他的问题棘手得多，日美关系的前景比日苏关系的前景更暗淡。他的意思是，未来的日美关系不容乐观。在这一点上我和大使有所争论。我逐一列举了日美间的重要问题，略加论述，然后对他说，我确信这些问题是可以和平解决的，即使得不到解决，至少也可以暂时搁置起来。

尤列涅夫先生说，关于苏联与"满洲国"的边界纠纷，自我们上次谈话后，情况已稍有改变。现在是想成立一个委员会，其任务不是定界，而只是处理由边界问题引起的具体争端。正如他上次告诉我的，起初他主张委员会可以有日本人参加，也可以有"满洲国"人参加，但不能两者都有，苏联人不同两者一起打交道。可是现在他的政府已同意在对等的基础上和两方的代表会商。换言之，即苏方代表的人数必须与两方代表的总数相等。广田先生还没有接受这个建议。他预料谈判将会拖得很长，特别是因为在此种问题上日本军部是很难满足的。他认为在成立委员会之前，议事日程、开会地点等都需要多次商讨，而这些谈判又得由他本人主持，所以他觉得今夏出游轻井泽的希望不大。

向广田辞行

1935 年 7 月 18 日

今晨拜访外务大臣，告诉他：鉴于驻日已有三年多，我国政府准我休假一次，明日即启航返美。我还说，但愿能在秋末回到东京。外相情意殷殷，说希望我一定要回来，因为换大使总不免要引起一些混乱，在新大使和所驻国政府彼此熟悉以前，又总会有一段不方便的时期，他认为在现在这个时候尤其不宜更换，这是最要紧的。我答道，据我所知，目前并无换人之意，我想定能重返东京。

我说，一到华盛顿，自然就要向总统和国务卿当面汇报，报告我对日本局势和两国关系的观感。外相若想表示什么意见，我非常乐意向总统和赫尔先生转达。广田便提醒我他刚就职时和我讲的那番话，大意是他认为美日亲善至关紧要，他愿以改善两国关系为其政策的基础。他说，虽然两年前关系不

佳，但他觉得现在已有显著的好转，他看不出有任何理由不能
继续友好下去。竭尽全力以获得最理想的成果是他的心愿。他
还说，他觉得日本和某些别的国家的关系，比现在的日美关系
更麻烦，还更不能令人满意。

接着，他谈到海军的情势，并说除非有一线希望能在今年
达成协议，订成条约，否则他认为最好还是把问题暂时搁置起
来，维持目前的"和平"局面。他说，一国对另一国施加压 160
力，只能激怒对方，最好能避免，他认为这是最要紧的。日本
海军目前还没有什么计划，很愿意暂时维持现状。他估计年底
以前恐怕得开一次海军会议，但会议可能只是在形式上开一
下，也可能休会一两年后再开，不一定会引起争吵。广田先生
给我的印象是，日本海军当局的苛求之心似乎没有原先那样强
烈了，但他在这方面没有多说。观其大意是，假以时日，许多
困难问题都可以顺利解决。

（驻日三年后休假五个月，使这本日记在这里中断了，但
下面一条似乎还是值得收入记录。）

向白宫汇报

1935 年 8 月 4 ~ 5 日 华盛顿

远东司大部分同僚都来迎接我们。我去了三次华盛顿，他
们大家，特别是他们的领导霍恩贝克（Hornteck），都异常热
情，大力协助。在卡尔顿大厦见到比利·菲利普斯（Billy
Phillips）。与赫尔国务卿长谈，在此以前，我还没有和他见过
面。谒见总统，总统态度十分亲切。他给人的印象是极度乐
观，兴致勃勃，精力旺盛。与总统谈话三次，使我非常惊讶：

虽日理万机，他的注意力却能高度集中，对我职务上的问题也都了如指掌。他说，他不常写信给我其实就是一种表扬，因为这就意味着我没有什么差错。国务院的人差不多都见到了，还办了很多事。去了两次波托马克河畔的露天音乐会。

重返东京

1935 年 12 月 17 日

第二阶段的课程于此开始。第一阶段的课程始于 1932 年 6 月 6 日，止于 1935 年 7 月 19 日。

我既无暇也无意一开头就叙述或议论五个月假期回来后所面临的各种新老问题，只想说，问题很多，以后自然会讨论到。

拜访比利时大使巴索皮埃尔男爵。他透露了一个令人扫兴的消息：因为此刻正逢比利时新故王后的国丧，他从 1 月起又要去度长假，所以从现在直到明年 9 月将由我代理外交团团长。换句话说，我得一年四次按时在天皇御前致辞，还得参加许多仪节繁复的宫廷典礼。事实上，准备在 1 月 5 日宣读的献词稿已经在同僚中传阅了，已注明要由我这个副团长来读，这实在是一件相当可怕的差事。

下午赴外务省拜访广田，只为告知他我已返任。简单的交谈中没有提到什么重要事情，只是广田曾眨一眨眼说，日本报刊骂人时惯用的连珠炮最近已将目标从美国转向了英国。他没有用那些字眼，但大意如此。日本人普遍认为英国访华财政代表团团长弗雷德里克·李兹·罗斯（Frederick Leith Ross）爵士非常可疑，应对他们在中国搞的财政和政治阴谋负责，最近华北的动乱就是这些阴谋引起的。换言之，英国损害了日本在中国的"安定势力"，而中国则是一个所谓被引入歧途的国家。

怨愤的一年开始了

1936 年元旦

生活给了我很多教训，最大的一个教训莫过于制订新年计划。如果你明知自己会违反某个协定，那最好就不要签订那个协定。凭自己长期的经验，我知道自己一定会违反我在 1 月 1 日所做的一切美好的决定，如今从哲理来看，在 1 月 1 日做决定就是不明智的。因此我便不再准备那些老表格（原想模仿本杰明·富兰克林），填上花多少时间看书学习、练钢琴、运动，以及有节制地喝酒抽烟，等等，而是满不在乎地跨入新的一年，昧着我那颗新英格兰的良心，这颗良心我花了整整半个世纪才把它压下去。我在 1936 年很可能仍将浪费许多宝贵的时间，甚至比 1935 年浪费的还多。但那又有什么可愁的呢？生活是美好的，但要不较真儿才好，我们新英格兰的那些先贤（愿他们流芳百世）的确是拼命要把生活变成地狱。不过话又说回来，在我这一行，除了一本正经的生活而外，又能有什么别的呢？

天皇举行觐见礼，这是 1933 年以来的第一次。皇后因刚生第二子，没有出席，但并没有因此不让女眷参加，她们按部就班地鱼贯走过御前，行三屈膝礼如仪，非常得意。我作为外交团的代理团长，得率领一大队人。老实说，我们自己使馆的队伍就已经长得相当惊人了。我馆奉命参加的人员及其夫人共有三十五人，而名单上的大部分也都来了。

经过御座大厅的时间实在太短，不可能品评那个场面，但仍然可以说颇为壮观。天皇站在御座前，亲王、公主排成矩阵，分列天皇右边和左边，宫廷高级官员又排在这两列之后，服饰灿然，金光闪闪。同行中有抱怨者，因为他们和夫人按规矩穿戴整齐，也只是在天皇前一掠而过，前后都无缘与宫廷重臣接触。这种做法在世界宫廷中可谓绝无仅有的。我依旧认为，若论雍容华贵，哪里也赶不上日本宫廷。但我觉得，上次1933年的觐见礼完毕后，宫廷至少还款待了我们一点香槟冷餐，今年却连这样的款待也没有了。我本人还得去见皇后的式部官长，请他代外交团向皇后恭贺新禧，但也就是这么多了，我们出宫的时间比以往都早。

罗斯福的新年警告如何刺激了日本

1936 年 1 月 5 日

总统在国会致辞的摘要发表了，摘录的范围很广，有大段引文，但日文报纸均未做任何评论。我想一定是外务省传话阻止了，目的是避免出现抗辩、谩骂之词，否则有些报纸确实会这样做。天羽等官员则推脱说没有读过这篇演讲词，借此敷衍过去。总统说，有些国家愿意这样做，也许是因为只有那双鞋子合自己的脚，那就让它穿吧。这话很巧妙。

有些话说得很直率，显然是针对意大利、德国和日本的，例如："现在已经到了这样的时刻，美国各族人民必须认识到敌意在增长，侵略倾向日益明显，军备在增加，火气越来越大。这种局面，其中就包含着许多导致战争悲剧的因素。""如欲通过和平谈判和主持世界正义的天良本性来达到合理合法的目的，就必须要有耐心，而那些谋求扩张领土、企图纠正以往战争造成的不公平待遇、想为贸易和人口找出路的国家，却没有表现出这种耐心。它们一向总是急不可耐，或恢复到武力统治的旧信念上，或退回到那种荒诞的想法上，即以为唯有它们才肩负天命，是注定要来完成天命的，其他所有国家都应该乃至必须听命于它们，受制于它们。我说这些话是经过再三斟酌的，我承认，在那种愿意挑这双鞋来穿到自己脚上的国家，我这些话是不会受到欢迎的……我要向你们指出全世界人民面临局势的严重性。危害和平的是少数人，不是多数人，威胁和平的是那些正在为私利而追求权力的人。"

能讲这番话，我认为是政治家有胆识的表现。这番话，无论实际效果如何，必然会深深影响他所指的那些人的意识和良心。此外还有助于通过总统要求的《中立法》和军备预算。他的话制止不住日本向中国步步进逼。因为除了日本战败以外没有别的办法能够制止它，但是要在日本人的行为手段和策略上起一点缓和作用，相信还是可以的，说不定还会暂时延缓他们的行动。以前日本人不喜欢史汀生，现在他们算是领教到罗斯福这个大海军主义者偏爱什么了。除此以外，罗斯福还公开发出警告说："现在已到了美国各族人民必须有所认识的时候。"我想在美国下次大选时，日本人将为共和党祈祷了。

广田对罗斯福的答复

1936 年 1 月 21 日

将广田在国会的演说电告国务院。他的话也可以说是对罗 164
斯福在国会致辞的一种回答。他也不点名，只是批评"国外某些著名政治家"不了解别国的实情而又要在那里发号施令。日本人当然要给广田很高的评价，因为都认为他在同美国人斗智时占了上风。以下是他讲话中的有关部分：

　　非常遗憾，国外某些著名政治家好像总喜欢把他们关于世界大事应如何安排的个人信念强加于他人，动辄把不听命者斥为麻烦制造者。谁也没有资格奢谈世界和平，除非他不仅知道他本国的国民愿望与职责，还了解和重视别国的立场。要做到了解和重视别国的立场，又往往要从了解和重视那个国家的文化和文明入手。我们已经成功地增强了我们的国力，树立了我们的国威。这是由于在过去的岁月里，我们曾引进西方的技术和科学，将其发扬光大并使其适应我们自己的文明。我认为，现在已经到了努力把我们的技艺和文化传到别国去，从而对增加国际谅解、丰富世界文明、增进人类和平与幸福做出贡献的时候了。

皮特曼参议员严厉谴责日本

1936 年 2 月 11 日

　　收到国务院来电，电文中引用了国务卿对皮特曼（Pittman）参议员的演说的评语。皮特曼曾在参议院发表了言辞激烈的演说，称日本的侵略行为对美国构成威胁。赫尔先生说，此事没有人跟他商量过，他也从未插手这篇演说的草拟过程。当然是这样的。国务院的这类电报对我们核实新闻报道很有帮助。皮特曼的演说虽然是十足的好战言论，美国报纸社论似乎已在严厉批评它，当然这也是很对的，但我个人私下并不觉得这篇演说的发表是一个遗憾，相信其实际效果倒是有益无害的，或准确地说，反而是利大于弊。

　　从美国这方面来看，大量增加陆海军军费预算必将遭到和平主义者的反对，这篇演说却可以减弱这些人的鼓噪。在日本，这篇演说则可以向其政府和公众表明，我国并不是像此间的许多人所想象的那样是个由和平组织和妇女和平主义者统治的国家。如果被人屡次重打耳光，我们也有不肯把另一边脸转过来让人再打的时候，我觉得日本人总爱忘记历史。历史证明，美国人是世界上最易激动的民族之一。他们忘记了1898年的怒潮，那时怒潮一来，犹如森林大火，几乎一夜之间就燎遍全国。尽管政府、国会和绝大多数国民本来并没有打仗的意愿，但美国和西班牙之间的战争还是爆发了。第一次大战以来，关于和平的言论及活动太多了，以至于在日本人的心目中，我国在1917年的行动仿佛已是远古时代的事情了。因此我确信，偶有皮特曼式的演说还是有用的，至少可以促使日本人好好想一想，甚至还能刺激他们，让他们认识到，他们损害我们在远东特别是在中国的权益得有一个限度。超过此限度，就会有面临报复的危险。

应该让我国政府的行政部门继续贯彻近年来所奉行的非常明智的政策，即一面稳步坚持立场，一面又要避免不必要的摩擦和刺激，但其间无论在国会还是报刊上，都要让舆论表达出这样的意向：我们绝无退出远东的打算，却有保护我们商业、工业和其他利益的决心，乃至不惜对抗所谓日本在东亚的"绥靖势力"。这种"绥靖"即日本统治下的和平，也即由日本人独霸东亚。在满洲吃闭门羹，我们容忍了，也许这是不可避免的，除非打一仗；日本再侵略中国其他部分，我们无疑也会容忍，但是很可能会有那么一天，美国人民开始有点不耐烦了，那时如果发生什么事故（随时都可能发生），甚至不用像"缅因号"巡洋舰爆炸事件那样惊人，也足以在一夜之间就引发弥天大祸。

我不得不这样想，至少让日本人明白他们以为是死火山的地方仍然还有火，这是有好处的，至少可以延缓他们的侵略进程，多少有助于执行我们的外交政策。因此我反而一点也不生皮特曼的气。

第三章　从未遂政变到公开战争

（1936 年 2 月 26 日 ~ 1937 年 4 月 18 日）

日本追求世界霸权的驱动力始于国内。自世界经济大萧条后，历届日本政府都无法为年青一代提供一个宣泄压力的出口，而这些年轻人类似于德国那些希特勒追随者。只有陆军才能给这些年轻人提供机会，但政府当局总是力图约束陆军。1932 年，叛乱的青年军官们刺杀了数位政界领袖，但还远不至于能就此夺取政权。1936 年，这群人再度发难。这次他们试图发动某种形式的政变。夺权企图终告失败，部分领导者被判死刑并遭处决。然而，他们的失败却让这类人意识到比起在国内发动"革命活动"，对外征服才是更令人向往的美梦。

雷霆一击：值得载入史册的两封电报

发出电报

呈国务卿，华盛顿

第 36 号电，1936 年 2 月 26 日上午 10 时

今晨，有军人占领了一些政府机关和东京的部分市区，据说还刺杀了几位要人。一切情况目前都还无法证实。新闻记者皆不许发电报或打电话到国外。

本电报原属试发性质，是想确认我们的密码电报能否发送。收到后，请密码室立即电复。

格鲁

发出电报

呈国务卿，华盛顿

加急

第 37 号电，1936 年 2 月 26 日正午

第一部分

大使馆第 36 号电，2 月 26 日上午 10 时

（1）目前可大致断定，前首相斋藤海军大将、前内大臣牧野伯爵、侍从长铃木海军大将、陆军教育总监渡边将军均已遇刺。另据说大藏大臣高桥和警视总监遇刺受伤。

（2）军方已在各政府大楼和皇居周围的街区设立警戒线，若无陆军通行证任何人不得擅入。与政府部门的电话联系被切断。证券交易所已关闭。

第二部分

（3）现在据说首相冈田、内相后藤、前陆相林铣十郎均已遇刺。藏相高桥重伤不治。大使馆尚无法求证这些传闻。

（4）据大使馆所知，到目前为止，尚未出现骚乱和巷战。叛乱部队仍严守军纪，未对百姓日常生活造成干扰。在没有搞清这场叛乱性质以及可能导致的后果前，使馆方面还是建议大家都待在家里。事变中未见有排外情绪的迹象。

第三部分

170

（5）今晨，几队士兵分头向各大报馆散发油印的声明。声明宣称，现政府愈来愈背离真正的日本精神，天皇大权旁落。签署《伦敦海军条约》[①] 与真崎甚三郎[②]将军被迫退役皆为例证。据合众社译文，之后的声明大意如下："如果允许这种状况继续下去，日本同中、苏、英、美的紧张关系就会一触即发。"声明是由野中大尉和安藤大尉签署的，两人都属于驻东京的步兵第三联队。听散发这份声明的士兵说，今天下午5点还会再发表另一份通告：那将会是"一部新的国法"。向使馆通风报信者认

---

① 1930年4月22日，美国、英国、日本、法国及意大利在伦敦正式签署了《限制和削减海军军备条约》（俗称《伦敦海军条约》）。该条约冻结了美、英、日三国战列舰的建造数量，同时对各国巡洋舰、驱逐舰的总吨位、排水量、主炮口径都做出了限制。该条约在日本国内引发巨大争议，不少右翼人士认为条约阻碍了日本对外扩张的步伐。

② 真崎甚三郎一直被视为日本陆军内皇道派的精神领袖。1933年6月晋升为陆军大将，次年出任陆军教育总监，但不久后因受统制派将领排挤，遭到免职。发动"二二六事变"的大部分青年军官都来自真崎甚三郎曾担任师团长的第一师团。

为，日本国宪法上规定的部分权力恐将被暂停。他把当前的局势比作古巴的巴蒂斯塔政变①。

第四部分（简述大意）

（6）根据大使馆目前掌握的情况，此次事件确为一场政变，由陆军少壮派法西斯分子发动，旨在将作为天皇顾问的元老重臣集体一举铲除，继而实施所谓"昭和维新"。天皇本人应被软禁在宫中，无法与外界接触。这应是为了阻止有人能接近和控制天皇，以免妨害陆军政变组织的计划。之前，对刺杀永田将军②的相泽三郎的审判激起了陆军中法西斯分子的不满。最近的大选中，不料又有更多的自由主义候选人被选入国会。③ 以上种种看来都是这场叛乱的近因。最新的消息是，海军大臣大角大将已任代理首相之职，事变的领导人物正是真崎将军。这次行动的每个细节看来都是事前周密布置好的。（简述大意完）

（7）大使馆刚从非常可靠的信源获悉，牧野伯爵无恙。

格鲁

---

① 1933 年 8 月，古巴赫拉尔多·马查多独裁政权被推翻。9 月，陆军中士富尔亨西奥·巴蒂斯塔又发动政变从临时总统卡洛斯·曼努埃尔·德·塞斯佩德斯手中夺取了政权，成为古巴实际的统治者。

② 1935 年 8 月 12 日，皇道派军官相泽三郎在陆军省刺杀了统制派的核心人物军务局长永田铁山。永田铁山生前被称为"日本军中第一大脑"，致力于所谓"总体战"的战略规划。遇刺身亡后，被追晋陆军中将。

③ 1936 年 2 月 20 日，第 19 届日本众议院选举正式举行。一个月前，立宪政友会提出了对冈田启介内阁的不信任案。于是，原海军大将出身的冈田首相宣布解散众议院，提前进行大选。大选结果是立宪政友会大败，议席也从第 18 届的 301 席猛跌至 175 席。选举结束后，日本国内舆论普遍认为传统政党的力量将持续衰落，而冈田治下"举国一致内阁"的根基将因此愈加稳固。

斋藤子爵之死

1936 年 2 月 27 日

这是个可怕的时刻，我刚目睹了一个悲惨的场面。从斋藤家回来，昨天他就是在家里遇害的。我去时被引到停尸的那间小屋里，尸体就放在地席上，盖着被单，或许他就是在这间屋里被杀的。我先跪下烧香，然后转身看望死者家属，不经意间发现自己正与敬爱的斋藤子爵夫人正面相对。昨天她也受了伤，进了医院。之后，为了能陪伴她亲爱丈夫的遗体，她必然是把受伤的手搁在吊带上，步履蹒跚地出了医院。

她问我要不要看看他的遗容，接着就把被单揭开，露出了一处弹痕（这只是三十六个伤口之一），斋藤子爵的遗容却很安详。我们是多么敬爱他、尊敬他。他总是面带微笑，且不说历居高位和一生行事所赢得的荣誉，单是那头白发，就已让人觉得他不同凡响。遇刺前几小时，他还在我府邸宴会上，坐在艾丽斯身旁谈笑风生，他的夫人挨着我，我对面则是铃木海军大将，他也遇刺受重伤，命在旦夕。

今天吊唁时，斋藤子爵夫人与我面对面跪在遗体旁。她对我说，她丈夫以前从来没有看过有声电影，他很喜欢在我们使馆看的电影。斋藤夫人又说：斋藤他一定会希望她代为道谢，谢谢我们带给他一个如此愉快的夜晚。我大受感动，除转达了艾丽斯的慰问外，竟一时无言。谁能想到他或许还有铃木将军昨晚一离开我们使馆，就径直迈向了死亡，在自己宁静的日式小屋中迎来子弹和刺刀？

这场暗杀让我们感到心惊胆战：斋藤、高桥、渡边皆丧命，铃木好像受了致命伤。谢天谢地，牧野伯爵幸免于难。因有人及时通风报信，他才能及时逃离当时所住的温泉旅馆，逃去别处避难。他刚走，一伙决心要残酷杀害他的叛军就破门而入。这是后来桦山从宫之下打电话告诉我的，牧野跟他讲了经过。西园寺公爵在兴津乡下，恰好躲过一劫，但那些待在东京的重臣们似乎没有收到任何警告。

有件事值得一提：昨晚宴会时，有人打电话给我们的仆人，说斋藤一离我们使馆，就请通知他们。之后，我们查了来电号码，发现那是当地的警察局。警察局说不定当时已得到什么特别警告，当然这也可能仅仅是例行的安保措施。大概后者的可能性更高吧。无论如何，昨晚斋藤在我们家做客时是否有警察保护都无关紧要了。他早在午夜前就回去了，直到翌晨5~6点钟才被杀。要是凶手冲进我们使馆，就在席间把他杀掉，那才更恐怖。以他们的力量而言，这也并不难办到。至于这在国际上会引发什么后果，在这些少不更事的莽撞者看来根本无须考虑，只要能让他们更轻松达到目的就好。部分刺杀叛军（也可能所有）都装备了机枪。在刺杀首相时，有几名警察在叛军进门前就被射杀。在渡边家，他的全部家人和仆人都被干掉了。

拼凑起来的悲剧经过

1936 年 3 月 1 日

如此来看，叛乱前发生的一切与这四天的事情比起来，实在太微不足道了，以致我也无心去摘引之前的日记。我得设法把 2 月 26~29 日所发生的一切一点一点地拼凑起来。此事的结果是冈田首相突然再度现身，我们和其他几乎所有的人都以为他已经被杀了。没想到他却安然无恙，几乎让人感觉像是一出闹剧。这些叛乱者的所作所为即便不是在全世界，在日本也是笑柄，这倒是大好事。不过，令人悲愤的一面还是盖过了滑稽的一面。

整件事得从 2 月 25 日晚我们宴请斋藤夫妇说起。客人共三十六位，分坐两桌。为让这位老绅士和其他客人能享受到一些与众不同的款待，几天前我还去米高梅制片公司挑了几部电影。最后那个下午，沙森（Shathin）给我放了珍妮·麦唐纳（Jeanette MacDonald）和纳尔逊·埃迪（Nelson Eddy）主演的《淘气的玛丽埃塔》（*The Naughty Marietta*），我立刻判定，理想的片子已经找到了，因为片中既有老维克托·赫伯特（Victor Herbert）优美的音乐，也有漂亮的场景、美妙的浪漫故事，却毫无俗气，几堪与《一夜风流》（*One Night of Love*）媲美。

几乎一吃完饭就开始放电影。我们让斋藤子爵坐在舒适的扶手椅上，以便他看厌了还能安睡一会。因为他告诉过内维尔，他在海军里服役时学会了随时随地都可以打盹的本事。但我觉得他看得乐不思睡。电影放了将近两小时，中间安排有休息时间，大家吃了一点东西。贝特西·内维尔说，终场时日本女士们的眼圈都红了，所以我认为她们都已被浪漫故事感动了。后来还有夜宵，但斋藤老两口约在晚上 11 点半就走了。对他们来说，这已经算很晚了，因为他们平常总是到晚上 10 点就要离席。我送老先生出门，自 1932 年 6 月我首次拜会他（当时他是首相兼任外相）以来结下的友谊居然就戛然而止了。

想起来很有趣，他一生的大事业竟是从与美国人施莱将军的结识开始的。他当时在安纳波利斯海军学院深造，却在美国大使馆赴宴后离开了人世。他是一个可爱的人，温厚可亲，彬彬有礼，身在沙文主义纷扰的时代，却能以伟大智慧和宽广胸怀待人处事。我抱过希望，以为可以借助他的威望解决朝鲜学校的危机，因为地方当局要求信奉基督教的师生均须在神道教的神社做礼拜。这种要求如果坚持下去，就可能会导致我们办的教会学校全部关门。他一向支持我们的传教士。如今他那开明的影响力消逝了，谁知道将来会弄成什么样子？

26 日早上电话铃响，应该是内维尔打来的。他传来凌晨发生刺杀事件的消息，谣言四起，说叛乱者已接管政府和部分市区。谁已被杀，谁还活着，暴乱有多大规模，谁也搞不清。我们第一封电报是早晨发出的，国务院电复称收到，来去花了六小时。这四天事变期间，我们经常有侦察员在市内走动，特别是我们的陆军武官凯里·克兰（Carey Crane）上校及其译员，他们尽最大努力去观测事态发展。第一天早晨，内维尔就从叛军的警戒线前走过。他镇静自若，很客气地用日语说他要去外务省，对方倒也同样礼貌地允许他通过。我想他恐怕是唯一一位在事件发生当天去外务省的外国人，而且去了两次。

那天夜里，艾丽斯很紧张，生怕叛军还要执行新的刺杀计划，而美国大使很可能也在名单上。她坚决主张我们在另外的房间里睡，靠近小孩。我怕她根本没合过眼，又笑她过虑。因为我心中有数，叛军绝不会在这个时候找美国麻烦。第二天我们使馆外就来了卫戍部队，设下岗哨，办公楼下面堆起沙袋，警卫森严，还有三个密探（包括来自警察分局的我们的朋友饭田）和两个卫兵驻守在住宅内。我每次下办公楼去，他们都一定要跟着。

第一天，墨西哥公使由乡返城，连公使馆也回不了，打电

174

话求助于我。我尽力请堀内帮助解决，但外务省完全无能为力。公使见我尽了力也没用，也只好作罢。叛军驻扎在首相官邸和山王饭店，在这两幢大楼上升起他们的旗子，那里离我们很近。我们在屋顶上用望远镜注视着事态发展。

日本政府暗中在做镇压叛军的各种军事准备，同时严格维持城内的纪律和秩序，并向叛军广播，用飞机向首相官邸和山王饭店场撒传单，用氢气球悬拉一条长幡，内容都是说天皇号召士兵返回营房，返回就会得到宽赦，因为他们是受骗了，他们的父母兄弟姊妹因想到他们不服从天皇命令而正在流泪，再不解散就格杀勿论。这样过了两天，他们便一小批一小批地投降了。效果恰如所期，事件全部解决，除行刺时以外，即使开枪的情况也是极少的。在这种情况下，我认为其并不野蛮。

现在我们知道，当最后一批士兵离开首相官邸和山王饭店时，发动叛乱的军官经过四天抵抗也终于投降了。政府给他们两小时，要他们切腹自尽。他们却不肯切腹，因为他们以为可以援引之前的案例，能有军事法庭的审判，他们希望利用法庭作为讲坛，煽动人民反对政府。等受到军事审判后真被判死刑、被枪毙时，他们估计会非常惊讶。

有件事的情节感人甚深，那就是牧野伯爵遭到刺杀时的故事。当一个军官和几个士兵半夜来刺杀他时，他正住在乡间的温泉旅馆里。据我所闻，情况（我相信是真的）是这样的：牧野伯爵的警卫枪杀了那个军官，士兵又杀了那个卫士，随即放火烧旅馆，希望迫使牧野伯爵跑出来。旅馆后面是一片峭壁，这位老先生由他的孙女和子及受过训练的护士带领着，爬到岩面的突出处，但再也无法往上爬了。不久后，火光照亮了他们，就像探照灯照着他们那样，士兵便端起枪来。可是就在这千钧一发之际，他的小孙女——那个可爱的姑娘也是我女儿埃尔西的好朋友——展开自己的和服，挡在她祖父的前面。士兵看到这种英勇姿态，深受感动，便把枪放下了。我始终觉得，小和子真算得是"二二六事件"中的一位女英雄，她果然救了她祖父的命。

日本新时代开始了

1936 年 3 月 1 日

虽然叛乱只有短短四天，但我们使馆中人觉得，自上周二晚以后，即斋藤夫妇和铃木夫妇来做客的那个欢乐一夜后，恍若隔世。如果时间是用事件来划分的话，自那时以后，一个时代确实过去了。世界上许多地方都有此类事情发生，天灾人祸，层出不穷。我们这些局外人只能冷眼旁观。我们清早读报，感叹一声"多么惨的灾祸啊"，回头还是该干吗干吗去，心中并无多大波澜。只有身临其境，听到惨遭杀害和表现英勇的人是自己的朋友，而这一切几乎就发生在自己眼前时，才真会感触至深且久久难忘。

把朋友们的叙述慢慢拼凑起来，现在可以一睹这次刺杀事件的概况。这些故事不仅足以提高被刺者的声誉，而且显示出日本妇女的优良品质。例如斋藤子爵夫人，她就曾挺身在前，挡住她的丈夫，对袭击者说："杀我吧，我替他。国家不能没有我丈夫！"并且真把手放在枪口上，直到受伤后才倒在旁边。又如渡边夫人，她把丈夫抱着躺在地下。凶手开枪时，只能先射穿她的身子，才能打到她的丈夫。

铃木将军的故事应永垂青史。安藤大尉拿手枪对着他，与他讨论时局，谈了十分钟，谈不下去了。铃木便问："你还有什么要说的吗?"安藤答道:"没有了,长官。"铃木说:"那你就开枪吧。"安藤便开了三枪。一弹擦破头盖,没有钻进脑髓,一弹穿过胸部打进肺里,第三弹射入腿中。胸伤最重,失血过多,只有输血才能救他的命。现在看来,他也许可以脱险。刺杀高桥的行径非常残忍。开枪还不够,还用刀劈。完了,刺杀者居然还向他的家属道歉,说"打扰了"。

我们还得说下去,看看这究竟意味着什么。有一点是确定无疑的:日本必须实行某种"新政",若不然正如相泽案中被告的律师所预言的那样:同样的事件仍将一再重演。我对广田有信心,但他所负任务之艰巨,实为前人所未遇。但他有极好的机会,与富兰克林·罗斯福上台时碰到的时机有类似之处。若能有效地、顺利地解决问题,他何尝不能作为大政治家而载入史册?

"二二六事件"之类的事究竟为什么会发生在日本?翻翻教育日本青年的那些历史书,再好好思考,就不难理解了。书中充斥着这类事迹,自上古起,不是刺杀,就是自杀,或出于报复,或因忠于主公,或表示对某一情况负责,真是荒诞(日本本来就是一个矛盾百出的国家)。少壮军官们自以为,他们那样做是在为天皇效力,是要清除天皇左右的所谓恶势力。然而,后者却正是天皇自己选拔出来的。军官和这些人之间也并无私人恩怨。他们杀了斋藤、渡边、松尾(首相的妹夫,被误认作首相)之后,仍给死者烧香;在高桥家,因找不到香,还一定要在这个被杀的政治家身旁点上蜡烛。若要防止今后再发生此类事件,不仅国内社会和经济方面必须实施新政,而且日本式的学校教育和军事教育都应进行根本改造。

事变中也出现过一些可喜的事。其中之一是大使馆人员同心同德，在行动上和精神上都团结一致。包括海陆军武官、商务参赞及其助手在内，我们大家一起工作，夜以继日，密切合作，彼此互通所掌握的信息，只求有利于全体，毫无部门本位思想。累了四天，虽然都已精疲力竭，但谁也没有表现烦躁或发生龃龉。当然，东京和伦敦、巴黎不同，在这个地方让这群人融为一体比较容易，而我们在这里也确实是团结的。我们的班子是由各种类型各种性格的人组成的，但彼此意气相投，融洽无比。我想，此中奥秘之一就是一群人凡能常在一起玩，也就几乎一定能在一起好好工作。

冈田首相是如何幸免于难的

1936 年 3 月 2 日

首相到底是如何逃脱的，现在似乎已完全搞清实情了。2月 26 日清晨，官邸警钟齐鸣（约四年前艾丽斯和我赴当时首相斋藤子爵之宴时，也曾误发警报，甚至有我们当时正遭暗算的传说）。冈田将军看表，对睡在同屋里的妹夫松尾说："看来我是死到临头了，但我不想穿着睡衣去死。"松尾答道："您的生命太宝贵了，不能死。"冈田换衣服时，松尾便跑到楼下花园里高呼"万岁！"在晨光熹微中，他被错认作首相，被追击，结果当场毙命。

门口守卫的警察中有五个遭枪杀，一个受伤。冈田被人推入仆人的房间，关在厕所里。他在那里躲到第二天晚上，当松尾的遗体被抬走时，他便化装混进送丧的人群里，径直走了出来。松尾可以说是整个叛乱事件中真正的英雄，因为虽有许多忠勇的警察不惜牺牲以救其所护之人，但那毕竟是他们的职责所在，而松尾的行为却是自愿舍己救人的义举。

广田改组内阁

1936 年 3 月 5 日

电告国务院，广田已奉御命组阁。我很高兴，因为我相信广田是个坚强而又稳健的人，他虽不得不在一定程度上与陆军合作，但我认为，若能赢得国内各派力量的支持，他还是会尽量明智地处理外交事务。我还认为，他是想和美国搞好关系的，并将朝这个方向努力。换言之，他至少不会比其他任何日本首相做得差。如果由我来挑选首相，即便为美国利益考虑，大概也会选上广田。除此之外，我就不知道还有谁更合我的意了。挑一个十足的自由主义者来干，反而会更糟，因为在眼下这个时候，任何人来当首相都必须取得陆军和海军的绝对信任，否则他的内阁从一开始就会一筹莫展。

令人惊讶的是，广田立刻就宣布新阁组成，选择吉田①为外相。报上说，吉田还是他的组阁参谋。在我们看来，这简直是在向军部挑战，因为吉田不仅是众所周知的自由主义者，而且是牧野伯爵的女婿。陆军当然断不会赞成，不久便传说广田已陷入困境，组阁困难重重。他选定的陆相寺内将军迟迟不肯就职，除非广田彻底更改他的阁员名单。

广田为什么要宣布新阁名单？我实在想不通。因为他明知道吉田无法过关，也知道按陆军要求抛弃吉田、修改内阁人选会削弱他的地位。但既然这样做了，其中必有深意，可能是想

179

---

① 指吉田茂（1878—1967），侵华战争前曾任奉天总领事，是外务省内最强烈反对日德结盟的代表之一，也是牧野伸显的女婿。二战后，成为日本首相，与麦克阿瑟关系亲密。

把干扰广田外交政策的责任径直接推给军部。为了占一点先机，广田又花了四天来弥合他和陆军的分歧，然后才向天皇上奏了最后的名单，由他自己暂兼外相。在此期间，几乎没有听到海军有什么动静。当然，这只是指公开的言行。听说海陆两军之间并无好感。叛乱期间，海军方面曾调了几艘军舰直接到东京，然后对陆军当局说："赶快解决这个事件，否则要么由我们替你们解决，要么我们就不再过问，概不负责。"结果，他们几乎立刻就把军舰撤走了。其实，我听说他们因陆军应对整个事情负责，也深感惭愧。据说叛乱的头一天，大角海军大将就曾去过皇宫，有大批水兵随护，还带了两挺机枪。这故事恐怕也值得深思。

广田阐释何为"积极外交"

1936 年 3 月 13 日

下午 3 点，广田先生在首相官邸接见我。等候会见时，现已被任命为首相私人秘书的岸道三①带我看了冈田睡过的房间，松尾就是从那里去花园替死的。广田单独见了我，不带译员。他开头就说，他当外务大臣时奉行的政策将持续不变。如今既然他当了政府首脑，这种政策更将贯彻始终。他说，他已得到全体阁员的支持，终将选择一个认同也会支持他的政策的人做外相。

我问他，可否定义一下报上现正盛传的作为新政府纲领的"积极外交"。广田说，此语只适用于中国和苏俄，意思不过

---

① 岸道三（1899—1962），先后担任广田内阁、近卫内阁的秘书官，战后曾任日本道路公团第一任总裁。

是全面加速推行既定的政策。就苏俄而论，因苏联在西伯利亚的军力和日本在满洲的军力之间存在很大差距，陆军颇为不满。陆军希望把后者称为"边防军"，加强到和边境那面的苏军力量较接近的水平。不过，他又说，打一场苏日战争是愚蠢的，因为双方都没有取得实际战果的希望。他向我保证，只要他在职，就不会有战争。

至于中国，广田说，已宣布的三原则将成为今后中日谈判的基础。这三点已大体上为中国政府所接受。经我请求，他将这三点说明如下。

（1）中国的抗日活动和宣传必须停止。

（2）毋庸置疑，中国要在现行法律上承认"满洲国"是有困难的。但日本也没有要求它这样做，中国只要默认"满洲国"的实际存在，就能使关税、交通、运输等已有的关系合法化。

（3）要求中日合作，以防止共产主义蔓延。

我对广田说，他如果允许我关照我国政府放心，日本在中国推行其政策时不会损害包括"门户开放"原则在内的外国权益的话，将是有益的。首相说，日本绝不至于损害"门户开放"原则。在他看来，将来某个时候，日本也许会放弃其治外法权，唯有在那种情况下，日本政策才可能会间接影响外国的权益。

告辞前，我找机会向首相阐述了自己的而非奉命传达的意见。我说，由于廉价的日本商品越来越多地涌入美国，这让华盛顿政府颇感为难。我又说，国务院和日本驻美大使馆正在共同努力，希望能在公平切实的基础上解决这些难题，但不管怎样朝这方面努力，我国工业界还是在对政府施加愈来愈大的压力，恐怕最后会请日本政府采取更有限制性的措施才行。

顺便一提，广田在这次谈话中还说，正如他在我们初次会面时说的，促进日美亲善乃是他政策的基石，今后仍旧一样。　181

按神道教仪式举行的皇室葬礼

1936 年 3 月 26 日

偕艾丽斯参加了北白川宫太妃以神道教仪式举行的葬礼。和 1933 年我们参加过的朝香宫妃的葬礼一模一样。得穿大礼服去，寒风天气中站在户外，却不许穿大衣。为小心起见，我穿了两件内衣，鞋里加衬垫，硬胸衬衫里加毛衣。虽然活像一条肚子塞胀了的蟒蛇，但确能保暖。

神道教葬礼分三部分：先在灵前献供，有米饼、鱼、蔬菜、水果、茶等食品；之后献衣箱，内藏供亡人穿的衣裳，献食献衣皆由五六个神官恭行其事；接着主神官向死者之灵读祭文。最后天皇、皇后、太后的代表们依次献榊枝，亲王、王妃、外交使节、首相和其余政府官员都相继各献榊枝。诸般仪节俱十分动人，行事从容庄严，尤其令人感佩。日本宫廷中从无匆忙之态，一切都不会错乱无序，因为每个步骤事先都已布置妥帖。什么时候做什么事，各人都心中有数。

两封寄到使馆的信

1. "我想要六十日元的薪水"

美国大使馆

亲爱的先生们：

抱歉如此打扰。我明白这样做并不太好，但我没有其他办法。我非常非常崇拜美国。我希望能在自由的美利坚合众国生活，但我只能待在东京。我钻研日本各类事务。请您听我讲讲自己的悲惨遭遇。1914 年 9 月 30 日，我出生在东京。我十五岁时，父母离婚了。我父亲丢了工作，没了房产。母亲带着其他孩子过活，离开了我父亲，却扔下了我。尽管我父亲非常糟糕，也并不爱我，但照日本的规矩，我终究还是他的家人。他后来再婚了，爱他的新妻子胜过我。我父亲今年六十一岁，我目前四十五岁。我有六个兄弟姐妹，还得照看母亲贫穷的家庭。我虽然是一个出租车司机，但不喜欢这个群体。

我希望能为美国人当汽车司机。我开车非常安全小心，也非常健康。请行行好吧，帮我介绍一些美国主顾。

我想要六十日元的薪水。

请回信给我。

您忠实的纯一郎

2. 密探给大使馆内维尔总领事先生的报告

【信封上的地址】

致内尔维先生，美利坚合众国政府驻东京的代表总管东京、日本

致内尔维先生，美利坚合众国驻东京的最高法官

亲爱的先生：

抱歉冒昧来函打扰，请谅解我的行为。

我是一名美国公民，三十八岁。

182

我能流利地讲英语、德语、日语以及几种中国方言。

我来日本已有一年，从事过各种职业。

对日本各类意见以及日本战争谋划、秘密地带都几近了解。

183

现在我准备寄一张标有日本陆海军重要地点的地图。

不过，我此时此刻处于破产状态，钱财散尽。

我现在躲在一家日本旅馆里，由于无法使用真名，所以用一个日本人的假名字。

现在，先生！请您好好保守这个秘密。不然，我会被日本陆军逮捕。

求您给予仁慈的帮助，借我一些钱来渡过危机，解决所有事后，我会把地图寄到美国。

我现在就需要钱，立刻就要两百美元。等我回上海以后，会通过上海领事馆将情报发往美国。我必须秘密且小心地做这一切。

我非常抱歉无法直接寄给您，因为在这通过邮件寄送，一定会被日本人发现。

请借给我两百美元的现金。

待我回上海后，一定奉还。

如果需要的话，我也可以来跟您面谈。

请尽快回复，我无法在这里待太久。

我的时间紧迫，没法在这封信里写太多，但我们面谈时可以给您一些好消息。

请帮我这一次，我期待着。我无法去别处，因为已经没钱了。

您回信时请写我的日本人名字。

祝您健康，敬礼！

期待您的回复。

非常感谢！

　　您忠实的 H. 田中（回信时请使用这个名字）

荷兰公使预言日本要"南进"

1936 年 4 月 25 日

　　荷兰公使来访，他最近听到一些谈论，声称日本海军的活动范围和场所将扩大到南海诸岛一带。他问我关于这方面是否有所耳闻。狄考福最近就此事问过海军次官长谷川将军。长谷川坦率地答道：那只意味着日本会尽力向南方扩展日本的贸易，海军则自然要保护这些新的贸易航线。

　　我对帕布斯特将军引了一个日本高级人士在 1921～1922 年华盛顿会议期间讲的一段话，未提当时在场人的姓名，也未提针对国家："日本有一个举国一致的主张，即我们一定要扩张。但向何处扩张，则有两派意见：一是大陆派，一是海洋派。目前是大陆派占上风，恐怕今后几年也还会是这样，但是一旦在这方面受到阻碍或挫折，那么……"

　　前一派意见显然是陆军的想法，后者则是海军的打算。帕布斯特将军深知这种情形，但鉴于最近日本海军人士大谈向南扩张，他认为假如欧洲老是处在目前这种形势，以致英国舰队不得不留在本土或附近海域，那么日本海军也许会在六个月内突然出击，以占领新几内亚或婆罗洲或一些盛产石油的荷属东印度岛屿为目标。会不会发生这种事情，可能性各占一半。

　　正如我常说的，帕布斯特将军根本就是个悲观主义者，作为一个关心荷属东印度群岛安全的荷兰人，他也几乎不可能有别的想法。正是他，早在两年前就告诉过我，他觉得日本海军很有可能会袭击关岛。他似乎很爱用"可能性各占一半"这个说法。最近谈到日苏在今年夏天会不会打起来时，他也用过这个说法。就我所知道的日本国内对"二二六事件"的普遍反应和许多方面显示出来的对暴动分子的盛怒来看，在最近的将来，我想无论日本海军还是陆军，都不会突然袭击南海或世界其他任何地区，不过，在发表这类意见时，我总是有一点保留：对这里的任何事进行明确的预言都是危险的。

意大利大使庆祝新的罗马帝国

1936 年 5 月 9 日

赴意大利大使奥里蒂在东京会馆举行的宴会。他邀请了美国和德国大使馆的大部分人员。据他说，这是因为他的正式宴会是优先邀请那些没有对意大利宣布制裁①的国家的使节！顺便一提，这天晚上偏不那么美妙：食物不易消化，意大利酒都很差劲，房间丑陋，还加灯光刺眼。不过，在现在这个时候，意大利也显然不能把钱花在修理破旧使馆这类琐事上。宴后奥里蒂向我滔滔不绝地谈起国际联盟的罪行及其导致的后果，说这些罪行已驱使日本宣告"满洲国"独立，又驱使意大利变阿比西尼亚为其殖民地。反之，假如国联不来干预，意大利很

---

① 1935 年 10 月，意大利发动了吞并埃塞俄比亚（阿比西尼亚）的侵略战争。埃塞俄比亚向国际联盟申诉，在世界人民的压力下，国联不得不承认意大利为侵略国，对它实行经济制裁。美国和德国没有参加制裁。因为德国已在 1933 年退出国联，美国自 1935 年 8 月起实施《中立法》，对被侵略的埃塞俄比亚亦不输出武器和军事物资。

可能只要取得阿比西尼亚作为委任统治地也就行了。此外，国联还导致英意、法意关系恶化，将欧洲推向战争，实际上也毁了它自己的威信。

自意大利在阿比西尼亚获胜后，奥里蒂便面目大变，我还很少遇到这种人。几个月前，他似乎还垂头丧气，现在却得意扬扬，谈笑风生，几乎要在我们面前挥舞意大利的国旗了。在我们使馆的一次宴会上，我发现他饭后竟嬉皮笑脸地去拥抱斯托伊切斯科夫人，我自然就对正在旁观的斯托伊切斯科先生说意大利征服了阿比西尼亚还不够，现又在打罗马尼亚的主意了。斯托伊切斯科颇为赞赏这个评语。我的双关语虽不高明，但未必是牵强附会。墨索里尼这个政治自大狂的意识深处未必没有潜藏着恢复神圣罗马帝国的迷梦。谁敢说意大利与南斯拉夫的摩擦最后不会酿成战争呢？而南斯拉夫被征服后，罗马的战车又将在哪里歇脚呢？

日本拒绝我国海军访问其委任统治岛屿

国务卿致驻日大使电

（大意）

华盛顿，1936 年 6 月 13 日

几年来，日本政府每年都请求美国政府在阿拉斯加沿岸领海内给两艘日本政府船提供方便，允许它们驶入阿拉斯加和阿留申群岛的港口。这些港口通常是不对外国商业开放的。这两艘船中，一艘之所以要来这些水域和港口，据称目的是研究有关保护提供毛皮的海豹的问题；另一艘的来访，却没有提出要以美国政府和日本政府间的哪个条约或正式协议为依据。尽管如此，美国政府还是答应了日本政府的上述要求。

前些时候就已存在一种强烈的暗流，猜测美日两方各在其太平洋领地上扩建港口和加强防御工事。我国政府不反对日本政府船只常来阿拉斯加领海和不开放的港口，就是因为相信这样可以给日本船只提供观察的机会，从而有助于消除日本政府可能产生的疑虑，使它不至于怀疑我们在改进什么设施而有违反1922年2月6日签订的海军条约的条文或精神。

我们认为，不幸的是，尽管盛传日本正在其太平洋委任统治岛屿上改进设施，违反不在这些岛屿上设防的条约义务，日本政府迄今却未采取像我们那样光明磊落的态度。对那些不负责任的传说，日本政府未必是背后的支持者。尽管我们能对此报以理解，但日本政府必定与美国政府抱有同感，即让这方面的猜疑继续下去，就会引起相互不信任，因此应当消除这种疑团。

按海军部的计划，不久将派"奥尔登号"驱逐舰赴亚洲。如此，正好有一个机会让日本政府也能在太平洋委任统治岛屿较大的不开放港口款待一下我国政府的船只，与在开放港口一样。我们认为，日本政府若能邀请"奥尔登号"访问这些海港，从两国关系来看，将有很大助益。

上述意见，请细加周密考虑。若上述意见没有问题，就请向外务大臣非正式地口述这些意见，即作为您自己的意思而提出上述建议。

望及时电复国务院。

赫尔

187

驻日大使呈国务卿电

（大意）

东京，1936 年 7 月 8 日

今天我充分发挥了主动性，向外务大臣提出邀请"奥尔登号"访问太平洋日本委任统治岛屿开放和不开放港口的建议。

外相对我所述情况显然十分关注，但他声称，他对这个问题一无所知。他表示先了解情况后，才能知道处理的办法，尽量在 7 月 20 日以前把结果告诉我。

格鲁

驻日大使呈国务卿电

（大意）

东京，1936 年 7 月 28 日

大使馆参赞应外务次官的邀请，前往讨论一些大使曾与外务大臣提出的问题，其中之一就是"奥尔登号"可否访问日本委任统治岛屿的港口。参赞的这次拜访是 7 月 8 日大使拜访外相以来得以讨论此事的唯一机会。

次官说，大使的建议已提交拓务省，迄今没有回音。他又说，拓务省可能还要同政府其他部门商量。在参赞的追问下，他表示外务省恐怕无法催促其迅速答复。

次官的态度是友好的，但这也表明外务省是无能为力的。

格鲁

188

代理国务卿致驻日大使电

（大意）

华盛顿，1936 年 8 月 7 日

复 7 月 28 日下午 1 点大使馆第 163 号电。有关"奥尔登号"的建议，国务院断定，要日本当局采取友好行动已属无望。在此期间，日本大使馆曾要求允许日本政府的训练船"进德丸"进入夏威夷的一个不在开放之列的港口。今天国务院正给该使馆回信，拒绝此项要求。

菲利普斯

德国在苏日之间制造摩擦

1936 年 6 月 18 日

某某在今天的谈话中秘密地告诉我，他明白所有在日本的德国新闻记者都奉有柏林的训令，要他们不仅在新闻电讯中，而且要通过直接、间接的阴谋，竭力挑拨日苏关系。因为苏俄若忙于远东事务，就无暇在欧洲找德国的麻烦，这才符合德国的利益。某某说，他还知道，法国驻苏大使则正在采取恰恰相反的行动，力求缓和苏日关系，以便苏俄在德国进攻法国时能够大力援助法国。

二月的叛乱者被判死刑

1936 年 7 月 6 日

电告国务院，陆军省今天凌晨 2 点宣布，对"二二六事件"中被起诉和接受审讯的共犯，即十九名军官、七十五名军t&9、十九名列兵和十名民间人士已做出如下判决：

十三名军官和四名民间人士被处死刑；

五名军官被处无期徒刑；

一名军官、十七名军士、六名民间人士被处两年至十五年徒刑；

二十七名军士和三名列兵被处十八个月至两年徒刑，延期三年执行（即缓刑）。

宣判中并没有提及任何与刺杀罪行有关的内容。判刑的唯一根据是，这些军官犯了未经天皇批准而擅自动用皇军的大罪。有些军士和列兵被断定为有意识地主动参加这一事件，其余的则免予处分，因为他们只不过是遵从上级军官的命令。被判者皆不许上诉，死刑以枪决执行。

与此同时，由于禁令解除，报刊遂登出事件的全部情节，读起来有趣极了。就我们所知，处死陆军军官一事在日本还是前所未有的。如此严厉，究竟会产生什么后果，尚无法预断。报刊当然是看政府的脸色行事，对这些判决几乎一致赞扬；但这些犯罪军官一死，在他们的许多朋友看来就将成为烈士，而按日本的传统，复仇是一种美德。依我看，更多的"事件"还在后头。

（回美国参加哈佛大学三百周年庆典，日记和通信在此中断。）

返回东京

1936 年 11 月 27 日　东京

又回来了，工作继续，事务繁杂，但经过那样一次休假后，又有干劲了。其实，回到日常工作上来，我感到十二分的高兴。狄考福说，能卸下重任，他也非常高兴。这种感觉，我们已经有过多次。就这样又干起来了，又能继续写日记了。

向广田求证

1936 年 11 月 30 日

今天拜访首相，度假归来，特往致敬。话题首先是关于美国最近的大选。我告诉他大可放心，现政府总的外交政策，包括睦邻政策在内，还将持续四年。我还说到哈佛大学的三百周年庆典以及在波士顿举行的日本美术展览会。 190

当我问到日本近况如何时，广田先生答道，目前他最难办的事是处理征税问题。他说，苏俄扩军的规模之大，甚至超过了沙俄时代的军事体制，日本陆海军对此深感不安。陆海军都正在要求进一步扩充日本的军备，主要就是由于苏俄的军备日益增强，而扩充军备又必然要增加赋税。

广田先生既然主动提到外交事务，我便问他报上所传日本和意大利签订了一项协定是怎么回事。他答道，没有什么协定，实际情况不过是意大利将在"满洲国"开设一个领事馆，日本早晚也会在阿比西尼亚这样做，仅此而已。

首相又说，至于中国，谈判进展得很慢，所谈仍旧是以他从前宣布过的三原则为基础，特别是要中国停止排日活动，采取反共措施。我问他，听说日本的要求还包括关税问题，还要派日本顾问到上海，真相如何？广田先生说，这几点也提出过。关税问题已解决，至于派日本顾问，其实也没有什么，别国也都有许多顾问在中国，日本却一个也没有。在中国的日本商人强烈要求派遣顾问。广田先生明确表示，即便要派也全是经济顾问，不会是政治性或军事性的。他说，中国政府显然难以应对共产主义的威胁，因为中国本身就有那么多的共产党人。

有位大使察觉到德日可能结盟

1936 年 12 月 3 日

191　　今天有位大使同行告诉我，他心中毫不怀疑，德日条约一定附有秘密军事协定。他对此事的猜测是，谈判一直是由日本驻德陆军武官大岛少将①进行的，其间外务省并不知情，大概德国外交部也不知情。换言之，谈判完全是通过军事渠道进行的。

他说，有一个事实让他更坚持这种看法，那就是秋天德国驻日大使尚在柏林时，德国驻日陆军武官奥特上校突然被叫回去，后来又恰好在协定签字前重返东京。他认为，与军部非常接近的日本驻瑞典公使白鸟也可能插手过这件事。这位大使说，他觉得由于去年商订的德"满"贸易协定试行效果不大，这次的德日秘密协定很可能还设想到由德国运武器给满洲，以偿付由满洲运去的大豆和其他商品。

苏联大使论德日协定

1936 年 12 月 3 日

今天和苏联大使谈到日德协定时，后者颇为愤慨。他说其中必有秘密军事协定，他的政府握有确凿证据，他认为军事协

①　大岛浩（1886—1975），时任日本驻德武官，后任驻德大使，德、意、日三国同盟的重要推动者之一。被远东国际军事法庭裁定为甲级战犯，被判处终身监禁。1955 年保释出狱。

定的矛头无疑是指向英国的。我问究竟是怎样指向英国，他说其中必有这样的设想：如果发生战争，便由日德两国瓜分英国的海外属地和荷属东印度群岛。他说，这既切合日本的"南进"计划，又符合德国对殖民地的要求。谈到反共产国际的协定时，他语带讥讽。大使也强调这样一个事实：由于德日协定，苏日关系大受损害。

日本准备与全世界为敌

1937 年 1 月 1 日

就日本的国际关系来说，新的一年是在不祥的气氛中开始的。去年，它既在世界上名誉扫地，又与英、苏、中不睦，最近和这些国家的关系更趋恶化。与荷属东印度群岛的关系有所改善。在其近邻中，只有跟美国算是尚能维持现状，但由于日本寸步不让，以致《华盛顿条约》期满后未能续签。这导致两国间存在防务和海军军备竞赛的危险，展望未来，眼下确实没什么值得乐观的理由。

出现此种不幸局面，首先要怪日本自己。因为它手段拙劣，现在只是自食其果。问题就出在外交政策受双重控制，这是老问题了。在这方面，政府中的文官，连首相和外相在内，都受制于军人，听命于陆海军，陆海军既不懂也不关心同外国发展友好关系，但没有他们的支持，内阁的寿命又长不了。德国就有过同样的情况，在 1914 年闹出多大的事来，我们已经见过了。

美国

一两年前，荒木将军曾对英国大使说，要是没有 1924 年

《移民法》的排日条款，日美之间的关系就可以说是完全令人满意的。不错，目前是没有什么重大争端足以严重妨碍到日美关系，但我们不应对问题熟视无睹，目前的一些争执之后一定会尖锐起来，其中蕴藏着危险。

首先是海军问题，随着《华盛顿条约》期满，这个问题自然而然地浮出水面。这方面今后会闹成什么样子，尚难预料，但可以有把握地说，假如恶化成造舰和军备竞赛，由此而产生的猜疑和不安必然会导致两国关系紧张起来。另外还有一些可能会损害两国关系的问题，那就是日本在中国的侵略政策。这种政策一直有损害美国利益的可能。再就是，日本廉价商品在美国市场泛滥。长此以往，我们将不得不出于自卫而予以抵制，这就必定会引起国际上的愤恨和倾轧。

菲律宾群岛对日美关系来说也始终是一个潜在的危险根源，虽然眼前还不至于立即有危险。

中国

讨论或细述过去一年中日本在中国的外交活动及其他种种活动，看来都没有必要。只用这么说就够了：日本军部公开策划华北五省脱离南京政府的管辖，尽管费尽心机，但大部分均告失败；日本军部支持的大规模走私行为，不仅酿成国际丑闻，而且让美、英等外国都纷纷谴责日本；中国的抗日情绪迅速高涨，遍及全国，日本人非但未能与南京合作，尽力抑制此种情绪，反而凶相毕露，手段蛮横，致使反日情绪不断加剧。

当前新年伊始，由于少帅张学良扣留蒋介石随后又将其释放这一事件造成的新形势，日本在中国，不论有何种计划，似已暂时停止执行。日本人显然是在停步观望。新形势会不会导致中国抗日运动加剧，会不会使南京未来的政策转为强硬，强硬到什么程度，都还有待观察。

中国人展示决心，不再屈服于日本的压力。突如其来，又出人意料，以致日本全国似皆有晴天霹雳之感。它就像一个迷茫不安的人那样，摸不着头脑，不知今后如何是好。报上已有一些议论，提到要改变对华政策，但是朝哪个方向改，目前还看不到什么形迹。一向最不能正确认识中国已发生改变的情况的，看来倒是日本：这很奇怪，却是实情。现在日本已明白，用军事压力讹诈是无效的，那它也许就会试用某种别的侵略方法控制华北。经济合作，强调其目的是要"改善人民生活状况"，自然是军部的一个老计划，其代言人正在加劲鼓吹，此法或许可以给日本扩张主义活动提供一条出路，而南京政府也不会太反对。看来日本暂时还不热衷于向南京政府主动发起正面进攻，更有可能的是从四周渗透，并在华北地区和蒙古边境固守已得的利益。

去年年初我对日本面临的大势所做的评述，其正确性已无可置疑，当时关于日本的对华政策，我大致是这样讲的：

> 采取什么行动，用什么方法，将受许多因素的影响，但扩张主义的贪欲是根本性的。人们将会看到，从今以后不露声色地逐步推进也好，明目张胆地侵略也好，不论用哪种方法，日本都将坚决致力于巩固它对华北和满蒙的控制。对此，我毫不怀疑。

苏俄

在现阶段的时局下，日苏亲善几乎是不可能的事情。事情是明摆着的：一方面，俄国有充分理由担心，日本终将扩张到蒙古和西伯利亚；另一方面，日本也害怕共产主义在邻国蔓延。这两点凑在一起，足以阻碍任何互相信任的基础的建立，更不用说边境事件以及纠纷了。不过，到去年11月，双方经过外交上的努力，已达成一项公平的临时协议。在此情况下，苏日关系或可暂安，一时当不致酿成太大的危机。组织一个混合委员会来考虑边界问题的意见在原则上被接受。而明显对日本有利的渔业条约也已草签，并准备在11月20日正式签署。苏联在西伯利亚和海参崴的防务，加上西伯利亚铁路铺成双轨，其效率之高已足以使莫斯科几乎可以对于关东军的咆哮和威吓一笑置之；而日本人则还在忙于使其军队现代化，加强其满洲驻军，争取和北面的苏军达到平衡，根本谈不上继续寻衅以求早日开战。

然而，这种苏日关系的暂时改善又被日德防共协定的缔结粗暴地打断了。虽说协定表面上的目的只是共同对付共产国际的活动，反对它在各地散播共产主义的宣传和行动，因此并不是公开针对苏联政府的；但是，两国参谋本部间存在秘密谅解或协议乃是公认的事实，苏联驻日大使坚称莫斯科握有这方面的确凿证据。日本内阁的政敌认为，假如关于协定的内容在11月20日以前未泄露出去，苏日渔业条约就可以签字了，一切也都会好起来，因此他们责备外相，指责他让消息泄露是犯了严重错误。但是，如果说莫斯科没办法在那个日期前探知日德在柏林的情况，那才是难以置信的。假如有什么错误的话，恐怕不是在于在某个日期以前走漏了消息，而是根本错在缔结这样一个协定。

道理很简单。这个协定及其可能附有的一切秘密协议都是日本军部制定的，与德国的谈判主要是由日本驻德陆军武官大岛少将进行的。进行这次谈判是否得到日本外务省的同意，我们不得而知。但是，鉴于外务省长久以来对改善和稳定日苏关系不断做工作，并将其视为自己的大政方针，我们有理由这样问：日德协定对日苏关系的破坏作用事前是否十分明显？对于与日本外交的政治方向如此背道而驰的事，东京政府是否会表示赞同？协定确实已招致全国各方的非难。

　　这也可以说是日本政策受双重控制的又一次表现。不管怎样，如今是木已成舟了，日苏关系明显已大受挫伤，在最近的将来也难以挽回。而且可以肯定的是，苏联政府必将依旧按这样的原则行事：只有用武力说话，日本人才听得懂。苏联秉持的上策是：一旦日本来犯，不论是边境袭扰还是较大规模的侵略，都应立即以加倍的力量回击。

德国

　　如果说日德协定含有某种假设，一旦战端开启，就会使协定具有军事互助条约的性质，那也未必。据说，日本曾竭力拉波兰参加日德协定，但未成功。波兰既置身事外，法国又会让德国有后顾之忧虑，要德国承诺在苏日作战时进攻俄国，是不大可能的。不过，说是有某种协议，如交换军事情报、向日本提供武器弹药和技术援助以换取满洲商品等，就比较合理了。不管所缔协定究竟属于何种性质，明显的是，日本政策已有新的方向，随着时间的推移，它和德国的关系势必加强，不论有意无意，这种新的倾向不仅对改善日苏关系不利，而且对改善同英国等民主国家的关系也必定会产生不利的影响。

意大利

　　还没有充分理由认为日本正蓄意与一个法西斯集团结盟，

但它最近几乎同时与德、意订立协定，自然会引起此种看法。其实，日本撤走驻亚的斯亚贝巴的公使馆，代以领事馆，意大利则在沈阳设总领事馆，从而表示在事实上日本承认意大利据有埃塞俄比亚，意大利也承认"满洲国"的所谓"独立"，这看来都不过是着眼于建立互惠的贸易关系，并没有什么重大的政治意义。

英国

日本倒想跟英国亲善，但正如英国大使最近对我说的，它希望的亲善是建立在"只取不予"的基础上。日本人的热情只不过是表面的现象，而且只是出于一种顾虑：日本陆军已终于醒悟，认识到万一日苏开战，英国或许连善意的中立也不肯保持。在这种现实面前，日本人不能不有所顾患，由于满洲事变、日本对中国的侵略、贸易问题及其他种种争执，今天的英国人民中反日情绪日渐浓烈。

另一方面，英国同苏俄的关系在这三年中却没有发生过什么严重的逆转。英苏关系不算亲热，但至少也还差强人意。苏联人知道，在英国搞共产主义宣传不会得到宽容。有关海军和贸易的协定也已订立。如此一来，两国以往的敌意大部分都已消散，而英日关系却一直在恶化，日本陆军已终于认识到这样发展下去将意味着什么，因而正开始感到不安。在这种情况下，即使有日本陆军军官特意来和他们的英国同行表示好感，也不必大惊小怪。

潜在的危险还在于日本有控制中国各地的打算，这将是严重的问题，因为这种控制迟早会损害英国在中国的利益。臭名昭著的天羽声明和其他日本对华政策声明，都未能减弱英国维持和发展其在华利益的决心。可以推想，如果英日各自的对华政策都贯彻到底，二者就定会发生冲突。

同时，双方在印度、澳大利亚等地还有贸易之争，又有石油问题，这些一向都是麻烦问题。在基隆事件中，据说英国水兵还被台湾的日本警察打伤，关系自然更糟糕。由于日本政府迄今仍不肯为事件做出适当的赔偿，局面闹得很僵。英国东亚舰队总司令已推迟原定的对日正式访问，英国议会中则有人提出窘人的质询和各种议案。皇弟秩父宫亲王虽已准备代表天皇前往伦敦参加即将于 5 月举行的英王加冕礼，但从目前的情况来看，他恐怕不会受到怎样热烈的欢迎。这将与几年前的情况非常不同。

在日本国内，也能听到许多坦率的批评，提出批评的人不喜欢日德协定，他们宁愿英日重修旧好，而这种老交情现在显然过时了。

日本国内

日本政治中有个值得注意的新问题，即来自人民的抗议。1937 年新年伊始，人民对政府政策的反抗更加突出，其鲜明程度为 1931 年以来所未见。以往历届内阁均受到过反对派的压力，但像这样直接发自人民自身的反抗，多年来还未曾有过。

当然这并不是说，日本的公众舆论已有取得支配地位之势。远非如此。不过，民间确有一种情绪在蓬勃滋生，认为人民在当前政治问题的讨论中应有更多发言权。这种情绪是军人造成的国家经济和政治困难刺激起来的，目前还缺乏统一和领导，但运动有望最终发展为一种阻力，可以抑制军人当政并引导这个国家的好战态度。观察家常常感到日本的政治制度易于发动并非出自民意的战争，这是日本对国际社会的最大威胁。

198

人民要求有受到咨询的权利，凡属这样的倾向总是有益的。任何国家的人民，无论在政治经验方面多么先进，要达到对战争的代价有成熟认知，都要走很长的路。不过，最近日本国民对那种以既成事实强加于全国的秘密外交的抗议极为强烈，这表明他们至少已在这条路上开始走了几步，尽管也很难说以后会不会倒退。国民已认识到，日德协定对日本在世界上的地位有严重威胁。抗议还迅速延及其他问题。日本的舆论常常自行烟消云散而一事无成，当前的抗议运动也可能会是这样的结局，但新年伊始，这事还是引人注目的，也有现实性。

除与德国订立协定、与南京谈判失败、处理对苏关系失策均遭非难而外，内政方面的一些因素也让广田内阁不得安宁。1936 年"二二六事变"后广田组阁时，军部显然逼他做过承诺，要在阐明国策、改善人民生活、加强国防和奉行积极外交方针等方面采取行动。后两点，广田已在履行：军事预算急剧增加；缔结陆军所喜欢的反共协定，当然也就是所谓的"积极外交"。但对另外两点，广田却延宕了。对于第一点，军部有人提出改革行政部门和议会的各种方案，广田却总是推给一些专门委员会去研究，实际上就是在回避。如此拖下去，最后等到其他更紧迫的政治问题冒出来，他就能转移视线。对于第二点，即改善人民生活，那就连装模作样的样子也没有了。物价飞涨，债台高筑，赋税激增，皆与许下的诺言背道而驰；意在逐步管制电力工业的那些措施也得不到人民的理解，更难说对人民有什么好处。

看来只要军部想倒阁，就随时都可以把广田撵走，如果他们决定这样干，理由也是现成的，说内阁未能实行其政纲就行了；但迄今尚无迹象表明，军部已一致认为换一个内阁就会干得好一些。军部依旧是操纵政府的太上皇，1937 年也还会是这样，但是，由于军部统治所造成的祸害层出不穷，反对这种统治的情绪同样随之增大增强。财界和工业界中也有显著的反对派，对政府管制政策的法西斯倾向，他们越来越公开地表示不满。

同时国会也要开会了，众议院的席位中民政党占 44%，政友会占 36%，社会大众党、其他小党、无党派人士共占其余的 20%。在广田内阁中，代表民政党的是递信相和通商产业相，代表政友会的是铁道相和农林相。广田内阁最重要的大臣都没有政党关系。

要言之，在 1937 年开始时，日本内政的特点是：人民非议政府（尤其是它的外交政策），公众不满于生活费用上涨、预算增高和税负加重。在反对声中，广田内阁仍有争取留任的有利条件：第一，军部（仍居支配地位）还没有判定改换内阁就能改善现状；第二，各政党还不能联合起来进攻政府。

陆军

毫无疑问，由于去年的"二二六事变"，日本陆军在公众中的声誉急剧下降，但后来的情势发展足以消除那时的不良观感，使陆军的势力和人望得以恢复，甚至比过去还高。陆军当局兵不血刃就迅速镇压了叛乱，有效地恢复了秩序，因而博得了公众的赞许。此外，应对事变负责的将领引咎辞职，被宣判有直接罪责的军官受到严惩，军部宣布决定清洗陆军中的"直接行动分子"，整饬全军的纪律：这一切都给广大国民留下了很好的印象。陆相寺内将军镇压"直接行动分子"、在陆军中确立更严纪律的措施无疑是有效的，也比较成功地抑制了现役军官的政治活动。而且陆军还被认为有决心推动政府机构

200

的改革，推行各种造福于农村和其他各界人民的社会措施，这也有助于提高它的声望。

对于日本在外交上的种种错误和失败，军部要负主要责任。报刊责难之声正甚嚣尘上，但这种宣传大部分是一些政客搞的，他们正扬言要在即将召开的国会上猛烈抨击内阁。可是，在广大国民眼中，这些政客早已声名狼藉。总的来说，国会同样如此，因为许多丑闻正是源于这些议员们的贪污腐败。议员当选后，极少有人做一点事来实践他们的竞选诺言。如今竟允许国会议员在报上肆意攻击内阁，这件事本身就表明军部对自己的力量和声望有充分的信心。那些政客此时在报上点燃的凶焰，到国会真正展开辩论时，很可能大部分都将烟消云散。

过往的经验已经证明，在国会上纵有胆大而孤立无援的自由主义者抨击军部，结果对政府的政策往往还是没有什么影响。

针对外交上各方面均遭遇明显的失败，人民一般倾向于要外务省而不是要陆军负责。反之，少数有识之士则大概比以往更清楚地感觉到，日本之所以现在面临如此恶劣的外交形势，陆军要负责任。

有个重要事实不容忽视：在1937～1938年度的预算中，高达727965556日元的陆军军费已得到内阁的赞同，这是日本历史上最庞大的陆军军费，比1936～1937年度的数目多219648856日元。看来国会也不会对这个数额做出多大的削减。

总之，陆军对日本内政外交政策的影响力似乎一点也没有减弱。

海军

随着 1922 年《华盛顿条约》和 1930 年《伦敦海军条约》期满，日本进入新的一年时，便与世界主要海军强国处于无约状态。它面临着与美、英进行无止境的海军军备竞赛的可能性，面临着美、英在太平洋和远东属地大增防御设施的可能性。这种局面当然是日本自己一手造成的：①它在 1934 年 12 月发出通知，表示要废除那两个海军条约；②它退出 1934 年的伦敦海军会议，以后便不再遵守三国条约；③它听任这些条约在 1936 年 12 月 31 日失效，既未就海军的质与量的限制问题也未就太平洋和远东设防的限制问题与其他海军大国达成任何协议。

驱使日本退出海军条约和拒绝再承担义务的主要原因过去是、现在仍然是它无论如何都不肯再受法律和契约的约束而使自己处于低人一等的地位。概述之，在日本人心目中，5∶5∶3 的比例实在是有辱国体，有伤自尊，无法忍受下去，因此大概在 1930 年《伦敦海军条约》签订后不久，日本便下定决心，将不惜任何代价消除这种屈居人下的耻辱。

还有一点，恐怕也是个重要原因，那就是日本相信《华盛顿条约》订下的比例不再是能给它提供安全保障的手段了，尽管在订约的那个时候它觉得是可以的。无法否认，1922 年以后，情况变化很大，特别是在航空技术方面，新的情势无疑已减弱了日本的安全保障。加之近年来日本还以东亚的安定因素自居，那么就更有必要摆脱各种限制以免妨碍新政策的有效推行了。

在估计日本废除海军条约而与列强处于无约状态这一行动的后果时，姑且先看日本可能会得到哪些好处，其中有几项可以列举如下。①由于它的地理位置——它的属地和本土都有岛国性质，港湾、内河航道等很多，形成天然屏障，它便认为，

202

如果海军摆脱了数量和质量两方面的限制，即便所能依靠的资源相对贫乏，也能够建立起一支足以确保安全的海军。②日本认为它已用行动证明自己不甘屈服于西方大国强加的限制，如此一来，它在东亚特别在中国面前的地位就会大大提高。总之，它希望在中国人面前赢得"面子"。③日本海军专家深信（并非完全没有事实根据），通过提升质量，即建造新型军舰或大型军舰（45000 吨至 60000 吨），安装大口径主炮，他们可以在一定程度上与其他海军大国并驾齐驱。因为与之相比，现有的主流战列舰就显得陈旧了。他们吸取了德国的经验：当 1906 年英国建成"无畏舰"①，而使自己以前所有的战列舰都变得陈旧时，德国以此为契机大大提高了自己与英国海军实力对比的地位。

203　　　　不过，对日本来说，无约状态恐怕还是弊大于利。首先，《华盛顿条约》是一系列政治性条约的组成部分，日本人废约，也就破坏了 1922 年以来维系着太平洋和远东的集体安全体系。为了补救这种局面，它也许不得不设法订一些新的、可能属于双边性的政治协定，以保障自身安全。但从前的英日同盟②恐怕永远不能恢复，目前也看不出有什么政治安排可以代替英日同盟或刚被它抛弃的集体安全体系。

---

① "无畏号"（Dreadnought）为 1906 年下水的英国战列舰，因其在武装、动力、防护等各方面的革命性进步，成为海军发展的重要分水岭，也引发了新一轮的海军军备竞赛。

② 1902 年，英日曾签订同盟条约。1921～1922 年华盛顿会议期间，美国为了拆散英日同盟，加强美国在远东和太平洋地区的地位，提出另订新约。1921 年 12 月，美、英、日、法签订《四国条约》，宣布废止英日同盟。条约规定四国彼此尊重在太平洋的属地和领土的"权益"，并为维护这些"权益"而采取共同行动。这也就是作者所谓的"集体安全体系"。

其次，日本对待海军条约的行动已使它完全孤立，而这种孤立始自 1934 年 3 月它退出国际联盟之时。除此之外，现在日本还将面对美、英可能在太平洋和远东属地增加防御设施的威胁，这种威胁即使不是迫在眉睫的现实，至少也会成为一个代价高昂的谈判条件，将来要是日本被迫谋求订立海军协定或其他政治协定，美、英就可以在谈判中抓住这一点跟日本讨价还价。

至于要在中国面前赢得"面子"，最近的时事证明这种期望已经完全落空了。日本不仅在去年秋天与南京政府谈判中受挫，而且现在还碰到前所未遇的顽强抵抗和一个比以往任何时候都更为团结的中国。

其他结果也并不如意。去年已明显地看得出来，有人认识到对一个国家来说，尤其是在战时，孤立才是真正的危险。因此过去六个月，日本已在认真想办法，力求摆脱这种处境。11 月，日本政府公布了日德反共协定和日意协定，日意协定至少意味着彼此在事实上承认了对方用非法手段征服的领土；此后不久又公布了同波兰订立的增进文化交流的协定，而波兰则是德俄间战略上很重要的缓冲国。莫斯科立即做出强烈反应，结果日本同这个拥有强大武装的邻国的关系又变得非常紧张。

现有迹象可以证明，从政治意义上说，日本不与列强续订或另订海军协定，并没有使它的地位得到改善。但仅从海军的角度来看，并主要从防御上来考虑，也可以说日本也许是得利者，虽然这还有待于进一步证明。

奎松和麦克阿瑟访问东京

1937 年 2 月 1 日

昨晚菲律宾共和国总统奎松（Quezon）在赴美途中顺便

访问了东京。我在车站欢迎他，驱车把他和麦克阿瑟（MacArthur）将军接到大使馆，他们将在这里做客一宵。设宴为奎松和麦克阿瑟洗尘。

今晨陪同奎松总统去见了天皇，会见后共进午餐，在座的有高松宫亲王、松平夫妇和其他贵客。天皇和奎松随意叙谈，谈到达沃地方的问题和一些别的问题。席间，我也对天皇讲了许多关于哈佛大学三百周年庆典和波士顿日本美术展览会的盛况，他似乎很感兴趣。我们还畅谈高尔夫球，我告诉他我打过二十四处日本的高尔夫球场，我觉得日本简直是打高尔夫球者的天堂，他听了好像印象颇深。我还很少见过天皇如今天这样平易近人。由于政治风潮，不知道到奎松总统来访时将是何人执政，所以我没有预先安排正式的招待会，但今天下午还是举行了一次相当大的非正式茶会。晚上奎松赴有田外相的宴会。

席间的演说很有意思：有田向奎松致欢迎词时只字不提美国，奎松的答词却通篇都讲到美国，并且非常庄重地说，菲律宾应该感激美国为它所做的一切。有田建议日本和菲律宾将来应发展最密切的文化经济关系，对此奎松答道，在将来建立那样的关系时，菲律宾共和国的首要责任和首先关心的当然是要考虑美国，但他看不出有什么理由不应达成一种三方的谅解，这对大家都是有益的。这不是他的原话，但大意如此。他这篇答词第二天发表了，我非常高兴。他的话，特别是谈到日菲未来关系时说的，"行动胜于言辞"的那一句，含有断然回绝之意，但我不敢肯定日本人是否听得出来。麦克阿瑟将军对我说，他认为奎松是世界五大政治家之一，我看他说得对。我发现他很能激发人，有他做客，颇感欣幸。

日美关系从未这样好过

1937 年 2 月 12 日

艾丽斯患感冒，觉得不舒服，今天下午留在家里，由我代表全家参加中国大使馆的招待会。确实不虚此行，因为我在那里得到了和天羽促膝长谈的机会。天羽说，他认为两三年来日美关系已经大变，日本对待美国的态度和三年前迥然不同了。他说，现在我们之间真是没有什么重大的悬案。他觉得很有意义的是，外务大臣就要在这几天内发表演说，声明深愿与美、英两国均保持最友好的关系：对美国，外相将说到现在的状态已经甚为满意；若谈到英国，则还要谈各种悬案都可以通过外交谈判来解决。换言之，天羽说在谈到美国时不附说明，这就表示没有值得一提的重要问题。

我说，自己认为能有此局面，主要应归功于广田先生，他曾尽力约束日本报界。过去有些时候，就是因为报界对美国大放厥词，所以才引起那么多麻烦；这些言论被新闻记者传到美国，美国报刊自然要应战。于是，两处都发生恶性循环。天羽便告诉我，他在这方面也出过力，在和日本新闻界代表人物见面的每周例会上，他都尽力开导社论作者，希望他们不要再和美国争吵。这点他做得相当成功。我对天羽说，我虽把改善关系归功于广田，但我亦深知他在其中起过重要作用。我提到报上传说白鸟可能出任外务次官，天羽却把白鸟排除在外，说此人想和苏俄打仗，因此必定与现行体制不相投。我说，自己觉得日本此刻正处在紧要关头，正站在十字路口；天羽同意我的看法，他说，这个时期成立一个温和内阁的缘故就在这里。总的来说，我觉得这次谈话很有意义，因为天羽明确

206

地强调了一个事实，即现任内阁是温和的。就目前来看，情况似乎真是这样。

当心这是暴风雨前的宁静

1937 年 3 月 19 日

一个月来的政局别有意味，因为滨田、尾崎和另外一些质询者在国会猛烈攻击政府，首相和其他阁员的答辩却比较温和。特别是有迹象表明，至少在目前，政府确实想在对外关系，尤其是在对华关系上采取较稳健的政策。这种政策将执行多久，能执行多久，还无法确定。毫无疑问，陆军进行一定程度上的军纪整肃后，军官们现在发表议论都非常小心。年轻军官心里都明白，谈论政治或批评政府者一经告发，很可能就会在下次整肃时被撵到不如意的职位上去，所以他们得步步留神。眼下状况几乎有恢复"币原外交"之势，长期以来稳健派说话都没有现在这样响亮，他们的影响也可能比以前大了。

不过，我没有一丝一毫自欺欺人的意思，天真地以为这种新倾向会持续很久。这很可能只是一段插曲，或者说，只不过是扩张主义运动中一次周期性的退潮，我常常谈到这类模式，并认为它恰似海滩上的浪潮，潮是在涨，而不是在落，重涨起来的侵略扩张运动的浪潮必定会比以前的潮水冲得更远。因此，在制定我们的对日政策时应该非常谨慎，日本政府似已在
207　政策和策略上永久地改变主意，这不过是表面现象，我们不要因此而被引入歧途。军部掌权太牢固了，今后仍将如此。现在国会已被解散，因为政府所要求的许多法案它都不肯通过，内阁无意与各政党再吵下去，我们得密切注意，要看今后几个月国家施政动向究竟朝向何方。按常例，今后几个月一定有好戏

看。在这里，总觉得有点像是坐在火山上，不知道火山将在什么时候爆发，我确信的是火山爆发的日子绝没有过去。

日本欢迎海伦·凯勒

1937 年 4 月 18 日

今天下午在东京会馆欢迎海伦·凯勒①。大会之后，还有盛宴款待。这次大会让深藏在日本人民品性中的真实感情都显露出来了，这是其他任何场合都达不到的效果。除有教养的家族而外，日本人的传统礼貌一般只是一种客套；那种礼貌，一点也没有关切体贴别人的内容。内心感情又是另外一回事了。今天的客人是一位没有一官半职的妇女，她全凭自己的努力，克服了完全失明、聋哑等极端的困难，献身于帮助盲人的公益事业，现在来到了日本，在这里传播她的福音，开展她助人至善的工作。此事让日本人非常感动，为我五年来所仅见。

在大会讲台上就座的有首相，他大概是以兼任文部大臣的身份出席的，还有外相、内相、东京都知事、东京市市长、德川公爵和盲人基金会会长大久保侯爵。大厅里挤了五六百人，座无虚席，我注意到其中有币原男爵、芳泽先生和许多高层人士。官员们依次发表简短的讲话，赞扬凯勒女士的功绩。她通过汤姆森（Thomson）女士致答词，然后大会送给她一个美丽的日本香炉。

最后轮到我讲话时，我因为太感动，便索性脱稿，尽量向会上众人表达我对这一切的真情实感，代表凯勒女士感谢他

---

① 海伦·凯勒（Helen Keller, 1880—1968），美国女作家，两岁时又聋又哑，七岁起被教会说话、读书。一生致力于改善残疾人的生活环境和提高其受教育水平。

们。艾丽斯和几个客人在大使馆，从收音机听到了我的讲话。她说，我的话确实充满了感情。这的确是一次难忘的盛会。我相信凯勒女士也必定同样深受感动。《朝日新闻》报道称："假如他们（指政府和人民）把献给凯勒女士的殷勤分一点点来增进盲、聋、哑等残障者的福利，那就会使她更高兴得多，胜过首相、阁员和国家其他领导人都来欢迎她。正因为她的到来可以提醒人们关注那些私人办的慈善机构，它们是在怎样增进盲、聋、哑等残障者的福利的……但愿政府能制定政策并付诸实行……"

第四章　中国事变

（1937 年 7 月 8 日～1939 年 10 月 10 日）

陆军的极端分子在日本国内夺权未遂，之后便把他们的国 210家拖入大规模的对华战争。这场战争不仅团结了国民，使之支持极端分子，而且使整个国家走上了全球性的军事冒险。日本军国主义者原来以为占领中国所有主要港口，就可以控制全中国，但事实证明他们打错了算盘。随后而来的是 1939 年 8 月的德苏条约，它为希特勒进攻波兰铺平了道路，日本几乎和欧洲一样感到震惊。《反共产国际协定》是那时联结德日两国的最重要纽带，因此连最狂热的军国主义分子也没有料到德国人会同苏联做成交易。所以，对日本军人来说，欧洲爆发战争未必是一件好事。新形势使他们能够更放手地"南进"，但东面的忧患则出现了。

中国事变开始了

1937 年 7 月 8 日

中日两军在距北平城不远的卢沟桥打起来了。谁是肇事者，还不清楚，不过纳尔逊·约翰逊（Nelson Johnson）说，从日本人常在中国驻防军附近举行演习这个事实来看，这种事件早晚都会发生，不发生才怪。

日本各界一致赞成开战

1937 年 7 月 13 日

电告国务院，在当前危机中，内阁、军部、外务省、报界和工商界都认为，日本在华北的地位不容有任何削弱，看来意见是完全一致的。当然不用说了，当首相与各派政客、金融家、工商界领袖商量，问他们是否支持政府时，他们岂敢说不。但是，就目前形势而论，我们感到各方的一致性比满洲事变时大。

美、英表达意见

1937 年 7 月 14 日

昨天日、中两国驻美使节均拜访了国务院，我国乘此机会表示，希望双方均能保持克制。我国的行动已告知英国政府，国务院随即发布下述新闻稿：

今晨日本大使和中国大使馆参赞分别来访国务院，通报有关华北时局的消息。在随后的谈话过程中，我们向双方都表示了这样的意见：日中之间的武装冲突，对和平事业及世界进步将是一个沉重打击。

日本尚未派遣增援部队。

"去问游客吧"

1937 年 7 月 17 日

212 　　下面有个故事可以用来说明当前的情况。某次远东危机期间，有个美国商人问一个久居日本的侨民，危机的根本原因何在，今后又将如何。侨民答道："不知道。"商人说："什么，你在这里住了三十五年，竟还会不知道？"老侨民说："我确实不知道。不过你可以去问问来到此地旅游的人，随便哪个都行。他们会告诉你的。"现在在日本，有很多人坚信，目前这次危机乃是日本人早已策划好了的勾当，他们处心积虑地要夺取华北。他们举了许多证据：近卫内阁上台如此顺利；前一两年各方面的事态已在发展，终于导致最后一击；他们认为苏俄已被内斗削弱，无力干涉；英国在欧洲处境危殆，不能把海军用于远东；日本已与德国达成谅解。凡此种种，虽也言之有理，但我还是必须与那些老侨民持同样态度。我不知道，"去问游客吧"。各种说法全是猜测，我们能做的只是注视事态发展，搜集真情实况，再尽力去分析这些材料。

　　赫尔先生在华盛顿发表了一篇极好的公开声明。声明完全不偏不倚：它没有指责谁，没有点谁的名，却又明确无误地阐述了我们维护和平的政策、条约的神圣不可侵犯性、修改条约的正当手续、对国际法的尊重，还申明了美国的经济政策以及裁军、与各国合作而又不卷入同盟关系等方针。不论是否于时局有益，发表这种声明远比直接抗议更好，抗议不仅无益，而且会刺激愤怒情绪。日本人不会喜欢这个声明，因为知道是针对他们的，但声明的形式使他们绝对找不到公然发怒的理由。

中国对日本侵略的回答

1937 年 7 月 20 日

中国政府已将一份备忘录交给了南京的日本大使馆，提出四点：

213

（1）两国应商定一个日期，届时双方军队立即停止行动，返回原驻地；

（2）以外交谈判解决争端；

（3）当地达成的任何协议均须经南京政府批准，方能生效；

（4）中国方面愿意接受为国际法和条约所承认的任何解决办法。

日本人显然希望知道，这个备忘录是否就是对之前他们送去照会的答复。如果是，那又为什么对他们提出的各点不予答复。日本报刊当然说中国的照会"没有诚意"，今天的几家晚报还暗示大局已无可挽回。在我看来，南京既已向日本提出停战，并建议通过外交谈判解决，日本人现在如果还是要开战，那在世人面前难以自圆其说。可如果同意进行外交谈判，照他们的观点来看，也是前后矛盾的。因为他们一直认定这次事件是个局部问题，应当就地解决。

今晨有报告说，苏军又在袭击满洲边境。中日开战后苏联会有什么行动，我看日本至少也要考虑一下这个未知的因素。

"既然你们拒绝接受我们的观点，那我们之间如何才能妥协呢？"

1937 年 7 月 21 日

陆军省军务局的一个军官告诉凯里·克兰，从昨天须磨[①]同霍恩贝克的会谈可以看出，我国的态度是亲华的，并说我国完全不了解华北的情况。日本人会有这种印象，一定是霍恩贝克向须磨表示了审慎均衡的观察建议，凡属此种意见，都必然会给日本人留下那样的印象。这事让我想起荷日海运会议时日本代表团说的那句天真的话："既然你们拒绝接受我们的观点，那我们之间如何才能妥协呢？"

到处都有军队在活动

1937 年 7 月 31 日

214 今天有人告诉我一个故事，该事妙不可言，而且确有其事，得用牛津式慢条斯理的语调来讲，才能让人领略它的妙处。有那么一位英国太太，相当高贵傲慢，最近路过日本，离船上岸之后她就对她的东道主说："啊，这就是神户。请告诉我，我们的哪一位总督管理此地？"

今天电告国务院，日本越发下定决心，将动用重兵打击任何进入华北的中国援军。昨天开过五相会议后，近卫公爵立即谒见天皇。还有报道称日本已做出重大决定，并说这是日本对华计划的"第二步"。这里到处都可以看到出兵的迹象。

[①] 当时是驻华盛顿的日本大使馆的参赞，1940 年任日本外务省发言人。——作者注

美国仍想维持和平

1937 年 8 月 6 日

英国政府除重申 7 月 28 日对我国驻英大使提出的意见外，现在又建议由英美向日中双方提出调停，愿提供中立地点以便谈判代表会晤，协助解决谈判中可能遇到的困难，随时安排撤军。但英国政府在行动之前，还想听听多兹（Dodds）① 和我关于日本对这个建议大概会有什么反应的意见。

今晚在我书房里同多兹、英国使馆的桑塞姆（Sansom）、接替内维尔任我馆参赞的杜曼进行一番长谈后，我得出了如下结论。

（1）我们觉得，日本政府或人民都没有热衷于同中国打仗的明显表现，军部当然不在此列。日本人普遍的看法是，中国人对日本屡表敌意，所以才造成现在这种局面，日本政府和民众虽愿意避免一场全面战争，但政府决定采取的措施，无论是军事的还是其他方面的，他们也将支持。大陆上的军事行动开始后，军费就得追加四亿日元，战事若扩大，军费必然还得继续猛增，这就必然会使争取和平的主张得到有力而切实的支持。

（2）日本人坚决认为，不论是和是战，现在都必须由中国决定。在这方面我虽同意约翰逊的意见，但就目前来看，中国实际上已失去了在北平地区的控制权，中国人恐怕是不会主动求和的。如果中国军队继续开往河北，就不可避免地会发生全面冲突。

（3）我们应当想尽办法制止战争，这一点我看极为重要，

① 英国驻东京临时代办。——作者注

为此美英政府欲尽最后努力，以英国政府的切实可行的建议为基础，出面斡旋。我的良心不允许我反对。但我只是认为，提出建议时应十分清楚表示，这一行动绝不会构成干涉。我们觉得，东京接受调停的可能性不大，但也不是毫无希望。理应注意不要张扬，成败多系于办事的方式、方法。两国政府若决定进行，我想那就由多兹和我分别求见广田，要在他的私邸而不要去外务省，极为秘密地提出此项建议。问他觉得怎么样，在日本看来这项草拟的计划是否有用。在向日中两国政府试探时，如果认为不宜于先此后彼，那也可以同时在南京如法办理。

（4）至于东京将如何看待此举，我相信只要采用我刚才说的那种秘密的、探索的方式，就不至于引起什么反感。种种迹象表明，此类可以试探调停的渠道，只要想走，现在和今后都会是畅通的。

（5）我经过仔细推敲后的判断是，找广田就英国方案进行一次口头的、试探性的、半正式的、秘密的会谈，要比正式的"外交手段"好，可以避免"干涉"之忧，可以收获更好的结果。总之，千万不能张扬。

（6）我充分意识到，我先前已经表示过，凡能促进局势好转的事我们都做过了，但我还是希望美国在此远东大局最关键、最危急时期中的行为日后能被历史记录为不遗余力的、公正无误的、慷慨助人的义举。

多兹和桑塞姆都表示同意我的意见。

中国人误炸上海

1937 年 8 月 29 日

近来好像大都是在炎热的周日早上写日记。今天是 8 月

29 日，也不例外。身边所有的人，或几乎所有的人，都到山里度周末去了。艾丽斯和埃尔西在轻井泽，其余使馆人员有的去轻井泽，有的去中禅寺，只有本周末值勤的克罗克（Crocker）、文书人员和我还留在这里。杜曼建议他和我轮流出去度周末，但是我不想在这个时候外出。现在事情发生得太快，有时出了什么事，只能由大使处理，或应当由大使处理。我们当外交官的不缺悠闲的时节，消遣的法子也有的是。我们的工作总是一张一弛地循环着，紧张的工作真的来了，我衷心表示欢迎。哪个专业人员不想得到施展本领的机会呢？所以此时此刻，我不能放松。艾丽斯热得难受，我赶紧把她和埃尔西送到轻井泽去，孩子们早已送去了，住在凯里·克兰家。我本人则干劲正高，精神旺盛，所以又在继续工作。不，这话我说得有些夸张。我想说的是，我们将继续工作，一切在所不惜。

8 月 14 日上海发生了误炸事件，这是当代最可怕的惨案之一。① 炸弹是误扔的，击中汇中饭店和华懋饭店，炸死了聚在外滩等处的数百名中国平民。有个美国传教士的儿子鲍勃·赖肖尔（Bob Reischauer）在汇中饭店门口受重伤，美国人可能还有死伤的。我已写信给住在轻井泽的赖肖尔博士及其夫人。后来我们从逃难者口中听到了第一手的叙述，真是不忍卒听。

与英国新任驻日大使罗伯特·克雷吉爵士首次晤谈

1937 年 9 月 8 日

英国新大使罗伯特·克雷吉（Robert Craigie）爵士虽然要

---

① 1937 年 8 月 14 日，中国战机在上海上空与日军激战，轰炸日军据点及黄浦江上的日本军舰，其中一架因弹架损坏，有两枚炸弹意外坠落，坠弹位置正是上海著名的娱乐场大世界附近，造成大量人员伤亡。

217 到周六才递交国书，但还是先来拜访了我。我们谈得很愉快，谈话给我的印象是，他希望我们之间保持最密切的合作关系。他和克莱夫①（Clive）谈过，我想我们初见就能这样坦率友好，也许就是因为克莱夫跟他提过我们两人的关系。

警告广田

1937 年 9 月 20 日　川奈

又打了十八洞的高尔夫球，三天共打了六十三洞。最后打第六十三洞时，我比标准杆少打三杆，极为得意。烈日灼肤，身子困乏，精神却很爽快，这就很有意义了。

杜曼来电话说，今天我恐怕还得去见广田，所以午餐后就赶回来了。得悉日本有轰炸南京的计划，需要立刻提出意见。下午 6 点见到外相，我措辞强硬，与往常迥异。我觉得现在已经是讲最重的话的时候了。在交谈时，我讲到我们切不可忘记历史。1898 年，美国政府和美国人民都不想同西班牙打仗，可是"缅因号"一炸，战争就制止不住了。美国人民是世界上最爱和平、最有耐心的人民，主张国际和平、裁军、维护条约的尊严等，都是我们带的头；但遇到挑衅，我们又可以变成世界上最易动怒的人。最好不要忘记历史。

这些意见显然产生了影响，因为广田第二天清晨便去觐见天皇，后来我们又开始看到一些迹象，说明政府正在为滥炸的结果感到不安，正在采取措施约束空军人员。不用说，闯祸的就是这些年轻的冒失鬼：他们一闻到血腥味，就狂奔乱撞，不管炸了谁，炸了什么东西，都觉得"毫无关系"。大概是由于

---

① 罗伯特·克莱夫爵士是罗伯特·克雷吉爵士的前任。——作者注

我们提了抗议，他们也渐渐明白了外国的反应，所以政府后来派了一个海军将领到上海，同总司令长谷川商讨此事。现已传出话来，9月25日以后将不再轰炸南京。当然不炸了，到那时候他们要摧毁的都摧毁完了，还炸什么呢？在此期间，代理国务卿穆尔（Moore）也和斋藤谈过，随后我还奉命在这里提交了一份强硬的照会。现在绝不是抱骑墙态度的时候。

218

对无能的政府提出强硬的意见

1937 年 9 月 20 日

今晚6点与外务大臣在他的官邸谈话时，我首先感谢日本当局在9月22日和26日美侨撤离期间特对避免轰炸粤汉铁路做了安排。外相问我曾否收到他关于轰炸惠州美国教会医院事件的照会。我回答说收到了，并对他的道歉和愿意考虑赔偿再表谢意。

我把话题转到现已宣布的日本海军将从明天中午起轰炸南京的计划，向他表示最有力而强烈的意见：假如实施这种计划，外国外交机关和人员以及其他非军事人员就有严重受害的危险。我说，倘若因此种军事行动而发生事故，就会对美国政府和人民产生非常严重的影响；又说，美国和其他国家对日本的反感正在日益增加，这是日本自作自受，它在世界各国人民心中给自己留下了难以信任、猜疑、普遍遭憎恶等观感，还可能会弄到被逐出国际大家庭的下场。我告诉外相，由于日本在中国的行动，几年来他和我一直培养起来的日美友谊正在迅速瓦解；美国人民虽有耐心，但如有涉及他们海外合法利益的严重事件发生，他们同样容易激动；日本在中国的行动如果造成某种严重事故而使美国人民觉得其尊严受损，那就肯定会在我国产生巨大影响，这就是我时常担心的。

219　我接着又诚恳地对外相说，日本海陆军在中国的行径正在迅速使日本失去世人的好感，几乎弄到举世共愤的地步。他应该负起责任来，指导日本的对外关系，约束日本的军人。我说，陆海军既不了解也不关心日本的对外关系及其在国际上的处境，因此他应责无旁贷地领导现行的对华行动。我的意见和呼吁强硬而直率，没有给广田先生留下任何幻想的余地。我竭尽全力要使外相确信，轰炸南京时如果发生涉及美国利益的严重事件，就必定会在美国产生反响。

　　广田先生一点也没有试图反驳我的意见，从头至尾都在严肃静听。我讲完后，他才说，四小时以前，他已从东京下令给在华海军司令部，轰炸时要全力避免损坏南京的外国外交机关，避免伤害平民。我说，根据下午的报纸报道，昨天已经炸了南京。外相却说，那个微不足道，而且离外交机关很远。关于日本海军发出的要在 9 月 21 日中午开始轰炸的警告，外相主动表示意见，认为警告距执行的日子未免"太短"了。

　　我今天和外相的谈话虽然语气极为沉重且极为坦白，跟我到日本以来的常态截然不同，但他毫不见怪。他的神态自然也比平时沉重，听我讲话时看来也相当难堪，但他未做任何强力反驳。最近的发展情况表明，在当地的个别问题上，他已经在告诫陆海军了，总是力求不要得罪美国，可是我们仍旧不得不正视这样一个事实：在总的目标问题上，东京政府对军人的影响微乎其微。

亲善使节

1937 年 10 月 5 日

220　松方幸次郎起程赴美之前，特来一谈。尽管我劝过桦山、副岛等人不要派什么亲善使节去美国，他们还是有一批人要出去：松方、芦田、高石、铃木文史郎赴美，石井子爵赴英、法，伍堂海军中将赴德，大仓男爵赴意，等等。在美国，他们是不会获得什么成果的。

他们的基本论调是，日本侵略中国是为了自卫，然而美国人谁也不会听这种胡话，无论他们怎么说。美国人对中国有天生的同情感，向来如此，而且对受压迫者几乎都会持同情态度。日本是在中国土地上打仗。这还有什么好讲的呢？这些使节都将碰一鼻子灰，如果我没有弄错的话。

但松方说，他此行不是去当亲善使节，而只是去进行商务联系，购买石油、废铁、卡车之类的必需品。我警告他：他将会看到，美国舆论并不接受日本所谓的中国要对当前战争负责之说，日本最近的许多行为已使睦邻政策难以继续实行，美国政府在决定自己的政策和行动时，一定会考虑国内舆论的动向。他还认为，现在美国对日本的影响最大，可以发挥重大作用，促使这场战争停下来。

（10月5日，罗斯福总统发表了著名的"芝加哥演说"，号召对侵略国实行"防疫隔离"。此后，比利时政府又邀请承诺尊重中国政治和行政完整的1922年《九国公约》的缔约国到布鲁塞尔开会。）

九国会议还能有什么用？

1937年10月9日

在军事和政治形势方面，日本人正在上海周围发动强大攻势，无疑是想影响九国会议。他们似已肃清了大片地区。但我们要问的是：就算日军能够占领和控制一切想占的领土，就算

中国军队部分被歼灭，全部被打乱、被瓦解、被驱散，那又怎
么样呢？日本人或别的什么人能迫使中国求和吗？假如谈和不
成，日本人能撤回大量的军队吗？

他们必须守住已侵占之地。他们的补给线正越拉越长。在
经常遇到游击战、实力不断消耗的情况下，这支在中国的大军
能够维持多久？日军这样完全被拖住、相应被削弱之后，苏俄
会怎么样？据我看，这是大局中未可逆料的重大因素。但是在
此期间中国会不会垮呢？会不会人心消散、陷入一片混乱呢？
那当然正是日本人所希望的。他们之所以不断轰炸无防御的城
市，就是想达到这个目的。我们面临着许多耗费心力的问题，
以上这些只不过是一小部分。

另外，九国会议又能取得什么结果？强迫交战双方议和，
然后被断然拒绝？试行经济制裁，然后像在阿比西尼亚问题时
那样可耻地失败？或者是仅满足于道义谴责，打一阵大雷，而
效果只等于在日本下一场小冰雹？

在这篇并不准确的独白送回美国的时候，也许上述问题的
一部分或全部将会有比较清晰的答案。

日本拒绝参加布鲁塞尔会议

1937 年 10 月 21 日

有位外交界同僚说，他昨天曾向广田再度强调，重申 10
月 15 日提过的意见，力劝日本政府参加布鲁塞尔九国会议。
他的论点是，国际联盟开会时，日本因为没有到场而错过了陈
述自己看法的机会，此次布鲁塞尔会议将给日本再提供一个说
明其立场的机会，这种立场可能会得到与会各国的慎重考虑，
因为它们的最大愿望就是促成中日冲突的和平解决。外相答

道，上次这位大使和他谈了以后，他请教过很多重要人物。这些人特别是政党领袖们的意见几乎一致，全都反对参加会议。但是，由于尚未收到正式邀请，所以就还没有做出最后决定。

1937 年 10 月 22 日

吉泽昨天告诉杜曼，从外务省的角度来说，日本肯定不会接受九国会议的邀请，除非邀请中表明会议并不是根据国际联盟决议和 10 月 6 日美国政府声明①而召开的，否则就不要指望会有好的答复。

谣传和谈，但好战气焰日甚

1937 年 10 月 30 日

今天国务院来了三封电报，对报上所传日本准备讨论和平条件一事表示关切，希望听取我们对形势的评论和预估。谣传之一是德国驻华大使陶德曼（Trautmann）竟当了调停人，正在上海跟川越谈判。为了弄清这个传言，我们坦率地同德国参赞内贝尔（Noebel）谈了此事。他说，关于上海谈判，这里的德国大使馆一无所知。由于日本人认为陶德曼有亲华之嫌，又由于中国聘请德国人当军事教官②，川越和陶德曼之间的关系一向不很融洽。陶德曼最近到上海，还想借此机会和川越搞好

---

① 1937 年 9 月 12 日，中国正式向国际联盟控诉日本的侵略行动。10 月 6 日，国联大会由于不愿采取行动，便决定由《九国公约》签字国召开会议。同一天，美国国务卿发表声明说，美国政府愿意信赖《九国公约》签字国的会议将要通过的决议。

② 自 1928 年开始，德国就开始向南京政府派遣军事顾问，并进行贸易与军火合作。抗战爆发后，纳粹德国外交政策倒向日本，军事顾问团在 1938 年被撤回。

关系。

我把最近报刊上的一般评论告诉了国务院，这些言论都集中在这么一点：如果真的发展到与中国谈条件的时候，日本不会容许任何外人的干涉。于是，我又表示：若真要探明日本政府的意向，唯一的办法是由我去找广田"试探"一下。我说自己可以这样行事：最好是请求到他私邸去拜访，以免张扬。开头先提旧话。8月6日我对他说过，如有用得着我之处，只管告诉我。然后，再把话题渐渐引到布鲁塞尔的九国会议上，讲明这次找他是出于我自己的意思，而非奉命。这样一来，即使消息泄露出去，也不致拖累或牵连到美国政府，而且说不定还能从广田那里套出一些话来。事实上，他自己恐怕也会欢迎这样给他提供的由头，以便把日本国内不赞成死战到底的人动员起来。总之，办这样重要的事，我不赞成用"中间人"，这种人很容易把事情搞砸或者弄得面目全非。

关于日方提出的条件，我们所知道的迄今只有著名的"广田三原则"，而这三点的含义又极其广泛，几乎怎么解释都可以，完全可以视日本人在某个时期的自己需要而定。我记得这三点大致是：要中国人在事实上承认"满洲国"；停止反日活动和宣传；镇压共产主义。不管最后的条件究竟是什么，可以有把握地讲，无论包含什么内容，其中肯定会有这么一点：日本要在政治、经济各方面实际上完全控制华北。我想，除那含混不清的三原则而外，广田是不会向我提出什么具体条件的，恐怕连非正式地透露一下也不会，但毕竟试试无妨，以便打开谈判之门。我曾经为土耳其和希腊之间的停战尽过力；若能促成日中停战，也是一件大好事。

国务院立即回电，建议采取什么行动具体由我酌情处理即可，只是提议最好不要专为这个目的去求见，而要在因别事去见广田时见机提出这个问题。国务院允许我行事，并且几乎总说是"建议"，而不说是"指令"，我当然心存感激。

发出上述专电后，即与克雷吉连续开会，有时在我们使馆，有时在他那里，我们草拟了一封电报，由杜曼参加定稿。此电拟写成一式两份，分呈我们两国政府，希望有助于布鲁塞尔会议。简单来说大致意思是，假如会议的结果是要进行斡旋或调解，那就必须当心，不要越出会议"以协商谋和平"的任务，不要对冲突的根源或所涉及的责任表达意见。会议越能保持不偏不倚，调解终能成功的希望就越大。

224

此外，如真要调停，就应由一个国家担任，最好是由美国或英国，而不要委托几个国家或让美英一同出面。因为那样就有施加压力的味道，而外来压力或任何类似压力的东西都将会遇到坚决的抵抗，会议还应当慎重考虑到它的行动可能会对日本国内的政局产生什么影响。广田地位不稳，军部和沙文主义者想用松冈代替他。如果发生这样的事，我们就只能坐视日本以更加残酷的手段对待中国，美英在此间的利益也必将受到损害。这里的好战情绪显然在与日俱增。

克雷吉和我已就这份措辞相同的电报中的基本部分达成一致，并且对最后的定稿都满意，遂于晚间 7 点将电报发出，但愿此电能转送到正在布鲁塞尔开会的诺曼·戴维斯①和艾登②的手里，并能影响会议的策略。我们的法国同僚也同意给巴黎

---

① 诺曼·戴维斯（Norman Davis，1878—1944），曾在威尔逊总统时期任财政部副部长，当时是美国出席布鲁塞尔会议的代表。
② 安东尼·艾登（Anthony Eden，1897—1977），时任英国外交大臣，也是英国出席布鲁塞尔会议的代表。

发一封大意相同的电报。我觉得我们这一天工作得不错。

今天克雷吉心烦意乱，英日关系几已坏到不能再坏的地步。上海又死了三个英国兵，很可能是被日本炮弹打死的，英国的反日情绪正不断高涨。日本建了一支新的舰队——第四舰队，这也使他焦虑。他担心此举的主要目的是有效地封锁香港。我看他真正害怕的是日本海军可能会蓄意挑起一场英日战争。无论如何，我们现在知道日本海军的攻击目标确实已从美国转到英国。我们还知道，日本海军极不愿让陆军单独出风头，所以也在那里摩拳擦掌、跃跃欲试。帕布斯特也同样担忧这支新舰队有配合"南进"政策的计划，会入侵荷属东印度群岛。他和克雷吉还担心会再发生一次"二二六事件"，两人都认为有此可能。

但我们又问自己，这批军人和沙文主义者还有什么理由来搞类似的刺杀呢？的确，看来陆海军已为所欲为，政府或保守派根本没有干预他们。西园寺、牧野、汤浅、松平等人如今似 225 俱已销声匿迹。再搞刺杀又有什么好处呢？不过，向来兼具武士传统和流氓习气的日本军人和沙文主义者，在此时的政治舞台上始终是一个不可预测的因素。几乎什么事都可能发生。

广田指责美国企图组织反日阵线

1937 年 11 月 16 日

广田对我讲的话，大意如下：根据布鲁塞尔传来的报道，看来最后的决议草案是想用联合行动来对付日本。外相只见过决议的初稿，还不知道通过时有无变动或修改。但他担心，若真是号召各国采取联合行动，那就会对日本舆论产生很坏的影响。"联合行动"之意似乎是要实行某种制裁，如经济断交之类。这种行动不仅无助于停止战争，而且只会使中国人得到鼓励，进而无限期地延长战争，据"某国"外交官传来的消息，美国不仅倡议召开布鲁塞尔会议，而且正在会上起着积极的领导作用。

广田说，这些传言肯定很快就会出现在日本报刊上，必将产生很坏的影响。日本公众向来认为，拼凑反日联合阵线的首要国家是英国，但如果报刊现在报道说布鲁塞尔会议的领导权是美国所掌握的，那么反日的大部分责任就会移到美国肩上。正如外相常对我说的那样，与美国友好是他的基本政策，所以他颇为上述情况即将导致的后果感到"担忧"。直到最近，日本人依旧以为，在这次中日冲突中，唯有美国的公正态度是真诚的；所有其他国家的公正态度都受到怀疑，因为它们在中国有特殊利益，而美国的立场则不同，所以人们还以为它对促进实现和平可能会起重大作用，就如同日俄战争时那样。因为它是日本的友邦中最公正的一个。由于总统的芝加哥演说，这种情况开始有点变化了。但后来总统向国会致辞时避而不提远东，这又使日本公众感到，美国的态度也许并不完全像他们所想的那样"严峻"。

接着广田又说，日本在中国的战争进行得很顺利。如果他们认为需要的话，日军完全可以继续前进，但他们也许并没有长驱直入的必要。现在促成和平解决，对中国只有好处。中国政府若从南京撤走，那将是一个愚蠢的举动。有些将领已在组织与蒋介石对立的反对派，蒋介石的地位并不稳固。如果现在讲和，日本的条件将是"公平合理的"，日本不会占据中国一寸领土；但如果战争长期拖延下去，这种态度就可能会改变，牺牲既然增大，条件就会比较苛刻。美国要对大局有所助益，

最好的办法就是劝蒋介石同意议和。如果中国政府拿出愿意谈
226　判的表示，广田便会派代表去上海和中国代表谈，或公开或秘
密，任何方式都可以。

　　广田讲完后，我把他的话逐点重述一遍，问他我是否已经
正确理解了他所说的一切。对此，他做了肯定的回答。我告诉
他，我将向我国政府转述他的这些意见，在此期间，希望他尽
力约束日本报刊，有关美国态度的报道，凡未经证实的消息都
不要发表。我告诉他艾登在英国下议院实际上是怎样讲的，并
说国务院已断然否认我国政府曾倡议召开布鲁塞尔会议，还向
他重述了召开会议的缘由。广田说，他同意我的意见，让日本
报刊保持冷静是要紧的，他将尽力而为。我又指出，中国大使
仍在东京，议和的外交渠道看来还是存在的。广田同意，但没
有发表意见。

　　广田曾提到我国在日俄战争中起过的作用，并暗示如果蒋
介石撤出南京，和谈将更难开始，这两点也正是昨晚杜曼对吉
泽提过的，这很值得注意，一定是吉泽立刻把话传给了外相。

赫尔否定广田的指责

1937 年 11 月 17 日

226　国务院来电，传来了布鲁塞尔会议 11 月 15 日通过的宣言
全文。

　　美国驻罗马大使馆报告说，哈瓦斯通讯社发了一则东京专
电报道，其内容据说是日本想要强使中国接受的条件，问我们
对此有何看法。我们回答国务院：11 月 15 日外务省发言人
称，这些报道都是"毫无根据的"。

　　国务卿给我的电报中提及我和广田的谈话，他说布鲁塞尔

会议通过的宣言中绝无"联合行动"一语。赫尔先生猜想，广田也许是指宣言的最后一段，那段是这样措辞的：

> 尽管出席布鲁塞尔会议的各国期望日本不要坚持拒绝，但现在的局面是国际条约的一个缔约国与所有其他缔约国的意见相反，坚决认为它所采取的行动不属于这个条约所涵盖的范围，把其他缔约国认为对当前局势有效的各项条款均视为无效。在这种情况下，与会各国就必须考虑它们的共同态度应该是什么。

国务卿还托我转告广田，凡谓我国倡议召开布鲁塞尔会议的任何传说都是毫无根据的。赫尔先生还知道，在会上各国政府不过是履行了交换意见的共同职责，谁也没有做过超出这个范围的事——不论哪国外交部，只要它握有可以公开得到的情报，都不会对这些事实有误解。如果有，他将感到惊讶。他要我告诉广田，他很感激广田希望同美国保持友好关系。五年来，他赫尔也是一直在为此尽力，但也不得不坦率地、纯粹出于善意地表达忧虑：发展和增进这种彼此友好关系的事业都永记于心，不应该因当前的远东局势受到损害。

广田为何误解赫尔的意思

1937 年 11 月 20 日

外务省美洲局局长吉泽私下告诉我，11 月 18 日我转达的赫尔先生致广田先生的口信中有些词句和精神其实被误解了。原来是这么一回事。为了保证能够准确地按照电文传达赫尔先生的信息，我先把它写下来，然后再去见广田，实际上是念给他听的，并没有插入临时口头传达的内容。口信说，赫尔先生衷心感谢广田先生愿同美国保持友好关系的愿望。为了这个目的，五年来赫尔先生也在不断努力；但赫尔先生仍不得不善意地、坦率地表示忧虑，深恐建立和发展这种彼此都关心的友谊的事业会因目前的远东局势而受到损害（大意如此）。

口信末尾的这句话是带刺的，可是广田听了非常高兴，并请我向赫尔先生致谢，所以我当时就有点诧异。广田问我可否把我写的和念给他听的这一份留给他。我推托说，这张纸所记的只是一份粗略的记录，我回使馆后将立即给他送一份较整齐的抄本来。这样做的理由是，我不能把原本留给他，因为那是照密码译出来的，而且上面还有一些我不想给他看的附注。我一回到使馆办公楼就给他送去一封私函，附上一份非常符合电报原文意思的译稿。

今晨陪马慕瑞①去访广田时，见面我便问他，是否收到了我的信。他说没有，还想打电话找我要。我说，两天前就已寄出，就是紧接着我们上次会晤之后，我要查一查。我们刚走出广田的办公室，便碰见吉泽拿着我的信走进来。他说信先送到了档案局，所以给耽搁了。吉泽要杜曼下午来找他，并说广田先生对信息有不同的理解：他以为赫尔先生是说，尽管远东局势如此，他还是在为美日亲善做工作。广田显然是误解了"忧虑"一词的意思。

按广田自己那样理解，这个信息曾使他高兴得不得了，以至于忙着将此事电告一些驻在外国首都的外交使节。现在收到

① 马慕瑞（John van Antwerp MacMurray, 1881—1960），历任美国驻华参赞、公使、副国务卿，曾代表美国正式承认南京政府。1936年至1941年间，任美国驻土耳其大使。

了我的信，就看出来他的理解和信息的真意之间的显著差异了，他便感到有点为难：要不要向外再发文件以更正错误呢？吉泽认为不必，也许听其自然还要好一些。这一切都只怪广田先生对英语掌握得不够，也说明绝不能相信纯粹的口头转达。但至少有一点值得我欣慰，出此误会，不是我这方面粗心大意造成的，因为我是据原文逐字逐句念给广田的。

给一个日本开明人士的信

东京，1937 年 12 月 3 日

私函，机密

某先生：

感谢您于 11 月 19 日寄给我您 11 月 11 日致英国朋友的通告信函的拷贝件，已认真拜读。信中颇多宝贵内容，为此尤当感谢。

目前寄到我处的"解释"日本的态度和行动的材料甚多，来源各异，形式多样：有书信、备忘录，还有其他各种文件。然而，其中态度客观、实事求是而值得一读的寥寥无几，大部分均不值一看，因所据论断极为片面且未经证实，也没有证据以检验其准确程度。当此时局纷扰之际，我认为最要紧的是，我们大家都应当抱持客观态度，应先对所获资料的准确性有十足的把握，然后才下判断、提建议、做决定。否则我们的判断并无多大价值，例如对相关前提的可靠性不能肯定，世人就会把我们的论断视为存有偏见或纯属宣传。

正因您本人抱着开明、无畏的态度，是一位追求真理

230

的人，又是一位爱国者，常把贵国的最大利益放在心上，我才不揣冒昧，要对您的通告信函提几点意见。请您相信，我是作为挚友而这样做的，不仅是您的朋友，而且是日本的朋友。我向来认为，一个碍于情面而不肯直率进言的朋友并不是真正的朋友。1932 年我在美日协会上做首次演讲时就说过这个话，以后也总是力求如此行事。不过有时作为朋友可以说的话，作为外交官就不能说，我是以朋友的身份来写这封信的。

首先，您在通告信函第 16 页上说："……是中国向日本挑衅，是事先精心策划好的。"第 18 页上又说："一支中国大军平白无故向我们正在演习的一小队驻屯军开火。"显然，如今彼此都会说是对方先挑衅，但中立的观察者大都认为，指中国先侵犯的所举证据并不足以证明此点。究竟是哪个肇事，恐怕谁也不知道，但一般有这样的看法：日本人既然在中国土地上，并且就在距中国驻军那么近的地方频繁演习，要不出乱子才怪呢。其实，早就该出事了。除日本军部的一面之词而外，如果您还另有什么可靠的证据足以证明您的论点，我非常乐于领教。据我看，要辩明这个问题，单凭一面之词是不够的。

其次，我知道确有其事（第一手而非第二手情报）：中国政府曾向日本政府提议于 7 月 17 日停战，表示愿意将部队撤至卢沟桥事变以前的阵地，在所涉地区内停止一切军事活动，只要日本政府也采取同样行动即可。停战期间，双方均不得试图占据战略要地。换言之，即订立一个"君子协定"：不利用停战期间谋取优势，听候和平解决。这个建议于 7 月 16 日送达日本政府，却未得到理睬。我很担心，这个事实如果载入史册，将不会是什么光彩的行为，但这的确是事实，绝非谣言。

再次，关于日本轰炸中国，您只在第19页提到一个事例（炸广州），说偶然炸死了一些平民（您所谓的人数不多）。我们根据中立观察者的目击，掌握有大量绝对可靠的证据，证明日本轰炸不设防城镇、医院、传教机关和教育机关的事例是很多的。日本飞机是在远离中国军事设施若干英里的地方大肆投弹，因此并非偶然，而被炸死的平民为数众多。这些轰炸事件即使在日本报刊上有所报道，也没有几件。美国报刊却报道了，也是根据中立人士提供的绝对可靠的观察资料。我国之所以举国愤慨，主要就是因为看了这些报道。附上一张清单，内列我们正式了解到的一些轰炸事件，供您私人参考，并请保密。

我非常愿意承认中国对外宣传的效果一向比日本的宣传好，但上述各点并非根据宣传，而是根据中立人士提供的确实证据。如果追溯到以往若干年前的历史，日本倒有充足的理由可以向世人辩解，但若以当前的敌对行动和作战方式为依据，日本就没有多少道理可讲了。在我国，日本宣传人员常用"自卫"一词，我认为这个词用得很不恰当。普通美国人会很客气地听您讲，然后只问您一句就够了："哦，但你们是在中国土地上打仗吧，难道不是吗？"要在这种责难面前辩明自己有理，需要追述许多历史背景，选用"自卫"一词是不恰当的。

我相信，您从这一切将会意识到，我国出现反日情绪是有充分根据的，也有正当理由，绝不仅仅是因宣传而起。我经常热切期盼的是，无论已经发生的还是正在发生的事情，都不会损害我们两国的传统友谊。为达此目的，我始终努力不懈，这点我想您是明白的。

此信乃私函密件，我已经强调过了，请您也做同样处置。不过，既然您是一位追求真理的人，我觉得您还是有知道这些事情的权利。

约瑟夫·C.格鲁 谨上

一个日本极端分子的来信

1937 年 12 月 4 日

232

下面这封今天收到的信，可以说明这里的普遍情绪：

〔译文〕1937 年 12 月 2 日

美国驻日大使

约瑟夫·克拉克·格鲁阁下

打倒英国！

由于英国怂恿，中国才会对日本采取挑衅态度，所以才爆发了目前的日中冲突。随着在中国的战争发展，香港现已成为反日活动的中心。日本海军坚决主张日本应占领香港，否则对中国海岸线的封锁就将归于无效。

我们认为，日本应当首先占领香港和新加坡，由此消除日中冲突的根本肇因。尽管英国援助中国，日本还是占领了中国南方的五个省，如江苏、浙江、安徽等。为了维持东亚和平，从今以后，应在中国永久驻扎一百万日本人。

今后日本中学和其他学校的英语课理应裁撤。只有志在专攻英语的人，才去学英语。

上述内容已于 11 月 15 日送呈日本陆海军当局。

【签名】某某

（退役日本海军大尉）

我们接到"帕奈号"沉没的消息

1937 年 12 月 13 日

今天实在是一个黑暗的日子。这里的周一通常比较轻松，因为这里的周一是华盛顿的周日，那里还在休息。我们打算跟几个外国同僚及其他一些人去竹之台打一天高尔夫球，但一看早晨来自中国的一连串电报，就打消了一切出游的念头。我立刻换了衣服，上午 11 点半前去拜会广田。日军正在炮击从南京经长江撤退的中国残余部队，不分中外船只，一律射击。据说这是司令部的命令。

根据我们的消息，载有我国使馆人员的美舰"帕奈号"（U.S.S Panay）和三艘载有美国难民的美孚石油公司的船正从南京溯江而上，其间在至少有两英里长的一段路程中遭到炮击，炮弹正落在这些船的四周。我提醒广田注意我 12 月 1 日提出的关于"帕奈号"的照会，把大使馆获悉的一切事实告诉了他，给他留下一份备忘录和詹森①的四封电报的摘录。其中有一封讲得很清楚，日本炮兵队奉命行事，不加区别地炮击

① 纳尔逊·詹森（Nelson Johnson，1887—1954），1929～1941 年先后任美国驻华公使、大使。早在 1925 年，他就已经是国务院远东事务部主管，成为美国对华政策的主要制定者。珍珠港事件后，转任美国驻澳大利亚大使。

一切船只。我向外相呼吁，一定要设法制止这样滥轰我们船舰的行为，并向他指出，如果发生杀伤美国侨民的事件，就会在美国国内产生极坏的、严重的影响。广田只是说，已预先通知过所有的外国人，要他们撤离南京一带的战区。不过，他还是会请军事当局注意我的抗议。我的这次行动是自发的，并没有听奉命令，后来我觉得做得对，哪怕只是留下记录也好，所以很高兴。

我还借此机会向广田致谢，因为"胡佛总统号"（President Hoover）在台湾附近触礁，可能全毁了，日本政府曾派一艘巡洋舰、一艘驱逐舰和一艘商船去援救。我又请求允许我们把"奥古斯塔号"（Augusta）也派到那里去。外相说，要去不会有什么麻烦，如果需要有正式照会，他会通知我。

以后一直无事。下午3点，艾丽斯告诉我，广田刚才来电话说他就要来大使馆找我。我当即对她说，外务大臣亲自跑到使馆办公楼来是没有先例的，一定是出了什么可怕的事。我自然立刻就想到"帕奈号"。当我走到我的办公室时，广田已经在那里了。一见面他就说，据报道"帕奈号"和美孚石油公司的船已被日本飞机炸沉。他一点也没有试图抵赖的意思，没有推说也可能是中国飞机炸的，并且表示日本政府"非常抱歉与遗憾"。广田看来确实很激动，面露日本人在最激动时常有的那种表情。他说："对这件事，我真说不出我们心里是多么难过。"我陪他下楼，送他上车。

今晨拜访广田的经过已在中午电告国务院，广田下午3点的来访也报告了。电报中还提到海陆两大臣也都分别向使馆海陆军武官表示了歉意。

这时国务院已发来"特急电"（12月12日夜11点45分

发出，12 月 13 日夜 9 点 15 分大使馆收到），说国务院已从汉口得到关于事件的报告，命我去见外相，探查消息，要求日本人立即采取适当的行动，要让广田明白局势严重，亟须采取一切措施，以防美国船只和人员再遭袭击。我于晚 9 点 45 分回电说，国务院所示各要点已在预料之中，今晨已经先办了。我们迄今尚未接到关于"帕奈号"被击沉的美国官方消息，鉴于国务院电报的传送需费时九小时，我建议凡属急讯均用无线电拍发，不要用绕经马尼拉和上海的海底电缆。

日本最初禁止报刊刊登此条消息，但不久即收回禁令，外务省也发表正式声明，暗示"帕奈号"和美孚石油公司船只是和许多运载逃出南京的中国残余部队的中国船舶混杂在一起的，所以事件纯属意外。美联社的莫林、合众社的汤普森和《纽约先驱论坛报》的弗莱彻都来探问我们有什么消息。我非正式地对他们说，为增进日美友谊，我惨淡经营已五年，但由于这次事件，恐怕会前功尽弃。说老实话，此刻我很担心两国邦交会破裂，甚至已经开始考虑万一要撤离时如何赶紧收拾行李的细节。这一切就像 1915 年"卢西塔尼亚号"（ *Lusitania* ）被击沉后，我们在柏林开始马上整装待发那样。我无法预知美国政府和人民是否能够忍受这类自称非蓄意的、无理的侮辱。

"帕奈号"沉没以后

1937 年 12 月 20 日

在此紧张而又疲累的时候，又有好几天没有写日记了，实在很难及时更新日记。我们一直在艰苦工作，不分昼夜，不计周末。"帕奈号"事件造成的危机，更容易使人感到烦躁和气恼。这次事件简直令人难以置信。战争从来就不是也不可能是仁慈的事业，但对"帕奈号"先施轰炸，继而又用机枪近距离扫射，甚至在伤员和其他幸存者爬进岸上树丛以后仍继续扫射，必欲斩尽杀绝——日本海陆军的这种行为简直是不可理喻。

日本人数次轰炸医院、教堂、大学等非军事目标，总是拿"可见度小"和误差来做辩解，但就"帕奈号"事件来说，这种托词再也不管用了。情况很像是这样：飞机从一定高度炸沉该舰后便俯冲下来，陆军的汽艇还开过来一齐扫射幸存者。即便轰炸时或许知道是美国炮舰或许不知道（虽然船篷上清楚地画着或盖着美国国旗），但之后绝对不会看不见美国国旗。而扫射的目的很像是消灭亲见炸船的证人。我们从可靠方面得知，至少陆军当局——很可能还有海军——曾下令击沉长江上的一切船舶。尽管他们早已获得确讯并且清楚地知道那里有我们的船，甚至连船的准确位置都是知道的。

我最初的想法是，结果可能会导致双方断绝外交关系。斋藤将领回他的护照，我将被召回，因为我"想起了'缅因号'事件"。当详情传到国内，国民开始了解到其残忍程度竟如此骇人听闻时，我更认为可能会断交。如果再发生类似事件，断交就是肯定无疑的了。但是，广田立即亲自来访，表示日本政府"非常抱歉和遗憾"，日本海军当局也采取类似步骤，此皆前所未有之举，且绝无推卸责任的意思。这一切，似又暂时平息了公愤。就这点来说，日本政府倒是非常聪明。然而本地报刊至少还想否认有机枪扫射等情况，外务省发言人也有这种倾向。在此期间，亚内尔（Yarnell）将军正在上海搜集证据，此间的陆军也已派专人前往上海调查。美国海军将开调查法庭，询问证人，录取证词。同时，我们还听说，日本海军当局已将那个应对轰炸负责的海军将领召回，命他退役。现在真是一个紧张而又关键的时刻。

然而，存在"两个日本"的这个事实也在此刻表露得最明显。自"帕奈号"遇难的消息传来之日起，便不断有代表团、来访者、书信、捐款向我们涌来，上至高级官吏、医生、教授、实业家，下至小学生，各行各业的人都有，都想通过某种方式为其海军的行为表示羞愧、抱歉与痛心。有位衣着整齐的日本妇女从使馆办公楼的侧门走进来，剪下一大绺头发，连同一朵石竹送给我们。这是哀悼亡夫的古仪。还有个日本人为这个国耻而痛哭流涕。我们每到一个地方，都有人来道歉。有些贵妇人、官员的夫人没有跟丈夫商量便直接来拜访艾丽斯。总之，事件的这一面还是感人至深的，表明日本人心中还留存一些骑士精神吧。

事件究竟会演变到什么地步，还很难预料。当国内得知详情，国会与公众日益愤激之时，我们或许不得不断交。但如果我们能够挺过这次风浪，那这一事件也许正可以提醒日本政府，使其认识到，除非它能抑制陆海军，否则断交就必不可免。而断交及其一切后果肯定不是他们所希望的，因此说不定可以因祸得福。但还是那个问题：他们能够抑制军部吗？假如采取压制措施，东京就很可能再发生一次"二二六事件"。政府自身就处在进退两难的境地。我们也知道，天皇本人是想干预局势的，但他会被允许这样做吗？日本有许多矛盾现象，这里我们又碰到一个：陆海军是天皇的"孩子"，为他效忠，唯命是从，但又像疯狗一样四处乱咬，而这非天皇之所愿，亦非其所批准的。

英国人的境遇和我们一样，他们在长江上的船也遭到袭击，也有人被炸死。

大使馆致"帕奈号"沉没事件日方调查人员的声明

1937 年 12 月 22 日

237　　兰登写信给总统，答应在外交政策方面支持政府。这封信
发表了。还有另外一些人，但愿他们也能和政府同舟共济。我
只希望，他们那套要放弃我们在远东的利益、国家的尊严和威
望（即使不是国家的荣誉）的主张，并不代表美国大多数人
的意见。我并不认为共和党可以从政府的远东政策和行动中捞
到多少政治资本。

　　大使馆同山本海军大将①及其他军官讨论"帕奈号"事件
的会议今天在我的书房里举行了。地板上铺着地图，大家就围
着地图而坐。参加的有海军省次官山本将军、高田海军中佐、
柴山大佐、西中佐、吉泽先生、杜曼先生、美国新到任的海军
武官比米斯（Bemis）海军上校、新到任的陆军武官克雷斯韦
尔（Creswell）少校，会开了三个多小时。我们都有这样的印
象：日本陆海两军都显然是真心实意地希望能查明事情的真
相。如果不是有很多原因，他们是不会轻易这样做的。我以如
下发言结束这次会议：

　　　　我想简单地谈点意见，可以吧？各位将校懂不懂英
语？（译员告诉大使，他们都懂，不需要翻译。）
　　　　今天承蒙诸位光临，并多承指教，非常感谢。感谢大
家为查清整个事件的真相而做出的努力，感谢高田海军中

----

①　日本海军当时负责善后的是山本五十六（1884—1943），之后因被陆军极
端分子列为刺杀对象，被从海军省调任联合舰队，任司令长官。

佐和西中佐汇报的现场调查的报告。这些报告我都很留心地听了。我国驻上海的海军司令亚内尔将军正在召开调查会，即海军的侦讯法庭。我还没有得到该庭的调查结果，也没有接到该庭搜集证据的最后报告。不过，我知道它已经在听取证词，尤其是幸存者的证词，已在尽量深入地进行调查，希望不久后就能接到报告。不过，我还是收到过一些证据，我们的侦讯法庭搜集到的这些证据与今天两位中佐所列举的事实有许多相符之处，但并不是各方面都一致，某些地方仍有出入。关于谣言的问题，已经讲了很多。我很愿承认，有些谣言虽到处流传，或许是无稽之谈；但我又觉得，有些传说将会被最后的证据证明是有事实根据的。

现在来回顾一下吧，我只想略微回述一下我国政府的态度，也就是说，看看我们已经做了哪些工作。

12 月 1 日，我首次提出这个问题。我告诉外相，那里停有"帕奈号"，我国驻华使馆人员要坐那条船，请采取措施，以免不测。之后，接到来自南京和上海的报道，称炮弹正落在"帕奈号"周围。我又在 13 日早上 11 点 30 分去见了外相，告知有此类报道，请求采取措施，以免美国人的生命财产遭到威胁。那天下午 3 点，广田先生来访，通知我发生了"帕奈号"被炸事件，表达了日本政府的歉意，表示深感遗憾，陆海两相也这样做了。

随后日本各界人士来访或来信，向我表示歉意。这对平息由事件激起的美国人民的愤慨有很大作用。14 日，我接到训令，要送交一项陈述我国政府态度的照会。当天下午 4 时，我求见外相，那时他没有空。到晚上 8 点 30

238

分我才见到他，当即递上照会。

其间吉泽先生曾于下午5时送来日方照会，我方照会中有几点已在日方照会中得到回答，但并非所有各点均已得到答复，所以我们至今仍在等候回音。

17日，我们的消息表明，事件要比我们最初想象的严重得多。因为我们陆续从上海得到了证明材料。其中最重要的一条是，船被炸之后又遭机枪近距离扫射，逃入苇丛的人也无法幸免。至少有一架飞机低飞下来扫射他们。又有证词说，"帕奈号"还被陆军汽艇扫射。这些证词，以及上海侦讯法庭得到的其他材料，说明事件要比最初想象的严重得多。

239　　目前的情况就是这样。我国政府不想在细枝末节的问题上同日本政府争论，因为这种争论只会混淆主题。在主要问题上，基本事实是清楚的、无可争辩的，更是毋庸置疑的。我国船舶在长江上航行，合法合理。日本军事当局也知道那里有我们的船以及大概的位置。船上标有美国国旗，横竖都有，一目了然。船只除了遭到日本海军飞机低空轰炸外，日本水面舰艇还抵近向它们射击。"帕奈号"上的人员逃生后，逃生者又遭到日本飞机扫射。这一切都是不容置疑的。日军犯了罪，根据这些罪行，我国政府提出抗议，要求尽数赔偿，这都是理所当然的要求，也是不容置疑的。

我想再说一遍：你们赔礼道歉，尽力查清事实真相，再来向我报告调查结果，保证赔偿，这些我都非常感谢。不过，我认为采取最严厉措施来保证这类事件绝不会再发生，才是最重要的事。若再发生一次类似事件，后果恐怕就不堪设想了。所以，现在我们下一步就是等候日本当局对我们的正式照会答复，看上海侦讯法庭的调查结果如何。在那以后，才能明确知道我们该怎么办。

"帕奈号"事件告一段落

1937 年 12 月 26 日

今天是个值得高兴的日子，它显示了两国政府的明智和卓识。尽管一方数次打算不惜任何代价"保全面子"，尽管另一方横遭侮辱，但两国政府并没有感情用事，贸然准备诉诸武力。日本政府为击沉"帕奈号"谢罪，卑躬屈膝；我方则立即接受了道歉。我国政府的照会，在我看是一篇杰作。我们已满意地看到，日本政府自认有责，表示悔恨、提出赔偿都很及时。我们承认日方的行动是对我方要求和期望的回应。在细节问题上，各自都信任本国的证据和结论。我方表示，非常希望日本政府采取的措施真能奏效，足以防止日本军政当局再攻击或非法妨害中国境内美国侨民的利益或财产。

日方办事同样巧妙，他们把照会安排在圣诞前夕送达华盛顿，使其能在圣诞节当天得到我们政府的处理（我方的答复于圣诞节下午 3 点自华盛顿发出）。日本人不会不知道，我国洋溢着圣诞精神，"和睦处世、善意待人"的思想必定会浸润、影响我国的决策。无论如何，有这样的结果，我感到万分庆幸了，因而中午去见广田时一进门就笑容满面（与 12 月 17 日拜访时的姿态截然不同），告诉他我带来了好消息。当我向他念完我方照会时，他确实热泪盈眶，充分表露出日本人的激动状态。他说："听到这个决定，衷心感谢贵国政府和您本

240

人。我高兴极了，您给我送来了一件绝佳的圣诞节礼物。"想必他也大大松了一口气，和我一样。我们又算暂时渡过了一关，甚为艰难的一关。

可展望未来，我丝毫也没有万事大吉的感觉。可以肯定，还会出现难关，也许还会更加艰险，美国人民的忍耐并不是无限的。仅是损害甚或摧毁我国在中国的有形利益，或侵犯条约权利，或破坏我们所维护的原则，尚不至于引起日美战争，但再有某种侵凌美国主权的行为，或者屡次三番的公开侮辱，战争就很容易被挑起了。危险就在此处，这是现实的危险，日本军部与日本政府不同，他们并没有责任感。凡是知道这种情况的，在展望前景时都无法排除这种危险。我离开外相官邸的时候心里非常明白，我们因"帕奈号"事件解决而感到满意，只不过是畅快一时。五年来，我总是想建成一幢坚实的日美友谊大厦，但这幢大厦的基石早已瓦解成流沙了。

日本教师、小学生寄来的信和诗

亲爱的先生们：

241 听说贵国的伟大军舰沉没了，您的同胞还遇难了，我深表同情。

消息传来，才晓得发生了惨案。我们日本人震惊的程度不是你们所能想象的。

要知道，我们并没有丝毫害人之心，造成这么大的损害纯属偶然。

请向丧失亲人的家属们转致我们真挚的同情和吊唁。

附上用日文写的挽歌一首，还望接纳。

当中国事变发生时，我有个兄弟在北京和天津之间叫作通州的一个村子里被杀了。当时他住在金水楼旅馆，那里的边防军突然向手无寸铁的日本人开枪。

之前几个月都没有得到他的消息，不知他是生是死。

每天挂念，悲伤难平。

海外素不相识的朋友也来信勉励，邻近的人也会来看望我们。

在忧患中听到温暖的话语，实感莫大宽慰。

尽管我们的境遇同样艰难，但我们还是要向你们深表同情和吊唁。

谨向全体美国朋友致意。

您忠诚的某某

悼"帕奈号"及死难船员
（某人写的日文挽诗）

恶浪翻滚，

战火纷飞，

沙场纷乱迷离。

英雄腾空，奋勇追敌。

242

炸弹落下。啊！炸的不是敌船，

误中了友邻的舰艇。

船沉了，还有几位水兵。

都因那致命的一击，

举国哀悼，无限哀伤。

（附注：原文语带双关，难以直译成任何外文。上面所译，只是略表诗中大意。译员最上。）

　　[译文]　　　　　　　　东京，1937 年 12 月 12 日
　　美国大使阁下
　　亲爱的大使：

　　日本战机向贵国——美利坚合众国的军舰误投了炸弹！妈妈告诉了我，我大吃一惊。这个消息真把我吓坏了。我相信，发生这种误会，一定是由于江上弥漫着浓雾。如果日本战机知道那是美国船，肯定不会那样做。日本空军没有任何理由要把美国军舰当作轰炸的目标。这次不幸事件也许会给船上官兵造成一些伤亡。这是我最担心的，但愿他们都平安无事。

　　亲爱的大使，我衷心希望您不要把这事看得太严重。要宽大为怀，原谅那些日本海军航空兵，毕竟责任不在他们身上。我还恳切希望，能允许我为日本战机的严重错误向您道歉。我非常喜欢贵国。美国万岁！再见。

　　　　　　　　　　　　　　　　五年级学生　某某
　　　　　　　　　　　　　　　　东京世田谷区
　　　　　　　　　　　　　　　　森山小学

日本开始发现中国事变意味着什么

1938 年 2 月 10 日

　　在不祥的迹象中迎来了新的一年。由于发扬了真正的、罕见于国际事务的圣诞精神和基督教精神，由于美国政府和人民表现了可佩的英明睿智，"帕奈号"事件才暂时得到了解决。

但祸事仍旧还会发生，前景依旧十分暗淡。一方面，东京政府无力控制在华日军危害美国人生命、利益、财产的行为；另一方面，我国虽有和平主义的倾向，渴望和平，但在屡受侮辱的情况下，不能以为我国人民的忍耐力是无限的。

如果上面两个前提都没错，那么剩下的似乎只是忧虑了，全无安心的可能。有个事实或许最能说明我自己的忧虑：最近我曾把这套日记和五年前到日本以来的私函装订本整理了一下，订购了两三只书包式的皮箱，以便突然要离开日本时一接到通知就可以把这些文件装好，并且马上就可以送上船。我觉不认为这样的变故不可能发生。

"帕奈号"事件引起的反响刚开始平息，就又传来日本侵略军在南京肆意妄为的消息，他们抢劫美国人住宅，亵渎美国国旗，多次将美国国旗扯下来、烧掉，不然就撕碎，如此等等，恣意侵凌美国的权益。显而易见，中国人遭到了几乎见人就杀的屠杀，许多中国妇女则被强暴。当然，日本人对这些事情都会狡辩。关于污辱美国国旗，他们说那是因为中国人用它来保护自己的财产，但连我国总领事签署的、张贴在真正美国财产上的日文证件也无人理睬，这又怎么解释呢？至于强奸的事，他们说数以百计的中国妓女从妓院逃出来，日本兵只是把她们带回去重操旧业。又说我们得到的消息都来自传教士，他们不过是转述他们的中国雇员的话，并没有亲自看见过他们所诉说的那些事。

有人对我说，日本人的真意是想要逃难的中国民户和店铺老板能回来安居乐业。我说，中国居民，尤其是那些有女儿的人，听到那么多关于大批处决、屠杀、奸淫的消息后，如果不敢回来，恐怕也没有什么奇怪的吧。听我这么回答，来和我说

244

话的这个人便无言以对了。事实上，他还是说了，而且竟然还说他能够理解中国人的态度。

日本反对英国、观望美国

1938 年 3 月 31 日

在现在的情况下，对我们这些身在使馆的人来说，生活就好似摆着一排排跨栏的煤渣跑道。每跳过一栏，都有一阵快感，但是我们没有自欺欺人，认为已经跳完了最后一栏。新栏正在不断出现。要是在以前，还要难跳得多，如今稍好一点。但这只是因为日本政府目前亟须避免同我国政府和人民发生不必要的摩擦。它明白自己要应付的困难已经够多了，而且以后也许还会如此。它不想在军部给它带来的麻烦之外再去惹是生非。由于日本政府希望日美关系保持平稳，所以眼下我们才在外交谈判中有了一点力量。

日本政府抱持这种态度，绝对不是在感情用事。有此意愿，纯粹出于政治常识。他们知道，日本必然会和英国发生持久的、日益激烈的对抗。虽未明说，他们打仗的目的之一其实就是想要取代英国在中国的势力，步骤或许是渐进的，但终究还是一定要取而代之。而他们目前最不想干的事就是过分刺激美国，使其一怒而转与英国合作，以至于在远东建成有力的联合阵线。他们向来认为美国是不会这样做的，因为他们相信美国和平主义和孤立主义的情绪实在太强烈了，不允许政府这样做。然而，除军部逼着要干的以外，他们（日本政府）还是不敢冒险。我觉得，日美间的纠纷之所以大都能够很快得到解决，就是因为存在这种形势。今后很可能还会是这个局面。所以在目前情况下，我的职务虽然无论怎样异想天开也不能说是轻松的，但如果不能如刚才说的那样因势利导，那就会更难办许多。我们的外交成果——如果还能称其为成果的话——就是在这种形势下取得的，我们政府处理各种问题时态度都很开明，这也是一个原因。

日本国内，政局很不太平。政府在国会受到各政党的猛烈诘难，颇有法西斯管制意味的《国家总动员法案》和《电力管理法案》都引起很多人的反对。不过，在国会里，最后仍将是政府如愿以偿，就跟以往一样。在政府内部，在对华战争的战略问题上看来也意见不一：一派主张直捣汉口，纯粹靠武力来结束战争；一派则不赞成使用过激手段，认为最好还是先巩固已占之地，靠时间和经济财政压力迫使中国屈服。说也奇怪，倒是首相和广田领导的众所周知的文官派更倾向前一种方法，陆军头目反而赞成后者，理由是兵力不够，不足以征服和守住更大的地区。

3月底还没有向汉口进兵的迹象。日军正在山东和山西进行"扫荡"，据外国新闻广播，他们的"扫荡"并不顺利。实际上，最近还有消息说中国人打了一些胜仗。日军受挫，这里的报刊当然是只字不提。不过，看到报上说日本人已占领某一城镇，过几个星期又看到还是那个城镇被占领，那就不难得出结论了。陆军武官办公室墙上的地图插着各种颜色的针，战局近况如何，一清二楚。

在此期间，我们目睹了德奥合并，捷克斯洛伐克有被侵之忧，佛朗哥在西班牙内战中取得显著优势，英国和意大利会谈，张伯伦抱骑墙态度。也许正是他的政策解除了眼前的战争危险，但是，从远处望大局，我便看不出有什么理由可以对前途表示乐观。各国，特别是英德两国，都不过是又在为"那一天"做准备。至于德奥合并，我们这些热爱过那古老的"舒适的维也纳"的人，一想到那座可爱的城市和昔日风光明媚的乐土即将纳粹化，不禁感慨系之。在纳粹制度下，谁能得到真正的幸福？

怀念帕德雷夫斯基

1938 年 5 月 15 日

246　　　看了最近放映的关于帕德雷夫斯基①的影片。其中，有个情节使我想起了我自己和这位音乐大师的交往中也有件与此极为相似的事。我在童年时代就知道他的名字，因为在当时的美国，他的名字（当然读音是错误的）已家喻户晓，无人不知其为当代首屈一指的钢琴家。艾丽斯记得，她是在波士顿的布伦斯威克饭店见到他的，对他那光亮的金发印象很深。我第一次和他接触是在 1917～1918 年大战期间，那时我是国务院西欧司司长，兼管美国人捐助给敌占区朋友或教友的救济金。这种救济金的数目当然要限制在最小限度内，以免"援助和慰劳"了敌人。

帕德雷夫斯基常常捐款给德占区的波兰人，通常是五六万美元。相对来说，数目是不大的；他总是在其所处位置上以合适的方式为波兰人抗辩，常泪流满面。他出来抗辩，波兰人便有了理想的代言人。

我第二次碰见帕德雷夫斯基是在巴黎和会上，又听到他在为波兰人发声。不过，这次是为了他们国家的独立，结果也很

---

① 伊格纳西·扬·帕德雷夫斯基（Ignace Jan Paderewski，1860—1941），著名波兰钢琴家，政治活动家。

好。后来他当了波兰的第一任总理，是这个新建国家最理想的名义首脑，但这一角色他当得并不成功，因为他那慷慨无私的心肠不适于政治舞台：他跟毕苏斯基①合不来，1919年年底便辞职了。

1924年我任驻瑞士公使时，又曾偕艾丽斯赴莫尔日参加一年一度为帕德雷夫斯基举行的生日宴会。通常他会放烟火，但那晚下雨，晚餐就在屋内。饮香槟酒时，我提议为他的生日敬酒，讲了几句话，提到这位大师在美国深受爱戴，又说我一向知道他是个伟大的爱国者、大慈善家、大演说家，但他作为音乐家的一面我们就无所知了，因为他主要是在美国演奏，而我们却是在国外生活，所以他的演奏会我总是未能躬逢其盛。帕德雷夫斯基起来致答词，对我那点颂词也照例激动得老泪纵横；他把夫人叫过来，对她说："最近哪天晚上有空，就专请格鲁先生和太太来同我们在一起，我将为他们弹上一整晚！"

这是个绝妙的好主意，我相信他当时是真心实意的。但不久后，我就奉调回华盛顿任副国务卿，还未实现莫尔日之约就走了。后来我们的长女伊迪丝去世，艾丽斯在关闭伯尔尼的公馆后，带着其余的女儿乘船回国，一路上伤心极了。在她们到来的前一晚，我赶往纽约，看报知道帕德雷夫斯基也到了这里，而且那晚就要在卡内基音乐厅演奏，便独自去听了。奏完后，我又像《月光曲》影片中那对夫妇那样走到钢琴下面去听他重奏。帕德雷夫斯基看见我在那里；他一定已经得知我们的丧女之痛，大概也还记得他曾经约过我们。

247

---

① 约瑟夫·毕苏斯基（Józef Piłsudski, 1867—1935），波兰独立运动的最大功臣之一，后也成为波兰第二共和国的元首。在波苏战争期间，成功率领波军击退了苏军。

总之，他重奏了大半个钟头，而且是弹给我听的。这是我终生难忘的一夜。

首次会晤外相宇垣将军

1938 年 5 月 31 日

今天新外务大臣宇垣将军①分别接见外交使节。他显然不懂英语，谈话只能通过译员。

他说，他要尽全力增进日美邦交，还说他素无外交经验，不习惯于外交这行的错综复杂，因此他将始终有话直说。我答道，我正因为有三十四年的外交经验，所以越来越深信不诚实是愚蠢的。在我们的交往中，我也将以至诚相见，这点他永远可以放心。因此我们的想法是一样的，殊途同归。

我问，关于保护美国在中国的利益，不知他的态度如何？如果我能在这方面对我国政府有所报告，那将会是有益的。外相明确回答，他保证将保护美国的在华利益，如果这方面发生什么问题，就告诉他。

广田外相为什么丢官

1938 年 6 月 21 日

248　　有位日本政府要员，以深知政情的身份透露，对最近内阁改组的目的和现在这样组成政府的意图做了以下论述。近卫公

---

① 宇垣一成（1968—1956），先后三次出任陆军大臣，却因大力推行裁军而遭陆军内部的嫉恨。1937 年在重臣会议上曾受命组阁，但因为陆军强烈反对，组阁流产。在第一次近卫内阁中出任外务大臣兼拓务大臣。战争末期，曾积极参与反对东条英机的倒阁运动。战后，免于远东国际军事法庭起诉，1953 年高票当选参议员。

爵和政府其他成员已意识到，要进一步巩固日本在中国的地位，并避免和英美发生严重摩擦，就必须把纯军务以外的一切政治领导权从陆军手中拿过来，交给政府的文职部门。广田倒台，就是因为他虽无力对抗陆军，却又坚决认为日本在中国的对外关系只能由外务省控制。这不是陆军所能容忍的，军方现在筹设所谓"中国机关"以专门处理有关中国的问题，正是出于这个缘故。

宇垣将军和池田藏相答应就职，都是有条件的，即军部不得控制有关中国政治、经济的事务。这也说明为什么要让板垣将军①当陆相，原因就在于他既享有陆军少壮军官的信任，又主张陆军不应过问政治，只尽其作为有力的军事机器的本分。宇垣和池田都认识到，若不与英美保持友好关系，就不可能解决日本在中国的问题。所以宇垣提出，一定要尽力使英美的利益得到保护。要夺军部的权，说服他们遵从政府文职人员定下的政策，显然不会那么容易，能否成功，令人怀疑。日本政府同时还成立了"华北开发公司"和"华中振兴公司"，其目的就是要使在华经济事务脱离军部的控制。在所有这些问题上，五相的意见完全一致。以上关于政府立场的论述，都"直接来自当事人"，可认为是绝对可靠的。

中国事变演变为中日战争

1938 年 7 月 1 日

6 月间发生的大事是日军对广州的狂轰滥炸和日本准备　249

---

① 板垣征四郎（1885—1948），历任日本关东军参谋长、陆军大臣、中国派遣军参谋长、朝鲜军总司令、第七方面军总司令。"九一八事变"的主谋之一。战后被远东国际军事法庭认定为甲级战犯，被判处死刑。

进军汉口。此外，由于中国人掘开黄河大堤，造成洪水泛滥，日军的进攻计划不得不大幅度修改。还有就是日本内阁改组。

轰炸广州，是现代战争中最残酷的事件之一，加上不久前日军在南京犯下的骇人听闻的暴行，都败坏了日本的名声，致使外国对日本传统的"武士道"和日本人自尊心的看法都发生了变化。这些罪行给日本带来的恶名，是永远洗刷不掉的。

广州遭轰炸后，英法大使和罗马教廷使节都向外务大臣提出正式抗议。我国则采取另一种做法，由国务卿和副国务卿在国内发表公开声明，表示严正谴责。6 月 9 日，我因斯科维尔（Scovell，美国传教士，被一名喝醉了酒的日本兵枪杀）事件拜访日本外务次官堀内，借此机会对他说，我想就日军在中国轰炸平民一事非正式地说几句话，先声明我不是在正式提出抗议，事实上也没有听奉要我这样做的训令，而是出自己的意思，并且是从美日关系着眼。我说，六年来，为保持和发展我们两国的友好关系，自己始终努力不懈。因此凡出现我认为有可能损害两国关系的情势，我就觉有义务，非得向日本政府指出不可，至少也得非正式地指出。

我说，今天我不想探究空袭的法律问题，也不想谈什么设防区或不设防区的法律问题。我只想指出，不管在什么地方，只要狂轰滥炸造成大量平民死伤，就会对美国舆论产生很糟糕的影响。我还要提出一个问题：这种大屠杀必然会败坏日本在外国特别是在美国的声誉，是不是只要能在军事上占一些便宜，就值得这么做？我说，依我看，这方面的问题，首先外务省要干预，因为它要对日本的对外关系负责。我认为最要紧的

是，日本政府应要牢记，轰炸平民一事无论发生在什么地方，　250
无论是怎样发生的，只要关乎人道主义，美国政府和美国人民
都深为关切。

次官对我这样以友好方式来商讨问题表示感谢，并称宇垣
将军亦必与他有同感。他说，我的意见将会得到充分考虑，事
实上外务省此刻也正在和军事当局商谈这个问题。

这种交涉方式似乎还起了一点作用。无论如何，之后
我们听说，政府已派了一个联络军官去前线，要对狂轰滥
炸的行径加以约束。我们还从各方面获悉（甚至东京俱乐
部也在议论），正因为我国的抗议是用上述方式提出，所以
才能说服日本政府。日本人尽管在军事上残暴，却还是一
个易受感动的民族，在此地办事的方式、方法，比在任何
西方国家重要。这是毫无疑问的。要明白这类事，得靠经
验，靠长期的经验。拍桌子在这里一点也没用，反而达
不到目的。

我们分析过这次内阁更替。这次改组表明，日本当局已认
识到日本正进入艰难的阶段，表明战时心理和战时经济正在形
成，自开战以来还是第一次见到这种现象，使我们想起了上次
大战时德国的情况。食品还没有怎么管制，但许多物资现在对
国民来说已经在禁止持有之列，皮革也在禁用之列，结果将是
不再制造皮鞋，而鼓励人民重穿旧时的木屐。他们终于真正开
始过苦日子了。高尔夫球因是橡胶做的，所以也不准制造了。
在我看来，在不远的将来，高尔夫球这玩意儿即使不被全部喊
停，也一定也会衰微，最后球场恐怕也会全部或大部分关闭。
这一切要说有什么意义的话，那就是它将使许多日本人切身感
到他们的国家确实已处于战争状态了。

日苏爆发冲突，但避免了战争

1938 年 8 月 1 日

7 月间的大事就是在苏联和"满洲国"接壤处的张鼓峰爆发了苏日冲突：苏军在有争议的地段占领了一座有战略意义的山头。据本地新闻报道，日军又将苏军赶了回去，双方伤亡颇众。我们到日本六年以来，那一带总是时常发生类似事件，但这次有点不同，似乎比以往都严重，使我们想起了去年的黑龙江岛屿之争。那时似乎是日本人想试探苏联的实力。眼下这一次，则可能是俄国人在试探日本的实力和决心，要不就是与中国人遥相呼应，发动这么一个事件，以牵制进逼汉口的日军。假如真是为了这个目的，看来他们至少已经获得了部分成功，因为据传有大批日军已北调，而日本现在也确实无法忽视那个地区，不能不以防万一。

我确信苏联人此刻并不会同日本打仗，也确信日本人绝不会在这个时候冒险，所以对这次事件没有深感不安，并且一开始就觉得此事势必会局部化。与日本高级将领交往甚密的德国大使奥特将军告诉我，这些将领曾对他说，他们现在并不想同俄国发生麻烦，因为中国的事已经够他们忙了，所以他们不会让事件扩大。我想，奥特不会骗我，因为我们私交不错；若不发生意外，事件定会很快得到解决。幸运得很，事件果然以停战的方式解决了，那里虽始终存在冲突的导火索，但张鼓峰事件仍有可能变得同其他许多事件一样：虽然喧闹一时，但接着又沉寂下去。

在其他方面，这个月的要事是我们坚持努力，要日本保证尊重我国在中国的各项权益，结果略有所获，但也仅此而已。

我曾与宇垣将军长谈过三次，第四次约见时他没空，改与堀内会晤。第一次会见时恰好是在美国独立纪念日，谈了约两个半钟头，我详述了美国在华利益的各个方面。这次会见绝不是去碰碰运气，所有要讨论的议题事前都仔细研究过，花了几天工夫，为的就是要对各种情况了如指掌。我说到的一些事情和说话的强硬语气大概会让他发火，我也等着他发火。可是他没有动怒。他甚至感谢我能够同情地看待局势，而且是在听我明确说了美国政府和人民对中日战争的总的看法如何，特别是对轰炸平民如何憎恶的态度之后，还表示感谢。

这次会谈是否有用，不得而知。也许在某几点上有些帮助，但不能指望会有多大效果，除非日本人有理由感到美国将会采取某种行动。他们可以给保证，给多少保证都行，但又总是会这样说："请别着急。军事方面的情况使得我们暂时还履行不了诺言。"英国人和我们处境相同，而困难更甚，因为他们的利益比我们要广泛得多，日本人又正在加紧排挤他们。有迹象表明，英国政府已忍无可忍，极想发作，但只要日本人仍料定英国因困于欧洲纷争而无法动武，那他们就会继续对它嗤之以鼻，但说话则又相当客气。

慕尼黑会议前夕的日本

1938 年 9 月 30 日

9 月 28 日是个繁忙而又重要的日子。欧洲正在战争边缘瑟瑟发抖。我们都围着收音机，听伦敦、香港和悉尼下午和晚上播出的新闻，详情还不清楚，只听报道称有总动员，张伯伦寄最后信息给希特勒，请他放心，英法保证敦促捷克斯洛伐克

252

履行其交出苏台德地区①的承诺。罗斯福总统直接致电希特勒本人，再次呼吁和平。此电文措辞有力、观点开明。不过在德国，这些呼吁当然是一篇也不许发表的。

我还没丧失信心，觉得战争还是可以避免的，除非希特勒真是疯了，否则到最后关头总可以达成某种协议。但如果说希特勒也许真的发疯，我也会同意。希特勒在国内发表了几次演说，把话说得太绝了，现已很难打退堂鼓。若现在打退堂鼓，他的威信将受重创。

随后华盛顿来了特急电，命我去见外相或别的外务省官员，建议日本响应总统的倡议，也向德国和捷克斯洛伐克呼吁和平。下午 1 点，电文译出，打好字。值此危急时刻，理应分秒必争，1 时 5 分，我便命杜曼携电赴外务省，交给负责人，等候宇垣将军按约定时间即 2 点 50 分接见我。订此约会时，岸曾说，外相和次官整天都不得空，无法接见我，但我告诉他，我的事极其重要而紧急，非见外相本人不可，这才做了安排。使馆秘书卡伯特·科维尔（Cabot Coville）随我同往，由他核对外务省译员土屋的翻译，确认翻译完全准确。开头我先对外相说，现在是文明史上最紧要的关头，此刻采取什么决定和行动，足以从根本上影响今后文明的发展方向；随即传达美国政府的信息，除口述外，又送上非正式的文本，以便留下记录，以求明白无误，还附上一份总统致德国总理、捷克斯洛伐克总统、英国首相、法国总理呼吁书的转抄本。

---

① 苏台德地区为捷克斯洛伐克的领土，境内有日耳曼少数民族。1938 年 9 月 12 日，希特勒公开要求将苏台德地区并入德国。9 月 29 日，德、意、英、法四国政府首脑在德国慕尼黑举行会议，签订协定，将苏台德地区交给德国。

消息译成日语，科维尔在旁边注意着，外相听完后做了回答，大意如下：

> 对于美国总统在德国与捷克斯洛伐克的争端中所采取的行动，我代表日本政府表示完全赞同。如您所知，日本向来是渴望和平的。虽然现在不幸地处于对华战争中，但仍希望在那里恢复和平状态。我们也在谋求和平解决德国与捷克斯洛伐克的争端。不过，在此有一个问题：即使日本采取类似美国的行动，是否有效？从我们自己所处的地位来看，采取什么行动为益，必须慎重考虑。但我们还是坚决赞同总统所表达的信念。

下午晚些时候，吉泽建议道，若由外务省将美国的电文和宇垣的答复发表出去也许倒是件好事。我立刻同意，他也获得了宇垣的许可。国务院并未授权让我这样做，但即使吉泽不来问我，外务省也很可能会发表，即使不发表，也几乎一定会泄露出去，说不定还会走样。而且我认为，纵然日本不可能采取类似行动，若把它赞成总统的行动一事公布于众，显然也是有益的。正如堀内当晚对克雷吉说的，他们自己就正在作战，却要去呼吁别人不要大动干戈，这确实有点尴尬。晚上 10 点，外务省公报发表了。我对公报的形式有点失望，因为它没有确实反映出宇垣对我讲的话，即宇垣对总统的态度和行动都表示赞成，公报只说宇垣赞成总统的"愿望"，但也总算是说了这么一点，聊胜于无。我猜一定是吉泽起草后，那个沙文主义的发言人河相又给稿子的调子打了折扣。这种情况是常有的。

克雷吉于晚 7 点 15 分来访，长谈时局。

254

　　临近午夜时，有个消息把我惊醒了："汉堡美洲轮船公司"已下令命其船舶留在日本海域，而英国"半岛及东方轮船公司"则命其船舶于 24 小时内离开日本海域：这都不是什么好信号。我立即将此讯电告华盛顿，此刻在华盛顿肯定有类似的函电如潮水般涌来。

　　深夜，杜曼、科维尔、译电员瓦伦札（Valenza）和我在我书房里审核我草拟的各类电报，又听收音机的最新消息。在花了约一小时应付午夜传来的关于轮船的消息后，我还是睡不着觉。

　　29 日，美国公理会传教士古德塞尔（Goodsell）博士来访，告诉我他拜会外相的结果。宇垣曾给他几封致日本驻华官员的介绍信，他是去致谢的。原以为五分钟就够了，不料外相竟留他坐了一个半小时，细问他日军当局是怎样对待美国传教士和教会的，很想知道他的看法如何。古德塞尔便单刀直入，把日军的暴行、屠杀、奸淫、野蛮、残忍都如实告诉了他，还给他留下一长串早已编好的笔记目录。外相并不因此见怪，古德塞尔再三给他机会，让他可以随时结束这次会见，但他都继续谈了下去。这天正是外务大臣辞职的前一天，他这样做，的确值得注意。古德塞尔还给宇垣讲了一个故事：在爆发中国事变的卢沟桥附近，他亲眼看见城墙上刻着"东洋和平诞生之地"几个大汉字。古德塞尔说，外相喜欢这个故事，轻声笑起来。

　　在巴索姆皮埃尔处用午餐，有巴西大使韦洛索斯（Vellosos）、瑞士公使图恩希尔（Thurnheers）、帕布斯特等许多同僚在座，一同接待佩尔策（Peltzer）夫人，她是我们以前的同事佩尔策先生的遗孀，佩尔策当过比利时驻柏林、驻伯尔尼使节，后来又去过巴西。在座者谈起欧洲危机时都没有什么乐观的调子，晚上艾丽斯和我待在收音机旁，一直听到将近午夜都没有听到什么重要新闻，因为慕尼黑会议要到此地时间晚 11 点才开场。第二天（30 日）早上 6 点半起来，却发现时局真的有了希望。上午 10 点 45 分，喜讯传来了，"协议已经达成"。

如此一来，我们才能以久违的舒畅心情迎来 10 月。

两晤有田外相

1938 年 11 月 7 日

今天首次拜会新外务大臣有田先生，因他采取消极态度，会谈未能取得满意的结果。作为老朋友寒暄一番之后，我便说到他的前三任外相曾先后向我保证，在他们各人的在职期间，日本政府的外交政策不会改变，美国在中国的权益将受到尊重，"门户开放"和机会均等的原则将得到支持。然后，问他愿不愿重申这些保证。

有田先生答道，他上次做外相时，日本人民对美国的态度特别友好，今天也依然是友好的，但其间由于发生中国事变，美国对日本的态度却已大变。他想，只要看看最近日本报刊的评论，我就可以明白日本人民目前在这方面的态度如何了。外相说，考虑到国内的舆情，他不得不循序渐进，"十分谨慎"。

外相提到首相 11 月 3 日的演说，认为已经说明了日本的政策。我立即答道，我们仔细研究过那篇演说，觉得有些部分仍需要澄清，我特别问他能否将下面这段话解释一下：

日本不拒绝与列强合作，也没有损害第三国利益的意图。如果这些国家能理解日本的真意而采取符合新形势的政策，为了东洋和平，日本亦将毫不迟疑地与之合作。

我问，首相所谓"符合新形势的政策"指的是什么样的政策？有田先生答道，他认为重要的是，我们应该就所有这些问题好好谈一谈，等他任职稍久一点，准备得好一些，然后才来谈。他反复说，他得循序渐进，局面"非常困难"。他今晚要去伊势神宫①报到，我问他可否一回来就接见我。外相答道，他还需要一点时间，不过希望下星期内能谈。

我说，形势紧迫，我国政府也认为事不宜迟。有田先生便劝我耐心，并说倘若我们硬要日本立即答复我方 10 月 6 日的照会，这种答复恐怕也不会令人满意。他老是强调"耐心"二字。

于是，我便告诉他，有个问题我得特别提请他注意，刻不容缓。那就是上海至汉口这一段长江上自由航行的问题。我提了强硬的口头抗议之后，又给他留下一份标着今天日期的照会。我对外相说，我国政府不会满意含糊不清的答复。我逼问他，要他给出一个圆满的答复，包括确定日期，尽早取消对汉口以下长江航段航行自由的限制。外相仍闪烁其词，不做明确答复。

1938 年 11 月 21 日

257　　今天下午与外务大臣长谈。我说，美国从未企图"剥削"

---

① 位于三重县伊势市，被认为是神道教本宗。明治维新后，在日本政府推行的"国家神道"中，伊势神宫被赋予了特殊的国家宗教地位。内宫祭祀天照坐皇大御神（即天照大神），外宫祭祀丰受大御神。此外，伊势神宫也保存着象征日本皇权三神器之一的八咫镜。

中国或在中国谋取任何势力范围，历史可资证明。我相信外相也会同意这一点。我们的愿望历来是、如今也依旧是避免划分势力范围和进行剥削。我们对"门户开放"的解释同那些做法是完全相反的。外相对这些话表示同意。

接着我便从原则问题转到实际问题，指出外相曾要求我们耐心，但在我方看来，美国人民的耐心是有限的。我国政府必须倾听国内的舆论。我说，毫无疑问，由于日本在中国的政策和行动，外相和我当然会对日美关系的发展情况感到不安。至于我，则更是很久以来都没有如现在这样烦恼过。我觉得，补救之道莫过于日本政府立即采取一些较明显的措施，向美国政府和人民证明，那些不断从日本各方传到我国的、要把一切外国权益逐渐赶出中国的说法都是不实之词。

我说，在明显的措施中，首要的一步就是应立即停止轰炸，立即停止以其他方式侵犯远离陆海军作战地区的美国教会和其他美国财产。这类暴行仍在不断发生，每天都有消息传到我们使馆，证据确凿。此外，破坏行为的次数之多、持续时间之长，日本政府仍推说是偶然事件，显然是站不住脚的。最近的一些暴行不仅损及美国财产，且已伤及美国人的生命，还侮辱美国国旗。

我还口头反驳了日方11月14日关于长江航行的照会。

我再次请求外相解释近卫公爵在11月3日广播演说中讲的那段话，即只要外国理解日本的真意并采取符合新形势的政策，日本便与之合作。我说，我很想知道这里提出的合作如何实行。例如美国人近几个月来常听见侨居中国的日本人对他们说，美国商界只有通过日本中介人才能进行对华贸易。我问，外相所设想的"合作"是否也是这个意思，因为日本在今天

258

的中国正在逐渐推行这种办法。

外相回答时先感谢我这样坦率。他同意，我们之间最好是开诚布公，即使难免会说出一些不堪的话。他托我转告国务卿，他断然否认关于美国人将来只有通过日本中介人才能做生意的说法。他说，日本希望并力求保证自己获得某些原料，但美国的贸易和其他事业仍有广阔的甚或更大的活动范围，它们都将是受欢迎的。

我再次吁请立即采取措施，满足我们的迫切要求，再次强调这对缓和美国舆情至关紧要。正式谈话到此结束。

我给外相留下一份我的陈述的非正式记录，标上"口述"二字，并指出这绝非外交文件。只是把我的话准确地记下来，给他一点帮助。外相对这个做法表示感谢，并说以后和我谈话时他也要效仿。我们一致认为常常见面对彼此都有益处。

回复日本对我国"门户开放"政策提出的异议

（向有田外相口述意见的书面摘要，谈后留给外相）

1938 年 11 月 21 日

首先我想说，星期六承蒙阁下接见杜曼先生，又得到一部分关于日本如何看待它在中国造成的新形势的说明，对此我颇感欣慰。您对杜曼先生说的一切，我均已获悉，因此若您愿意，我们会谈时可以先假定我已熟知那次谈话的内容。

我很高兴地注意到，您曾向杜曼先生表示，为了尽量消除我们两国政府间现有的意见分歧，您希望以后能和我谈几次。我也要尽力而为，凡向我表述的日方观点，我都要尽量准确地向我国政府转达。

另一方面，您将会发现，我也必须尽量明确地阐述我国政府的观点，因为彼此若无彻底的了解，是不可能调整今后的关系的。

我认为今天的谈话将纯粹是探讨性的，还需讲明，我此次来不是想答复日方 11 月 8 日的照会，因为我国政府还得花时间仔细研究那个照会，意见如何，到时候我自会接到指示。

不过，有几点我还是想立刻提出来。

阁下曾论及"剥削"中国和在中国划分势力范围的问题。历史记载可以证明，美利坚合众国从未谋求"剥削"中国或在该国取得"势力范围"。关于此点，我想您也会同意。我们的愿望历来是、今天仍然是避免由任何一国或在任何一国划势力范围和进行剥削。

我们对"门户开放"所做的解释同那些做法全然相反。自美国建国以来，商业机会均等原则就一直是我国外交政策的根本原则。美国参加的、载有体现此项原则的条约中有关远东的条款，无一不是为了减少和避免远东国际关系中已经发生或可能发生的摩擦。

我们认为，遵守这些原则和条款，就能促进和平与普遍繁荣。凡采取相反的方针，就必然会引起摩擦，结果不仅贻害各国，而且就是奉行此种方针的国家同样无法免受其害。美国政府和人民坚信，那些原则和条款乃是为所有有关国家的利益着想的。

我国政府亟欲采取措施来阻止当前国际上逐渐呈现的"无政府状态"的趋势，真心希望对改善国际关系和恢复国际秩序做出贡献。国际关系中的问题应通过和平谈判、共同协商和信守国际协定来解决，这正是我国政府的主张。

我国政府奉行的贸易政策则是要促使各国在国际贸易中取

消和减少对商品交换的限制。我们相信，对外贸易正常发展的结果只会是生活水平提高，生活物资更加丰富，邦交更加融洽。

商业机会均等的原则历来是美国人民和政府的信条和指导原则，美国舆论认为，任何国家如果力图在另一个国家为自己谋求优先的地位，那就同建立、保持美国及全世界的繁荣不相容。

260　我国政府还认为，无论哪国政府，都不能自以为世界上一个广袤而重要的区域该它独霸，要由它独断专行；任何政府要这样做，不管其动机如何，到头来都必然是误国害己，也危害别国。

上次与阁下会谈时，我曾请求解释近卫公爵 11 月 3 日讲的一段话，即只要外国理解日本的真意并采取符合新形势的政策，日本便与之合作。

我很想知道，日本打算如何实行这里所说的合作。例如，美国人近几个月来常听见旅华日侨说，美国商人只有通过日本当中介人，才能进行对华贸易。您心目中的“合作”也是这个意思吗？日本如今在中国正在逐渐推行这种办法。

阁下曾要求美国政府方面要有耐心，但我显然有责任指出，不论美国政府抱什么态度，美国人民的耐心是有限的，我国政府亦不能不倾听国内的舆论。

毫无疑问，由于日本在中国的行动和政策，你我二人当然会对日美关系的发展情况感到不安。至于我，则更是很久以来261　都没有如现在这样烦恼过。在我看来，不论今后我们会商和谈判的结果如何，日本眼下应毫不迟延地开始采取明显措施，以防止日美关系的持续恶化。

首要步骤之一应该是向美国航运和商业开放长江下游。我们知道，现在除给日军输送军需品外，事实上还有日本商人在长江上来来往往，他们正式做生意，公开登广告，因此我们完全不能接受日本政府提出的阻止美国进行贸易的理由。

最近日本政府声称，它绝无蓄谋妨碍长江航行和贸易之意，现在它已在专心致力于尽早恢复正常状态。我国政府注意到这种保证，但同时还是认为，现状迟迟不改变，歧视外国权益的严重性就会与日俱增。

对日本政府来说，另一个明显的重大步骤应是立即停止轰炸和侵犯远离陆海军作战地区的美国教会和其他财产。这类暴行仍在不断发生，每天都有消息传到我们使馆，源源不绝。暴行如此猖獗频繁，若推说事出偶然，显然是站不住脚的。最近，这些暴行不但损及美国财产，且已伤及美国人的生命，辱及美国国旗。

我方照会和日方 11 月 18 日复照中提出的其他各点，留待以后讨论。

外交的核心

（摘自 1938 年 11 月 22 日我在美日协会日本新任驻美大使堀内先生饯行宴会上的讲话）

我觉得，外交的核心就展现于此处。在外交中用书面形式的语言办的或能办到的，恐怕都只是很次要的一部分。能阐明书面上的词句背后的精神，才算是真正的外交工作。而在当今世界上，则还有比这一切更重要的东西，那就是公众舆论的巨大力量。书面文件可以反映舆情，但

262

绝不可能充分地、准确地阐明舆情，也不可能帮助人们将制定那些文件时的真正精神表达出来。

因此，这就成了大使的最高目标的和任务之所在。他首先必须是个讲解员，这种讲解的职能要在两方面起作用。他先要了解驻在国，了解它的境况、心理状态、行为和行为后面的动机，将这一切向他本国政府解说清楚；然后反过来，又设法将他本国的意图、希望和要求告知出使国的政府和人民。他是两国相互调整各自行事思想和动力的执行人。的确，国际间的摩擦往往不是根本性的，而是起于未弄清的误会和猜疑。这类问题很少能单凭书面语言而不经口头商讨得到解决。对此，我们这一行的人都明白。记得六年半前，我在这个协会热情欢迎我的妻子和我的宴会上曾说过，我们的语言——实际上包括一切口头和书面的语言——时常都显得空泛浅薄。在这种情况下，我们就得依靠一种类似 X 光的语言，它在表层下面振动，往往比任何写得出来或说得出来的东西都有效。而此种情景产生且只能产生于人与人之间的接触。

可见，一个大使因错误诠释而造成危害的可能性是很大的，而他能做好事的机会也同样不可胜数。

一位提供情报的意大利人预言日本海军将挑起战争

1938 年 11 月 27 日

昨天有一位和我私交甚密的意大利使馆要员，以极机密的方式告诉我，日本海军已断然决定宣战，大概在不久后的将来就要实施。这将成为同苏俄作战的第一步。

这位向我提供情报的人还强调说，香港是保不住了，"五分钱卖给我，我也不要"。他说这些话的理由是：日本海军认为自 1931 年以来，陆军独享威名，它则仅仅是给陆军当牛做马。因此它越来越不甘于充当这种角色，所以决定要乘此国民好战情绪高涨之际，扫除东亚所有的敌手，完成日本在这个地区的霸业。据说，英国由于过去十五年间扩军进度缓慢，现已势单力薄，日本海军原本还摸不透美国海军的动向，唯有此点尚能使它有所顾忌。然而在上周，这点顾虑也被消除了，因为美国显然已下定决心，无论如何也不会卷入远东纠纷。

虽然此人的说法或许有点夸张，但还是可以这样设想：他所处的地位消息灵通，而其消息的出处又非别人所能接近。我的看法是，他的话也许反映了日本海军少壮军官的主观愿望。

罗斯福总统出手干预

1938 年 11 月 30 日

9 月世界大事的重点在于欧洲危机。如今，对我们来说，重点又转到日本来了，但我写到这方面的时候已是 11 月底，这两个月来发生的事情又那么多，实难一一记录下来。大事自然是汉口、广州相继陷落。日军突然在大亚湾登陆，直捣广州，几乎畅行无阻。日本公众当然以为战争将就此结束，精心炮制的提灯游行庆祝在东京搞了几天。虽很难说蒋介石的军队能存在多久，但至少还存在，有些撤退了，但没有被歼灭，只要那些军队还存在，就无法想象日本敢于削减它的前线兵力和占领军。

10 月初，我国采取了最重要的外交行动。刚开始是国务院发来一封长电，日期是 10 月 1 日，要我找机会向外务省提交一份长篇照会，内容几乎涉及有关日本损害美国在华利益的全部问题，包括"门户开放"和机会均等原则、日本人对各种企业的垄断、外汇管制、关税率、电话和电报通信、码头和航运、长江贸易、对要求回中国去管理其资产的美国人的种种限制、对铁路运输的干扰、邮电检查等内容。

264

摆在我桌上的电文是这样讲的：总统根据上述情势，要求日本政府立即采取措施，履行它许诺的维持"门户开放"和不损害美国利益的保证；美国政府相信，从美日关系着想，尽早答复将是有益的。我没有什么理由不相信这个信息是来自总统的。以前为了另一件事他也这样做过，而且我想这次要提的抗议既然如此重要，用他的名义、以他的威望提出，也是完全合理的。实际上，我还立刻想到这是一个好机会，可以借此请求立即谒见首相。他仍暂兼外相，只是还没有接见过外交官。

其实，这封电报根本不是总统发的。之所以出现"总统"二字，纯粹是因为译错了电码。

但当时我还是立即求见首相，理由是我要向他转达来自合众国总统的信息。近卫公爵当然无法拒绝，如此我就无须冒僭越外相之嫌而又能在他这个首相面前将我们在中国的处境和盘托出，这方面的情况他很可能还了解得很少。最初他们说首相整天不得闲，经我坚持，终于答应给我半小时，即下午 1 点至1 点半。那正是在他因别事要去觐见天皇之前，这就更好了。为免惹人注意，他们派挂上普通牌照的首相专车来接我，引我穿过官邸花园，从屋后暗梯进入他的办公室。

我的口头抗议，近卫公爵全都听了。我说，这还要写成照会并送外务省；为准确起见，又照例留给他一份我的谈话的非

正式记录。近卫公爵听完后说，感谢总统发来此讯息，他感到
荣幸；又说，虽然换了外相，无论对中国之事或对其他国家，　265
日本的政策都不会有任何改变，日本将坚守已经向我们做过的
关于在中国维持"门户开放"和机会均等的保证。（奇怪的
是，在一个月以后的11月3日，他就改取新政策，背弃他做
过的一切保证。国际间的诺言原来不过如此。）

　　首相说，由于中国的战局，恐怕一时还难以满足我国的全
部要求。但他明确保证，这种延误不会太久。他说，他将一如
既往地希望并打算继续尽力改善日美关系，他是非常重视两国
关系的。他还说，我提出的各点有许多他还不甚了解（当然
不了解），但他愿意研究。后来我听说，这次谈话后，近卫公
爵即命外务省就我提出的各个要点和争执问题写出一份报告。

　　向国务院汇报时，我称国务院电报来得正是时候，还说明
了为什么正是时候。未料想三天后国务院又来一封急电，称总
统根本没有发过什么信息，这可把人吓了一跳。不过，国务院
也猜到，肯定是前电有弄错之处，但它自然不希望减损已经获
得的效果，因此已向总统讲明，而总统对我利用他的名义也表
认可。要不是他认可，我的处境真不堪设想。但我揣测，当总
统听到这个故事时，眼里想必还是会闪出一丝喜悦。至于日本
外务省，我相信他们仍会觉得那次会谈有可疑之处，吉泽在私
下谈话时就曾对杜曼说："我们有点不大理解，为什么大使的
口头抗议说是来自总统的，而10月6日补来的照会却又只字
不提总统？"至于我们那个以为"总统"一词无误而不做复查
的译电员，我对他说："这次算是上帝保佑你，下不为例。"

　　关于照会，我们向国务院提过一条建议，大意是，照会说
到日本人在"满洲国"的垄断企业时，应只将其作为例证，而

266 不要使人觉得正当国际联盟对日本实施《国际联盟盟约》制
裁条款之际，我们又来重新争论整个满洲问题。换言之，就是
要讲清楚，我们只是担心在满洲发生过的一些事情可能会在华
北重演。国务院说，它提到此点也纯粹是举例而已，准予修
改，照会便在 10 月 6 日送去了。现在，这个照会已经成了具
有世界意义的文件。因为有关各国都看到了，这次交涉必然是
要在中国"门户开放"这个问题上摊牌。有几个同僚还对照
会的内容表示称赞，认为措辞也很巧妙。这是国务院草拟的，
并不是出自我的手笔。跟我们一样，英国人和法国人也切盼日
本早日答复，后来直到 11 月，我们才接到日方的答复。

　　早在 10 月 4 日我就告诉过国务院得有思想准备，日本
人很可能在汉口陷落前先攻取广州。这当然就会切断从香港把军
需品运进中国的补给路线。

　　10 月间发生的事很多，我无暇在此逐日记述。和克雷吉
谈过多次，我们之间一向保持着最密切的联系。除照常不断抗
议日方轰炸和侵犯美国在华财产外，我还在外务省进行过几次
重要会谈。问题堆积如山，当解决的日子最后到来时，还会有
大量的工作要做。又有个美国教堂被日本飞机炸了，据我们所
知，那里和中国的任何军事目标都相距甚远，传教士尼许斯
（Nyhus）的幼女菲比（Phoebe）被炸死，菲比的母亲和姐姐
受伤。这件尼许斯事件使我比往常更加悲愤：目击者叙述日军
兽行的报道不断传来，还有照片为证，让我怒火中烧却又无可
奈何。要不是在东京还有一些同样为此痛心的、善良的日本人
和我们在一起——或许他们更难受，因为这关系到他们本国和
他们自己的脸面——我们真会感到很难在这个职位上继续待下
去。有时我实在忍不住了，便向几个日本朋友发泄不满。他们

格鲁夫妇在浦贺的佩里将军纪念碑前

伊豆半岛的港湾

格鲁在玉泉寺的美国首任总领事汤森·哈里斯纪念碑前

"二二六事件"期间,一辆日军坦克从美国大使馆门前驶过

"二二六事件"期间，美国大使馆门外的沙包工事

"二二六事件"期间，日军在大使馆外构筑的工事

斋藤实（曾任日本首相）与他的孙女

格鲁与广田弘毅（前排右二）的合影

1937年格鲁在东京欢迎来访的菲律宾总统奎松

格鲁与日美海军将领的合影

海伦·凯勒造访东京时的合影（从左至右：广田弘毅、海伦·凯勒及其女伴、格鲁）

皇家猎鸭会

皇家猎鸭会

格鲁与贝比·鲁斯（右一）一起打高尔夫球

格鲁与东京高尔夫俱乐部女子巡回赛获胜者共进午餐

格鲁与艺妓的合影

格鲁夫妇与原日本驻美大使斋藤博遗属的合影

日本官方为欢迎美国军舰"阿斯托里亚号"来访而举行的晚宴

格鲁夫妇与汤森·哈里斯当年的男仆等众人的合影

格鲁与昭和天皇的弟弟秩父宫雍仁亲王（前排中央）、近卫文麿（后排中央）、广田弘毅（前排右二）、重光葵（左一）等日本高层人物的合影

格鲁与使馆工作人员一起享用日式晚宴

美国大使馆的馆舍，远处可以望见国会议事堂

从美国大使馆眺望东京的天际线，远处背景中高大的建筑是国会议事堂

日式別墅

格鲁夫妇与德川家达公爵（左）在东京的美国花园俱乐部茶叙

（©Stan S. Katz，https://en.wikipedia.org/wiki/Joseph_Grew#/media/File:1937_Prince_Tokugawa_accepts_gift_from_the_Garden_Club_of_America_linked_to_the_gifting_of_cherry_blossom_trees_to_Washington,_D.C..png ）

一定以为我是受了中国宣传的蛊惑，难免夸大其词，因为他们自己根本无从得知实情。外国杂志如《读者文摘》（Reader's Digest）之类，即使能收到，其中如有犯禁的文章，审查官也会在投递前把这些文章统统撕掉。他们只有亲自到外国去，或者找归国的日本人谈，否则就没有任何门路可以得知真相。而真相又是那么令人作呕。

267

向日方转达总统提出的各项问题

（口头声明的记录，交予近卫公爵）

1938 年 10 月 3 日

兹因需就合众国总统亲自关心的一个问题略做商讨，特拜访兼任外务大臣的近卫公爵阁下。

深知阁下公务繁忙，故不欲以过多细节打扰，拟所谈只限于问题之梗概。其必述细节将以照会形式详录，容后送交外务省。

需谈问题皆与日美邦交有关，以美国在华利益的问题为主。

总体而言，曾与前几任外相，特别是广田先生和宇垣将军谈过多次，他们都再三向我明确而恳切地保证：美国在华利益将受到尊重，"门户开放"和机会均等的原则将保持不变。

可是遗憾得很，美国政府不得不说，侵犯美国权益，包括违反"门户开放"原则的事仍不断发生，依然如故。

鉴于上述情况，合众国总统特要求日本政府迅即采取有效措施，改变下述局面，以履行其早已许下的维持

"门户开放"和不侵犯美国权益的诺言。

1938 年 4 月 12 日，我曾请求外相保证日本政府不会赞成歧视美国在华北贸易的那些金融措施；外相虽声称日本政府将继续支持"门户开放"原则，但对我所提的抗议，迄今并未做出具体的答复。

现在美国政府获悉，日本当局实际上已在青岛实行外汇管制，擅自规定出口汇票要卖给横滨正金银行，否则不准货物出口，出口汇票又只能按远低于天津和上海公开市价的汇率出卖，否则该银行就拒绝收买。

烟台也在实行类似的措施。

美国政府不断听到这样的消息：不久后还要在整个华北建立全面的外汇管制制度。

控制外汇交易，必然导致控制贸易和商业。无论直接或间接，外汇管制一旦强制实行，日本当局就可以任意破坏机会均等原则，阻挠日美两国在华北地区的自由竞争。

在这种情况下，华北从美国进口什么货物，向美国出口什么货物，以及由哪些商人来经营，都将完全听命于日本当局。

美国政府早已向日本政府指出，日本在中国占领区的行政当局所进行的并正式得到日本政府赞成的对中国关税率的改变是专断的、非法的越权行为，对此日本政府难辞其咎。

无须多讲，只要管理贸易、征税或禁止贸易的最后决定权是直接间接由一个外国当局来行使，以谋一己之利，在中国就无"门户开放"可言。

要在中国维持机会均等或"门户开放"原则，有一个基本的先决条件，那就是在该国经济生活中，不得存在直接间接偏利于任何外国或其侨民的特别优惠和垄断权，这已是不言而喻的。

7月4日我曾对外相说，在中国开办特种公司或垄断企业，就可能会使美国贸易受到限制和阻碍，美国政府希望不要造成这种局面。外相慨然答应：中国"门户开放"将予保持，美国政府可以放心，日本政府将充分尊重机会均等的原则。

在远东，美国侨民和他们的利益已遭受重大损失，这应直接归因于当前的日中冲突。即使在最好的条件下，也不能指望美国对华贸易早日复兴。

因此，美国政府感到更难安于这样的现状：美国侨民还得对付日本在华当局对他们权利的层出不穷的无端侵犯，对付日方旨在使美国对华贸易丧失同等机会的行动和政策。

美国政府对待日本侨民及其贸易和企业，不仅总是遵照1911年《日美通商航海条约》的条文和精神，而且总是以国际法和国际秩序的基本原则为依据，美国对待各国侨民及其权益的政策基础就是由这些原则构成的：日本工商企业至今仍在美国享有机会均等。

阁下不能不承认，日本当局在中日两地给美国侨民及其工商企业的待遇与美国政府在其辖区内给日本侨民及企业的待遇之间存在巨大差别，而且日益悬殊。

鉴于刚才提及的情势，总统特请日本政府履行其早已做过的一些保证。总统要求，为了维持"门户开放"和不干犯美国权益，日本政府立即采取有效措施：

（1）撤销日本在其控制下的中国境内强制实行的、直接间接歧视美国工商企业的外汇管制和其他歧视性的措施；

（2）取消势将剥夺美国国民在中国从事正当工商业的权利的一切垄断权和优先权，取消旨在为日本企业界在中国各地发展商业和经济建立全面优势的一切措施；

（3）停止日本在华当局对美国财产和其他权益的侵犯，包括诸如检查美国邮电、限制美国人的居留和旅行、限制美国贸易和航运等各种形式的干扰。

限制和侵犯美国在华权利的事例还多得很，我今天没有时间列举。不过有几桩我还是想特别提一下：日本军事当局正在设置种种障碍，阻止美国公民到中国内地旅行；在上海检查和干涉美国邮电；成立华中电信机关，公开宣称目的是要控制华中的通信事业；创办日本控制下的轮船公司，要独占上海一带的水运。

兹向阁下恳切呼吁，望以日美邦交为重，鼎力相助，使这许多问题得到解决，两国关系如何在很大程度上由日本是否履行其多次明确做过的保证而定。

日本关上了开放之门

1938 年 12 月 5 日

11 月，我国同日本的关系非但没有改善，反而继续恶化。在此以前，历届外相都向我们保证，中国"门户开放"和机会均等将予保持，美国权益将受到尊重。11 月 3 日，政策却发生突变。这并不是指实际执行层面，而是说官方口头上的政策也变了。直到10月3日为止，广田、宇垣和近卫公爵还相继向我明确保证要维持"门户开放"，那时他们都真真假假地试图把不可调和的东西拼凑在一起。他们的口头禅是："请忍耐一下，一切都会好的。"

有田说，做出这些保证并非欺诈。他的前任们只不过是徒劳地想调和原则与现实而已；他则不然，他晓得那是不可能的，倒不如直话直说。因此他不肯确认以前做出的保证。他向我表示的以及政府公开宣示的态度不再是"请忍耐一下"了；现在讲的实际上是："东亚已出现新的形势；日本出于自身战略上和经济上的安全考虑，必须支配中国的某些原料资源，把握某些工业上的机会。你们外国人不能再享有这些特定的东西了。但在贸易、经济、金融等各个领域都还留有很多机会，就这方面来说，门户依然是敞开的。请看，自'满洲国'成立后，你们和满洲的贸易倒有了飞跃式的发展。"

271

在我看来，日本政府的政策简而言之就是这样。但这还不是政府中极端分子、工商界和陆军的政策。他们一心要把外国势力和外国贸易全部逐出中国，把中国变成日本独占的市场、日本经济和工业独霸的基地。他们是这样一种人，既不懂经济规律在实际上如何运转，也看不到若无外国人合作和外国资本，要恢复和发挥中国为工商业提供的巨大潜力将是极为困难的，日本甚至连开始都开始不了。等他们吃了亏，到后悔莫及之时，就会明白这个道理了。

在概括上述变化时，还有个小小的因素恐怕也要考虑在内，那就是在此期间西方搞了《慕尼黑协定》，日军攻下了广州和汉口。

日本报刊经常指责美国和其他外国不懂得、不了解"东亚新秩序"。有田本人也对我抱怨道,美国报刊在这方面冥顽不灵,不理解日本做出的无意(完全无意)向外国对华贸易关上大门的保证(这话是 12 月 26 日讲的)。我答道,日本政府的官腔每次都要套上一些限定语,使人如堕雾中,搞不清日本政府的真实意思。而其所谓的保证,不仅美国报刊,而且连美国政府、公众和我本人也感到很难评价。

272 作为实例,我请他去看他交给我的一份文件中的两段,其中在讲到留给外国工商业的机会时,限定性的词语就至少出现五个之多,如"某些工业""在既定计划范围内""一般而言""任何特别歧视""不应有的歧视"等等。我说,我们当然要听其言而观其行,效果比表示意图的言辞更重要,何况言辞外边还附加如此多的限制条件,使日方在解释时完全可以随心所欲。外相也发觉此种情状确是荒唐,不禁哑然失笑,问我可否让他把我从他自己的备忘录中标出来的词句抄下来。

目前我们面临的局势大致就是这样。首相正式宣称:"日本不拒绝与列强合作,也没有损害第三国利益的意图。如果这些国家能理解日本的真意而采取符合新形势的政策,为了东洋和平,日本亦将毫不迟疑地与之合作。"这些话真是高深莫测。何谓日本的真意?什么样的政策才算符合新形势?如此的官方声明简直是儿戏。

在此期间,谣言四起,议论纷纷:有的说美英可能向蒋介石提供财政援助,有的说可能对日本采取经济措施。日本是那样对待我国和我国在远东的利益,我也希望能以牙还牙,但不管我个人多么想报复,我还是一直不赞成采取所谓经济措施,除非我们准备坚持到底而承受其必然结果——也许就是战争。因为制裁总是隐含刺激,终究不免一战。英国人,至少有一些英国人相信，只要英美实行经济制裁，日本马上就会屈服。我不同意这种论调。对日本和日本人，我知之甚深。他们是一个不怕吃苦的民族，在历史上他们也曾饱经忧患，对灾难早已习以为常："以死相拼"就是他们的精神，其根深蒂固的程度甚至几乎胜过其他任何民族。他们将勒紧腰带，一勒再勒都可以。他们能以稻米为生，必要时就靠稻米打仗。虽然当大量储备物资告罄，石油、橡胶和其他军用必需品又被剥夺，可能会让他们受到一些约束，但要迫使他们投降，还得花很长时间。至少我是这样看的。至于外国援助蒋介石，那完全是另外一回事了，这并不需要官方出面，尽可以非正式地去做，而辅以官方支持。

11 月底以前的情况就是如此。

大战之年开始了

1939 年 1 月 31 日

近代史上很少有哪一年能如 1939 年这样在险象环生中开始，局势如此险恶，因为以极权主义国家为一方，以民主国家为另一方，都在迅速摆出阵势，准备厮杀，很可能又酿成一次世界大战。这是危如累卵的一年，没有无任何理由可以乐观。 273

12 月就已预料到的内阁危机在 1 月 4 日爆发。近卫公爵辞职，枢密院议长平沼男爵组成新阁，除更换首相外，只有藏相池田和内相末次大将下台算是重要的变化。我们经过多方探查，得到的结论是：这次危机集中在末次身上，他主张全国只成立一个政党，鼓吹按极权主义路线采取严厉措施。这些过激的观点使他很难为国会所容忍，但要单独排除他又在政治上行不通。在日本，遇到这种情况，照例是采取折中办法。末次的离职也可以用这类例子来说明：要赶走这个极端分子，就必须同时去掉另一个公认的自由主义者。

除末次这个因素外，大家都知道，近卫公爵一向健康不佳，很久以前就想辞职。拿下汉口和广州以前，突然发生内阁危机，就可能会产生心理上的不良影响，他无法冒这个险，但现在不同了，对华战事进展顺利，这种变更估计不会引起严重反响。关于这次事件，还有另外一种说法：公众对中日之战已感到失望，人心确已松弛下来，为了提高国民的劲头，也需要更换一下领导人。简言之，需要"打打气"。平沼说，在一般政策上他将继续贯彻之前的方针。他一向被视为极端的国家主义者，但据说随着年事增高，他已经圆滑得多了，虽仍对极端分子抱有信心，但不一定就会奉行极端政策。有人甚至认为，他将设法与民主国家和解。留任原职的有田还保证说，事实也将会是那样。不管怎么说，眼下我还是看不出在这方面会有什么显著的变化。

美国大使与"满洲国"使节互访

1939 年 2 月 23 日

274　　里普利（Ripley）先生，信不信由你，我居然接待了正式按约来访的"满洲国"使节。五天后，我也如约正式回访，戴大礼帽，穿晨礼服，一应俱全。不，诸位读者，美国并没有因此就承认了"满洲国"是个正常国家。这只不过是作为外交团团长的我尽自己的本分而已，承认一个被正式派到日本朝廷来的使节而已，确定其身份合格、可以正式成为外交团成员的是日本朝廷，而不是外交团团长。阮先生①殷勤致意，但只能讲汉语，由另一位吴先生负责翻译，团长也一样客气。我们不厌其烦地畅谈东京的天气和美景，但谈话真正的主题是猎捕中国东北虎的问题，它引起了激烈的辩论。不过，话得讲清楚，我们两个使馆之间没有交换过任何照会、束帖或别的正式文件，将来也不会有这种关系，送过的文件都落款为"外交团团长"，都是属于外交团而由外交团发出的，也是为外交团的事而发出的，绝非出自美利坚合众国政府或美国人。

斋藤大使骨灰引发外交问题

1939 年 4 月 3 日

希特勒撕下了假面具。以前还说什么他只是要收回原来属于他的东西（别国住有德国少数民族的地区），说什么他在欧洲不再有领土要求，他如今什么都不说了，这个国际强盗已不再用这些诺言来欺骗曾经相信他的世人了。假面具已经扔掉，全凭大炮威胁，他侵吞了整个捷克斯洛伐克。美国在巴黎和会上为这个国家的成立出过一份力。匈牙利实际上已成为附庸；罗马尼亚垂危；默麦尔②被兼并；波兰受到威胁；立陶宛、丹麦、荷兰、比利时眼看就要遭殃。是不是还要在亚得里亚海域夺取一个港口？这是否也只是个时间问题？不，我不相信墨索

---

① 阮振铎（1893—1973），早年曾在东京大学研习医药化学，回国后曾任奉天公立医院院长。"满洲国"建立后，先后出任奉天省公署秘书长、"文教部"大臣，1937 年出使日本。之后，还担任过所谓"交通部"大臣、"经济部"大臣、"外交部"大臣。二战后，被苏军俘虏，后引渡回中国，关押于抚顺战犯管理所。他也是溥仪回忆录《我的前半生》的执笔人。1962 年获特赦。

② 现立陶宛的克莱佩达，又译"梅梅尔"。

里尼会欣然同意。而英国这头恬然昏睡的老狮子，现在也好像终于有点不安而动起来了，上月底居然怒目圆睁，轻吼了一两声：别碰那根骨头（波兰）。①

在此期间，我被一个问题缠住，这是我到日本以来碰到的最繁难的问题之一：美舰"阿斯托里亚号"（USS Astoria）载着已故大使斋藤②的骨灰即将到达日本，要为此安排程序。

美国政府建议采取这样的做法是前所未有的（据我所知，确是前所未有，因为斋藤是在卸任后死的）。当我将此意向日本政府转达、日方表示接受和感激时，我只是被告知"阿斯托里亚号"可在横滨停留九天，即 4 月 17 ~ 26 日。此间却立刻就有反应，而且照例是政治性的。日本人将此举解释为具有深刻的政治含义，反响随之而起，感情上政治上都很强烈。朝野上下都以为日美关系已翻开新的一页，亲美热潮席卷全国；热情化为决心，人们一定要用具体行动来表达日本的感谢之情。游艺、宴会、午宴、招待会、广播、游园会、观光旅行等节目都安排出来了。

就在这个时刻，准确地说是 3 月 26 日，我们接到了国务院的首次告诫，他们要我们谨慎。这次告诫显然是由一篇发至美国的新闻专电引起的，那条消息说，有二十串珍珠项链要送给"阿斯托里亚号"军官们的夫人，大使馆已经收下了。实情是这样的：有个大阪珠宝商跑到东京来，拿项链交给我们的

---

① 德国吞并捷克斯洛伐克（1939 年 3 月 15 日）后，英国政府的对德政策开始趋于强硬。1939 年 3 月 31 日，英国向波兰提出保证：波兰的独立若受到威胁，英国将给予援助。
② 斋藤博（1886—1939），出身外交世家，1934 年起任日本驻美大使。1938 年夏肺结核病情恶化，以健康理由辞去大使之职，由时任外务次官堀内谦介接任。但未及回国，斋藤博就病逝于华盛顿特区。

海军武官比米斯上校，声称这是对美国政府的义举略表谢忱，还说，只恨不能拿出六百条来，让"阿斯托里亚号"船员每人都可以有。在日本，要是拒绝这样的馈赠，就会被视为非常失礼，而且送礼者又须立刻赶回大阪。于是。比米斯上校便说，他可以把项链暂时保存在他的保险箱里，待与"阿斯托里亚号"舰长特纳（Turner）商量后再说，海军条例并没有禁止收受这类礼物的规定。

但比米斯并没有收下项链，他讲得很清楚，只是暂为保管而已。我们不相信特纳舰长会收这种礼，当时的想法是可以等他来了以后，再把项链悄悄地退回去，这比断然拒绝要好一些，不致使人太难堪。我们没有理由认为这种事也会变成宣传材料。不料那个珠宝商却向报界讲了此事。这就很清楚了，不管他送礼时是何心情，事实上他是在借此机会替他自己和他的商店打广告。我们便赶紧派了一个海军译员到大阪去退还项链，他成功做到了。这段插曲算是到此为止。

可是，一波刚平，一波又起。亲善感激之情既热烈又广泛，竟发展到要开群众大会来表示谢意。一百一十七位知名的国会议员和其他人士组成一个委员会，以年迈的金子伯爵为主席（他久负盛誉，号称是美国的挚友。虽然根据1932年的惨痛经验，我知道他根本就不是什么朋友），精心筹划，要大搞演奏国歌、挥舞国旗、组织学生队伍、发表演说等活动，再继之以柔术和其他日式武术的表演，下午还要同"阿斯托里亚号"船员举行大型田径赛或棒球赛。

我立即感到，这样的集会肯定不符合我国竭力避免的大肆宣传之意，也违背"阿斯托里亚号"来访的本旨。如此大张旗鼓的行动将会使美国人民十分恼火，他们定会有这样的反

276

应："废话少说，用行动来表示你们的谢意吧。"

因此我就赶紧处理，同时也充分认识到，要应付这种新局面必须尽量巧妙，得给日本人先铺上了某种缓冲器，提前泄掉他们集结在心中的情感，否则就只会引起气恼和怨恨，我们的义举所产生的积极效果就会再遭损害。自然免不了要打许多通电话，开许多会，但我至少做到了推迟委员会的叶山之行，他们正打算要去那里把计划告知金子伯爵。

在一次与吉泽的大使馆午夜会议上，杜曼也参加了，我们暂时接受了一个折中方案：举行一场不加渲染的运动会，只由金子一人致辞，特纳舰长略致答词。第二天早晨（那是个星期天），便把委员会的几个人硬从床上拉起来，在使馆开了一个会，我对他们说：这次遇到的是一件严肃的事，任何招摇性的举动都应当避免，大肆宣传只会使美国政府和人民觉得日本误解了他们的一番好意，请千万不要那样做。这次会是在我彻夜未眠之后开的，那晚我通盘考虑了这个问题，早上 5 点钟起来后也一直在忙。委员会成员，至少有些成员，听了我的话以后显然有所感动。植原是日本最有才干的法学家之一，他明白了此中道理，向我保证定要再开一次会，传达我的意见，提出修改方案，然后送给我看。在此以前，他们不采取进一步行动。如此便至少延缓了委员会的叶山之行，他们正是要在星期日清晨去向金子伯爵报告原定的计划，我把他们从床上拉起来开会的缘故就在于此。

这是今天即 4 月 3 日的情况。明天我还要去找日方接待委员会的主席泽田，私下"非正式地"把整个问题在他面前摊开来讲清楚。我想，要制止这次活动，有些话恐怕就得开门见山地讲。我愈加确信，即使只举行"一场只有一个人致辞的不事张扬的运动会"或任何一种群众集会，也会损害我们当初的好意。持国旗、唱国歌、游行等场面照例是会有的，这些情节定将出现在美国报刊上，还是会给人一种在政治上大肆宣扬的印象。只要在这里不致太得罪人，我都要尽力阻止所有这一套，最低限度也要使其一切从简，挥舞国旗、学生游行等一概免掉，除金子伯爵致辞、特纳舰长略致答词外，不再有什么演说。如果要我允许"阿斯托里亚号"官兵赴会，就得给我明确保证，一定要做到这几点。事关重大：我只希望我国政府以美国巡洋舰送回斋藤遗骸这样的举动能产生好结果——在日本和在美国国内的结果都一样好。在这点上我确实处在两难境地。这个问题不容易应付。不过我总觉得，日本人要对我们的义举表示谢意，至少要按照上述精神来做，否则都是事与愿违的。

斋藤大使的骨灰运抵日本

1939 年 4 月 17 日

今天是个重大的日子，场面动人，充满深情，艾丽斯和我都永远不会忘记这一天。我们使馆下半旗志哀。"阿斯托里亚号"载着已故大使斋藤的骨灰到了。下午 1 点半，在横滨山下码头举行接灵仪式。汽艇准时驶离"阿斯托里亚号"，该舰和近旁的日本巡洋舰齐鸣礼炮。（昨天艾丽斯去看过斋藤夫人；这位夫人真是了不起，这两日尽管悲痛却能够自持，始终是那样温雅肃穆，实在令人敬佩。）

当美国水兵将装着骨灰瓮的日式灵柩抬上岸时，我们全体排队随行，来到设在码头上的灵堂。一言以蔽之，堂前礼仪极为庄重，互致十分感人的演讲词后，接待委员会主席泽田方从

"阿斯托里亚号"舰长特纳手里接过骨灰。众人随即走到灵前，依次鞠躬，然后排成送殡队伍，由美日两方水兵组成仪仗队，日本乐队奏着出殡进行曲，经过列满人群的横滨街道，向停在另一个码头上的灵车行进。

总统送的花圈排在前头，外务大臣的随后，再次是我的，美方的花圈自然是由美国水兵抬着。按我的提议，美侨由赖夫斯奈德主教、迪克·安德鲁斯（Dick Andrews）和伊格尔哈特博士（Iglehart）这三位旅居日本最久者作为代表。比米斯上校充当我的随员。场面之庄严，周密安排的程序中每个步骤都井然有序，令人叹为观止。

艾丽斯和我乘丧车随行至东京，外务大臣及其他高级官员齐集在东京车站迎候，此后日方人士即随枢车赴斋藤家参加祭典，我们则觉得最好还是不要去搅扰人家的私事，遂在此处离开送殡行列。刚才有件事很有意思：供坛上特别摆了一瓶老帕尔牌（Old Parr）威士忌酒，那是斋藤最喜欢的牌子，有照片为证，香炉里还点上三支他爱吸的香烟。在美国人眼中，这似乎是旁门左道，但在日本看来，这却是最虔诚、最合适的祭奠。按神道教教规，祭坛上应陈列食品，供死者享用，死者如爱喝威士忌酒，就要想尽办法让他得享。

279　艾丽斯和我，偕同比米斯和我国驻横滨领事博伊斯（Boyces）及其夫人在"阿斯托里亚号"上与特纳舰长安静地共进晚餐。

总统寄信给希特勒和墨索里尼。我真想拍个电报告诉他："此时作为一个美国人，我比以往任何时候都更感到自豪。"总统的信息未必有效，但我觉得，在当前危机中应该最充分地发挥美国在道义上的影响力。要是1914年我们就能这样做，那场世界大战说不定可以避免。现在若能这样做，想来还是可以防止战争。凶兆就在眼前，希特勒可以卜算，如果他会算的话。不过我不相信他会算。

1939 年 4 月 18 日

我让使馆再降半旗一天。葬礼在宏大的本愿寺举行，比以往任何祭礼都壮观。日本最高层人士全部莅临。首先由高僧大德诵经，然后有田、我和堀田（斋藤的朋友和同期同学）依次走到灵前致悼词。有田的悼词文情并茂，他本人也激动得声音发颤（其实我又何尝不是这样），他在结尾时念道：

> 春回大地，万物复苏。您却一去不复回。感念于此，满腔悲痛。哀伤无限，无法言表。寥寥数语，敬祈来闻！

随后便是众人依次烧香，第一个是作为斋藤法定继承人的十三岁长女，接着是他的母亲、遗孀和幼女，再次就是有田、艾丽斯和我，依次下去。我们没有去墓地，也是因为不便去打扰别人的家事。斋藤夫人的伯父岩永取了一些骨灰去，要埋在他们家族的地上。我所见过的最感人的丧礼到此结束。自"阿斯托里亚号"到达之时起整套仪式之庄重严谨，确实令人难忘。

特纳舰长偕其部属来访。

宴请特纳舰长。艾丽斯是座间唯一的女性，她当女主人，给了我很大帮助。事后，出渊说，我连陆军大臣也请了，真是"妙策"。我是最后一刻才灵机一动想到请他的。外务大臣、宫内大臣、陆军大臣、海军大臣同时坐在一个外国人家里，这在日本恐怕还是破天荒的第一遭。 280

艾丽斯备办了一桌有甲鱼的美餐，我也把各种好酒都端出来了，席上的确是佳肴美酒，可与一切盛宴相提并论。大家的兴致都很高。我举杯敬祝天皇健康，有田以遥祝总统作答。在接待"阿斯托里亚号"期间，恐怕就只有这次宴会没有人演说了！对日本人说来，正式宴会而无演讲是不可想象的，但美国大使馆也就是美国地界，而且这一夜是由我当独裁者。不过，我们还是得屈服于摄影记者，这方面的压力实在太大了。没有什么必要去得罪报界。无论如何，使馆里的场面总算得上是漂亮的：凉廊的桌上樱枝吐芳，餐桌上则有小菊花装饰。宾客分坐两桌，每桌各十八人。席间，各类事物井然有序而又毫无官方场合正式、拘谨的气氛。大使馆以及这次宴会确实值得好好表扬。当然，和往常一样，这都要归功于艾丽斯。我对有田说，家庭主妇在男子宴会上抛头露面的现象在日本恐怕不多见吧。不料，他竟答道，正相反，这是常有的事，在我们这种年纪，这是一个很常见的风俗。

1939 年 4 月 19 日

外相设午宴招待特纳舰长及其属员。餐后坐在草坪上，大家讲故事，新闻记者便乘机给有田、特纳和我拍了一张很好的合照，还将其登在报上，加上"日美间的微笑"这样一个标题。

晚上，海军大臣米内大将在水交社①大摆筵席，以富士山、日光的寺院等最好的风景照片分赠舰长、"阿斯托里亚号"军官餐室和准尉食堂。送给军官餐室的那一张旋即挂在屋内的显眼处，25 日舰长举行告别会时已经挂在那里了。水

———————————

① 即海军俱乐部。

交社的这次宴会上，餐后还有美女玩杂耍和日本舞蹈等精彩节目。海军军官总是比陆军的人善于交际，这大概是因为他们常在国外游历。席上的气氛亦极为欢畅。

餐后，米内大将把杜曼拉到一边（海相的英语不甚流利），请他转告我：他已经注意到我曾担心日本有卷入欧洲纷争的可能。他想告诉我，不必多虑，因为"日本的政策是确定的，国内图谋实行法西斯主义因而与德意结盟的势力已经'受到抑制'"。海相说，为了保持和睦，无论民主国家还是独裁国家，日本都要与之合作，但又必须置身于这两个集团之外，日本有它自己的思想体系，与两者都不同。

我们后来向吉泽重述了这次谈话。他说，暂不与德意结盟的决定，想必是刚做出的，因为之前他没有听说过。海相请人转告我的那番表白，可以视为一个明确的迹象，表明日本不愿卷入欧洲的旋涡。吉泽知道，在这个重大问题上，海军的意见举足轻重，但是我们也不要以为反共协定就再也不会加强了。

在谈话中，米内大将又说，他们正深切感到，需要同美国恢复友好关系。当他被告知，两国之间的纠葛，例如轰炸我们在中国的财产，并不难解决时，他答道这类侵犯美国权益的事他都知道，将会采取有效措施加以纠正，现在正在调查。

接着，海相又转到限制海军军备的话题上，为目前还不可能实行军备限制表示遗憾。他说海军是一个"危险的玩具"，海军的需求总是越来越多，结果只能造成财政破产，或引起一场大爆炸，因此终归要达成协议才行。他反复地说："一定要裁军。"

这是我们之间最重要、最有深意的一次谈话，我认为它标

282

志着日美关系已出现新的趋向，甚至可以视之为日美关系史上的一个里程碑，因为米内是可以信赖的。

日本离开轴心国的航道

1939 年 5 月 15 日

到启程返美休假为止，5 月上半月的大事是尽力阻止日本与德、意全面结盟。到出发时，这方面的努力已见成效，我已得到明确的正式保证：不会有全面性的联盟，虽将有某种安排，但那也只是强化反共协定，其适用范围仅限于苏俄。但是，我很清楚有人仍将对政府继续施加压力，假如英国与苏俄缔盟，政府就将被迫参加极权主义国家的联盟，要不就是倒台，而由南将军、木户侯爵或米内海相来取代平沼。这并非不可能。不过，若由米内组阁，则仍意味着日本不至于会参加独裁国家的联盟。

我觉得，日本目前的政局火药味很浓，新的刺杀事件可能发生，尽管可能性没那么高。在中国的战事看不见议和的前景，国民感到厌倦，希望能有具体的结果，而收效却遥遥无期。这并不是说日本正在软下来。恰恰相反，一切都证明它是决心干到底的，而且没有什么即将发生财政或经济危机的迹象。但是，尚未取得最终成果就结束了中国事变，人们的怨气很大，人心非常不安定。

我跟日本上下层人士谈过话。我有充分证据可以肯定，我的论点已为首脑人物所注意，我都是按这样的意旨来讲的：欧洲若爆发全面战争，美国绝不会置身事外，这几乎是可以肯定的；必然会发生激怒美国人民的事件，历史已经证明，美国人是世界上最易激动的民族之一。到那时，和平主义者和孤立主义者也会站在战争支持者的最前列，至少他们当中的大多数人会这样做。要是德国轰炸伦敦和巴黎而炸死很多平民，只此一点便足以使美国人民大为激动。即使德国和意大利在开战后几周内即席卷欧洲，美国的决心和无穷的资源也会最后赢得胜利，绝对有把握，就像 1918 年那样。那时，假如日本因全面军事同盟的关系而被绑在德国阵营内，要美国仍与日本和平相处，那就几乎是不可能的了。

因此，日本应当看清未来，为它自身着想再来选择盟友。由于对华战事造成的一些困难，日美关系暂处于紧张状态，但困难终究是可以克服的。日本应当着眼于长远利益，不应只顾眼前。无论从哪方面来看——经济、财政、商业、感情——美国都更适合做日本的朋友，且为其他世界各国所不及。当然，前提是日本也遵守友好之道的话。打一场日美战争，不管从什么观点来看，都是愚蠢至极的。再看另一面吧，德国和意大利能给日本什么好处呢？跟它们做朋友，到底能得到什么实惠？这些利害得失，都值得趁早好好想一想。

以上论点，正如我刚才说的，看来已经引起了广泛的讨论和思考。我有理由相信，这些话天皇也能听到，一些高级人士已在鼓动，希望考虑我的意见。有些人，包括采取主动态度的海相在内，则谈到我的"忧虑"，劝我不用多担心，因为形势的发展，最终将如我所期的那样发展。

这样，我们就离开日本了，要去度几个月的假。心里感到，无论最后结果如何，为了把日美关系引上正轨，至少已经尽了人事，这毕竟是我的本职工作。

（因返美休假五个月，日记在此中断。）

第五章　一个世界，两场战争

（1939 年 10 月 10 日 ～ 1941 年 12 月 8 日）

　　欧洲战争爆发后的头几个月里，所有日本人都惴惴不安。不是害怕德国，就是害怕俄国。有些人曾重整旗鼓，试图弥合日美之间的裂痕，但与美国达成谅解的一切希望都在暗淡下去。法国崩溃后，局势更变得无法挽回。日本同美国的关系一天比一天坏。英国似乎已濒临失败。南面的法属印度支那和荷属东印度群岛处于无防御状态，虽守中立但仍加紧扩军备战的俄国日益关注东方。于是，日本人便决定暂时专心致力于向南扩张，唯恐落在德国人的后头。1940 年 9 月底，日本作为正式的一员加入了轴心国集团。此举有两个主要目的：一是促进向南扩张；二是借此警告美国。如果美国向德国开战，也将导致美日开战。美国没有被吓倒，依旧保持其坚定的立场，反对日本在远东的侵略。如此一来，两国终究难免一战。于是，日本袭击了珍珠港。

危险期开始

1939 年 10 月 10 日

重拾工作，已有充分准备。感到身体很好，渴望再度投入工作。

乘"龙田丸"返日，据船长说，此次航行是他在太平洋上遇到过的最平稳的一次，最后那几天，大海更平静得像内湖一样。

大使馆显得比平常更漂亮，到处摆满了别人赠送的鲜花。忠实的使馆人员在门前微笑相迎。回馆后，艾丽斯做的头一件事就是打电话给波兰大使夫人德罗默（de Romer）太太，请求能前往探望她。夫人说，她近来一直没有会客，但艾丽斯则另当别论，她显然有点激动。我也打电话给波兰大使，对他说：在所有同僚中，我要先拜望他。

波兰大使发现日本有反德情绪

1939 年 10 月 12 日

告诉波兰大使德罗默先生我要最先拜望他之后，便在今天早上去了，向他表达同情之心。① 他显然很感动。他说，美国政府承认波兰新政府②，对他在这里很有帮助，因为日本人在对苏关系上有困难，正不知如何对待他才好。如今美国既有所行动，他就可以说服日本人继续承认他这个大使而不必再有顾虑。

---

① 1939 年 9 月 1 日，纳粹德国对波兰发动了侵略战争。

② 指波兰在伦敦成立的流亡政府。

大使说，日本人至今还记得我在春天离日返美前所表达的意见，即一旦欧战爆发，美国几乎肯定会被卷入。他们不知道我现在是否仍旧这样看。我答道，这次归国后我才认识到，美国人有一种强烈的，甚至几乎是普遍的不愿参战的心态。这与1917年所见到的态度迥然不同，尽管还会发生许多难以预料的事，但我现在觉得我国不参战的可能性是大大增加了。德罗默先生说，他认为，春天我向许多日本要人发表的议论对阻止日本与德国缔结军事同盟起过显著作用。日本人现在比以往任何时候都渴望与美国友好。他说，除为数很少的一派人而外，日本人现在有强烈的反德情绪。

"根据最可靠的消息来源" 发表的演说

1935 年 10 月 15 日

整天准备即将在美日协会发表的演说。经过新罕布什尔山区老家几周的沉思，我决定进行这次演说。很幸运，总统和国务院也都赞成这个主意。此事真做起来，还感到颇为棘手。远东司已拟了一个初稿，我在华盛顿时又加以补充，回程中又几乎每天都在修改。可是现在我发现，现内阁及其支持者平沼和近卫公爵显然是真想同美国改善关系，发表原拟的演说内容就会使他们为难，如此就未免太短视了。我现在深信，如果找团体和个人做非正式的谈话，效果倒会好得多。因此我必须在左右两难之间走中庸之道，既不要让人低估了美国政府和人民对日军在中国行径的愤慨，又要尽量避免使用刺激性的言辞或把演说变成"诉状"，越过日本政府而径直诉诸国民。

我很理解，要是日本大使在华盛顿这样做，我们的政府也是会恼火的。我讲话的语气很重要。现在需要的是斩钉截铁地讲实情，呼吁停止轰炸、侮辱、限制贸易和其他侵犯美国权益的具体行为，可大原则也不能忽略。使馆人员都觉得现在拟的稿子很得体，我也有同感。虽然演说难免会引起一些不愉快的反响，但其中真冒犯人的话是极少的。究竟如何，以后自见分晓。所幸国务院已给我来电，其指示非常英明：我可能会发现日本另有倾向，如此就不宜再用原稿，若因此而使我个人已有的影响力受到损害，那就不好了。虽然原来提出要做这次演讲的是我自己，但国务院的来电仍使我有如释重负之感。

根据最可靠的消息来源

（摘自 1939 年 10 月 19 日在美日协会上的讲话）

英语中有个俗语——"直接出自马口"①。我一点也不清楚为什么单挑这种动物来做比喻，尤其是因为马大都不爱表达感情，不过这句话的意思还是一清二楚的。今后几个月我在日本讲的话就是"直接出自马口"，因为这些话将准确地表述和阐释当前美国政府和人民对日本和远东的一些看法。在归国期间，我还有幸同总统及国务卿商谈过多次。

5 月赴美前，有位日本朋友曾请我把他所想象的日美关系的现状转告我在美国的朋友，其大意如下。

由于日本的军事行动，美国在华权益正受到一些轻微的无关紧要的干扰；日军当局总是想尽办法预防侵扰美国的利益；美国发表的有关日军损害美国在华利益的报道都是故意夸大其词，目的是要煽动美国人民的反日情绪。日

---

① "Straight from the horse's mouth"，意为"根据最可靠的消息来源"。

方有些行动之所以遭到美国人反对，多半是由于风俗习惯不同、语言不同。由于美国墨守法规，美国政府对中国日占区内美国权益受损所持的那种态度，主要还是源于美国国内的政局；中国日占区的情况在最近的将来就会好转，将使美国再也无法埋怨。

这就是我那位日本朋友的观点。

然而，真实情况远非如此！美国政府对其了解得很准确。美国人民也知道得很清楚。为今后的日美关系计，必须正视这些事实。只有考虑到这些事实，才能了解目前美国政府和人民的对日态度；只有考虑到这些事实，并采取有效步骤去改变这些事实，才能改善日美关系。日美关系必须改善。

今天讲这些，并不是想详述引起我国反感的各种原因。这里也不是列举详情的地方。那些事实，我们两国间的那些纠葛，是要由两国政府去考虑的事。实际上，其中有一些也就是两年来我一直在和日本政府讨论的问题，而且我还要继续交涉下去。但我相信，对于那些事实和困难，你们也一定知道一个大概。有些问题是严重的。

此刻，在座的可能有许多人这么想："每种情况，都有正反两面。我们在日本也有我们的舆论需要加以考虑。"不错，正如我说过的那样，我在美国时，就曾将日本的观点的各个方面尽量告诉大家。但在日本这里，我也要尽力说明美国的观点。不细心考虑双方的观点，要建立友好关系，只会徒劳无功。但愿你们都能体会到我是多么热切地期盼达到这个最希望达到的目标，多么由衷地、以客观的立场为达成这个目标而尽一分力量。因此就得让我来消除一些我认为今天存在于日本的纯属虚妄的对美国态度的错误看法。

错误看法之一是，美国处理东亚事务的方法是囿于一种纯属"墨守法规"的态度，这是当今日本广泛流行的看法。何谓"墨守法规"？假如是指尊重条约、尊重正式承担的义务和国际法，那就说对了；尊重这些，正是并将永远是美国政策的基本原则之一。但我在日本听到的常用的"墨守法规的态度"似乎是指一种见树不见林、不能高瞻远瞩的立场。那就让我简略地谈一谈决定美国政策和目标的几个基本原则吧，这些政策和目标是为适应现代生活的需要而制定的，的确主要是以"守法"的应世态度为基础的，但是据我看，它又远远超越了纯粹"墨守法规"的态度。

美国人民渴望同所有国家保持和平关系，也希望各国之间都保持和平关系。这种和平愿望不是我们独有的，但我们有一个非常明确的信念，即在整个历史上，仅仅是作为两次战争间的一个插曲的那种和平，并不能够稳步促进世界文明的发展，甚或连保存文明不行。我们相信的是，要依照我们国务卿所谓的"适当程序"来处理国际问题，才能维持国际和平。

美国人民要求尊重别国人民的主权和权利，也希望自己的主权和权利同样受到尊重。我们凭经验得知，解决国际纠纷的有效办法，与其说是在于仅仅放弃使用武力，倒不如说是在于断绝一切立即或终将使用武力的念头。请那些好讥诮人的人好好想一想，视要挟为处理国际关系的方法会带来什么后果?! 使全人类共有的良知得到明智而实

291

际的运用，是纯粹的"墨守法规"吗？

美国人民认为，可以把战争的影响限制于交战国之间的时代已经过去了。当国民经济还是以农业和手工业为基础时，各国在很大程度上可以自给自足；它们主要是靠自己种植或制造的产品过活。今天的情形就不是这样了。现在各国要获得自己不出产的商品，要卖掉剩余的产品，都日益有赖于他国。由于各国都自有其特产，能够比他国更有效地或更经济地种植出或制造出某些物品，遂逐渐形成了极其复杂的商品交换制度。各国都为共同利益献出自己的工艺成就和自然资源。

正是这种交换制度不仅提高了各地的生活水平，而且使那些在简单的自给经济时一个人也难过日子的地方变得可供两人甚至三人过舒适的生活，使易于失调的、复杂的世界经济保持平衡，这不仅和我们高级文明的利害有关，而且是我们大多数人的根本生存之所系。战争不但破坏交战国的人力和物质财富，而且干扰世界经济的妥善调节。因此，一些国家之间的战争就成了其他所有国家利益攸关的事情。那么，即使单为世界经济着想，以适当程序解决国际纠纷，我们自己身体力行，也力劝别人照做，这样的"墨守法规"的思想，又有什么愚谬可笑呢？不以法律和秩序为基础，国际交往中的这些现念又怎么能够树立呢？

美国人民信奉商业机会均等的原则。世界上恐怕也没有从来不曾实行这个原则的国家，甚至是日本，虽然日本把美国坚持"门户开放"称为所谓的"墨守法规"的最主要表现。甚至日本也曾坚决主张在中国以外的地区实行"门户开放"，并得到过好处，我们只是被告知，这个原则不适用于中国，除非经过修剪和阉割。我刚才说的那个极其复杂的世界经济体制有一个基本要求，那就是在自由竞争的条件下，各国能够随意在各地做买卖，如果有人要在某些地区专为一个国家的国民索取先买权并维护这种特权，这些地区便不可能有自由竞争的条件。

不用说，我刚才表述的思想是普遍适用的。

还有一个时常听到的错误看法，我也不得不提一下，那就是，指责美国政府和人民不了解"东亚新秩序"。对不起，关于这个概念，我想提一点不同的意见，请大家指教。何谓"东亚新秩序"，美国政府和人民是一清二楚的，绝不比日本了解得差。日本官方曾给"东亚新秩序"下了一个定义，叫作安全、稳定和进步的秩序。美国政府和人民不仅切望自己享有，而且切望世界各地区的一切国家都享有安全、稳定和进步。但是，"东亚新秩序"的含义之一，却好像是要剥夺美国人在中国的长久以来已被确认的权利，这是美国人民要反对的。

有事实为证。日军现在在中国的那些做法就是想要达到这个目的，对此美国人民已愤慨到什么程度，你们当中有许多人很可能还不知道。绝不是说美国人民已经忘记了我们两国人民之间的长期友谊，但可以这样说，对日军在中国的狂轰滥炸，美国人民的确深感震惊，这不仅是出于人道，也是因为随着美国公民被炸死炸伤，美国人的生命财产正遭受直接威胁。他们越来越看重在华日军侵犯和损害美国权益的问题，认为这是在蔑视美日两国所订的条约和协定，蔑视有日本参加的多边条约和协定。美国人民知道，那些条约和协定是日本自愿签订的，条约和协定中的条款构成一套

293

指导实际行为的规范，是用来维护大家的利益，以及国家主权和经济机会均等这两项互相关联的原则的。

经济机会均等，本就是日本长期以来曾多次明确赞成并一再坚持的一项原则。美国人民还不仅是因其机会均等和待遇公平等久经确认的权利横遭剥夺而感到忧虑，而且觉得如果远东目前这种局势继续发展下去，就会使他们建立一个有秩序的世界的衷心希望归于破灭。由于日本驻华当局的政策和行动，美国在中国的权益正在被削减或被消灭，美国的财产正在遭到损坏或摧毁，美国侨民正在遭受危险、忍受侮辱，如果我认为今天适于把全部事实都一一摆出来，你们就一定会感觉到美国的态度是正确的，是有充足理由的。大概你们也能明白今天我已经是如何艰难地克制自己了。

总而言之，美国人民根据他们得到的一切绝对可靠的证据，有充分理由相信，日本是在为一己之利而力图控制亚洲大陆的广大地区，并在这些地区内强力推行一种排外的经济制度。正是这个看法，加上轰炸、侮辱以及种种侵犯美国权利的行为所产生的影响，形成了今天美国人民的对日态度。至于我自己，我会说日本当局已做和正在做的许多伤害美国的行为，都是完全不必要的：这是我的信念，也是美国政府和人民的信念。我们相信，日本若不侵犯美国的任何权利，也能够获得远东的真正安全和稳定。

294　　以上就是我力求给予准确说明的美国舆论，我在回国期间对它做过很仔细的研究和分析。我们两国间的传统友谊太宝贵了，有意无意的损伤都不能容许。无论从哪个角度来看——经济、财政、商业、贸业利益、旅游、科学、文化、感情——日本和美国都应该永做互相体谅的朋友。国际大家庭的成员之间总难免发生争吵，就跟兄弟之间一样。但在困难时刻，美国也多次对日本表达过真诚的同情，希望能对它有所帮助；而对日本的成就则表示赞赏，对结成互助的关系亦曾寄予热切的希望。

我今天讲得极其坦率，请不要误解或曲解我的动机。我之所以抱此态度，首先是因为我爱我的国家，忠于我国的利益，但也是因为我深爱日本，并且确信，两国的真正利益，即根本的和永久的利益，要求我们在交往中的思想和行动都应该协调。我对日本有感情，这是和你们在这里相处七年、在愉快的交往中培养起来的。知道这些的人一定能看到，我的言行是一个挚友的言行。

我刚从美国回来时，有家日本报纸曾表示怀疑，称不知我怀里藏的是匕首还是鸽子。那就让我来回答这个问题吧。除了一腔希望继续为美日友谊全心、全意、全力工作的热情外，我怀中别无他物。

今天我列举一些事实，单刀直入，据实反映。但我也是在恳求，为我们两大民族悠久长远的友谊考虑，彼此要有善意的了解。值此乱世，但愿现在以至于长久的未来，两国邦交能保持稳定。如果这种稳定关系能保持下去，对日本、对美利坚合众国都只有好处。

一次有历史意义的演说的背景

1939 年 10 月 19 日

下面是我回东京后给杜曼、克雷斯韦尔（Creswell）和史

密斯·赫顿（Smith Hutton）的备忘录，其中叙述了这次演讲
295 的背景：

> 我回国期间，美国公众舆论对日本的态度日益强硬，
> 几乎普遍赞成废除 1911 年《日美通商航海条约》，要求
> 冬天即对日本实行禁运。政府目前的态度是，不容许美国
> 权益被排挤出中国。假如美国实行禁运而受到日本的报
> 复，我国政府亦很可能采取某种形式的反报复。
>
> 我曾指出，一旦采取制裁政策就必须贯彻到底，而贯
> 彻下去又很可能终将导致战争。可是现在政府或国民的态
> 度都没有任何软弱的迹象。总统和国务卿似已下了决心，
> 要维持我们在远东的地位。海军秋季演习定在夏威夷水域
> 举行。还有增派美国海军陆战队赴上海之说，但就在我离
> 开华盛顿之前，此事已决定缓议。不过，毫无疑问，如果
> 在华日军继续侵害美国人和美国权益，如果他们步步进
> 逼，定要将美国势力逐出中国，我国政府就会采取报复措
> 施，后果不计，绝大多数美国国民亦将支持政府。"收起
> 帐篷，体面地撤出难守之地"这样的高论现在很少听见
> 了。我们在远东的地位，正被视为我们在整个世界事务中
> 的地位的一个重要部分，而绝不是一个孤立的问题。
>
> 想到美国政府和人民的这种态度，我们必然会得出这
> 样的结论：应把日本政府同日本军部区别开来，一心信任
> 其善意和努力的时代已经过去了。我们这些身在大使馆的
> 人一向以慎于言行、避免激怒军部这样一种策略为原则。
> 如今美国政府和人民的态度既如此坚定，我认为现在的上
> 策就应该是将这种态度谨慎地告知日本政府和人民，以免

他们总是以为（至少在我 5 月离日以前日本人普遍是这样看的）到最后美国终究还是会让步。现在我不认为我们会退让了，我觉得大使馆现在应该致力于使这种实情逐渐渗透到日本人的意识中去。让日本人总是停留在那种误解上有百害而无一利。不过，执行大使馆的这些任务时，还必须慎重。

今年夏天，国务院已认真考虑再写一份强硬的照会给日本，但杜曼先生劝他们不要这样做，我支持他，理由是这种照会于事无补，只会激怒军部，况且我们的立场早已充分记录在案，无须再做补充。不过，我又主张，还是应该做点工作，把在华日军侵犯美国人和美国权利的事实摆在日本人民的面前。

据我了解，甚至有影响的日本人也不是个个都知道那些事实，因此他们总是觉得，美国之所以反对日本和日本的政策、反对"东亚新秩序"，一方面是由于硬要死守那些在他们看来已属陈腐的法律细节，另一方面则是由于一贯同情中国。要想由有影响的日本人（我想到枢密院议员之类，他们该是有影响的）出来发起一个制止军部排挤美国在华利益的运动，首先必须让他们知道美国政府和国民的坚决态度以及这种态度所依据的事实。那样的误解存在一天，我们就很难指望他们为改善关系采取建设性的措施。他们能否采取建设性措施或有效措施以约束军部固然值得怀疑，但我们不能因此就不去做我们迫切需要做的事。

在阐明我们的态度时，一定不能用威胁的口吻，因为对日本人施加威胁只会加强他们的决心。美国政府和人民

296

的态度，只能作为一个明显的事实摆出来，事实俱在，所以日本制定政策时应该给予充分考虑。

因此我认为——总统和国务卿也同意——我回东京后对美日协会做首次演讲时，应当尽力把美国的真实感情及其所依据的事实向日本人讲清楚。我只不过是报告我过去四个月在美国观察到的情况，这样就会使这次演讲格外有力，我觉得应当充分利用这个机会。以后的演说不会再有这种有利条件了。我的想法是，以尽量友好的态度陈述国务院原想在那份拟写而终于未写的照会中提出的观点。美日协会大概是我们仅有的讲台了。我的演说定会引起相当广泛的讨论，即使只有《日本广告报》登载，也将会引起日本朝野许多实权人物的注意。万一有人抱怨，说我是要撇开日本政府而直接诉诸日本国民，那也可以用事实来答辩：日本要人以往又何尝没有利用过这个协会来阐述日本的观点（1932年我们到日本后首次参加这里的宴会时，石井子爵就曾在这里讲过话，可以比较），我当然也可以要求享受同等权利。

演说之后，有些美国新闻记者在描述听众的反应时用上"发愣""震惊"之类的字眼。其实，当时在场的只有合众社的汤普森，他抢在别人前头了，其他人以为这次要讲的仍将是外交上的老生常谈，可是美联社的莫林，还有休·拜厄斯，很快就陆续接到纽约的电话，要他们详细报道。日本报界的反应则果不出我所料，有些报纸骂我傲慢、粗鲁、大失外交礼仪。总的倾向是，不管我怎么说，他们仍旧咬定美国人民完全不了解实情，总爱小题大做，把一点点偶然"事件"看作大肆侵夺，再就是认为我们依旧不了解"东亚新秩序"。但也有几家报纸，特别是《读卖新闻》，开头虽对我进行人身攻击，指责我傲慢，最后还是鼓足勇气，含糊地说，美国的观点似仍有可取之处，应细加研究。在此间的一般人看来，这类态度当然是十足的邪门歪道，但是这也表明灌输思想的工作已开始奏效。

有些日本人警觉起来了

1939 年 10 月 25 日

有个开明的日本朋友告诉我，自从我做了那次"划时代的"演讲以后，他就一直在同最高层的官员们讨论，其中有首相、外相、汤浅（天皇的近臣之一）和牧野伯爵等，大家都在仔细研究这篇演讲。他说，他跟他们每个人都谈过一个半至两个小时。又说，演讲已留下很深的印象。我已经开了一个头，而且非常及时，现在上述诸人，加上陆相畑将军①和兴亚院总务长官柳川将军②，将组成一个班子，推动局势继续朝着正确的方向发展。

他说，还不太有把握能解决东亚新秩序同《九国公约》之间的矛盾，但他们确实决心要采取措施重新营造气氛，以期

298

---

① 畑俊六（1879—1962），1938 年 2 月起接替松井石根担任华中派遣军司令官。同年 12 月，被召回国内，出任陆军大臣。1941 年 3 月被任命为中国派遣军总司令，1944 年 6 月晋升为陆军元帅后调回国内。战争结束前，在广岛任第二总军总司令。1945 年 8 月 14 日，曾在御前会议上表示：日军无力正面阻止美军登陆。战后被列为甲级战犯，被判处无期徒刑。1954 年保释出狱，1962 年去世。

② 柳川平助（1879—1945），曾作为第十军司令官率领侵华日军在杭州湾登陆，导致中国军队不得不撤出淞沪战场。第十军所辖部队也是南京大屠杀的主要制造者。1938 年出任占领地管理机构兴亚院的首任长官，之后也担任过司法大臣。1945 年病亡。

转变美国的舆情，展现日本的亲善愿望。他说，他相信西尾将军（已被派往中国统一指挥，制止南北日军当局的不断争吵）也一定赞同这个计划。以往日本没有什么建设性行动，听任美日两国隔着太平洋对骂不止，现在是结束这种放任政策的时候了，我的演讲已达到了预期的目的。他说，和他谈过话的那些高级人士都一致认为，我提出的两百多件抗议照会，不是尘封在外务省，就是只得到一些空谈采取适当行动的保证，现在应该积极处理。新外相野村海军大将不久就会约见我，不管我讲什么，他都将洗耳恭听。他说，我一定还能够与首相一谈，他也准备倾听我的意见。

关键性的两个月

1939 年 11 月 1 日

我的演讲词立即发给了美国各通讯社，却没有发给日本报界。有位日本名人劝我发，我并未照办，因为我想要外务省明白，不应背着日本政府擅发文件，这点起码的规矩我还是遵守的。这点我们也告诉了吉泽，当时他和外务省的岸、三谷俱在场，一起听了演讲。我预料公众一定会要求刊发演讲词。果然，两天后外务省就主动请我把演讲词发给本地报界，我们立即照办。这也许是件小事，但这类事情在日本显得很严重，很快就会被人注意到。

据我看，今后两个月将是美日关系史上最关键的两个月。除非我们能够迅速得到具体结果，使他们不仅以消极措施还以积极措施向美国人民显示，日本确有尊重美国在华权益的诚意，否则要求在冬天对日本实行禁运的压力就会增大，国会就可能提出这项要求。所谓消极措施，我是指停止轰炸、侮辱及其他公然侵犯美国权利的行为；所谓积极措施，则是指向外国贸易开放长江那样的措施，作为向美国公众表示诚意的实证。以上论点，我对凡是和我交谈的人都说了，以后仍将这样做，毫无保留。这不是威胁，而是讲明客观事实。一旦实行禁运，那就只有眼睁睁地看着美日关系一直坏下去，怎样想挽回都来不及了，这就是说今后两个月紧要的原因。

美国在对日关系上的抉择

1939 年 12 月 1 日

最近有个日本人说，日本当前最需要的是出一个像伊藤公爵①那样的政治家。然而这种人物再也没有出现过，也没有将要出现的样子，由于缺乏优秀的治国人才，日本注定要倒霉。政府软弱，在挣扎中胡乱地进行战争。而在今天的日本，要控制住五花八门的各派势力并把它们联合起来，却又非得有一个特具超凡之才的政治家不可。

日美关系的症结在于，政府可以给我们安慰性的保证，可是全国就没有一个力量够大的个人或集团能确保那些保证得到充分的履行。几乎毫无疑问，稍了解外交的日本人，不论在朝在野，绝大多数都想对美国友好，但是他们忙于巩固自己的权力，之后才谈得上掌握决策权并采取有效措施。然而，若非如此，也就无法获致友好的邦交。邦交的增进，不能单靠表达善良意愿的言辞。这点我已经告诉过他们，而且一直在说，但收 300

---

① 伊藤博文（1841—1909），早年留学英国，回国后积极参与倒幕运动，也成为明治维新的最大功臣之一，曾先后四次出任首相。甲午中日战争的策划者、实施者，日俄战争后成为首任韩国统监，推动对大韩帝国的吞并行动。1909 年 10 月 26 日在哈尔滨遇刺身亡。

效甚微。现在看来美日关系的前景并不美好。

前景究竟如何，正是我们此刻需要好好研究和关心的问题。

两大任务

在进一步申述意见之前，我想先讲明以下几点。我认为，自己作为美国驻日大使的职责，也就是大使馆的职责，包含两个基本任务：第一，最大限度地保护和发展美国在这个地区的利益；第二，保持和增进美日之间的良好关系。即使在遇到这两个任务互相抵触时，也不能推卸对二者所负的责任。我们必须做到的是尽可能将这两大任务结合起来。在分析问题和提出建议时，必须经常把这两个主要任务放在心上。今后我国政府应奉行什么方针，当然不能由大使馆决定，而是要由政府根据更宏观的政治去决定。

在制定今后美国在远东的方针时，我认为我们政府应当经常清楚地考虑到两点：首先是我国外交政策的根本原则，我国外交政策是以自己尊重法定的义务，也希望别国同样尊重为基础的；其次是现实感，即注意客观实情。当原则与现实冲突而又无法协调时，必然出现这样的问题：如果以让步求协调，我们能够或应该妥协到什么程度？我们究竟是否应该在原则和现实之间谋求妥协？我国自身是一个统一的实体，现在我们充沛的国力都已达到了预期中的巅峰。国际道义，包括尊重法定义务和永远不以武力作为推行国策的工具，对我们来说既是口号也已成信仰。

美国曾庄严地（借用威尔逊有些夸张的说法）承担义务，要维护《九国公约》的原则，即主旨是要维护中国的领土和行政完整及"门户开放"。这就是前面说的原则问题。

　　而情况的另一面是，日本并不想尊重中国的领土和行政完整，无论现在还是将来，它都毫无此意，只有将它彻底打败，才能使它这样做：在国际事务中，没有比此点更确定无疑的了（假如说国际事务中有什么东西可以确定的话）。使"门户开放"在实际上得到遵守，现在和将来都面临一个遵守到什么程度的问题，这就要靠施展手段，而不能靠原则。这就是前面说的现实问题。

能打败日本吗？

　　欧洲的现状不变，现在就看不到打败日本的可能性。无论哪个国家，无论置日本于何种境地，军事、社会、经济、财政无论哪方面的困难，都无法打垮日本。日本在军事上也许会遇到暂时挫折或出现僵持局面，由于中国人增加向日本施加的压力，在一定时期内日本甚至会如军事家所说"在战略上撤退到预定阵地"。换言之，即退回华北、控制华北，这本来就是所谓中国事变的首要目标。日本也许会遇到财政困难和经济萧条：要勒紧裤带，或许会困苦不堪；国内还可能发生日益高涨的社会动乱。现在还看不到日本会全面崩溃的前景。

　　我早已指出过，日本已开始出现通货膨胀，以后我还要谈到公债消化率下降、纸币发行量大增、物价高涨，以及随之而来的广泛的物价管制措施，等等，这些现象都反映了通货膨胀的进一步发展。试图管制大米供求的措施正在激起广大农民的骚动。然而我的意见仍是，即使局面坏到不能再坏，日本人还是会固执己见：在大陆上的冒险事业不能半途而废，既然已经豁出去了，就得坚决干到底。使馆中大多数人，包括我在内，都不相信美国一实行禁运，日本就会衰弱到不得不放弃其侵华计划的地步，禁运即使扩大到断绝美日之间的全部出口和进口，也不会收到这种效果。

302 　　统计学家为了使自己满意，曾经证明并且还会继续证明，外来的经济压力可以击败日本，但统计学家一般未能把心理因素估计在内。日本人是一个耐苦尚武的民族，至今仍在接受着"不成功便成仁"的武士道教育，这种精神世代相传，早已成为根深蒂固的民族精神内核。自古以来，日本人就一直在应付层出不穷的天灾人祸：地震、飓风、洪水、瘟疫、农作物病虫害和几乎连绵不断的国内外战争。由于饱经风霜，他们惯于吃苦，对严密的组织纪律亦习以为常。每次都克服了困难。单凭统计数字来下判断，很容易使人迷误。

"东亚新秩序"

　　由美归来后这几个月，我仔细全面地研究了日本的舆论，包括政府、陆军、有影响的非军界人士、实业界和民众等各方面的意见，可以肯定地说，有一点是各方一致同意的，那就是所谓"东亚新秩序"已经形成。这个词可以有多种解释，但它也有个最基本的概念，即中国的满洲、内蒙古和华北永远归日本控制。在陆军中，在政府和国民的某些人当中，这个词的含义还要广得多：这些人是要控制中国全境，或者说，要保住但凡现在或将来能够夺占的地方，包括过去条约所规定的通商口岸和各国租界在内。对满洲的控制，因有了"满洲国"这个傀儡政权已经实现了；控制内蒙古，是留待将来解决的问题；扶植王克敏和汪精卫两个政权，以控制华北和华中，则是其所希望和期待的。这些计划当然含有日本长期甚至永久驻军的设想，这样才能强迫这些地区屈从日本。很少有日本人认为"东亚新秩序"的含义比上述最基本的概念还要狭窄。

　　苦药丸需要包上精心制作的糖衣，日本人正是给他们的欲望和企图裹饰糖衣的高手。他们说，有许多日本人居然也相信他们所做的一切都是旨在给中国带来持久和平，是在为中国人着想。他们的战争是一场"圣战"。他们还说，也有许多人相信，那样做是为了防止共产主义蔓延到日本本土。这又未免太贬低了公认的日本警察管制和根除国内"危险思想"的能力了。他们会告诉你，也确是这样说的，一旦汪精卫政权完全稳固下来，好斗的、无法安分守己的中国人不再闹乱子，美国的利益就自然会得到充分的尊重，"门户开放"和机会均等的原则都将得到履行，天下也就太平了。这一切美梦据说都一定能实现。等着瞧吧，只要稍微耐心一点就行了。但我们可不吃这一套，我们没有必要受这个骗。

日本的基本要求是什么，我们自己能够概括，也许比许多日本人还要概括得好一些。他们要的是：

（1）战略上的缓冲地带，以防备苏俄来袭，特别是后者对满洲的进攻；

（2）控制日本缺乏但中国出产的原料，以保障经济上的安全，日本在经济上是脆弱的；

（3）根除中国特别是华北境内的抗日人士和共产党人的活动、宣传。

当然日本极端分子向往的远不止这些，但上述要求可以说是1931年满洲之战以来日本进行侵略的基本的和最低限度的目标。

等着日本陆军和军事体制有朝一日会在国内信誉扫地，就等于期待"千禧年"降临。日本陆军可不像狗尾巴，别以为砍掉这部分就可以防止狗摇尾巴了；它是和整个国家的结构不可分割地融为一体的，它盘根错节，既切不断，也不会因丧失

303

信誉就萎缩。诚然，有很多日本人并不喜欢陆军的行事方法并因此感到不安：强征大批健壮的青年前往中国作战，造成大量伤亡；军费日增又给日常生活带来种种恶果和不便。但是，如果说可以把陆军诋毁到某个地步，使其权力和威望就此一蹶不振，以致不再能掌控国策，或至少失去对决策的强大影响，那就是一种臆断。我相信任何熟悉日本和日本人的人都断不会有这种想法。这使人不禁感到主观愿望往往会变成信念，持这种臆说则不幸确是一个实例。在日本，如因社会动乱而发生政变，任何政变都会立即导致无情的军事独裁，这几乎是毫无疑问的。

304

　　因此，在这里我们便发现自己正面对一个问题——从目前所有的迹象来看，这个问题是永远回避不了的——那就是：当原则与现实彼此对立时，我们究竟应该怎么办？

　　首先，我不认为我国政府能够或者应当或者将要在原则问题上妥协，也难以想象在今天这个时代我们会这样做。而且我推断，对政府和绝大多数美国人民来说，这也是难以想象的。我们无须这样做。除非《九国公约》的条款经"正当手续"进行了修改，否则我们就应当而且必须尊重和履行我们自己在那个条约中所承担的义务……

是否需要把日本孤立起来？

　　常有这样的论调：应该而且可以把日本孤立起来，这样它就会屈服。由此又推论出，除非在经济和财政上损耗它、孤立它，把它降格为二三流国家，否则它就会在大陆和海外继续扩张，席卷菲律宾、荷属东印度群岛和西方在远东的其他属地，这只是时间问题而已。现在正是遏制它扩张的时候了。

　　对这个论点，我提出下述意见。凡是要对违法国家采取某些孤立它们的办法时，都必须预计到最终还是得使用武力。如果制裁开始后不贯彻到底，就会使宣布制裁的国家丧失威信和影响力。制裁若贯彻到底，又可能导致战争。这点我觉得是不证自明的，甚至可以说是不容争论的。在我看来，除保卫国家主权外，动用武力，就无异于自认：第一，缺乏善意；第二，缺乏富于智谋和想象力的、建设性的治国之才。谈到我们所面临的实际情况，有人会说，只有单方面的善意和才略是不够的。对此我的回答是，日本也有这些因素，尽管它们到目前为止仍处于潜伏状态，但总是存在的。外交的职能之一就是促使这些因素茁壮成长。币原外交曾经出现过，也可以再度出现。

到外交上无计可施之时，再谈制裁也还不迟。在我写这篇日记的时候，外交谋略还没有用尽。我生性不是个失败主义者。我相信外交手段仍然可以制胜。

与野村外相的三次会谈

1939 年 12 月 4 日

外相野村海军大将约我今天下午 2 点半去他的官邸见他。因忙于和首相密谈，他迟到了十五分钟，为此深表歉意。这次谈了一个半小时。

外相说，11 月 4 日我们谈过一次，现在再谈，他很高兴。会谈中断了这么久，他又感到抱歉。他说，我上次提的意见以及留给他的文件他都仔细研究过了。我对他提过，必须停止轰炸美国财产、侮辱美国公民和侵害美国在华商业活动，日本当局若有制止之意，最好是拿出直接证据来。他认为这些建议很有价值。野村将军知道，美国有这样的印象：那一系列暴行是蓄意为之，日本当局有驱逐美国在华利益的意图。他向我明确保证，事实并非如此，这个印象完全是一种误会。规模空前、遍及广大地区的军事行动正在中国进行，我们所控诉的一切事件和案件都是意外。日军奉有命令，要尽力注意保护和尊重美国在中国的财产和公民。外相说，他和主管阁僚讨论过这个问题，有个事实可以告诉我，为了保证执行这种保护和尊重的方针，还在人事上对驻华各指挥部特别做了安排。

野村海军大将又说，强加于美国在华商业活动的那些限制，则是包括管制占领区在内的军事行动的结果，军事行动同安享太平的普通商业权利之间不可能没有抵触。不过，这些限制也只是特殊的、暂时的，待和平到来，我们的权利就能恢复。根据一时的状况来下判断和预测将来的情况，只会引起误解与纠纷。

他说到这里时，我便把正在损害美国商业权益的各种做法列举了一些，如建立垄断组织，这种做法使得各种美国企业无法营业。我觉得很难把这些垄断组织和其他限制性措施解释为出于军事需要。外相说，既然现在是战时，就需要管制商品，独家经营和其他限制性措施可以用这个理由来解释。我则反驳道，有许多措施已给美国政府和人民留下这样的印象，它们自始即有成为永久性措施的意味。若事实并非如此，我欢迎他能提出具体的证据。

野村海军大将重申他的历届前任给我的保证：在华日军毫无排斥美国利益之意，相反，他们奉有极严厉的命令，要尊重美国的利益。他说，我的对华贸易问题应在东京和战地同时处理，他要求战区内的美国官员和当地日本官员保持密切接触。

野村海军大将说，轰炸美国财产和侮辱美国公民的事件正在逐渐减少，例如在北海和南宁，他就没有听到那一带的美国财产受到任何损失。而且他们还正在采取促进美国商务的积极措施，例如可以从汉口装运桐油，从汕头装运花边和抽绣品。因此，他可以说，按照我上次提的宝贵建议，能做的都在做了。他知道我抱有改善关系的真诚愿望，为了感谢这种态度，他此刻正在和有关当局研究采取一些适当办法。

野村将军感到遗憾的是，他和我虽在共同努力改善关系，美国的重要人士却不时大放厥词，甚至说可能对日本实行禁运，他认为这是在损害我们努力的成果。

在这一点上，我请他注意美国的言论自由和公开讨论的自由。我说，经验告诉我们，对报刊或个人的言论采取压制的办法，往往会激化那些言论，反而事与愿违。我又说，政府以外的人公开发表意见，即使那些人可能和政府有密切接触，也不一定就代表政府的观点。外相笑答道，日本也常有这种情况，特别是在报界。

接着外相又说，他想提出几项统计数字，以答复我上次所提的一些抗议和解决悬案的具体建议。他说，我上次交给他的事件清单，他们已经仔细分析过了，而且根据可以得到的文件写了一份摘要。他随即递给我一份非正式的日文文件，并说恐怕我还希望能得到译本，于是他便向我宣读下面这份摘要：

A. 所提抗议业经告知收到或已答复者：179 件

B. 所提抗议未告知收到或答复者：203 件

（1）不需要告知收到或答复者：22 件

（2）虽未告知收到但其内容已转交在华有关官员者：27 件

（3）虽未答复但已就地解决或已处理者：8 件

（4）仍在继续调查而尚未答复者：110 件

（5）其他诸种情况：36 件

野村海军大将表示抱歉。由于办事疏忽，我们所提的抗议中有些没有收到或答复，但他向我保证，我们提过的一切抗议和意见都正在受到关注，主管官员正在设法解决。

有一些事件已经解决或即将得到解决，这类案件共有 39 件。这些事件都已调查完毕，日方官员正与我方在上海的官员接触，寻求解决办法。外相说，吉泽先生将向杜曼先生或我本人说明他刚才交给我的非正式文件的细节，并且还乐意随时讨论各项悬案。他说，他认为我们最好能同吉泽先生定期会谈，他建议外务省和大使馆的官员组成一个类似常设委员会的机构，以便处理这些悬案。如此，这些问题就能够迅速解决或在解决办法上达成协议，日美关系就可能由此趋于稳定。

外相提到，新闻报道竟说待解决事件有六百余宗。他认为报道如此失实，只会给公众造成误会，损害我们的关系。他觉得最好是把实情公布出去，建议由吉泽先生和我们联系，共商有关公布的事宜。

接着外相便说，现在他很想"非正式地"谈一谈。他谈到我们的通商航海条约，认为"尽管条约期满，我仍然希望关系保持正常，两国人民都没有理由为此表现激动"。日本的对美贸易在日本整个对外贸易中占很大比重，对美商务倘若受到削减，日本显然就要另谋出路。

我觉得这话既含有要挟之意，也可以说是在暗示要谈判订立新约或临时协定，于是我便把 11 月 24 日赫尔国务卿对日本大使谈话的释义念给外相听，特别强调最后一段所包含的意见。其大意是，对消除两国亲善的障碍，美国政府并不认为自己有主动提出具体办法的义务。

随后我便要求外相处理下列各事。

（1）8月1日日军再次袭击河南省桐柏县的"路德派兄弟布道团"（尼胡斯事件）。

（2）日军侵犯新乡的天主教会的财产。

（3）我向外相宣读了10月20日北平来电中有关暴徒袭击陈留"独立卫理公会"的电文。

（4）为了能直接收到华盛顿政府发来的消息和新闻简报，克罗克先生正与铃木先生商讨大使馆安装无线电收报机的问题，我请求外相亲自注意和关心此事。我说，我国驻外外交机关多已设有此类收报机，驻日机关却仍是一个重大的例外；我们若能与华盛顿保持密切而又迅速的通信联络，对我们两国都有好处，我并不想请求日本政府允许大使馆设收报机（因为这是外交权利，我们可以正当地行使此项权利，无须别人允许）。不过，我还是希望在安装前得到外务省的明确赞同。

（5）我给外相讲了塔克（Tucker）事件的实情和此事在美国引起的普遍关切。我说，我曾收到国内许多重要人物的电报，他们都关心此事，我国政府亦正式表示关注。我说，塔克先生虽在监禁了大约六星期后被释出狱，但仍要在此后两周内受审。据我了解，日方说塔克先生犯了擅自传播某种违禁文献的罪；案子的结果定会在美国发表，势必将对美国公众以及塔克先生的朋友们产生重大影响。我又说，我并不想干涉日本的正常司法程序，因此没有就此案提过正式抗议，但我希望外相知道，此案已在美国引起普遍关切，包括官方的关切。外相说，连他也很难干预此事，案子是司法省经管，他相信塔克一定会得到公正的处理。

同意发布新闻公报如下："今天外务大臣和美国大使双方都以积极的态度继续就日美关系的多方面问题进行了会谈。"

1939 年 12 月 18 日

野村将军今天在外务省约见了我。在一个半小时的谈话中，他通过译员井口先生向我读了一份备忘录，然后交给了我，我随即送给了国务院。

外相明确地通知我，日本政府打算"在大约两个月内"将长江上一般航运的范围开放到南京为止。外相又说，由于在中国的战事，大概暂时还得对这种航运施加一些限制。

外相明确提出缔结临时协定，以便现行通商航海条约满期后继续维持日美通商关系，并表示，鉴于条约即将期满，剩余时间不多，希望很快就能开始进行订立新约的谈判。如有可能，最好在圣诞节前就开始。我答道，我没有收到有关此事的训令，问他是否要我将此话转告我国政府，算是由他提出的具体建议。他给出了肯定的回答。

谈话还包括下列几点。

（1）外相把我们的问题分为"积极的"和"消极的"两类。我答道，我们两国间存在一些事关根本原则的意见分歧，若照外相的分法，这恐怕很难归入上述两类中的任何一类。

（2）我不记得在我 11 月 4 日和外相的谈话中，是否曾提到有可能使美国舆论"迅速"转变一事。

（3）在野村讲完他的声明和我对日本政府力求改善两国关系表示赞赏之后，我便按照我国政府的训令，把国务院对

12 月 4 日外相所谈各点的反馈非正式地、全面地告诉了他。其中包括：国务院认为，日本有关当局迄今所做的努力只不过是"刚刚触及问题的边缘"而已。

（4）关于那两个所谓"公司"和其他垄断企业，野村表示为了克服国防问题上的种种困难，已有必要在"满洲国"、日本和中国之间建立一些"经济集团"。但是他宣称，日本并无排斥他国的意思，而且"很愿意接受外国资本"。我问外相，"是在没有歧视的基础上吗？"对此他只答道：欢迎外国资本加入这些企业。

（5）关于货币问题，外相认为，他们"不得不为军队筹措经费"，但对外币的差别待遇"待战斗停止，中国的新政府成立以后，就可以有所改变"。

（6）会谈结束时，外相"非正式地"说道，为了我们两国的利益，我们必须防止欧洲的战争扩大到远东。为了防止这种意外，日美合作将是一个强有力的因素。

1939 年 12 月 22 日

今晚与外务大臣会晤时，我向他口述了两个彼此独立的声明，大体上依照国务院昨天来电的两段内容。我还引用了国务院 12 月 18 日训令中的话，以备忘录的形式将这个训令交给了外相。

野村将军用日语做了口头答复，后来译员又将原话的译文交给了我，译文如下：

> 美国政府已决定，即便在《日美航海通商条约》终止生效以后，还是会采取措施促进正常的通商关系。对于这个决定以及阁下在这方面的努力，我深表感谢。不过，

商约问题，并非只以两国通商关系为限，而是在许多方面
都涉及我们两国间的总的关系。例如，没有具体协议，即
使通商关系能在大体正常的基础上维持下去，此种关系中
经常在变动的情况亦不可能预测。这是一种飘忽不定的景
象。有鉴于此，并从改善日美关系的大处着眼，我热切恳
求贵国政府对缔结临时协定的问题细加考虑。

我可以告知阁下，正如美洲局局长吉泽先生业已通知
贵大使馆参赞杜曼先生的，日本政府依上述观点对此问题
细加研究后，已准备临时协定草案一份，并已将此草案电
送驻美大使堀内；已经告诉他，可以在会谈中适当的时候
将草案提交华盛顿的国务院。

312 在随后的谈话中，我再三讲明，日本现在必须切实履行它
做过的保证，即在无歧视的基础上尊重美国在中国的权利及合
法利益。

双方基本上同意了下述新闻公报，我还得到明确保证：外
务省绝不另做超出公报的宣传。公报如下：

外务大臣和美国大使今天下午就两国关心的问题继续
会谈。外相和大使都对解决讨论中的问题展现了互助的态
度。讨论已有进展。会谈还将继续。

米内海军大将领导新阁

1940 年 1 月 14 日

内阁总辞，米内海军大将组成新内阁，有田为外相，我的

老友藤原为商工相。米内就是去年春天曾阻止与德国缔结军事
同盟的那个人。我是在"阿斯托里亚号"运送斋藤的骨灰来
日时结识他的。他曾来大使馆赴宴，我又在海军俱乐部的盛大
宴会上和他一起吃过饭，餐后他请人转告我，我不用再担心日
本会与德国结成同盟。

有田重返外务省

1940 年 1 月 18 日

有田接替了野村将军，就职后分别接见各国大使。他对我
说，他已派堀内前往拜访赫尔先生，共商条约期满后"依约
进行贸易的商人"应处于何种地位。他希望我支持此事，以
免两国侨民遭受损失。我只是把谈话中述及事实的部分呈报上
去。国务院是知道我的观点的。后来国务院发来电报说，堀内
病了，来见霍恩贝克的日本参赞被告知，关于商人地位的会谈
应在东京进行，因此现在有田很可能要见我，我也只能将他的
建议电转华盛顿。这有点像打板羽球，拍过来拍过去。不过，
我想国务院把会谈集中在一处是明智的。我简略地对有田提
到，东京有一种宣传使公众误以为我曾向野村将军保证不会出
现无约状态，这真令人遗憾。不过，现在报上已在正确反映情
况了。

313

英日事件将美国大使挤到暗处去了

1940 年 1 月 23 日

有一艘英国巡洋舰截住日船"浅间丸"并带走了二十一
名德国人，说他们似乎是在德国海军服役的。这个事件当然会

引起一场轩然大波，特别是因为事情就发生在几乎看得见日本海岸的地方。有家日本报纸说："这是污辱了大和魂。"当罗伯特·克雷吉爵士在公开声明中指出日舰也曾在香港附近扣留和搜查英船不下一百九十一次时，日本报界更是勃然大怒，先骂大使失礼，说他根本不该发表任何辩解性的声明，后来又怒斥他竟把崇高的日本同香港那样的小殖民地相提并论。爱国主义和沙文主义的激情汹涌全国。

顺便一提，当我今天去约克雷吉同往参加美国俱乐部的午餐会时，他笑着向我道歉：现在他已成了众人注目的中心而把我挤到暗处去了。我答道，我十分欢迎他占据这个活动中心，并请他就这样待在那里，以便让我能在暗处安静一会儿。

得到罗斯福的赞许

1940 年 2 月 14 日

今晚邮袋来了。我曾以私人身份给总统寄过我 11 月日记的序言，注明写于 12 月 1 日，谈到了我觉得应该推行什么样的对日政策。我还对他说："本来不打算拿这么多阅读材料来打扰您，但是我想不管什么文件，您的慧眼定能一下子就抓住它的要点。"罗斯福给了我一封很令人高兴的回信，还加上这么几句："您处境困难，面对棘手的工作却还能应付自如，我非常高兴。谨向格鲁夫人致候。与您共同努力之人。"

314

更多的迹象表明日本在犹豫

1940 年 4 月 10 日

国会循例开了会，又渐渐无声无息了。汪精卫的店铺开张，不知能开多久，又要失去踪影了。除了日本人的刺刀，他恐怕再也没有什么能保长治久安的基本条件了。如今看来，除非日本愿意并且能够在世界上的这一地区长期驻扎大批武装力量，否则他就无法继续自信还能站住脚跟。预言事态会发展成什么样子是徒劳的。远东的事情向来都很难说，因为这里确实有许多无法估计的因素。但是我们至少可以这样讲：日本绝大多数有识之士正越来越认识到，从大局来看，对华战争就是一场徒劳无益的战争。

上述这个判断是根据许多观察材料并与日本要人谈过许多话而得来的。日记只能述及这些材料和谈话的极小一部分，但诊断病症也只是以一些症状为根据。我觉得最近同一位有影响力的日本著名时事评论家的谈话就特别具有发现症状的意义。他是写广播稿的，近年来常以尖酸刻薄的话肆意攻击英美，拼命宣扬日本的沙文主义。在两次长达几小时的交谈中，这个日本人却特别申述了两点意见，听起来实在令人惊讶。第一点是，他曾经仔细研究了日本对华开战以来赫尔先生发表的全部言论并已得出结论：赫尔先生所说的一切都极为正确，日本则错了。不要以为此人是在别有用心地说奉承话，他是真正讲求实际的那种人，这个事实足以打消别人对他的怀疑。他说的第二点更有意思。经过深思熟虑，他认为，中国事变绝不可能解决，除非日本决心做到：①直接同蒋介石打交道；②允许有利害关系的第三国出面干涉（我猜意思是调解）；③给"东亚新秩序"下个定义。一个尊奉国家主义思想的日本人，竟对美国大使说这样的话，我看颇有象征意义。

我相信，假如我们能让事情按正常趋势发展而不受阻碍，时间将会对我们有利。所谓阻碍，我指的是带制裁性的那类措

施。长期以来我就是这么想的，也是这么讲的，现在我更加坚
315 持这种想法。今天我分别同两个美国人谈过，一个是《资源
战略》（The Strategy of Raw Materials）的作者布鲁克斯·埃米
尼（Brooks Emeny），一个是吉米·扬（Jimmine Young），后
者最近曾因被控传播有关日本陆军的谣言而遭到关押、审讯和
定罪。这种情况本可以使他对日本不抱客观态度，但两人不约
而同地、真诚地完全同意我的论点。

二人中的埃米尼最近问过一位日本知名人士：如果美国正
式宣布对日本禁运，他认为会产生什么结果。那人答道，这在
一定程度上要看禁运是怎么执行的。假如在做法上有伤日本的
"面子"，它就会断然进行报复，不计后果。明令禁运而又不
伤日本的面子，是难以想象的。因为即使辩称禁运的目的在于
保存美国的资源，那也瞒不过日本人。道理很简单，要出台一
个惩罚性禁运令的说法已经传了很久，这几乎肯定会导致危及
日美关系的情况出现。

日本在任何情况下都有向美国宣战的可能，美国许多写文
章、发议论的人总是低估这一点。他们看到日本正忙于对华作
战，就更加忽视这种可能性。他们不了解军部重要人物以及民
间的民族主义的狂热能强烈到什么程度。这种狂热不仅可以立
刻阻止现任政府和开明人士朝亲美的方向努力，而且还能采取
行动，使日美关系即使不处于危险的状态，也会陷于严重的紧
张状态。如果两国打起来，那很可能不是因为双方事先做过慎
重的权衡和周密的筹划，而是某种煽动性的行为促成战火的自
燃。美国人民不想跟谁打仗，美国某些知名人士也轻视战争的可
能性并告诉人民没有战争的危险。虽已有人——包括沃尔特·李
普曼（Walter Lippmann）等少数深谋远虑之士——发出反对

此种论调的呼声，但其他的人似乎还是认为可以太平无事。

前首相阿部将军被任命为参加汪精卫政权成立仪式的使节，即将于 4 月 15 日前往南京，表面上是要去和汪精卫谈判日本承认该政权的基本条件并议订和约，但他真要做的是同当地日军当局会商。他能够实现多少近卫计划中的原则和具体项目，尚待判明。日美关系的前途将在颇大程度上取决于这些谈判的结果。

今后几个月可能很重要，甚至可能是个关键时期，但我以前也时常这样说，这都已变成老生常谈了。我现在还不晓得今春是否应该回美国度假。如果真出现好机会，能在这里做些建设性工作，我就不回去了。从另一方面来看，我对日本政府再也没有多少话可说：我国的立场已经充分阐明过了，我们只能静听下文。回到国内，也许倒可以做点较有益的工作。此外，还可以近距离倾听我们政府和人民的声音，增长见识，就如去年夏天那样。这是很有好处的。我要找有田谈谈，看他有什么意见。到 4 月底 5 月初，再向华盛顿请示。

有田终结了始于野村的会谈

1940 年 4 月 26 日

今晚有田先生来到大使馆时，我问他，他希望我们这次谈话是正式的还是非正式的。他答道，"完全是非正式的"。接着他便说，他先要道歉：1 月间他就职时曾向我表示，要把他的前任野村开始的会谈继续下去，殊知未能实现。对局势经过一番研究，他已得出结论，由于我们两国在原则问题上分歧太大，在这个时刻为准备议订新商约继续会谈恐怕不会有什么效果。

316

我同意有田先生说的，在原则问题上我们两国政府间存在重大的意见分歧；不过我又说，美日间的纠纷还有更尖锐的方面，集中表现在日军继续侵犯美国在华权益，且最近变本加厉，我觉得应该先消除这种状况，然后才有可能妥善解决有关原则的问题。说到这里，我便向外相出示一份用打字机打的二十多页的声明，并把标题读给他听，声明中罗列了今年年初以来继续发生的轰炸和人身侮辱等事件，以及通过垄断措施、外汇管制、进出口限制等损害美国对华贸易和工商业的大量新事例。

我说，轰炸和其他侵犯美国权利的严重事件再度发生；日本政府虽向我屡做保证，愿意实行机会均等原则并尊重美国在对华商业和其他方面的利益，但仍未对实践诺言做出显著的努力：这实在令人泄气。外相答道，谷先生已把我最近对轰炸美国侨民和封锁天津英法租界的抗议告诉了他，他正在尽力改变这种状况。他希望对天津租界的封锁不久就能解除。一俟对华战争结束，我们关于垄断措施、外汇管制和进出口限制的控诉至少可以解决一部分。外相还谈及赔偿我们在中国的损失的问题，说他曾经尽量设法解决，结果虽不一定能使要求赔偿者完全满意，但也表明他为满足这些要求做过真诚的努力。我感谢他出过力，但接着还是对他说，到目前为止所做的一切仅仅是触及整个问题的皮毛而已。

外相随后又谈到据传我将返美休假。我答道，休假是每年都有的，今年尚未确定有何打算，但老实说，这几个月来我都在等日本改善美国在华权益，看它有无一点履行诺言的迹象，殊知始终是白等，看到的只是侵犯美国权益事件的重演和加剧，因此我越来越怀疑我在此是否还能有所成就，并觉得此时回去和我国政府亲自联系一下，或许要比留在东京更为有益。我说，我已经向日本政府充分阐明了我国政府的立场和态度，现在我们是在耐心地等待结果，但显然是空等了。

外相说，他希望我不要在这个时候离开日本，因为日本国民现正为日美关系恶化而深感不安，可能会把我的离去理解为部分绝交，公众的反应也许会"非常严重"。我答道，我将根据外相的意见考虑此事，不久可以告诉他我将如何决定。假如我决定放弃休假，那就希望美国在华利益的境况确能有所改善，这才不辜负我做此决定。

随后是漫谈欧洲的战争。这次长约一小时的会谈中虽夹有一些刻薄话，但仍是在友好的气氛中进行的。我用如下调子结束了这次谈话：经世治国者，必须放眼于长远的未来，而不是只顾目前，日美友谊自有其深厚的基础，最后必能战胜一切困难，道理很简单，从长远的观点来看，没有美国的友谊，日本就不能进步。

日本与荷属东印度群岛

1940 年 5 月 1 日

假使荷兰被德国入侵，荷属东印度群岛将处于何种地位，现已成了一个重大议题。4 月 15 日有田正式发表声明说，若该群岛的现状有任何改变，日本均不能漠然置之。我们有根据认为，其之所以做此声明，是因为欧洲各中立国都曾传说美国正打算在荷兰被入侵后把这些岛屿纳入自己的保护；我们还有理由相信，这些消息是一个德国人散布的。有田的声明使赫尔先生也回敬了一个声明，谓我国亦甚关心该群岛的命运。有田对一个走漏消息的人叹道，他发表声明时，绝没有料到美国政府会把它理解为日本暗示自己想要"保护"这些岛屿。不管怎样，这样互相打趣，实际留下了我国政府也参与了这场重大争端的记录。

"可以把我看作威尔基最早的支持者"

1940 年 6 月 10 日

现在推测共和党将推选谁作为总统候选人还为时尚早。要让我来选，当然是选温德尔·威尔基①。前些时候当我读到他的第一次演说词和关于他的经历、人品和性格的记述时，我曾对艾丽斯说，他总有一天会脱颖而出，她满可以把我看作威尔基最早的支持者。他还没有冒出头来，但我想他一定会的。我希望并相信罗斯福将再次参加竞选和重新当选，因为他能认清并正在有效地处理当前攸关我们民族利益而又尚未解决的问题，即做好准备以防纳粹向西半球"渗透"。姑且不说"入侵"这个问题是超乎一切国内问题之上的大事，我推测假如罗斯福重新当选，他就会在内政上迅速向右转而全力加强战备。但假如罗斯福因某种预料不到的缘故而不再竞选，或者与现有迹象相反，他竟然落选了，那么我就希望威尔基当我们的下届总统，虽然我是从远处观察，不过我总觉得他诚实有魄力而又富于经验，有眼光而又具行政才能，尤其是对我国面临的问题有清楚、正确的认识。我是根据他的言论做出这样评价的，我读到的这些言论很少却很重要。从现在起，我们的一切谋划都必须放在这样一个基点上，即英国海军可能被毁。罗斯

---

① 温德尔·威尔基（Wendell Willkie，1892—1944），1940 年共和党的总统候选人。

福已经意识到这个现实，据我对威尔基的观点的了解，我想他
也懂得这一点。

1940 年 6 月 18 日

近来有好几天没有写日记了。6 月中旬已过，局势发展如
此惊心动魄，我也没有什么心思坐下来记述我们在这里的琐行
趣事。不过历史总是一件件事凑成的，在七巧板中，连碎片也
有一定的位置，因此我还是要勉力把这种零碎记录坚持下去。
欧洲的事变必然会对远东产生重大的甚或剧烈的影响，还可能
会引起后果深远的变化。在此关键时期没有离开本职工作，我
深感欣慰。

日式葬礼使人想起另一个日本

1940 年 6 月 11 日

今天德川公爵的佛教葬礼一如日本所有同类仪式，感人至
深。私祭长约两小时（下午 1 点到 3 点），外国人中唯有艾丽
斯、杜曼、我和泰国公使在场，其他外交官和众宾客只是 3 点
以后才排队到灵前来烧香。在日本住了八年，我今天感到自己
已不是外人，而是这群人中亲密的一部分，俨如在波士顿与家
人相聚而不是在东京。坐在我们周围的日本人士和他们的夫人
皆出自名门望族，很多人都是我们非常熟悉的。德川、近卫、
松平、松方等家族仿佛就是索顿斯托尔（Saltonstall）、塞奇威
克（Sedgwick）、皮博迪（Peabody）等家族。我们很清楚他们
的地位、权势、声望、人品、他们之间的关系，就如我们深知
波士顿的类似人物的情况一样。我们还感到，他们也把我们视

320

为自家人。

这听起来好像有点趋炎附势，实则毫无此意。假如不拿世家而拿两国的张三李四来比喻，意思也完全一样。这不过是在说一个简单的事实，那就是我们不再感到自己是外人，悼念一个去世的朋友，和其他日本朋友亲密地在一起举行佛教丧仪，此中意义之深，气氛之隆重和亲切，都使人觉得好似在参加一个亡友的基督教式葬礼，恍如置身于波士顿的伊曼纽尔教堂一般。

德国的胜利搅乱了日美关系

1940 年 7 月 2 日

5 月间日本涌起的政治喧嚣尚未减退，反见日益加剧。德国连胜，法国崩溃，普遍预言英国必败，都必然对这里产生影响和作用，对陆军、极端分子和亲轴心分子的影响就更不用说了。军部在咆哮，政府则用稍微温和的语言要求外国停止从印度支那、香港和缅甸向中国输送军事物资，要求英军撤出上海公共租界。同时，他们还要求荷属东印度群岛不考虑其他国家的正常贸易定额和需求，而保证无限制地供应日本所要的商品，在移民和实业开发方面与日本合作。

321　　言外之意是，这种种要求通通都得答应，不然就如何如何。此时尚难断定若是这些要求得不到满足，日本是否就会使用暴力。日本政府的行动比较缓慢、谨慎，可是极端分子正越来越嚣张，什么事都可能发生，包括内阁很快倒台在内。若不是和平下台，那就是通过如"二二六事件"那样的政变。公众的反英情绪日益高涨，大部分人也反对美国。谣传内阁如果倒台，将由近卫公爵继任，但据我们看，他未必愿意接管政权。我们猜的是平沼男爵。近卫据说正忙于筹建他的一党制。

我在 6 月 10 日、24 日和 28 日私下同有田会谈过，没有什么具体结果，但至少起了敞开两国政府间的谈判之门的作用，这也是他们的本意。由于都是在共同朋友的住处会晤，虽不免泄露风声并至少有一家报纸提到会谈正在进行，但我们还是基本上避开了公众的注意。

显然，不能指望单是外相和我这么争辩一阵会有多大的结果，虽然从可靠方面获悉，首相米内将军曾责怪有田没有给我较大的鼓励。美日关系已陷入恶性循环。我们这方面认定，改善两国关系有三大障碍：①日本以使用武力为推行国策的手段；②日本不履行按条约所承担的义务；③日本以各种方式侵犯美国在中国的权益。日本则坚持说，只要对华战事还在进行，这些障碍就无法排除，即便在战事终止以后，我们所指控的问题也只能解决一部分而不能全部解决。另外，它还认为美日间没有商约这件事本身对改善两国关系就是一个重大障碍。这个恶性循环的圈子封得死死的，如何突破，真是一个令人绞尽脑汁的难题。

与松冈外相第一次会谈

1940 年 7 月 26 日

新外务大臣松冈洋右今天循例分别接见各国使团团长，接见纯是礼节性的。他留我谈了将近半小时，而不是按常规只谈五分钟。

外相开头说，他还来不及制定政策，不过他还是要说，当报界问他，与广田政策、有田政策及其他外相的政策比较而言，他的政策将是什么样的政策时，他曾答道，不必寻找什么松冈政策了，只讲日本政策吧。

外相表示，他对赫尔国务卿极为敬仰，要我转告，请国务卿相信，他一向都非常重视日美关系。松冈先生说，他从来就是个说话很坦率的人，在我们今后的交往中，他可能会常说一些不像外交言辞的话，但他相信，直话直说，收获还会大一些。接着他便引述他不久前写的一篇文章，说到倘若美国和日本终于非打不可，它们也应该明确知道打仗的原因和理由，如果打起来了，亦不应该像历史上常见的那样因误解而让战争扩大。我说，我这个人也不喜欢旧式外交，也赞成说话直截了当，我相信，把我们的关系建立在这样一个谅解上，对双方都有好处。我料想我们也许还能把"战争"一词排除掉呢。

松冈先生说，历史主要是被一些盲目势力所推动，在一个变化迅速的世界里，这些势力并不总是控制得住的。我承认盲目势力在历史上是起过作用，可我又说，外交家和政治家的根本职责之一就是要把这些力量引导到健康的轨道上来，我希望不久即能和他一起探究美日关系的现状，坚信我们二人若均以正确态度对待这个问题，就必能适当引导他所担心的盲目势力，取得重大成就。

我问松冈先生想不想看看我上次和他的前任有田先生会谈的非正式记录，会谈中我陈述过美国政府的各种观点，我希望这份记录可以为我们下次谈话提供一个有用的基础。外相说他很乐意看，便将记录收下，放在衣袋里。

松冈寄语罗斯福

1940 年 7 月 26 日

今天我和日本帝国新任外务大臣松冈洋右先生首次正式会

见时，他特请我代他个人寄语罗斯福总统，大意如下：

> 几年前松冈先生离开日内瓦回国路经美国时，虽仅是国会议员而未担任别的官职，但因为与罗斯福先生是老朋友，所以也曾赴白宫拜会他，表示友好，兼致敬意。现松冈先生特请我向总统转达他个人的一点意见：他极为关切且终生向往维护世界和平；不过，他已终于明白了，世界局势既然在不断演进、变化和发展，就不能靠固守现状来保卫和平。他说，国际联盟之所以失败，就是因为成员国没有勇气执行盟约第十九条，该条规定，情况如有发展变化，即应做相应的调整。世界必须建立新秩序，世界和平必须以适应发展变化为基础。

罗斯福总统答松冈外相

1940 年 8 月 3 日

罗斯福总统对松冈先生的私人寄语做了非正式评论，我口头转达如下：

> 松冈先生既明确表示了对维护世界和平的关切和期望，又表示还需适应世界局势之发展变化，其陈词坦率，闻之令人欣慰。因此我也以同样直率的态度答复松冈先生：我认为，真正的、持久的世界和平，只有靠循规蹈矩的行事方法、公平合理的待人方式才能取得。这又首先需要尊重所有有关各方的权利，允许一切国家都实现其合法愿望，每个国家，包括美国和日本，均有追求进步和安全

324

的愿望，这都是常理。为达成这些目的，并采用的上述方法，那随之而来的变化才会是正当的，美国也无憾于此种变化。日美两国领导人都有维护世界和平的热忱，并且当然是真心诚意的。这一事实就提供了一个可以积极探求如何增进日美两国政府和人民间关系的机会。

日本死心塌地投奔轴心国

1940 年 8 月 1 日

若谓在米内内阁存在期间我们已经能够做到对美日邦交有所建树，那又未免言过其实，但是，我们至少已经打下了一个尚属可用的基础，假设那个政府延续下来，我们会有一点建树。如今内阁换了，连同换阁所带来的种种变化，似乎比一场台风还厉害，竟然毁掉了一块地基。因为一看近卫内阁便知，它在解释当前大众的要求特别是军部的要求时即已表露无遗：它将死心塌地地投奔轴心国，要建设"东亚新秩序"，要肆意践踏美英的权益、原则与政策。

我们现在不得不承认支持此种方针的日本人，尤其是陆军中人，是占大多数的，这是一个明显的事实。他们都把现在的世界形势视为实现其扩张主义夙愿的"千载难逢的良机"，以为绝不会受到据说已是残废了的民主国家的妨碍。法国已不足挂齿，面对强大的日本海陆军，荷兰在东印度群岛只能进行微弱的防御；英国被欧战绑住手脚，它的海军都集中于西方；至于美国，在这些扩张主义者看来，当那个日益危险的希特勒正大谈其终将征服西半球之际，美国也一定不敢与日本纠缠。德国的战争机器和体制，以及德国耀眼的胜利，如烈酒一般，已冲昏了日本人的头脑。

这是日本的新姿态。其实际行动如何还有待观察。一方面，天皇和元老重臣们的态度可以推想，反映这种态度的近卫公爵至少在英国的胜败尚未判明之前，很可能要适当约束一下那些"激进分子"，尽量把步子放慢一点、慎重一点。可是另一方面，那些"激进分子"在某些报刊的支持和怂恿下已在制造事端，想借此煽动反对美英的舆论，并以误报和歪曲事实的手法夸大那些事件。从以往历次反美反英的运动来判断，可以设想，这次运动定会愈演愈烈。这类反美和反英运动，通常总是在不同时期分别进行，意在把这两个民主国家拆开，但是现在我们这些美国人和英国人已被视为处境大致相同的人了，今后想必亦会受到大致相同的对待。

国务院通过最近一次邮袋寄来的美国报刊剪辑影印本很有意思，我发现里面的社论和文章都反对对日本实行"绥靖"政策；只有一个例外，那就是纽约《每日新闻》的社论，其论点被"中国信息服务"作为攻击的靶子而引述。因此很明显，假如可以把这些剪报看作美国报刊和舆论的横断面，那就说明赞成对日本实行"绥靖"政策的声音并不多。剪报所反映的几乎是相反的意见。

"绥靖"一词的意义自"慕尼黑事件"后已经改变了，已经从贤明政治家的词典中消失了。它所象征的那种态度绝不是我采取的态度，我断然否认自己同这种态度有什么关联。这个词意味着失败主义。三年来我屡次提出劝告，就是希望避免我国对日关系的任何方面出现必须实行"绥靖"政策的局面。赞同剪报所述观点的人也许都忽略了一点，那就是在当前形势下，日本并不喜欢别人对它实行"绥靖"政策，就跟美国厌

326

恶这种政策一样。我们汇报日本报刊言论的一系列电报都没有忘记强调指出：如果美国因受欧洲战局的冲击而采取权宜之计或有其他考虑才提出调整关系的建议，日本是不会响应的。我面前就有一篇社论，是评论罗伯特·克雷吉爵士的，克雷吉曾问松冈先生，英国能否期待和日本改善关系，这篇社论便就这个问题写道：

> 我们知道，英国是在欧洲打了败仗，所以才渴望与日本改善关系。我们也可以预料，在这种情况下才来求日本改善关系，自然是不会被接受的。

看了这些我假定其为美国报纸的横断面的剪报后，我有一个印象：美国报界以及美国公众往往分不清什么是"绥靖"政策，什么是调整两国间关系的方式。既做到调整两国间的关系，又不牺牲我们的荣誉、利益和对第三国承担的义务，并不是人的智慧和善意办不到的。

松冈和斯坦哈特聚会

1940 年 8 月 24 日

我到日本八年了，第一次碰到一个外相直接打电话给我！这位外相是松冈，他不过是为昨晚的宴会向我致谢，称赞这顿饭如何好，并说他今天早上和我们的驻苏大使劳伦斯·斯坦哈特（Laurence Steinhardt）谈得很高兴。昨晚宴会后，松冈已邀请斯坦哈特今晨去看他，说他很想再谈谈。他们谈了一小时四十五分钟，谈些什么斯坦哈特当然都告诉我了。斯坦哈特特意避而不谈日美关系，他说那是我的职权范围，他不想越权。

他们主要是谈苏俄。松冈打电话给我大概不过是要表白一下：他并没有背着我讲什么话。

还有一件趣事：松冈叫他的私人秘书来对我的私人秘书说，他即将派一个会说英语的日本人陪送斯坦哈特去北平，一直送到西伯利亚边境，这仅仅是为了确保他途中不会受到侦探和海关人员的为难。但更有趣的是，我再次会见松冈时，他说，他曾叫他的私人秘书告诉我的私人秘书，不管什么时候，只要斯坦哈特觉得这个日本人送他的目的是要监视他，他都可以辞退此人，撵他回东京。这还不算，最妙的是，松冈的私人秘书把这段意味特殊的话删去了，未曾传达。他显然是感到他的上司说得太不聪明了，以至于必须自作主张删掉。

日本加速建立"新体制"

1940 年 9 月 1 日

8 月是日本在近卫政府主持下建立"新体制"的时期，外务上则有点踟蹰不前，还要看"不列颠之战"[①] 的结果如何。世界各地似乎都在等，有好多事都会取决于此。

建立"新体制"一事正在紧锣密鼓地进行，日本正在急速变为一个严密组织起来的国家，尽管从大体上看这种做法还不能被称为法西斯主义，也不能被称为纳粹主义。它和两者都差得很远，不准备像意大利和德国那样搞单一的政党，相反是所有政党都不得存在，要靠人人各自效忠天皇而把全国团结起

---

① 指 1940 年 7 月至 11 月，纳粹德国对英国本土实施的大规模空袭行动。由于英国空军的顽强抵抗，德国空军始终无法掌握英吉利海峡的制空权，战略轰炸也未能迫使英国屈服，最终不得不放弃了入侵英国的"海狮计划"。

来。虽然到目前为止还没有集中营，但警察和宪兵已在忙于严厉镇压一切违犯"新体制"原则的人。这些原则还包括生活要节俭，反对很多娱乐方式，如日本人最喜爱的鲜艳颜色、游戏、运动以及通常的娱乐，"危险思想"更不待言。我担心，日本人那种传统的愉快精神将会越来越淡薄。报上每天总有什么禁令公布，所禁者有大有小，累积起来，影响就很可观了。

我们正在草拟一封急件，其中将列述一些禁令。禁令五花八门，从有关衣、食、举止行为的通告，再到情妇不得装电话这样莫名其妙的规定，应有尽有。这对风流浪子该是多么大的打击！有些高尔夫球俱乐部已经宣布今后不得举行锦标赛，不得雇球童，不得在平日打球，二十岁以下者不得打高尔夫球，不得乘汽车至球场，在火车或电车中不得穿着灯笼裤，成员保有的银杯均须上缴，熔化后上交国家。俱乐部的通告还强调说，今后打高尔夫球的目的只在于增强体力。我常称日本是打高尔夫球者的天堂，如今这样一来，对这个天堂有多么大的打击！一切形式的赌博也都在被禁之列。音乐倒还没有被禁，可电台比以往更爱播放军乐和爱国歌曲，加上那种日本式的鼻音唱法，难听至极，简直让人无法忍受。这都是什么鬼日子啊！

美日关系没有进展。我发现在最近的训令中有迹象表明，我国政府可能正在准备展现强硬的态度，对这类训令我非常赞成。日本军部向政府施压，要立即入侵法属印度支那，但已被制止。不过，一旦判明"不列颠之战"将是德国取胜，那么可以预料，日本就不仅会尽早向印度支那，而且会向香港乃至最终向荷属东印度群岛进军。我想，日本若要入侵东印度群岛，就必然会使我国和它正面冲突，但我又不认为现在马上就会发生这种事情，因为：首先，我过去和现在都没有怀疑过英

国终能胜利；其次，近卫政府很可能要在悍然入侵之前先通过
外交施压，对这些岛屿尝试进行长期的和平渗透。当然，这是
在假设政府能够约束陆海军的前提下说的。如果约束太紧，到
一定时候又可能发生行刺事件，因为日本政府虽已实行极权主
义和严密管制，终究还是控制不了军部和那些狂热分子，不能
和德国、意大利相比。

和新外相松冈谈了三四次之后，我得到的印象是，他讲话
太随便，但显然是个心直口快的人，而且按他的处世标准来
说，也还算是诚实的。我觉得他真心想同美国搞好关系，愿意
朝这个方向尽力而为。但是他到底可以做些什么还有待观察，
我们只能根据事实和行动来判断。不过我总算在日本第一次碰
到这么一个可以和他进行"非正式谈话"的外相。在松冈身
上看不见有田所惯有的"谨小慎微"的样子，若与内田伯爵
那种谜一般的人相对比，就更显出不同外交手腕的两个极端。

至于近卫公爵，我看他是一个体质差、不健康、意志也薄
弱的人，他之所以极勉强地被突然捧到现在这个地位，依靠的
是他的家族声誉和传统，也是不可抗拒的形势造成的。他肩负
的任务繁重，看他将如何应付，倒是挺有趣的。

8 月底的情况大致就是这样。

一个不为日本重视的警告

1940 年 9 月 2 日

有位开明的日本友人说，他刚在叶山见到金子伯爵，这位
老先生虽身患肾病和皮肤病，但不久后还是要来东京参加枢密
院的会议，那时就要来拜访我，答谢我去年夏天对他的访问。
我对这位朋友说，不敢让金子伯爵劳神，我去看他就好。

我的这位朋友说，金子伯爵听到一些谣传，说美国商人现在不想和日本做生意了。他料想这种传闻并不准确，但原口将军即将赴美了解真相。我告诉这位朋友并请他转告金子伯爵，日本军人在中国危害美国商业和其他利益的情况日趋恶化，而不是在好转。春天时，我请他向金子伯爵转述的一般情景迄今仍无丝毫改善。我又较详细地描述了现状，告诉他美国在中国的工商业是经过几代人经营起来的，日本人却用垄断措施、外汇管制和其他非法的手段使之毁于一旦。这是因为日本人要在经济、金融、政治各方面把工商业领域全部控制起来。我的朋友表示惊讶，并说金子伯爵万万想不到情况竟是这样。我请他把我的话原原本本地转告金子伯爵。

330　　我这才详细谈到日本当前的政纲，指出依靠轴心国，日本只会沦为附庸。如此行事，目光极为短浅，甚至连筹建东亚经济集团也都是目光短浅的表现。我用许多话说明，在任何事情上信赖希特勒都是愚蠢的，告诉他何以德国绝不会支持日本在中国取胜；又告诉他德国人为什么要在德国和英美的纷争中想方设法将日本拖下水。我说，作为日本的挚友，我为它的前途叹惜，担心它按现在的路发展下去，最后就难以成为一个大国。凡是头脑清醒的人都看得出，即使单从实际情况，从商业、经济和财政上着眼，也应该采取同美国增进友谊的方针。但是，只要日本继续侵犯我国在这个区域的权利和正当利益，两国关系就不会有任何改善的可能。

这位日本朋友显得颇受感动，说要立刻回叶山，向金子伯爵转达我的意见。我希望，在即将召开的枢密院会议上，这位老先生能在那个场合将我的意见转达出来。他知道我是作为日本的朋友讲这些话的，如果我说的不是事实并且不是众所周知的事实，那就的确很难说出口。我深深感到，日本若仍坚持目前的政策，就等于朝礁石直接撞过去。

松冈解释日本何以就印度支那问题发出最后通牒

1940 年 9 月 20 日

收到并译出国务院 9 月 19 日电报后，便与松冈约定于 9 月 20 日下午会晤，我准确地按照国务院的指示行事。

松冈先生说，西原将军的确已向印度支那总督提出了最后通牒，只是内容略有改动。至于改的是些什么，他却没有说。此事是如何发生的，松冈做了如下说明。

8 月 30 日，法国大使根据法国政府的指示，与日本政府在东京签了一个协定。协定特别规定日军调动可以经过印度支那并暂用飞机场。印度支那总督本应在 9 月 6 日签一协定，以实施 8 月 30 日在东京签的协定，可是不知是何缘故，他拒绝了，并对东京协定的执行加以阻挠。日本政府迫不得已，只好去问法国政府：总督竟如此坚决不合作，他的行动是否还受法国政府的节制；关于东京协定，法国政府是否会守信实行。法国政府说，它是守信的。然而总督显然没有履行协定的诚意，据日本当局了解，他还向驻印度支那的外国领事们夸口说，他是在实践阻碍战术，因此日本人感到有必要提出最后通牒。

松冈说，采取那些措施的目的是便于日军攻打蒋介石，给中国带来和平。他又说，战事一停止，日军就立即撤走；印度支那的领土完整和主权将得到充分尊重，因此不会打破东亚的现状。外相说，他和近卫公爵以及政府其他成员代表日本少数派的意见，他们有决心不让日本搞压迫、剥削，或损害他国的领土完整。他说，在这个问题上，国内正在进行一场反对极端

分子的斗争。听到此处，我打岔了一下，说日法协定还订有关
于印度支那的商业和经济的条款。松冈没有否定我的话，只是
向我保证不会有剥削。

外相说，8 月 30 日签订的日法协定的条款是保密的，缔
约国只要有一方泄密，条款便会无效。他又说，但他可以私下
告诉我，订约一事是法国先提出来的，它要求恢复从前日法两
国相互做过的保证，后者大约是在缔结英日同盟的同时议妥
的。他记不清准确的日期了，只记得协定已经生效，并向国际
联盟备案过（想必就是 1907 年 6 月 10 日订的法日协定）。我
332 又打断松冈的话，问他，法国希望保证不受哪个国家的侵犯。
松冈先生说，这个问题还要讨论；然后继续说，日本则要法国
允许日军跨过印度支那并暂时使用飞机场，作为答应其要求的
回报。他叮嘱道，这些情由是秘密向我吐露的，以后外面如有
传扬，即须斥其不确。

尽管外相的话又长又乱，但我还是尽量准确记下大意，向
国务院做了汇报。当时外相说完就走，要赴另外的约会，我都
来不及说什么，只是告诉他，日军如进入印度支那，我国政府
即断然视之为破坏现状的行为，而这是日本政府曾经允予保持
的，至于如何进一步说明我国政府的态度，则要等研究了我的
汇报后才能决定。

日本成为轴心国的正式伙伴

1940 年 10 月 1 日

9 月是日本史上和美日关系中一个最重要的时刻。德国、
意大利和日本的同盟看来已是必然，自近卫政府成立之日起，
日本政策的倾向即有可能产生此种结果，但这么快就订成盟

约，实在是意料之外。签约进程一直被严格保密，主要是由德国特使冯·施泰默尔（Von Stahmer）在东京进行，自然有人做出种种揣测，但知道谈判进展得如此迅速的人为数极少。有些美国新闻记者甚至到了签约的那个下午的 5 点还仍旧以为条约是要在东京签字而不是在柏林，我的某些同僚则直到签约的那天都还在轻视三国结盟的可能性。

尽管我们大家都或多或少地如在黑暗中摸索，但我们还是根据自 8 月 3 日以来的报刊评论呈报过我们对此事的推想，我在 9 月 20 日发出电报称，从可靠方面获悉，天皇在前一天历时三小时的会议上，已当着全体阁员和陆海军最高当局的面批准了与德国缔结防御同盟。可是，这个消息总是不能得到证实或进一步说明，直到最后一刻，我们依然什么也不能肯定。

同盟条约是 9 月 27 日在柏林签署的。对于这件事，我尽量从各个角度来思考，29 日便有了如下一些想法。

显而易见，这个同盟主要是针对美国的。条约有利于德国和意大利之处是显而易见的，它可以改变太平洋地区的形势，使美国在这个地区有后顾之忧，但日本能得到的好处并不那么明显。实际上，这一条约似乎也真有点受惠不均，除非三方已就下列一点或几点订有秘密条款：

（1）支持日本控制或开发法属印度支那及荷属东印度群岛；

（2）由德国在重庆斡旋，调解中日冲突；

（3）同苏俄合作，以解除日本的北方之忧。

就第（1）点来说，只要德国掌控维希政府，日本就可以在印度支那畅行无阻；同样，德国如在荷兰逞威，日本就可以对巴达维亚施以高压；而后面这一点，我觉得是三国同盟最危险的隐患之一。论到第（2）点，只有苏俄合作，才能对蒋介石施加有效的压力。至于第（3）点，情况还很不明朗。有个同事昨天听见苏联大使很干脆地表示，他事前也不知道盟约的内容，但人们又在议论纷纷，认为苏日终将订立互不侵犯条约。

有位向来同情美英的日本人在盟约公布后悄悄地表示，美国何不派一个舰队访问新加坡，民主阵营要采取报复手段，最有效者莫过于此。此举一定能产生影响，迫使日本的激进分子有所顾忌。若由英国出面宣布它愿意让美国军舰使用新加坡海军基地，也可以起同样的作用。

显而易见，订下这个条约，日本就是把很大的赌注压在英败德胜上。最近遇到外相，在不供发表的、非正式的谈话中，我表示这样的意见：日本走现在这条路，无异于向礁石撞去；日本与德国结伙，无论欧战的结局如何，都只能落得一个当附庸的下场；不管德国许下什么诺言，它都不能也不会给日本提供有效的支援。我觉得，为了建立一个经济上不健全的东亚集团，就牺牲世界贸易和商业上的自由交流，日本财政和经济的前途必将毫无希望。松冈先生没有和我争辩，只是说，我的这些看法都是个人看法而已。

据我看，还有一件要事，那就是9月间曾给华盛顿拍了一封我只能称之为"绿灯"的电报，这也许可以说是我出使日本八年来发往华盛顿的最值得注意的电文。将来记录上会表明，在7月间米内内阁倒台以前，我提出的劝告都始终是属于"红灯"一类，并非主张"姑息"，而是建议不要用强制的手段，而是用和缓的手法，以便施展积极的政治手腕。日本损害美国权益，特别是在华权益的行为有增无减，在这种情况下，越来越难谈和解了。不过，我明白如果直接实施制裁，就会使日美关系变得无可挽回。只要还有一线希望，能使日本脱离极权主义国家而倒向民主国家，我觉得我们仍然应该继续朝这个方向下功夫。放弃这种努力，我认为就等于自认失败……

尽管"后见之明"不难办到，但我还是觉得大使馆提出的建议中没有哪一项是事后看来应该改变的。外交败于国内外的一些倾向及势力，这些倾向和势力绝不是外交控制得了的。

米内内阁倒台、近卫和松冈领导下的所谓"新体制"建立后，我花了大约六周或更多一点的时间来观察和思考，现将我对局势的判断于日记中概括如下。

已细细研究了《芝加哥每日新闻》（*The Chicago Daily News*）驻中国记者 A. T. 斯蒂尔（A. T. Steele）先生关于日本局势的意见，我认为这些意见很有根据。他认为，对美国来说，最明智最安全的海军政策是坚定不移，他认为美国有一种倾向，总是过分强调坚定政策会带来危险——他的这些基本看法颇有见地，值得下很大功夫思考分析而好好评论一番。

制定美国对日政策，必须依据华盛顿政府较为全面的观点，依据我们大使馆也许还看不到的许多因素，在阐述我此刻对这个大问题的意见时，我始终牢记这一点。

毫无疑问，不管日本现政府是怎么想的，反正军部和此间的其他极端分子都是把当前的世界形势视为实现其扩张野心的理想时机。德国的连战连捷已如烈酒一样，使他们陶醉如狂。他们直到最近还坚信英国会垮台。他们深信德国很快就会得胜，应趁德国还在默许日本扩张的时候，赶在德国海上实力终必加强因而可能阻碍日本扩展其东方霸权之前，先巩固日本在大东亚的地位，如此方为上策。这些人尽管一直都在密切注视美国的态度，但他们总是严重低估美国，认为它不会做出什么

335

有效的反对。无论在朝在野，开明人士又都一直没有约束极端分子的能力。

不过，现在我发觉，新政府就职时突然出现的那种乐观情绪慢慢冷下来了。政府、陆军、海军和日本国民现已开始觉察到，英国终究还是有不败于德国的可能性，我曾再三向我接触到的日本人明确强调这种可能性。除了逐渐有点认识而外，他们还看到了我国和英国在共同防卫的事业中日益团结，美国在大西洋英属领地上获得海军基地，并把五十艘驱逐舰让予英国以支援其海军，就是例证。有些消息正传到他们这里，说美国要赶建两洋海军，可能要加强太平洋海军基地，甚至说美国终将使用新加坡。

这些报道和事态发展正在日本人的意识上产生可以预料的影响，一方面，他们着重指出，无论是英美合力还是美国单干，民主国家最终都将有积极行动，日本正面临着这种行动可能造成的危险。英美共同采取防御措施会造成什么危险，日本早有理解，它总是尽量避免同时得罪英美就是明证。另一方面，这些报道和事态发展又使某些集团更加振振有词，他们想把原料产地和市场统统置于日本支配之下，以确保政治上经济上的安全。日本人正开始怀疑，即使德国战胜，他们在中国和在南洋的扩张计划是否会因德国得胜而遇到新的危险。同时，在他们的思考中，苏联将来会采取什么态度和政策，又还是个未知数。

上面概述的各种因素，正开始使日本人迟疑不决。特别是在荷属东印度群岛，压力下的外交谈判将会继续下去。但东京政府竟能阻止军人执行其猛然入侵印度支那的计划（哪怕是暂时的），这也就是略趋于慎重的表现，我确信，这至少在某种程度上与我国的态度有关。看来，在弄清世界局势尤其是美国立场以前，日本很可能仍将继续实行斯蒂尔先生所谓的蚕食政策。

如果我国强行制裁，就会使日美关系江河日下——这个意见已经谈过了。我国最近开始实施的国防计划现在固然可以为一些措施辩解，称其不一定属于公开制裁，可是我们必须记住这样的可能性：众所周知，美国盛产石油，如果严禁石油之类重要的产品出口，就会被日本政府和国民视为伪装得不巧妙的裁制，就可能或极有可能引起某种报复措施。要是日本陆海军认为他们的扩张计划被破坏应归咎于美国，那么，是否会发生斯蒂尔先生说的美国强调得太过分的那些危险，就不取决于日本政府的深思熟虑，而要由陆海军的鲁莽性情来决定了。这种报复可能表现为由政府用一些措施来反击我国禁运，但更可能的是，陆海军不让政府知道或不先经政府批准就采取某种突然行动。这些危险是无法预计的，是任何时刻都不能准确估量的。可是，否定其存在，或者贸然制定政策和采取步骤而不充分重视这些潜在的危险，并决定直接对抗这些危险，那就是目光短浅了。

陈述下列意见时，我总是记着我出使日本的两个基本目的，即增进和保护美国的利益，维护我们两国间的友好关系。碰到这两个目的发生冲突时，应以何者为重，乃是上级推行什么政策的问题，就不在我的权限之内了。我的意图只在于就我们使馆所见，把时局中的主要因素讲清楚。强硬政策包含的危险已经谨慎地阐述过了，现在再来谈谈放任政策会带来什么危险。

不把日美关系看作世界问题的一个组成部分，就不可能讨论直接有关的问题，也不可能正确地观察这个问题。从全局着

337

眼，可以看到几个方面，略述如下。

（1）美国和英国是分散在世界各地的一大批英语国家的领导者。这些国家代表着一种生活方式，今天这种生活方式正在受到另一群国家——德国、日本和意大利的令人惊骇的威胁。德、日、意公开宣称的目的是要用武力把它们的意志强加于被征服的国家。试图用外交手段与这类国家协商，一般是无效的。有时候外交手段可以延缓它们的攻势，但不能完全制止它们的进攻。只有武力，或者准备使用武力，才能制止它们实现其目的。现在必须把日本归入掠夺国家之列。它已经抛弃了一切道德伦理观念，已经成了供认不讳的、无耻的机会主义者，一有机会它就尽量利用别国的弱点谋取一己之利。它的"南进"政策，对美国在太平洋的利益构成明显的威胁，对大英帝国在东方的地位构成致命的威胁。

338

（2）可以说，美国的安全在一定程度上有赖于英国的海军，而英国海军又得靠而且只能靠大英帝国来支撑。

（3）在目前这个时期支持大英帝国关乎它的生死，假如我们认为这种支持也与我们自身的利益相关（事实正是这样，我的看法很明确），那么，至少在欧战的结果判明以前，我们应该尽一切办法维持太平洋的现状。我认为单靠表示不同意和把意见仔细记录下来是不能维持现状的，我们的利益也不再能够得到充分的和适当的保护。很明显，日本之所以还有点顾忌，没有用更蛮横的手段对待美国的权益，也只是因为我国的潜在力量不可小觑。但是日本又往往相信美国人民不会允许使用这种潜力，因此，同样明显的是，它的这种信心达到什么程度，它蔑视美国权益的行为也就干到什么程度：二者恰成比例。一旦这种信心被打破，外交手段就可望重新有效了。

（4）如果我们凭坚定的政策，能在英国赢得欧战胜利之前维持住太平洋的现状，日本就将面临一种形势，使它现有的机会主义观点不可能再占上风。那时也许就可以着手重新解决整个太平洋问题，使其符合美日双方的长远利益——当然是在公平的基础上。在日本的观点未彻底更新以前，只有显示武力，同时下决心在必要时使用武力，才能有效地获得这种结果，才能保障美国未来的安全。

因此，考虑到日本的实际情况和它现在的观点，我的意见是，现在已经到了这样的时候：美国若是继续运用耐心和克制，反倒会使美日关系越来越不稳定。如能迫使日本政府和国民信服日本确是对自己的力量估计过高，终必失败，那么，钟摆最后还是会摆过来。这时，重建美日友好关系还是可能的：这是我的希望。除此以外，我看别的路都是绝路。

当我结束9月的日记时，心情很沉重。我过去所了解的那个日本已不复存在了。

有些日本人对与轴心国结盟心怀疑虑

1940年10月2日

很难准确估计日本公众对日、德、意三国条约的反应，理由有二：①现在的报刊审查和舆论控制很严；②我们原来那些与日本人联系的可靠而重要的消息渠道都不能再用了，部分原因在于日本人只要一和美英大使馆接触，就会有警察来找麻烦，另外，还因为大多数日本朋友似乎都对与美国改善关系感到绝望。（我们知道包括女性在内的几位日本旧友已经上了黑名单，正受到严密监视。有些以前经常来访的密友现在连和美国人站在一起也怕人看见。最近有个喝得有点醉意的日本朋友把这一切令人遗憾的事告诉了我。）由于政府新近采取的背离美英的方针，那些与美英有利害关系的日本商人的利益受到损害，对"新体制"特别是对与轴心国结盟深感遗憾，因而私下也强烈地表达过一些意见，但这些意见绝不能拿来作为准确衡量整个舆论的标准。

不过，就大部分舆论来看，我相信很多人对这个条约都明显地缺乏热情，其中包括海军，甚至有陆军和政府中的某些集团。我们知道，首相是拼命反对缔结这个同盟的，只因陆相和外相在御前会议上发起猛攻，他才输了，尽管天皇本人对此事也很不高兴。1937 年签订"防共协定"时，曾有提灯游行、执旗游行、街上张灯结彩等示威活动，这表明民众至少还有一些自发的热情，而这次却什么也没有了。《报知新闻》实在天真，竟然写道："必须想方设法使国民的血沸腾起来。对日本而言，三国条约正是激扬人心的进行曲，而不是挽歌！"天皇也觉得有必要下一道诏书。自 1934 年日本退出国际联盟以来，天皇还是第一次这样做：此中意味可以想见。诏书一出，就立刻把所有公开的反对言论压下去了。

日本报纸非常小心地转述美国的评论，避而不提美国大报的强硬社论，却常常用大号字着重宣传美国有些人士如汉密尔顿·菲什（Hamilton Fish）、罗伊·霍华德（Roy Howard）、亚瑟·克罗克（Arthur Krock）、科尼利厄斯·惠特尼（Cornelius Whitney）等发表的温和言论，同时对萨姆纳·威尔斯①在克

---

① 萨姆纳·威尔斯（Sumner Welles，1892—1961），1937～1942 年任美国副国务卿，也是《大西洋宪章》的主要起草者。

利夫兰的演说断章取义，专把调子温和的某些段落抽出来。关于美国希望实行"绥靖"政策的说法，竟在日本报纸上变成了大书特书的条目。

判断日本将来的策略必须谨慎，不要为大量来自空想的推测和意见所左右，必须静观事态发展。盛传日苏将订互不侵犯条约，如果成功签订，当然会对时局产生很大影响。德国军事代表团即将来日，这是条约规定的。想到此事，我有点担心，因为代表团成员绝不会只谈技术援助和物资问题，一定还要在这里，特别是在日本军部中煽风点火，催促他们"南进"，驱使他们同美国开战。

有些同僚曾问外务次官大桥先生，日本与德国结盟有什么好处，他答道，这个条约是直接针对美国的，自从1924年的《移民法》以及满洲事变以来，日本进行必要的扩张时，美国都一直从中作梗；世界极权主义将代替业已破产并行将被扫除的盎格鲁－撒克逊主义，日本不得不与另一阵营结盟，这个阵营并不是那么毫不妥协地定要维持现状。类似的话他也跟我讲过。

松冈说明日本参加轴心国的理由

1940年10月5日

外相交给我一份日文声明，题为"就三国同盟问题致美国的声明"，大意是，条约不是针对某个特定国家的（尽管大桥对我的同僚说过条约是直接针对美国的），如果美国理解"东亚新秩序"，日美两国间就不会有什么纠纷。我们大使馆将原文译出如下：

341

就三国同盟问题致美国的声明

最近缔结的三国盟约不是针对任何特定国家的。日、德、意联合起来，被另一国进攻的可能性就减少了，可以防止世界混乱蔓延，在这个意义上说，三国同盟对世界和平是有助益的。通过这个盟约，日本也进一步表明了它要在包括南洋在内的大东亚建立新秩序的意图。

建立"东亚新秩序"，就是要建立一种新的制度，使日本能与包括南洋在内的大东亚所有地区的各民族建立共存共荣的关系。与其他所有国家处于平等的地位，日本就可以在大东亚各地自由地经营工商业并向这些地区移民，由此就可以解决人口问题。这并不意味着要开发和征服这些地区，也不是要封闭这些地区，排斥别国的工商业。日本早已试图通过移民、对外贸易和在外经营企业来解决它的人口问题，但欧美各国总是把日本移民拒于其广大领地之外，给贸易和企业设置障碍，致使日本解决人口问题的种种合理、和平的努力皆成泡影。

大东亚共荣圈内，日本正在努力消除这些不自然的、强加于人类自由活动的限制。预计将尽可能用和平手段完成此项工作，尽量少对现状进行不适当的变更。

日本的对华政策构成上述努力的一个重要部分。可是，由于有些中国人对此缺乏理解，由于英美采取不承认"满洲国"的态度而使蒋介石怀有收复满洲的希望，不幸的武装冲突就爆发了。这场冲突，实际上就是战争，日军在其军事行动中就不可能不触动列强的在华权益。当这些权益妨碍日本对华作战时，类似情况更是这样。所以，若要终止对这些权益的触犯，最合适的办法应是鼓励和促进

342

日中媾和。尽管事实如此，列强不仅仍搬用教条式的法理论据和因情况变化而不再适用的条约见解来抑制日本的行动，而且用限制向日本出口重要商品之类的手段来压制日本，同时又给日本的敌人蒋介石政权以积极援助。这些行为都出自不可告人的动机，即总想尽量拖长东方的混乱状态，消耗日本的国力。我们不得不认为，这些行为并不是由于爱好和平，也不是旨在保护权益。日本与德、意签订防御同盟，目的不外乎抵抗这种来自列强的压力，丝毫也没有出击他国之心。假如美国理解上述形势和情况，以及日本建立"东亚新秩序"的用意，即使在订了这个盟约之后，日美关系也不会有任何变化。日本有决心解决日美间的一切悬案，增进和美国的友谊。

日本政府已经把我和日本现政府官员谈话时经常出现的一些要点记录在案，就我所知，日本政府以前还没有这样做过，这届政府直言不讳，在这方面以前不论哪届政府都赶不上它。有几点颇为突出，值得注意。

（1）"新秩序"现已延伸至大东亚，包含南洋在内。

（2）在这个大圈子里，日本"可以自由地经营工商业并向这些地区移民"，但他们又说这并不意味着征服或开发，也不是要封闭这些地区，排斥别国的工商业。

一看到这一点，许多想法就涌上心来。譬如，在荷属东印度群岛办企业和移民，是不是要强加于人？如果是，不先征服，又怎么办得到呢？允许日本办企业和大量移民，都是违背荷属东印度群岛政策的。办企业和开发之间，若说有什么差别，差别也微乎其微。

一旦日本在这些地区站住了脚，要是日本人的本性不改，那么其他国家就将有好得不得了的"自由地经营工商业"的机会。

（3）这个声明的矛头直接对准我国的《移民法》，对准我国为阻挡廉价日货泛溢而规定的进口限额，以及我国的道义上的禁运和按战备计划实行的出口许可证制度。

那些责难，不值一驳，说一句就够了：要是日本处在我国的位子上，它也完全会这样做。

（4）日本将努力实现它的计划"而尽量少对现状进行不适当的变更"。

（5）中国事变爆发，既是因为英美不肯承认"满洲国"，也是由于有些中国人认识不足。

上面头一点倒是个全新的思想，我以前从来没有看见材料记录过这一点。至于中国人，其理解力恐怕真是太迟钝了。

（6）墨守法规的论点，过时的条约见解，以禁运压制日本，支援蒋介石……

这段没有什么新东西。

（7）"这些行为都出自不可告人的动机，即总想尽量拖长东方的混乱状态，消耗日本的国力。我们不得不认为，这些行为并不是由于爱好和平，也不是旨在保护权益。"

没有什么不可告人的动机。非常简单，我们要蒋介石打胜，是因为他合法地、正当地代表中国，此外，我们深知，蒋得胜后，不管我们的权益会有什么改变，反正不会比目前日本统治下正在发生的情况更坏。至于"消耗日本的国力"，日本的军事实力是要大大削弱，只有在这个时候，日本军部才会信誉扫地；在军部失势以前，远东绝不会有和平。

松冈谈话两小时十五分钟

1940 年 10 月 5 日

今天我应邀拜访松冈外相，谈了两小时十五分钟，谈 话绝大部分是非正式的、不对外发表的。和往常一样，谈 话中约 95% 都是松冈在说，因为他那持续不绝的独白很难 被打断，除非硬插话进去。尽管有时他也提出一些显属有 趣的论点，但他说话总是如滔滔江水一般，一泻不止，要 记录都很难。

这次松冈先生谈的主题是，当前的世界情势乃是旧传统同 机械时代发生冲突的必然结果。此番会谈中只有一次我语气激 昂，那是外相的话引起的。他试图为以战争实现国家的扩张辩 护，认为这是出于迫切的需要，德国的情况尤其如此。正如我 以前说过的，我对旧时的德国有亲身的了解，当它安处于国境 之内时，它是一个幸福、自足的国家，进步而且繁荣。如今德 国领导人把弱小的邻邦碾为齑粉，以满足其狂妄自大的野心， 这种行为无论如何也不能用需要作为借口而予以宽恕，假若硬 要这样做，那就十分荒谬了。至于日本，我个人很知道它经济 上的需要。可是，日美关系走到现在这种可悲的境地，并不是 经济上的合理要求造成的，而是由于日本要用武力来满足那种 要求，不肯采用赫尔先生合理可行的计划中所设想的那些按合 法程序以解决经济困难的方法。谈到这里，松冈先生接话，他 认为英美的特性是自命不凡，总以为自己所做的一切都是对 的，死也不肯承认自己有错处。对此我答道，我一直还没有发 现，有哪个日本人肯承认日本已经违反了《九国公约》的条 款这样一个明摆着的事实。松冈先生的回答使我大吃一惊，他居然说，他非常愿意在我面前承认这个事实，但他又天真地说，当然，在政治上他不能承认，当年国际联盟会议上有人逼他承认，他就没有承认。

外相说，他曾经退隐很长一段时间。上届近卫政府邀他入阁，他三次拒绝。之后，反复思量，痛感国家多灾多难，这才前往敦促近卫公爵再度出山，因为他觉得，革命和混乱即将来临，唯有近卫这个人物能够救日本。近卫已不像上届组阁时那样是个游移不定的政客，而完全是另外一个人了，他下定了救国的决心，国内至今仍有爆发革命的危险。我问他怕的是什么样的革命，松岛先生答道"政治的、经济的、社会的革命"。他认为危险并没有过去。接着他又谈了一阵前任外相如何优柔寡断、意志薄弱。

松冈先生说，与德、意结盟的事既已办妥，心中已无挂牵，他打算立即开始工作，竭尽全力解决我向他诉说过的一大堆事件。他要指导日本的对外关系，这是他出任外相的先决条件，他说他无意让军部特别是那些狂热的少壮军官来向他发号施令。

谈话过程中外相还说到日本并没有把其他国家的利益逐出东亚的意思，而是欢迎别国合作，一同发展新秩序。我立刻打断他的话，我说，听到你这样讲，我很高兴，不过正如我多次讲明的，事情的真相是，美国经过若干代积累起来的许多合法权益已经被逐出日本了，驱逐的速度还正在加快。松冈先生的回答照例是，对华战争一结束，蒋介石一被打垮，这些问题就会得到解决。他还照例呼吁，美国应当停止援助蒋介石。我也照例把美国在这个问题上的立场重说一遍。

临走时外相恳求我力劝我国政府不要再进一步对日本实行

禁运。他说，这些禁运"不会给我们造成严重的困难"，但会大大激怒日本国民。他又说，一想到日美之间会发生战争，他就不寒而栗。（关于禁运，我看松冈先生也说得对，和长远的效果对比起来，眼前的影响当然不严重。）

日本害怕美国主动采取措施

1940 年 10 月 9 日

数周来，今天是第一次外出。从东京驱车约七十分钟至霞关，参加美国俱乐部每半年举行一次的高尔夫球赛。外务省却偏挑这个时刻来找我，要我赶紧回去。大使馆说我下午 6 点即归，但大桥认为还是太迟了，要马上见我。得到消息时，所幸我已经打完了最后一盘，那时我也还是从容行事，5 点 35 分终于来到了外务次官的官邸。外务省这么急别无任何理由，只不过是因为听说我国政府已"命令"远东的美国公民撤退，报上又传说美国政府已决定对日本宣布全面禁运，外相显然非常紧张，就叫大桥立即召见我。

关于禁运，我说我并没有听到任何消息。至于撤侨，我说我国政府并没有下过什么"命令"，只是提个建议，以防万一。当大桥谈到我国"禁止输出"废钢废铁时，我便把赫尔先生就这个问题对堀内讲的话原原本本地告诉了他，大意是，这是根据我国战备计划决定的，纯属内政措施，日本既然一直在不断损害我国在远东的利益，它就没有多大理由对此表示抗议。很幸运，和大桥会晤前，正好接到国务院发来的电报，其中论及与堀内的会谈。这封电报确实太有用了。

大桥还谈到日本希望与美国和睦相处，并无进攻美国之意；我答道，我们对日本亦同具此心，正如大桥先生所知，美

346

国人民是酷爱和平的，可是日本最高层政治家最近发表的煽动性言论，已使美国政府和人民对日本的真实意图感到可疑，这些言论已在我国引起了恰如所料的反应。我还说，那些言论必然会对我国的战备计划产生影响。

这次会谈以及如此急迫地要见我，都清楚地表明，最近日本政府成员的挑衅性言论在美国引起的事态发展已使松冈深感不安。我以前在建议我国政府应在一定时刻考虑撤走远东的美国人时说过，此举将在日本人的意识上产生强烈影响：这话现已得到了证实。

裕仁和近卫对三国盟约的真实想法

1940 年 10 月 22 日

今天有人告诉我，他从可靠方面获悉：天皇和近卫公爵都激烈反对三国同盟，但是天皇发觉，假若不同意，他也许就活不成，他对近卫说："唉，你我二人只好同浮沉共命运了。"这消息是间接从一个皇族成员那里得来的。经常有人在谈论，近卫将会倒台，将由一个军事独裁者取而代之，复活旧时"幕府将军"式的政体。不过，这显然代表偏激之见，如今三国同盟既已缔结，近卫也就暂时可以熬过困难时期了。

趋附亲日活动的美国杂志主编来访

1940 年 10 月 24 日

日本报纸上登了一些谈话，据说是《当代》（*Living Age*）杂志发行人、《今日历史》（*Current History*）编委沃尔克·马西森先生（Walker Matheson）①讲的。我便邀请马西森先生今天拜访大使馆。我告诉他，我记得在很小的时候，我时常爬到我家客厅的大桌上去，发现上面有一堆杂志，期数虽多却只有一种，那就是《当代》杂志。只有这种是我们当时买得起的杂志。由此产生了感情，后来我自己还订阅了好多年。我用这种方式把话引入正题，是为了向马西森先生表示，我对他的期刊有兴趣，因此自然也就关心期刊的主办人。我还觉得，讲了这段背景，就可以坦率地谈论今天想谈的问题而不致引起任何误解。

过去八年间，我都一直在为改善日美关系做工作，但遗憾得很，这种关系现已陷入非常紧张的状态，尤其是最近这个时期。为了了解美国政府和人民的对日态度，日本人对美国公民的言论特别注意，观察细致入微。就在这个困难时刻，马西森先生来到了日本，并对日本报界发表了谈话，这些话一经推敲，便会让人得到这样的印象：①美国人民普遍不了解远东；②美国政府的政策和最近采取的那些措施都是出于国内政局以及此类政策和措施对即将到来的大选有何影响来考虑的；③美国人民的想法与此类政策、措施并不一致。

我对马西森先生说，在美国我们非常珍视出版自由和言论自由的权利，但一个美国公民来到国外，又值国际政局紧张之际，在外国人面前非难自己的政府及其政策和措施，显然就是不忠诚、不爱国的表现。我说，报上报道的马西森先生的言论

348

---

① 1942 年 9 月，美国联邦调查局以为外国势力非法充当代理人的罪名正式逮捕了沃尔克·马西森，随后他被起诉判刑。根据调查，沃尔克·马西森曾在 1938 年 7 月靠日本驻纽约领事馆提供的一万五千美元买下了《当代》杂志，之后日本每月向他提供两千五百美元的经费。

与我正在推行的工作截然相反，近乎是在拆台。因为这些言论所造成的印象和我正在努力传达的印象恰恰相反，这些言论会给美国利益带来很大的损害。日本报刊常常误引外宾的话，我完全了解这种情况，但关于马西森先生的谈话，我没有听见有人出来否认，说报道不确。我向他呼吁，作为一个忠诚的美国人，希望他以后不要再发表那样的谈话了。

马西森先生不否认报道的准确性。他说，他来日本是为了熟悉远东的情况，没有想过要跟报界谈话，但新闻记者老是缠着他，很难避开。他说，他承认我的态度是正当的，他对自己的行为极为懊悔。我告诫他今后不要再对那些需要考虑以及他以前没有充分认识的事公开发表意见。

重新考虑日本参加轴心国一事

1940 年 11 月 1 日

349　　事态发展太快了，我简直不敢回头去看以前的日记，因为里面前后抵牾之处甚多，这表明它不过是一种一天一天凑成的草稿本。但它至少可以显示我们在写日记的那个时刻的想法和所得的情报，有些情报是确实的，有些则完全不可靠。它可以显示我们是怎样时常在暗中探索和瞎摸。我们越来越无法知道幕后发生的事情了，只因可靠的门路多已断绝，即使身在幕后，这边也往往不知道那边在干什么。迟至 8 月，我还写道，德国人老是挑唆日本与美国为敌，日本政府已日益厌倦；现在读起这些文字很是难受。

许多政府中人，也许还有占大多数的在野之士，的确是感到厌倦的。可是一个月以后，日本人听任德国人把他们拖入了三国同盟，把德国人设想的使日美终必一战的目标定为同盟的目标。亲轴心的白鸟派胜利了。也有这样的看法：松冈真想同美国搞好关系，他将朝这个方向尽力而为。是的，他的确是想搞好关系，但他所希望的关系是建立在我们得先放弃我们在远东的合法权益的基础上。在那样的基础上，我们可以享受最舒服的友谊。当拥有松冈、大桥、白鸟在内的近卫政府成立时，我们得到的是一张还没有冲洗的底片。照片的概貌事先已知，但具体的轮廓如何尚不知道。现在底片洗得相当好，模样正在显现，就未来的日美关系来说，这可不是一张赏心悦目的照片。

三国同盟既已成立，我们就不能再把日本当作一个单独的国家来看待。它已经成了一个组织的一员，我们的对日态度必定也就是对待那整个组织的态度。

另外，这里的情况正愈来愈糟。"新体制"不得人心，不满情绪正日益增长。前几天连陆相自己也不得不宣称：不必把新体制理解为要排除生活中的一切乐趣；他显然看到事情已经弄成什么样子了。政府内部争吵不休，莫衷一是，还有许多人在说，近卫已经仅仅是挂名首脑，日子也长不了。在日本，钟摆总是摆个不停，稳健派说不久就会摆回来，趋于正常，但我看未必，恐怕还会更朝那一端摆，摆到极端。倘若近卫倒台——无论是辞职抑或通过政变——继之而来的很可能是军事独裁，甚至会是幕府一类制度的重演。

至于美日关系，我们现正等待大选结果，又要看大选后情况如何。日本人也在等。这次我们让他们猜。他们正在想，他们是否还掌握着主动权，对此他们已开始怀疑。

野村海军大将被任命为日本驻美大使

1940 年 11 月 7 日

今天在苏联大使馆庆祝苏联国庆的招待会上，松冈告诉我，他今晚要再找野村将军，劝他出任驻华盛顿大使，他认为这次可以成功。

1940 年 11 月 8 日

松冈打电话给我，说他昨晚说服了野村将军，天皇已批准他出任驻美大使。我电告华盛顿，表示野村此人品格高尚，经过长期交往，我觉得他值得敬重。他以前当外相时，曾被认为基本上是对美友好的；因此美国政府可以接受这个人选。顺便提一下，松冈曾再三对我说，若论驻美大使的人选，当然他自己才是最为理想的，但是东京离不开他。因此任命野村显然是不得不退而求其次！

松冈谈罗斯福和野村

1940 年 11 月 10 日

今天和外务大臣谈了两小时，我陈述了一大批各色各式的事件，占去了大部分时间。

351 　 外相说，他邀我来他的私邸喝茶，没有什么特别的事，只是想这样间或非正式地谈谈，可以保持联系；还想告诉我，关于我方指控的日本侵犯美国在华权益的事，他正在不断尽力消除我方抱怨的根源。

松冈先生首先请我在发回国去的电报中转告总统，他个人对总统的重新当选表示衷心祝贺。

外相说，这次请野村将军出使美国，野村两度拒绝，因为此去势必要向美国政府提出一些保证，而一旦内阁更换，外相易人，新外相若不赞成松冈先生的意见，这些保证就会归于无效：他野村不愿被置于这样的地位。外相说，他那样坚决地劝说野村接受此职，并且终于能够打消野村的顾虑，都雄辩地证明了他自己对待美国的态度。

外相说，他不太可能阅读大使馆和外务省之间的所有来往文件。他的日常工作有时竟长达二十小时以上，尽管如此，他还是告诉他的最高部属，他不容许用官样文章答复美国的抗议，每个事件他都要知道全部事实，这样他才能够向我展示日本立场的真相，至少可以口头说明。他打算就这样做。他说，他承认有些做法很荒唐，例如，许多新事件竟说要由中国新政权负责而不应由日本政府负责。他要改正外务省方面的这种态度。

关于今后的演变，我告诉外相，要使美国有好的观感，行动和事实胜于官方声明。

我还告诉外相，大桥先生曾对我说，外务省很少从日本驻美大使馆得到关于美国报刊评论的材料，我对此表示惊讶，因为我习惯于把日本报刊的评论每天都全部电告华盛顿。我提出意见：特别是在这个时期，日本政府应当知道美国报刊，也就是美国公众在想些什么、说些什么，此点极为重要。

日本帝国庆祝其诞生两千六百周年

1940 年 11 月 10 日

今天是日本帝国建国两千六百周年两天庆祝会的首天，好在这两天都是好天气，微寒中日丽风清。头一天是贺典日，第二天是庆祝日。几个月来，一队队男子和女学生一直在宫城前面的广场上干活：整平地面，竖立带上装饰的柱子，铺设无数的鲜花，最后搭起一座大篷，篷前设座位若干排，可供五万人入座，这些人都是特邀的，只有他们能亲临庆典，因为任何人都不许站在丸之内一带办公大楼的屋顶上和窗前，要不然这些地方就会变成场外千万人的看台，任何人也不得从高处俯视天皇，我注意到那些屋顶和窗前确实空无一人。

这两日天皇和皇后、皇族大多数亲王和王妃（秩父宫患肺炎，病重缺席）、国内全体高级官员均到场。近卫公爵主持庆典，向天皇读贺词，领头呼万岁。

1940 年 11 月 11 日

今天是全国庆祝的日子，我们在桌边就座。昨天就没有座位，一直站了一小时多一点，今天有得坐，也算不错了。今天得享日本餐款待，米酒及其他肴馔一应俱全，但不能当场吃喝，而是要我们拿一块叫作"风吕敷"的大丝巾包着带回家去的，我们自然就把这包东西转送给我们的日本仆人，对他们来说，得享"御膳"总是无上的荣幸。还有礼仪性的舞蹈、多次爱国歌曲的合唱和乐队演奏。高松宫向天皇读欢迎词，然后我还得代表外交团致辞。

致辞时稳步走过篷内全体来宾，又走过台下鸦雀无声的五万人，走到天皇面前，鞠躬，取出眼镜和稿子，宣读，再鞠躬，放回稿子和眼镜，再鞠躬，向后转，严肃地走回我原来的位置：这一套真是够呛。但我还是干得不错，又因为我决定慢慢地读，注意咬清每一个字，所以后来我听说，通过扩音器，大家都听得很清楚。连美智等大使馆仆人也群集在收音机旁，每个字都听见了——会上的贺词播到全国。在其他节目中一直板着面孔的天皇，听我读祝词时每听到一个要点都点一下头，当我最后读到希望日本能对人类共同文化和幸福做出贡献时，他的头点得尤为起劲。第二天法国大使阿尔塞纳－亨利（Arsène-Henry）特意来告诉我，他曾注视天皇的表情，深信天皇那样频频点头赞许，是要帝国政府和最高官员们记住，他自己是渴望和平的，阿尔塞纳－亨利对此印象很深，特将此事当作一个重要的政治迹象电告他的政府。甚至宫内省发的新闻稿也宣称，"陛下似乎非常喜欢"那篇祝词。不管怎样，事已办完，总算松了一口气，我的脸皮还不够厚，还不能不把这种差事看作一次严峻的考验。

顺便一提，祝词是国务院负责定稿的。在此政局紧张时期，我很小心，曾将原稿电呈国务院，经他们压缩精简后，成了一篇不卑不亢的佳作。他们任凭我再改，我却一点也没有改动。

今天我打电话给松冈，问他下午 6 点去不去东京俱乐部为两千六百周年祝酒。他说他不知道有这回事，我说："喂，要是你来的话，我们就可以再聊一聊。"他答道："好，我去。"6 点 45 分，他进来了，同几个还没有走的俱乐部成员寒暄后，便和我退入别室，进行了一次长谈。随时都可以直接打电话给松冈，倒是一个很大的方便，是他自己建议这样做的，以前的外相肯定谁也不欢迎这种做法。

松冈是三国条约的幕后黑手

1940 年 11 月 18 日

日文报刊皆盛传美、英和泰国已结成秘密军事同盟，有家报纸还说美国已给泰国一千万美元贷款。看样子日本似乎是要故技重演：开始制造借口，以便对泰国施加军事的或外

354

交的压力，来索取空军基地和其他设施的使用权，供最后扩展"南进"范围之用。我想我们一定会看到事态朝这个方向发展。

关于三国同盟的缔结，最初只能推测，得自各方的消息又多属以讹传讹，后来我们才逐渐从这种混乱中挣脱出来。我认为，尽管原来有人说近卫公爵和松冈均非出自本愿，而是为极端分子所逼，但是现在相当清楚了，这事就是松冈搞成的，他还把近卫拖下水。我们从极可靠方面获悉，其他阁员要么只是略有所闻，要么就是完全蒙在鼓里，直到最后才被咨询一下。现在我从一个与宫廷有密切联系的人那里搞清楚了，天皇很不想批准三国条约，之所以终于同意，只是因为松冈对天皇说，他经过深思，确信如果不与轴心国结盟，同美国的战争就不可避免。从松冈嗣后讲的一些话来判断，这种说法看来是真的。

日本向南看

1940 年 11 月 25 日

仅存的元老西园寺公爵昨夜去世。考虑到他在日本社会上声名卓著、地位崇高，除向他的嗣子西园寺八郎和秘书原田男爵发唁电外，我还命大使馆降半旗。

有迹象表明，日本政府已向蒋介石提出某种和平建议。据信是德国怂恿的，蒋介石若不接受，日本就正式承认汪精卫政权。几乎毫无疑问，日本的兴趣正日益转向"南进"方面，首要目标是控制印度支那。据信约有三个师团在海南岛集结，何时动用，视欧战的发展和美国的态度而定。

"亲善使节" 赴美亦徒劳无益

1940 年 12 月 7 日

有个"日本经济联盟"的重要成员，作为一个我称之为
"Y 先生"的日本知名人士的中间人，和我接连谈了几次，我
因这事又和国务院通了几次信，并对当前政局做了一点简单的
分析。Y 先生胸怀宏图大略（或可说是计划），想要去美国。
他相信，只要实施这个计划，美日关系就会立即好转。他没有
把计划透露给我们，不过我猜一定还是老一套，即请美国从中
斡旋，与蒋介石讲和。

我举出很多理由，劝 Y 先生打消他的念头，但后来他又
修改了他的方案，说他还是想去美国，不过不作为什么"亲
善使节"，也不搞宣传，只是去了解一下美国公众对日本的看
法，以便取得第一手资料而向日本最高层汇报。我们知道他和
最高当局交往甚密，且有影响力。因此我告诉国务院，我认为
也许值得让他去走一趟，当然完全是以私人的身份。这个建议
被接受了，只是附有一些条件。日本人，甚至大多数政府高级
官员，对美国舆论了解之差实属惊人，所以凡是可以启发他们
的事，我都完全赞成。

也正是出于这个缘故，我还拿了一些美国大报重要社论送
给这位中间人，其中包括沃尔特·李普曼 10 月 8 日文章的影
印本，建议 Y 先生拿给他的朋友们看看。后来我听说，那些
社论已经被翻译并转给了几个高级官员，他们发现自己那样不
了解美国的态度，也不禁愕然。我觉得我这么做倒是一个极好
的办法。

我对政局的分析可以概括如下。

356

日本政府现正奉行危险的政策，终究要闯祸，有些日本人是认识到了的，Y先生的态度和他要去美国的愿望就体现了这些人近乎绝望的呼声。不过，他竟然自信他的"计划"能立刻改善美日关系，这也表明，他们还是根本误解了美国政府和人民的立场。他和他的同道都不能理解，我们不会仅为权宜之计就转变方向，我们的立场是以植根于美国信念中的原则为基础的。

在气质上能够领会这些基本事实的日本人恐怕为数不多。在他们的构思中，理解力或逻辑性微乎其微，因为他们的观点是长期以来被管制下的、沙文主义的报刊塑造的。他们把我们的政策说成是盲目坚持陈腐的法规观念，自私而又顽固地阻止日本进行正当的扩张，武断专横地不许改变现状。

这些日本人始终坚持认为，就在表层下面，有一大批持温和意见的人，如果美国表现出某种实际的友好姿态来支持他们，他们就随时可以冒出来，夺极端分子的权，而美国人却认为现在应该先由日本来做这种友好表示，他们觉得很难理解。

不错，日本是有一大批稳健派，但不幸的是，这些人一如既往地既软弱无力，又表达不出内心的想法。一度很不稳定的近卫内阁，由于延揽平沼男爵入阁，陆海军两大臣又公开表示支持，现已相当稳固，从目前形势来看，我们相信，在现内阁被推翻以后，继之而来的其他内阁也定然会以同样的决心贯彻早已定下的方针，那就是，确立日本在"包括南洋在内的大东亚"的地位，它视此为理所当然，因为它已经成了现代世界的头等强国，而领土上和经济上却依旧局处一隅。

至于日美关系，自从美国侨民部分撤出远东以来，驾驭这种关系的策略已经有所改变。美国政策趋于稳固、从容却又坚

定不移，废除 1911 年《日美通商航海条约》后所采取的渐进
步骤就是这种政策的实施，日本现在正领略到其效果。对三国
条约以及日本最高层政治家紧接着发表的挑衅性言论，日本国
内的反应是一片惊慌沮丧，他们现在发觉，算盘打错了，美国
人并没有被吓倒，日本承认汪精卫政权后美国便立即贷款给中
国国民政府，就是明证。

　　事情现已到了这样的地步：日本人看到了现状，必须想点
什么办法防止发生最坏的情况，可是他们仍绝不会考虑改变根
本政策，但又只有改弦易辙，才能改善同美国的关系。绝对不
能设想，有哪个领导人或领导集团目前会出来主张撤出中国和
放弃"南进"之梦。美日关系就这样陷入恶性循环。任命野
村将军使美，也许意味着日本当权者在做最后一次努力，以防
美日关系严重恶化，但若指望这位新大使有回天之术，能满足
美国的期望，那也是妄想。

　　关于这一点，我重复了我在 9 月 12 日电报中说过的话：
坚定的政策固然不免会有风险，但放任的政策会在将来产生更
大更严重的危险。

"轴心国赢不了这场战争"

1941 年 1 月 1 日

　　又有一年褪色成为历史了，那是可怖的、残酷的一年，但
也是世界上一些地区表现了人性最优秀品质的一年，人们为了
最崇高的原则——自由、宽容、正义，而表现了英勇、仗义、
自我牺牲，以及战斗和必要时不惜一死的决心。我对英国必胜
的信念没有片刻动摇过。这种信念当然不是根据去夏那些黑暗
日子里的事实，当时我们还不知道那些事实，但在总统 12 月

29 日的广播讲话中，我们得到了我们所能得到的最好的新年
祝词，他说："我相信，轴心国赢不了这场战争。我的这种信
念来自最新、最好的情报。"

我们固然希望美国不卷入战争，希望与一切国家特别是与
日本和睦相处，但要是甘让自己受骗而产生一种虚假的安全
感，那就是愚蠢透顶。正在往战争道路上走的是日本，不是我
们，但这条道路对我们自己未来的幸福具有同样的危害，因为
日本走这条路时，打着"包括南洋在内的大东亚新秩序"和
"大东亚共荣圈"等冠冕堂皇的幌子。那些建议实行绥靖政策
的美国人，要是能看看日本要人在最近日本杂志上发表的反映
他们真实欲望和意图的文章，哪怕是略看几篇，这些爱好和平
的同胞也会明白，绥靖政策是一条死路。实行这种政策的时机
已经过去了，有些好心肠的同胞也许会责备我，说我不提建设
性的意见而偏要危言耸听，对这些人我偏要说，只有挫败日本
极端分子的计划，使其声誉扫地，我们才能指望在东亚看到和
平。癌症若得不到控制，就会逐渐侵蚀它所能到达的一切地
方，直至其恶性支配力再无敌手。但是，若在早期就控制癌
症，使其不起作用，当建设性的而非破坏性的力量重占支配地
位时，我们还是可以看到日本恢复健康的状态。那时，正如我
在呈总统信中说的，我们才可以着手同日本重建正常的关系，
重新处理整个太平洋问题。

英国若在欧洲获胜，诚然会使目前我们在这里碰到的问题
有所改观，并使其大为简单化，但是，我们是否能够坐待英国
胜利，是否应该让日本在它现在觊觎的一切地区埋头干下去，
恐怕还是一个终究要考虑的问题。我看这个问题将取决于日本
前进的速度，在此期间，我们要时刻做好准备——准备对付任

何事变。

　　我看战争的转折点已经到来。假如希腊的参战不算，那么，总统 12 月 29 日的演说总该是转折的标志。我们从收音机听过这篇演说；我又看了演讲稿五遍，差不多能背得出了，自然又想尽办法使它受到日本要人的注意，因为日文报纸发表的只是经过仔细挑选的摘录。这是一篇惊人的演说，假设我对重选罗斯福是否明智有过丝毫怀疑（我没有怀疑过），这篇演说也会把此种怀疑一扫而光。对那些想蒙头睡大觉的同胞，这篇演说是一服强烈的清醒剂，也是一个无法反驳的警告。

　　12 月 14 日，我给总统写了一封信：

　　　　亲爱的弗兰克：

　　　　……关于日本及其所作所为。在我看来，事情正变得越来越清楚了，我们总有一天得摊牌，有待决定的问题只在于对我们来说是早点摊牌有利还是晚点摊牌有利。

　　　　从这个角度来看，决定该问题的主要因素可能如下：

　　　　（1）英国在欧战中能否获胜，何时可望获胜；

　　　　（2）如果我们卷入对日战争，会不会妨碍我们在欧洲援助英国，以致影响英国的胜败；

　　　　（3）我们自己的远东政策与我们的战备计划、同现在和今后的美日海军实力对比必须协调至什么程度。

　　　　由于我们此处情报有限，对这些问题，我即使想做概略的回答也是没有资格的。

　　　　从东京这里观察局势，我们的看法可略述如下。

　　　　我总希望在美日关系中能有一点永久性的建树，经过八年的努力，我发现，外交已被它根本无法控制的倾向和势力击败了。我们的工作如同遭到一场台风的猛袭，毁灭殆尽，根本谈不上有什么外交成绩。日本已公开地、无耻地成了侵略国之一，成了那么一个组织的一部分。凡是美国要维护的，它几乎全要去摧毁。现在只有设下不可逾越的障碍，才能防止日本人在中国永久盘踞下去，防止他们在已被他们划定的地区以经济控制为政治统治的先导而推行其"南进"政策。像美国禁运所产生的那类经济障碍，从长期看固然会给日本造成严重困难，但同时也有可能促使日本人孤注一掷，以求经济上自给自足。

历史可证明，日本的政策总是时而摆向过激，时而摆向稳健，但是从今天的情势来判断，我们认为较大的可能是更加摆向极端，而不是转为相反的方向。近卫内阁，特别是松冈，不久将会倒台，但在目前情况下，日本的领导人——不论一个还是一群——若要完全改变扩张主义的计划，就别想活下去。

我们自搞一套政策，日本有所行动，我们也在某方面进行应对，这种从容应对而又坚定不移的政策非常高明，而且已深深印入日本人的意识。不过，日本民众中虽有很多人确实在为他们领导人的现行方针感到不快，却仍旧无法说出他们自己的心里话，也没有什么力量，看来这种状况今后也还会持续下去。另外，德国人又拼命在这里煽风点火，希望日本和美国打起来。我曾直截了当地告诉松冈：他的国家正奔向灾难。他至少已经看到了，他为恫吓我们而做的那些行为并没有收到预期的效果，而是适得其反。

由此看来，除非我们准备和休·约翰逊将军一起全部撤出"包括南洋在内的大东亚"地区（绝不会有这种事），否则我们迟早会和日本发生正面冲突。

我方采取逐步强硬的政策确实要冒难以避免的风险，特别是如"帕奈号"被击沉那样突如其来的打击，那是会激怒美国人民的。但我认为，假如我们奉行放任政策，我们将来碰到的危险会大得多。

换言之，当日本推行"南进"政策的时候，我们若不采取积极措施以维护我们未来的安全，其危险就要比现在采取积极措施大得多。据我了解，美国人民绝大多数都倾向于采取有力行动。我看主要的争论之点不在于是否必须阻止日本实行其计划，而在于什么时候去阻止它。

重要的是要经常牢记，我们采取"战争以外"的措施时，假如没有为贯彻实行这些措施而不惜一战的决心，就很容易被日本人看穿，他们就会继续放手大干，甚至由此得到更大的鼓励。只有当他们肯定我们是有当战则战的决心时，我们的初步措施才会有收效的希望，才有可能消除战争的必然性。这也是1914年爱德华·格雷爵士①说过的话。

倘使我们如此行动能促使日本现今的领导者终于失势，日本国内就可能会发生一场思想革新，那时日美关系才有可能恢复正常，整个太平洋问题也从而得以重新处理。

概括起来，我对现在和今后局势的看法大致就是这些。我发回去的电报有些您一定已经看过了。在这些电文

① 爱德华·格雷（Edward Grey，1862—1933），1905~1916年任英国外交大臣。第一次世界大战爆发时曾留下一句名言："整个欧洲的灯火正在熄灭，在我们的有生之年将不会再看到它们被重新点燃。"

中，我们总想把这个岗位上所能见到的情景尽量描述清楚。如今，哪怕是日本人自己，右边的人也往往不知道左边的人在干什么，因此为获得准确的情报，我们不得不在暗中到处摸索。他们所谓的"新体制"搞得一塌糊涂，政府内部争吵不休，情况之糟令人难以置信。新增一项极权主义的措施，就新添一个响亮的口号来掩饰。一切都确实已面目全非，不是我们所了解和喜欢的那个日本了。

……您正在运筹帷幄对外事务，国家有您继续掌舵，不致失去您那英明的远见、坚强的决心和宏大的胆略，我深感庆幸。

总统对远东危机做出结论

总统复信如下：

白宫

华盛顿

1941 年 1 月 21 日

亲爱的乔：

12 月 14 日来函我已认真研读。

首先，我得说，您对时局的全面分析和论断，使我受益匪浅。这些意见来自直接的观察、长期处理对日关系的经验和高明的判断，三者结合到一起，实属难能可贵。您得出的结论，我完全同意。

此外，我重新当选，承您道贺并对我指导外交事务表示信任，我衷心感谢。

您希望我就我国对远东的事态发展应持何种态度的某些方面阐述意见，这是很自然的。我认为，根本的前提是我们必须承认，欧洲、非洲和亚洲的战争全部是这场世界整体冲突的一部分；因此还必须承认，在欧洲和远东，我国的利益都受到了威胁。我们肩负的任务，是捍卫我们的生活方式和我们国家的根本利益。不论在什么地方，只要这些利益受到严重危害，就得去保卫。我们的自卫战略必定是一种全球战略，各条战线都要统筹考虑到，凡有助于保卫我国总体安全的方式都要加以利用。

您提出了一个问题，视之为决定我国对日态度的重要因素之一，即如果我国卷入对日作战，会不会妨碍我们在欧洲援助英国，以致影响英国的胜败。关于这一点，我觉得我们必须考虑到，如果日本占领了荷属东印度群岛和马来半岛等地，英国战胜德国的可能性是否同样会因此减少。英伦三岛以及岛上的英国人之所以还能够存续和保卫自己，不仅是因为他们拥有坚强的本土防御，而且因为作为大英帝国的心脏和神经中枢的英国本土能够调动雄厚的资源来维持战争，并能有效地对敌人施加世界规模的经济、陆军和海军的压力。他们靠输入世界各地的货物与利用庞大的海外资金为生。他们保卫自己，不仅是靠本土的防御措施，而且在远离本土的地区进行广泛的经济、陆军和海军的活动。这既可以保障他们自己的物资供应，又能切断敌人的一些供应来源，并使敌人不能集中全部军事力量来攻击帝国的心脏和神经中枢。

英国人在许多地方需要我们按大致业已确定的方针给

予援助。而在远东，就美国的能力来说，这种援助当然是在"可能"范围之内。他们的防御战略必然是全球性的。我们在实施通过给予他们援助来保证我们自己的安全这一战略时，必须考虑到在给英国运送物资的同时，还能借此避免世界各地之间的交通要道免于封锁，如此英国就不至于失去其他重要的供应来源而让敌方得到更多的物资。

您还提出英国在欧战中能否获胜、何时可望得胜的问题，并认为这也是决定我国对日态度的重要因素。在前面我已经说过，这场战争是世界性的战争，而不仅仅是欧洲的战争。正如我最近公开宣布的那样，我坚信英国人在我们的帮助下一定能获胜。战争很可能要拖很久，但我们必须牢记，如果日本不受遏制，那么在战争的过程中，太平洋西部和南部区域的领土归属就可能发生变化。而要使这种变化再恢复过来就需要实力。然而等到英国胜利时，它的实力恐怕已经所剩无几。从来信第四页下端和第五页上方的话可以看出，您也相当重视问题的这个方面。

一跟您谈我的想法，就写了这么多，这是因为我们面临的问题太大、太错综复杂，即使想简单表述一下，也得从五大洲和七大洋①来考虑。最后，我还得特别指出，我们的问题既然是一个防御的问题，我们的计划就不能制订得太死板，一旦有新的变化，我们就得根据当时的情势来确定何时、何地和怎样才能最有效地调动和使用我们的力量。

顺致热情的问候。

富兰克林·D. 罗斯福

---

① 指南北太平洋、南北大西洋、印度洋、北冰洋、南冰洋。

原口将军的节日问候

1941 年 1 月 1 日

下面这段让人看不懂的祝词来自信奉基督教的原口初太郎①将军的圣诞节及新年贺卡，多少值得一记：

> 愿你们都期待清风低吟。
> 愉快的港湾轻易取胜；
> 轻快迈向无忧之海
> 愿你们的船启航！

> 节日的问候
> 祝美国有一个水晶般快乐的圣诞，祝美好的新一年快乐。

> 原口初太郎
> 感谢赐予我们团结
> 我等人民、永恒之民

团结不朽的美利坚子弟，以圣洁自由之姿立于自由之峰的大能之下。他们凭借高速的联络与交通来奏响音乐，开创美妙的艺术，又能全然理解上帝的旨意。他满怀热情

364

---

① 原口初太郎（1876—1949），原陆军中将，早年参加过日俄战争，后任日本驻美武官，出席过华盛顿会议。退役后，以对美非战论的政治家形象活跃于国会，但也因此与东条英机交恶。

地赐下宝石般的箴言，借此促进团结，并将宇宙机械般的奥妙交到人手上。光辉照耀在他们之上，他们犹如天上的明星。我感谢他们，他们迈出钻石般的一步，准备在他们神的名义下为他们的国家服务。……尽管雅典人提供毒草，罗马人又使之确定。他们立于聚光灯下，信仰与勇气让精神上统一的民族和国家能团结起来。我们相信他们能肩并肩一起出发，尽管欲求、种族乃至国籍不同。他们重现了其光辉，启发了各式各样的美利坚子弟。向他们广而告之，荣耀归于天上至高的神，愿良善之人能在地上永享太平。

罗斯福对林德伯格

1941 年 1 月 2 日

我尽量向更多的朋友散发总统 1940 年 12 月 29 日广播演说的全文，以及我们每天的无线电新闻简报采自美国各大报的社论。我还叫威尔斯把演说全文发表在《日本新闻周刊》（*The Japan News Week*）上，在日本约有三千两百人订阅该周刊，其中有高级官员、企业单位和教友，该周刊还在报摊上零售一千两百份。单是住友公司就订有一百份，分送其职员。这样一来，至少某些重要人士可以见到演说的精彩部分，注意到日文报刊删掉的段落。

于是日文报刊便对总统的演说再加评论，《中外商业》评道："林德伯格等人都反对参战。由此可见，罗斯福的演说不过是表示他个人的意见，不一定代表美国国民。"这里的报刊总是大登特登美国名人发表的反对派意见和孤立主义言论，极少刊载相反的意见。因此，日本公众得到的印象自然是紊乱的、歪曲的。

德国挑拨日本和美国断交

1941 年 1 月 3 日

这段时间德国人正千方百计阻止野村大将赴美，唆使日本同美国部分断交或完全断交，并且还将加紧离间日美关系，策动日本"南进"——这已是众所周知的事实，最近得自某方面的情报更使此事明白无误。我遂提请日本当局记住下几点。

（1）日本如果听从德国的驱策，不仅会吃大亏，最后将一无所得，徒增耗费，而且会招来危险。

（2）日本如果站在轴心国一边参战，亦只有两个结果：一是战败；二是轴心伙伴得胜而日本也暂时捞到一点好处，即使是这个结果，那些伙伴也绝不会允许日本保持其战利品。

（3）全世界反对轴心国的浪潮正继续高涨，越来越明确；德、意胜利的可能性则日见减小。

（4）如果日本因为纳粹的奉承而卷入新的军事冒险，它就会得罪那些原无伤害日本之意却有打击日本之力的国家，假如日本硬要迫使它们采取自卫行动，它们就会使用这种力量。要是日本不让自己被引入歧途，那就有百利而无一害。

（5）轴心同伙能给日本有效军事援助的这一点是不足为信的。

（6）日本可以好好想一想：如参加轴心国方面的作战，或者公开侵犯美英的利益或与美英有重大关系的利益，要冒多大的危险，又到底有什么好处？

此外，我还告诉国务院，德国人拼命挑拨日本和我国作对，我们一清二楚，我一直在提醒包括外相在内的日本熟人记

365

住上述各点。我还正在想方设法使各界有影响的人士注意总统 12 月 29 日演说的全文。

日本报纸预告日美战争

1941 年 1 月 7 日

今天的《国民新闻》发表长篇社论，警告日本国民：由于英国崩溃，日美战争将不可避免，美国必将在今年某个时候参战。社论又说，这样一来，主要战场就会从欧洲转移到太平洋。而这篇以日本和美国为"交战双方的两大势力"的社论，还引用东条陆相最近的言论以及松冈和里宾特洛甫①的来往文电，称里宾特洛甫表示，"英国最迟至今秋就会被消灭"。该报断言，轴心国已受够了美国的挑衅，有理由对美国宣战。

与松冈发生争执

1941 年 1 月 18 日

今天在松冈为野村大将饯行的午宴上，我同他们两人都交谈了，并希望野村能发挥他的影响力（我没有说向哪里施加影响），以改善美日关系。松冈说"关系确实坏到极点"，说完转身就走开了。

席间，松冈实际上还是以战争威胁美国，我立即回答，大意是："外相也在美国长住过，理应知道美国人民在根本上是爱好和平的，同时也主张正义和公道。他还知道，有些东西是美国人民要坚决维护的，其中有属于义务者，也有属于权利

---

① 约阿希姆·冯·里宾特洛甫（Joachim von Ribbentrop, 1893—1946），1938～1945 年任纳粹德国的外交部部长。

者。让所有国家都得享和平、繁荣、安全、稳定和幸福，乃是他们最深切的愿望。处在目前的世界形势下，我们必然会认识到，在今天的国际关系中，事实和行动就是具体的证据，至于这些事实和行动所披的外衣，不管多么漂亮，都是不算数的。国家就跟人一样，要'听其言而观其行'。"

派野村出使的唯一优点

1941 年 1 月 20 日

在一连串为野村大将饯行的宴会上，我曾和他多次见面，今晚甚至在一张沙发上同坐了半小时。可是，问他认为此番出使前景如何、最近访华有何观感，他却只字不提。他的英语显然讲得不好。将来在美国碰到那些强硬的参议员、众议员、新闻记者或官员，要是争论起来，不知他怎样应对。但正在此间访问的卫理会主教贝克告诉我，他曾在野村家和野村长谈过，深觉野村善于选词，熟悉长音节的字眼。不管怎么样，现在已经不是语言的问题了，在最近的将来，语言掌握得好不好也无关宏旨。我看野村大将此去只有一个好处，那就是，可以指望他老老实实地向他的政府汇报美国政府和人民现今的思想和言论如何。

日本的礼貌

1941 年 1 月 25 日

今天"奇普"·波伦① （"Chip" Bohlen）从莫斯科来到这里。他曾自敦贺发来电报说，"假如还活着的话"，他将于某时抵达东

---

① 后来在德黑兰会议上任罗斯福总统的俄语译员。——作者注

京。从海参崴出发的这段旅程相当可怕，可怜的波伦因感冒发烧，一到就倒在床上。他说，敦贺的日本官员和船上的职员态度都非常恶劣：他出示护照和其他证件时，证件总是被一把抓过去，船上更无服务照料可言。这就是波伦对日本和这个号称礼让的民族的第一个印象。威利①来时的最初遭遇也叫人忘不了：他从俄国一过境，便被日本大兵推出人行道外。前几天我在东京车站排队等候通过检票处时，来了一个日本人，他认为他应该占先，便猛然一撞，把我推到队外。幸而我忍了一下，没有还击，理智随即抑制了勇猛。每个国家都有粗暴的人，但今天的日本似乎正是这种人的天下。人家肝火正旺，你有什么办法呢？

368

　　说来真是有趣，最近美国军舰"棉兰老号"上有人对着一艘日本军舰拍照时被看见了，驻广东的日本海军当局便大吵大闹，又是要求道歉，又是要求交出胶卷。事情最后闹到哈特将军那里，他就叫格拉斯福德（Glassford）海军少将转告日本驻华舰队司令岛田大将："驻广东的日本海军当局竟提出这样的要求，他（哈特上将）非常惊讶。他本人就亲眼看见过日本军舰，特别是'出云号'上的人对着他所乘的旗舰拍照，他却做梦也没有想到过要对这种举动提什么抗议。"之后，日方也就不提要求了。很明显，老岛田总算还有一点常识。

第一次有偷袭珍珠港之谣

1941 年 1 月 27 日

　　谣言四起，谓日本人正在计划，一旦与美国决裂，便出动全部力量，大举突袭珍珠港。我当然向我们政府报告了。

---

　　① 美国驻拉脱维亚和爱沙尼亚公使。——作者注

日本人视美国为战争贩子

1941 年 1 月 31 日

美国政府的国务卿赫尔考虑到与英国的关系，并联想到太平洋问题，曾经暗示：日本若有什么建议，美国愿予考虑。这种暗示实在是傲慢无礼，不值一听。究竟是哪个国家在制造紧张局势，导致太平洋不得太平？毫无疑问就是美国。正是美国一边标榜门罗主义，力主世界和平；另一边却煽风点火，引发了欧洲的动乱。它并没有就此收手，而是还在加紧策划更凶险的阴谋，要把战争扩大到太平洋。假若日本要提出什么建议的话，那就是，请美国舰队立即从太平洋撤走。

《京城日报》（朝鲜的日文日报）

日美关系的前景暗淡至极

1941 年 2 月 1 日

最近东京有个同僚形容日本当前的政局为"不稳定的平 369
衡"。若说不稳定，我们可以完全同意；但要说平衡，恐怕就有点用词不当了，即使真有什么力量在制止倾斜，这种平衡亦非肉眼所能见。不错，稳健派是在不断做工作，以求保持平衡，特别是本届国会，开得很秘密，各委员会会议皆不许旁听，目的就是要使政府的方针不致受到公众的指责。我们晓得，有田连日来都在质问外务大臣；我们还知道，广田曾谓松冈是在奉行一种"置日本于死地"的外交政策；我们还从几个知名的国会议员那里获悉，政府曾暗中保证，要采取一种旨在避免与美国冲突的政策。

可是实际上军部在全力推动"南进"：他们违反与维希政府的协议，变本加厉地压制印度支那，同时还硬要调解泰国和印度支那的纠纷。据报道，其目的是要获得金兰湾的海军基地作为报酬：这就证明日本是要夺取最后进攻新加坡的跳板，志在必得。稳健派和极端派正处于"平衡"状态云云，似难讲得通。后者正牢牢掌握着政权，实际上还有充分证据表明，在纳粹分子的怂恿下，他们还打算猛冲猛打。他们要不是认为美国不会动，就是认为即使美国不甘沉默而进行干预，后果也没有什么了不起。日美关系的前景已暗淡到极点了。

日本继续蚕食活动

1941 年 2 月 7 日

下述新情况，无论是实情还是传说，都是具体的迹象，表明日本正在加紧推行其"南进"政策。

（1）谣传日军已在邻近马来亚北境的泰国基地宋卡登陆，金兰湾出现日本海军船只，暹罗湾出现一艘或几艘日本巡洋舰、一艘水上飞机母舰、数艘驱逐舰。

（2）日本正进一步侵犯印度支那，控制西贡机场、调停泰印纠纷便是明证。日本之所以要充作调停者，据说是想获得海军基地的使用权。

果不出我们大使馆所料，日本是在继续实行其蚕食政策，过去两年间，它就是用这种办法夺得了海南岛、涠洲岛、斯普

370

拉特利群岛①和印度支那北部。实行这种政策，是朝要伸手的方向先试着猛冲猛打几下，然后停一阵，探明所用手段的效果和影响，接着再干；现在由于纳粹德国的怂恿，这项政策执行得更起劲了。

日本已经在东南亚取得了一个落脚点，再做一些准备，它就可以由此包围或进攻新加坡，可以给轴心国在印度洋的船舶提供物资了。进攻新加坡的计划，看来很像要与意料中的德国在英国登陆的计划相配合，两者同时进行。陆海军中的保守派显然不主张马上对新加坡下手，而是要等到欧洲形势有利时才动，但也不要忘记军部极端分子那种不顾后果、以死相拼的劲头也可能在英美能够干预以前就压倒了保守分子。

国务院 1940 年 12 月 4 日发出的非正式备忘录，论述了新加坡对保卫英国本土的重大作用，说得相当透辟，堪称定论。英国目前不能、最近的将来大概也不能分出大量海军部队来防守新加坡。依据我们既定的援英政策，我们绝不能坐视这个战略重镇落到敌国手中。

荷属东印度群岛、中国国民政府和远东英国人的士气之所以尚能维持，大概是因为还抱有一线希望，相信美国终将援助他们。巴达维亚的荷兰人正承受着巨大压力，英国人也有突然遭受日本重压的可能，那么道理就再明白不过了：一分预防等于十分治疗。如果没有荷兰人的坚决努力，那么很难说，东印度群岛和新加坡能够守得住。新加坡被敌国夺去，必然会严重影响中国的士气，影响英国在近东和东地中海的地位。

371

---

① 即中国南沙群岛。

美国应当采取什么行动、何时采取此种行动，非我大使馆所能决定，因为这是属于最高战略决策的问题。我们建议不要采取不彻底的措施，这种措施不仅无益，而且后患无穷。正如我以前说过的，我们面临的重大问题并不是应否阻止日本"南进"，而是什么时候去阻止它。把美国海军部队集结到远东来，必然会有引发战争的危险。这种危险会大到什么程度，很难估计，但无论如何，除非美国已准备好打仗，否则就不应当冒这种危险。不过，我们还是认为，及时制止日本"南进"，固然要冒险，但若让它继续横行，将来的危险就会更大。我们认为，日本人正指望我国会消极被动。我们认为，若要采取断然行动，就要尽快。

昆明来讯称，江西鄱阳的美国天主教教堂于 11 月 15 日被炸，来龙去脉很典型：一架日本飞机俯冲至约三百英尺高，向教堂投弹，院子里有两大幅美国国旗做标记，所有建筑物都画有白十字，视野也很清晰，但都无济于事；随后，这架飞机还转回来观察破坏的战果，并用机枪进行扫射。该教会称，教堂附近一英里范围内并无任何军事设施。结果，日本又会说这是一次难以避免的误会，请原谅。

松冈愿做调人的内幕

1941 年 2 月 21 日

今天我得到一个消息，信源是否可靠还无法确定，消息内容大意是：一个有陆军重要将校参与的强大集团正在酝酿政变，要用"二二六事件"那样的暴力手段来推翻政府。这个集团认为，政府正把日本直接引向对美战争，而在这场战争中，日本将必败无疑。所传政变成功后主要执政人物的名单我也拿到了，但不想记在这里。虽无法查核消息确否，但我知道确有人对近卫和松冈不满，我还知道日本人会怎样行事。这个消息未必是空穴来风。

松冈向艾登先生提出要为欧洲和平居中斡旋的消息甚嚣尘上。外国报纸大量报道，英国下议院都有人质询此事。至于这个说法从何而来，我原有一个想法，后来证明我猜对了。2月26日，松冈把整件事的原委全都告诉我了。事情似乎很简单，鉴于日本调解泰、印纠纷的行为受到批评，松冈便通过驻在伦敦的重光给艾登送去一份备忘录，在大段说明中有这么几句：

> 最后，外务大臣（松冈先生）还想讲明的是，对早日恢复和平一事，日本深为关切。所以不仅在大东亚，而且在世界其他任何地方，日本都愿意充当调人，乐于承担无论是调停事宜还是其他旨在恢复常态的工作。

此外，另有一个背景：情报部次长石井在外务省看到了这个备忘录，便把其中某些部分向报界披露了。这种做法犹如著名的天羽声明，当年天羽也是把广田给驻华公使的一封训令公诸报界，两件事如出一辙。他们透露消息，事先都未经外相知晓或同意。松冈告诉我，他很生石井的气，已对他发出"严重警告"，但在公众面前，当然还是要顾及石井的面子。无论如何，此事已经产生了有害的影响，而且相当严重。松冈说，英国人已借此大做文章，暗示德国处境不妙，需要讲和。这种结果和他当初的意图完全相反。谈到这里，他非常激动，因强压怒火，两眼通红。

高尔夫球成了外交的晴雨表

1941 年 2 月 22 日

373　　在法国大使馆例行的周五"家庭式"招待会上，法国大使馆参赞费恩（Fain）男爵问我打高尔夫球的近况。我说："每当外交界同僚或日本人和我谈起来的时候，开头几乎总是问我打高尔夫球的情况而不是天气，这是什么原因呢，我亲爱的男爵先生？"费恩答道："为什么？大使先生，您的高尔夫球可是测量外交团状况的晴雨表。只要您有一个星期不打高尔夫球，此事就会电传到世界各国的政府办公室，因为这表明局势确实严重了！"我说："那好，明晚您打电话来，我会悄悄地告诉您我是否还能按现在的规矩，每周六下午打一场高尔夫球。"

回想与松冈的一次谈话

1941 年 2 月 26 日

在讨论泰国与印度支那争端的谈话中，松冈外相特别指责了英国政府，称其在远东采取的措施直接刺激了日本，导致局势很难好转。他还顺便提到关于新加坡港口布设水雷和澳大利亚军队被调到马、泰边境的报道。

我说，令人奇怪的是这些明明都是防御性的措施，日本人却说成是进攻性的。正如我在美日协会午餐会上对外相讲过的那样，我们行事总应该要以"事实和行动"为依据，与日本"南进"有关的那些事实和行动才正是不仅让英国而且让我国深感不安的真实原因。日军在相继占领涠洲岛、海南岛、斯普拉特利群岛和其他地区后，现在又进入印度支那。根据我们的情报，日军已占领西贡机场，日本海军也正在那一带活动。这些步骤，加上日本许多政治家和陆海军将领表示"南进"意图的公开言论，已经造成了一种氛围。对此，无论美国还是英国都不可能无动于衷，因为这不仅威胁到我们的利益，而且威胁到我们的属地。

松冈先生答道，发表煽动性言论的并不只有日本一国，关于这点他还提了几个美国人的名字。他否认西贡机场被占领，说一些有关东京（Tongking，越南地名）的事，又表示：日军驻扎印度支那地区，是严格按照与维希政府所订正式协定的条款行事的。我说，根据我们自己的情报，日军人数已大大超过了原来的规定。外相却答道，这不过是补充兵员而已。

谈过以后，我便将所涉及的问题分别写了十三份备忘录。即便如此，也还是无法把他谈过的问题全都包罗在内。能熬过这种会谈的人，恐怕就没有不头昏脑涨的。以我所见，要论饶舌的本事，只有当年的土耳其外长图菲克·鲁希迪·贝伊（Tewfik Ruschdi Bey）能赛过松冈，鲁希迪还全是讲法语。幸亏我当过副国务卿，有牢记会谈要点的诀窍，那时往往要短时间内接连接见七八个外交官，只有事后才有空口授备忘录，而且每份备忘的记录都不得有遗漏。因为如果是忘记一点，也有可能招致严重的后果。

日本暴力分子在国内的行为

1941 年 2 月 28 日

粗暴的日本人不仅对外国人粗暴，对本国人也同样如此。最近报载，电影院门前排队的人群常常发生推撞、吵架乃至斗殴事件。据说"大政翼赞会"① （好一个冠冕堂皇的名称！）
生活指导部部长喜多先生在被问到对此现象有何高见时答道：
"照我看，这是因为民众缺乏训练。要是日常辛勤工作，每月
消遣一两次，倒也无可非议；但即使是合理的娱乐，也没有权
375　利在戏院门口互相推撞。"电影院的经理却说："这表明一般
民众是多么热烈地在追求娱乐。"实情却是，娱乐活动甚至一
切生活乐趣现在都受到极大限制，结果人们的性情自然就越来
越暴躁了。德国的口号是"快乐才有力量"；而在日本，这个
口号应当改为"不快乐才有力量"。

有位日本政治家变得客气了

1941 年 3 月 20 日

赴外务次官官邸参加大桥次官及其夫人主持的外交团宴
会。大桥原本就待人和气，甚至可以说很亲切，而且就任以来
似乎变得更加成熟老练。不管怎样，席间艾丽斯总是逗得他很
高兴。餐后，大桥和我进行了一番很有趣的长谈。我们谈到日
本的教育、经典及其教育制度的缺点，这种制度只是教青少年
死记硬背，而不是培养他们的辨识能力。在这个问题上他倒是
讲得很坦率。随后，便谈到罗斯福总统最近的演说。他说他曾
经绞尽脑汁，就想弄清总统所谓的远东独裁制度是指什么；这
肯定不是指的日本，因为尽管日本有许多缺点，但无论如何都
不是处在独裁统治之下。后来，他明白了：原来罗斯福当然是

---

① 1940 年 6 月，第二次近卫内阁成立后，开始实行所谓"新体制"，解散
各政党。同年 10 月，效仿纳粹党、法西斯党，成立了"大政翼赞会"，
实行法西斯专制统治，由首相担任总裁。

指蒋介石这个十足的独裁者。至于说美国是在支援民主国家,他实在想不出还有比蒋介石的中国更不民主的了。

他还提到了野村大将同总统及赫尔先生的会谈。令他感到高兴的是,双方已一致认为打一场日美战争是荒唐的。他痛骂那些给外国人不良待遇的人。谈得很有风趣,妙语连珠,而且十分愿意议论他本国的缺点,尽管还不是所有的缺点!我们原以为这晚将遇到一个索然无味、面目可憎的场面,事实却恰恰相反。

日本自欺欺人的例子

1941 年 3 月 26 日

理智的日本人在多大程度上会犯违背理智的毛病,或者说往往根据被灌输的宣传而做出自以为老实的结论,始终是一个有待回答的问题。有鉴于当局不许他们知道事实,也许我们还可以认为他们是无辜的,但像早稻田大学校长那样有才有学、长期标榜自由主义的人居然也写出下面这种文章来,这就有点让人难以理解了:

> 正如不久前近卫声明着重指出的那样,现在日本作战的目的并不在于获得一点点领土……与之相反,而是为了维护中国的独立,并在尊重它的主权的同时,建立东亚新秩序。正是为了完成这个伟大的使命,日本才不得不下决心进行这场历史上最大的战争……具有如此崇高理想的战争,在世界上恐怕都没有先例吧? 故称为"圣战",真是恰如其分……今天世界上那些最坚决主张维持"门户开放"政策和机会均等原则的国家,正是最不愿意实行这些主张的国家。大家若

376

都如此言行不一，如何能实现国际正义？

尽管如此，他们当中有些人也还是有幽默感的，《日本时报和广告报》最近登了这么一条新闻：

> 英国占领丹属冰岛是非法的，所以德国政府谴责这种行为，并已将该地区纳入潜艇封锁的范围。这就是要给英国人一个教训：非经正当的法律手续，不得擅取别国的领土。

德国人的脸皮实在太厚了，所以总是看不出这条报道背后的讽刺意味。有位日本人曾经这样批评德国人："他们把我们当成什么人了？仆从吗？"前几天他对我说，德国人那么强横，他认为这是出于一种很深的自卑感。一个日本人能讲出这些话，也算难能可贵。

有一次上述的那家报纸又把希特勒演说中的一个词"Herrenvolk"（即统治民族）印成"the hairy horde"（意为"长毛的原始部落"，指巨猿）。我可不相信这只是因为印刷厂的学徒搞错了。

向威尔基致敬

1941 年 3 月 30 日

美国国内正就两个问题发生激烈的争论：一是关于《租借法案》①；二是考虑到我国有卷入战争的危险，我们给英国

---

① 1941 年 3 月，美国国会正式通过《租借法案》，授权总统可以向"其国防对美国国防十分重要的"国家出售或租借战争所需的各种物资。

的援助应该只达到什么程度。我担心，在争论中，感情太强烈，有时就会妨碍客观地思考问题。例如，国内有个明智的朋友写道：

> 无论男女，如果一个人真诚热情地相信有种行动方针真是对国家最有利的，却又因为顾虑到个人而保持沉默，那就是不正派的，不管他有什么理由。

可是这同一个人在另一处又写道：

> 他（威尔基）似已经完全丧失了理智，已经成了一个只想在报上被曝光的人，一个政治投机家。正如某某人说的，"他不懂党派斗争的策略，甘让自己被政府利用"。

着重号是我加的。什么策略？当这个世界战火纷飞、美国又徘徊歧路之时，还要在党派政治上钩心斗角吗？威尔基在理智上和其他方面倒可能恰好是一个正派的人，而"无论男女，如果一个人真诚热情地相信有种行动方针真是对国家最有利的，却又……保持沉默"，那才是"不正派的"，这样说难道不合理吗？

不错，我国是实行两党制。少数派构成一个健全的反对派，正是这种制度的重要部分。然而，难道这就意味着在国家生死攸关的问题上，反对派的任何成员，特别是有名望的成员，对政府的任何政策——即使是那个成员衷心认为正确的政策——都不应当支持吗？

我之所以提这些问题，是因为我觉得上引两段话自相矛盾，其中对威尔基的基本看法是，"他不懂党派斗争的策略"。想必是我自己的资质愚钝，要不就是我对一个人及其动机的评价有错误。自去年春天，我首次读到威尔基的一些演说词后（我的意见已记在当时的日记中），就已相信他是一个正直的人，无论在良心上还是政治上都是诚实的。我也深信，他现在已经远远背离了他在竞选演说中讲过的一些话，但我所谓良心上正直的人，并不是指那类在情况业已变化、视野已更开阔、思想已更成熟之后仍不敢修改自己以前发表过的意见的人。

就威尔基而论，关键就在于他在良心上到底是否正直。如果他仅仅是在沽名钓誉，只是"一个只想在报上被曝光的人，一个政治投机家"，那么我对他的品质的评价就全错了，那我也就退出讨论。但是，如果他真如我坚信的那样在良心上是诚实的，而面对他也认为真的最有利于国家的行动方针时却保持沉默或加以反对，那岂不是又沦为一个不正派的人了吗？像他那样大力支持他自己视为正确的方针，难道不应该吗？我自己的看法是，威尔基会逐渐脱颖而出，将来他定会在我国政治生活中扮演十分重要的角色。

日本的"南进"暂告停顿

1941 年 4 月 10 日

这个 3 月，远东局势的发展陷入停滞。日本对泰国与印度支那争端的"调停"已有结果，实际上，不过是日本人向法国人提出最后通牒而后者完全接受而已。法国人知道，印度支那的力量不足以抵抗日本的入侵。如果硬来，则很可能丢掉整个印度支那，因此他们认为放弃一部分总比全丢光好一些。顺便一提，我们还听说泰国首席代表事后评道，这次按日本之命制订的解决办法"完全缺乏常识"。看来此事的最后结果是，日本掐住了印度支那，并且至少部分地控制住了泰国。将来日本人若认为时机成熟，准备进攻马来亚、缅甸或新加坡，就可以利用这两个地方。不过，欧洲的事态仍在发展中，另外日本人至少还得瞧一瞧美国的动向，因此日本的"南进"暂告停顿。

在此期间，松冈已赴欧洲进行他那具有历史意义的访问。众所周知，他曾经说，里宾特洛甫一向被认为是欧洲最有名的说谎者，他倒想去看看真相是否如此。至于他在莫斯科的情况，我们从最可靠方面获悉，在他和斯大林一小时的会晤中，他用了整整五十八分钟宣讲日本的意识形态，结语更是妙不可言：日本人虽在政治上和经济上均非共产主义者，但共产主义和日本的家庭生活颇有相似之处。据说斯大林随即答道，尽管俄国和日本意识形态不同，但他看不出两国有什么理由不能成为朋友，说完就走出去了。

我很想知道，松冈与希特勒会谈时，是否也同样有本事能够垄断发言。论饶舌，只有超人能赛得过松冈，但说不定希特勒是个超人。据传松冈曾对德国报界说（大意）：世间种种祸乱都是英美的阴谋诡计造成的。这类话我想他一定讲过。对于德国人，我是了解一点的，他们一定会过高估计自己的本领而对他尽施威胁利诱之术，这种惯用的伎俩只会削弱而不会加强轴心国之间的纽带。等着瞧吧，不管怎样，松冈先生单挑这个时候来访问，真是再糟糕不过了。他一到柏林，就碰上德国将南斯拉夫拉入轴心国集团的计划从初步成功沦为彻底失败，他抵达罗马的当天（或前后），就传来意大利在马塔潘海战中惨败的消息。松冈走到哪里，哪里就要倒霉。这本事大概连黑猫也比不过。

379

日本国内的政治和经济形势都在不断恶化，对近卫及其内阁的不满情绪日益增加。这种不满导致4月初的内阁改组，小仓、丰田海军大将和铃木将军被延揽入阁。小仓是住友财阀的首脑，碰巧又是关西美日协会（大阪）的会长。丰田贞次郎稳健明理。这两位我都认识，小仓跟我很熟，丰田也相当熟。这次变动无疑是平沼导演的，我们相信定是他在幕后操纵，希望给近卫公爵虚弱的内阁增添一些力量。改组的结果也许会是正面的，可以指望他们能对狂热的极端分子施加抑制性的影响力。事实上，也开始看到了一些征兆，至少亲轴心的情绪已有略微冷却的迹象。

但归根结底，正如我常说的那样，今后形势究竟会如何演变，在很大程度上仍将取决于欧洲事态发展，特别是不列颠战役的结果。

尽管勉为其难，也很扫兴，我还是放弃了今春请求休假的一切打算。举世烦扰，不是休假的时候，何况未来几个月既然很可能是欧洲的关键时刻，远东也同样可能出现危局。我原拟于6月返美接受一个名誉学位，这并不需要很长时间，在这期间看来也不会发生什么大事，别人也能胜任代理主持使馆工作。要这样劝服我自己很容易，但也可能会发生某种需要大使发挥其影响力的大事。我心里很难受，因为夜深时我曾经大胆地想过，说不定哪一天会得到这样的荣誉，现在请帖果然来了，而我却不能去接受。看来那颗守旧的新英格兰的良心又赢了。

盛传日本将进攻新加坡

1941年4月15日

在我去川奈期间，东京盛传不待松冈归国，日本在几天内就要进攻新加坡。谣言层出不穷，甚至有些新闻记者已拍电报回国，外交官也全都为之震动。于是，我们大使馆遂不得不将此说电告华盛顿。自12日至15日谣言传了三天左右，15日，杜曼午餐时遇见大桥，大桥却"矢口"否认。根据大桥的指点，我们请美联社的希尔去问石井康。石井说："我可以斩钉截铁地说，日本绝无派陆军或海军进攻或前往新加坡之意。"他还说，正如近卫公爵最近声明中说的那样，日本对南洋所抱的目的完全是和平性质的，只限于经济方面。他称这次谣言为"战争贩子的作品"。石原将军曾因撰文主张进攻新加坡而奉命退役，至少他那里是谣言的出处之一。

《苏日互不侵犯条约》

1941 年 4 月 17 日

关于和苏俄签订的这个条约，日本报刊的总体倾向是给予谨慎的肯定，但无多大热情，而且指出，这不过是日苏关系走向稳定的第一步。有迹象表明，日本对这个北方邻邦还是没有完全信任，以至于还不能放心"南进"。

总的来说，反对用武力推行"南进"政策的势力似乎还是相当可观。政府亦仍在留心观察欧洲局势的发展及其对美国政策的影响，但又必须承认，前两周东地中海军事形势堪忧，已在日本引起了显著的反响，舆情正趋于对亲轴心分子有利。

昨天日本政府就如何评论日苏条约的问题，向日本报界秘密发出了以下指示：

（1）报刊报道不要造成一种印象，使人觉得日本对订成这个条约的反应并不热烈；

（2）不要提及日本国内某些反苏分子的反对意见；

（3）不要说苏俄订这个条约是因为它有什么软弱之处；

（4）不要触及日苏两国相互提出的附有条件的具体规定。

这些指示当然十分重要：它们本身就说明问题了。

我由可靠方面获悉并已据此电告国务院：德国在日本的第五纵队势力不断增加，确实使人觉得不安。据说盖世太保日益猖獗的活动已惹人注意，这些家伙正在把他们认为抱有反轴心情绪的日本人的名单报告给日本警察当局。

苏日条约的背景

1941 年 4 月 22 日

我在 3 月的日记中已经写过，松冈在赴柏林途中曾与斯大林进行双方之间的首次会谈，在六十分钟的会晤中，有五十八分钟是他向斯大林大谈日本的意识形态，结尾时还强调共产主义和日本家庭生活颇有相似之处。后来松冈从柏林回国时，又对斯坦哈特①说，他本以为与斯大林订约的希望甚微。因为俄国人要求，要订互不侵犯条约，日本就得做出一些让步，而他松冈是不肯让步的，日本公众也不会容忍让步。可是后来到最后一分钟，听说斯大林突然提出可以订一个中立条约，于是几分钟内便同意签订了这个条约，日本方面并没有做出什么让步（如果没有秘密让步的话）。对此事最感到意外的显然是松冈。

这个中立条约是否附有秘密的承诺或协议，目前尚且缺乏这方面的情报，在这种情况下，我还是分析了条约可能产生的结果，得到了如下结论。

382

---

① 劳伦斯·斯坦哈特（Laurence Steinhardt，1892—1950），时任美国驻苏联大使。

（1）日本至少在表面上无须为订约付出代价，因此促成此条约便意味着松冈取得了一项巨大的个人成就。

（2）条约并未规定缔约国各应实行什么政策、承担什么义务。由此可见，缔约的目的主要是在于利用条约产生的国际政治影响。双方都认为可以借此影响对方和第三者（在苏联看来，可以影响德国；在日本看来，则可以影响美、英）。

（3）不管苏联在中国问题上有什么保留，不管条文措辞如何巧妙，条约的倾向恐怕还是要结束中日战争，而非相反。

（4）就日本同苏俄的关系而言，特别是考虑到日本人有注重形式的心理，条约也有抵消轴心国三国同盟的片面性的意图。

（5）条约可能会助长主张推行"南进"政策的日本极端分子的气焰，因为条约保证，假使日本与第三国（即美国）开战，苏联将保持中立。

斯坦哈特曾宴请松冈，松冈在同他的谈话中透露了下述各点，我得知后便毫不犹豫地把这几点记下来了。因为松冈回来后若有时间，他还是会把他和斯坦哈特谈过的一切告诉我。

（1）无论在柏林还是罗马，松冈都没有做过任何承诺。

（2）日本加入三国同盟的主要目的是维护和平。这是松冈的口头禅，在公私场合，他都经常这样叨念。

（3）只有当美国向德国宣战时，日本才必须同美国作战。除此以外，凡事日本都要先和德国协商。

（4）松冈不相信德国会对美国宣战，但若有万一，他希望美国在太平洋地区采取任何行动前，都要先给日本一点时间，让它表明立场。

（5）日本将严格履行它对轴心国承担的义务。

（6）希特勒和里宾特洛甫都对松冈说过他们不想同美国打仗。

（7）他们还暗示，日本应停止反美的宣传鼓动。

（8）他们三个人都表示希望和平，但在英国投降以前，他们看不出有任何和平的可能。

（9）希特勒这个人给松冈留下很好的印象，松冈称其为天才。在他们的各次会谈中，希特勒都很讲道理，冷静沉着，一点也没有表现出一般人所形容的那种暴躁的性格。

（10）里宾特洛甫赞扬英国正在进行的战斗，并且认识到，从防御的角度来看，它现在的力量比战争开始时更强。他还表示意见说，大英帝国恐怕是难以摧毁的。

（11）希特勒在万不得已时才会入侵英国本土，他把胜利的希望完全寄托在飞机和潜艇上。

（12）松冈不相信英国能够离间德意两国，意大利几乎完全被德国控制住了，何况希特勒和墨索里尼还有彼此钦佩的个人关系。但德国人被告知，"无论在态度还是言谈上都不要轻视"意大利人。墨索里尼并未因最近的挫败而泄气，自信不久后就能"卷土重来"。

（13）由于苏联开价过高，松冈同莫洛托夫（Molotov）会谈时几乎毫无进展。

（14）日本可以和莫斯科达成协议，也可以和苏联翻脸：它有选择的余地。

（15）松冈迫切希望尽早结束对华战争，并认为如果美国总统能告诫蒋介石，若后者不肯接受公平合理的议和条件，美国便停止援助，那么战争就可望结束。可日本人还是不会让第三者来调停，和平仍只能通过两国直接谈判来实现。

（16）除非苏联大量削减它对德国的物资供应，否则德国人是不会侵犯苏联的，虽然他们已为此做了充分准备。他认为，德国人放出可能要打苏联的风声，目的不过是要吓唬苏联人，使其继续供应物资。

（17）松冈希望总统和赫尔先生能信任他。

后来斯坦哈特为谨慎起见，将上述各点的记录念给松冈听。松冈证实，所记准确无误，他正是这样讲的。

384

德国会进攻俄国吗？

1941 年 4 月 22 日

德国是否很快就要进攻苏俄以夺取乌克兰的粮食和高加索的石油，一时还无法断定。我认为终究这是不可避免的。在那一天到来之前，德国人会时常散布即将进攻的谣言，目的是恫吓俄国人，使其增加货物供应量，乃至迫使苏联加入轴心国集团。德国人总以为入侵苏俄是轻而易举的，跟一次小规模的交锋差不多。这种看法也许对；但俄国人又是很难揣度的。诺门坎之役，他们确实教训过日本人，但那也许并不是一次大的考验。

松冈向黑龙会报告

1941 年 4 月 25 日

听说松冈刚从莫斯科回来，反法西斯、反共的黑龙会便立即派代表去见他，要弄清他同俄国人签订的协议究竟有多大的适用范围。据给我们提供可靠情报的人说，松冈十分明确地保证，条约中绝无秘密条款，无论是日本还是苏联政府都没有做过任何性质的口头承诺。两国也没有讨论过削减各自在西伯利亚和满洲的兵力。

松冈说，日本是在研究了全部事实、客观而周密地估量了时局中的一切要素之后才做此决定的。这个政策背后有着远大的抱负，即最终要在地球上造成"八纮一宇"一词所设想的那种局面，但它的目的还在于实现日本赋予这个词的概念，那就是"天下太平"。在这种太平盛世，任何民族都不再遭受征服、压迫和剥削。松冈说，这个政策一经决定，就要坚决执行，但又得十分慎重，留心时局变化中的每个细节。（时局变化！这是一个借口，日本总是给自己留下这类借口。它将恪守它所承担的一切义务，除非时局变化。只要它认为时局变化了，义务就成了废纸，"恪守"也就到此为止了。）

松冈的手腕耍过了头

1941 年 5 月 2 日

松冈出访柏林、罗马和莫斯科归来后，红极一时。他和苏俄签订中立条约的成就，加上最近德国在巴尔干和利比亚的军事胜利，暂时巩固了他在民众中的声望。一般认为，他的野心是要当首相（倘若他真当了首相，那就请上帝保佑日本吧），他将利用他在外交上的成就来增加他个人的利益。

但是，我们从最可靠方面获悉，他正在干一件逆风行舟的事。据了解，他一回来就在欢迎他的民众大会上发表演说，明嘲暗讽地攻击他的内阁同僚。他转弯抹角地指责他们蓄意破坏物资分配制度，他还提到日本中古史上一个图谋篡位而被后世唾骂的人物足利尊氏，暗喻有人在暗地里在拆大政翼赞会的台，这也应属于叛国行为。

此外，据说还有这么一件事：他回国后向近卫公爵汇报，内容包括他曾自作主张在订约过程中未经内阁授权便向苏联许下某种诺言。听到这话时，首相和阁员都非常愤怒。到底是什么诺言，无法确认，因为按新颁布的《国家机密法》，凡向我们泄密者都要吃官司，但也并非无法猜测：所做诺言大概和西伯利亚边境驻军的人数有关。

看来短期内松冈还不会被撤换，因为公众对他的评价太高了，但政府中人不喜欢他，特别是因为他总想不惜与美国一战，所以还把他看作危险人物。我们知道，近卫公爵和内阁都不会让他去访问美国，尽管他有此愿望。

谒见皇太后

1941 年 5 月 10 日

自从九年前我们到日本以来，还没有和皇太后接触过，所以艾丽斯主动提出要拜见她，先后经过松平夫人和式部官长松平子爵的安排，觐见定于 9 日举行。这次觐见是以祝贺太后之子即天皇幼弟三笠宫订婚，以及其孙女即天皇长女与年轻的东久迩宫亲王订婚为名，艾丽斯也只是以外交团团长夫人的身份被接见。因为若是作为大使夫人去拜见，就等于开了一个先例，类似的请求就会接踵而来：无论如何，此次安排也已经算是破格了。但对艾丽斯来说，她本人的确向来钦仰太后，确实希望能见她一面。

结果不错，接待非常热情，气氛极为融洽。她们坐下来畅谈了半个钟头，由艾丽斯的朋友——女官山中夫人当翻译，她还见到了老迈的西村，他自夫人去世后衰老得更厉害了。艾丽斯说，关于西村夫人的情况，太后了解得比任何人（除我以外）都多。太后感谢艾丽斯经常送时装书刊（《时装》杂志等）和爵士音乐唱片给秩父宫妃，艾丽斯答道这些礼物不成敬意，太后便说，不要小看这些唱片，秩父宫在叶山养病时就听过这些唱片，他喜欢极了。

太后又说到前晚秩父宫妃和她进膳时还聊起这些唱片，谈起秩父宫妃的兄弟去世时艾丽斯送的花。太后还知道艾丽斯很关心聋哑学校，并感谢她在这方面做的贡献。太后对艾丽斯的事情知道得这么多，令人感到惊奇，而那样的致谢又使她有点窘迫。于是，她便讲了一些奇闻逸事来制造话题，逗得太后爽朗地笑起来，至少可以舒缓一下宫中那种礼仪森严的气氛。太后还详细问了我们儿孙的情况。

艾丽斯去时带了一些鲜橙、柠檬和葡萄，这是沃尔特·迪林厄姆（Walter Dillingham）从加州送来给我们的，后来听说太后又转送了一些给天皇和皇后。太后赠给艾丽斯一束采自御花园的漂亮兰花。后来山中夫人对萩原夫人说，这次谒见"极为成功"，太后非常高兴，她亲手向外国大使夫人送花还是史上头一遭。太后说，她希望不久后会有那么一天，能把所有各国使节夫人都邀请到宫里来赏花。艾丽斯道别时，太后拉着她的手依依不舍，送她到门外，行屈膝礼告别。

我之所以把这次聚会写得如此详细，是因为我觉得此事表明皇室非常希望与美国亲善，也将助力于促成亲善，因为这些情节肯定会从天皇一直传到臣民。虽然我们自己会极其当心，不会跟任何人说起这些。

日本外交政策出现明显的分歧

1941 年 5 月 15 日

致华盛顿一封长电，述评日本驻南京大使本多和外务大臣松冈在中国问题上有明显的意见分歧。本多主张加强汪精卫政权，集合全力于南京政府控制的地区，并试图创造出一种可以向日本国民以为中国事变已告"解决"的局面。报刊却奉命要大肆渲染日本在中国的军事行动，此后数周里，日本报纸上便充斥着日军大胜和连续歼灭中国军队的报道，这些报道与来自对方的报道截然相反。我对国务院说，本多的意见事关日本对华政策的新动向，按理应当由首相或外相来发表意见，可是他们都没有说什么。因此，外国的外交界人士都认为这是一个重要迹象，表明实际上日本政府内部意见并不统一。

1941 年 5 月 16 日

因松冈对法国大使阿尔塞纳 – 亨利讲了一些话，大使本人又向我转述，前述政府内部分歧的情况就更清楚了。松冈似乎认为，诱使汪精卫逃离重庆，他自己发挥了很大作用，所以他感到应当尽全力支持前者。可从汪精卫对日本的态度来看，他觉得汪精卫已没有再求他支持的资格。据他看，无论如何解决，现在能够和日本合作找到解决办法的只有蒋介石。目前还没有委托任何第三国的人或中国人去找蒋介石联系，但是松冈已准备在适当时刻找个双方都信得过的人去向蒋提出某种符合日本要求的建议。

非正统外交的一章：对松冈的观感

1941 年 5 月 27 日

关于 1940 年 9 月 27 日的三国盟约，以及德美爆发战争时这个条约与日美和战问题的关系，作为非正统的外交的一章，外务大臣松冈先生表现出来的态度是饶有趣味的。

引发我与松冈先生口头和书面交换意见的那些情形可以证明这一点。外相出访欧洲约六周后回到东京，我立即函请在外相得便时与他会面。他让我（别国大使也一样）等了约三周之久，最后才在外务省正式接见我。在谈话中外相表示意见称，美国既然对德国抱挑衅态度，就该公开对德宣战，这样才算"好汉、体面、合乎情理"。他还说，希特勒一直非常耐心、宽宏大量，没有对美国宣战，但不能指望希特勒会无限期地保持忍耐和克制。我对他的话提出抗议，他便收回原意，辩称不是暗指美国干了不算好汉、不够体面、不合情理之事。后来他又写信对我说，只因他的英语知识不足，所以错用了"decent"（体面的）这个词，他的本意是要说"discreet"（谨慎的）。

外相接着极为清晰地表述了他对三国盟约的解释，大意是如果美国为它开往英国的船只护航，如果德国击沉这些船只，如果美国因此便同德国开战，那么他就要根据盟约第三条的含义把美国看作"侵略国"。他相信，随之而来的就是日美战争。他又说，这仅仅是他自己的意见，真到那时不但要和他的阁僚，而且要和日本的盟国商议。而与盟国商议时，三票中日本又只有一票。[关于这一点，有件趣事值得一提：据希腊公使波利蒂斯（Politis）先生说，今春德国攻打希腊时，松冈先生曾告诉他，日本在三国盟约中应尽什么义务由其自己决定，而其决定将**以常识为指导**；并且松冈先生认为，日本将做出什么决定是显而易见的。那时从没有提到过什么三票中日本只有一票。]

盟约第三条规定，只有当盟国之一被他国进攻时盟国之间才需要互相援助。我对于外相对日本在此条下承担的义务做如此解释表示惊讶。日本竟可以这样放弃它将来的行动自由，可以把它未来的命运交给三票中它只享有一票的情形去决定，让我尤为骇异。我阐述了美国对公海上的自由航行权的态度和美国要在公海上自由航行并将为自卫采取一切必要措施的决心。

5月15日，我回复松冈先生5月14日的第一封来信，一面感谢他，一面对他讲，那天会谈中他有些话"含义重大、影响深远"，令人遗憾。17日，松冈先生给我来了一封长信，标明"纯系私函"，强调这么一个事实：尽管他知道如何当一名外相才是"正确"的，但那并不利于增进我们之间的理解。他常常忘记他是外相，而时常又不得不意识到自己身处这个职位。对于许多外交家常抱的所谓"正确态度"，他实在是感到厌恶，这种态度"不会给我们带来什么成就"。他承认他自己总爱用一两千年甚至三千年前的思想方法来考虑问题。如果我认为这是他癫狂的表现，那也没有办法，因为他天生就是这个样子。

他说，至于5月14日会谈中他的那些措辞，他作为外相本来不该讲。在我们的正式交往中没有讲这些话的余地。他是把我当成一名世界公民才向我吐露真言的，他不仅将我看作一名大使，还将我看作他可以暴露内心深处的思想和意图的对象。不过，他仍然写到尽管美国那样挑衅，德国还是忍耐，写到如果美国因进攻或被攻击（被攻击这一点他认为"倒不足为虑"）而卷入欧战，可怕的世界末日就会降临到文明世界的头上。另外他还说，他不知道我信中所谓"含义重大、影响深远"是什么意思。他想不起他有哪句话可以导致我做如此解释，所以他相信其中必有误会。他建议一两天内再会谈一次。

5月19日，外相在他的私邸接见我。喝过茶后，便在花

390

园里散步，两人都抽着烟斗，无拘无束，随意闲聊。他突然谈
到赫尔先生曾召见日本驻美大使野村将军，告之 14 日我们会
谈时松冈先土曾企图"恐吓"我。他对此表示惊讶。外相否
认他有恐吓我的意图，更没有恐吓过我。对我将上次会谈呈报
我国政府，他也感到诧异，他之所以会同我进行那次讲话，是
因为把我看作格鲁先生而不是美国大使。我告诉外相，我在报
告中说到他讲话的语气和内容时用过"好战的"这个词，接
着我便把他那些被我形容为"含义重大、影响深远"的话背
给他听。外相没有对我的报告的准确性表示怀疑，只笑笑说，
他的言辞或许可以说是好战的，但他的内心和思想是爱好和
平的。

　　我对外相讲明一个事实：我在日本的基本任务之一就是要
准确弄清日本政府的政策并向我国政府汇报，一如野村将军对
待美国政府政策的态度一样，他在华盛顿也正是如此做的。松
冈作为外务大臣，就是我能够了解日本政策的唯一的官方渠
道。因此，纵使他是跟作为格鲁先生而不是作为美国大使的我
讨论政策，我也还是有责任把他的观点告知我国政府，因为他
是在代表日本政府讲话。在是否报告这一点上，外相不同意我
的说明，但他还是承认了 5 月 14 日他向我发表过的意见。

391　　在这次两小时的谈话中，我谈到美国不可剥夺的自卫权，
谈到国际法在公海航行自由方面的应用，并表示意见说，如果
日本真想同美国和平相处，就无论如何也不会把美国的自卫措
施理解为侵略行为。我还向外相读了赫尔先生 4 月 24 日在美
国国际法协会上演说的全文。松冈先生认真听了，对每个要点
都点头表示理解；他认为这篇演说把美国观点陈述得很清楚，
堪称一篇很好的演说，但又说除美国观点而外还有别的观点，

他觉得我们美国人总是不能设身处地替其他当事者想一想。我答道，我们只能依据事实和行动，这些事实和行动已经把其他当事者的立场和态度表现得非常清楚了。

以上仅仅是草草记下与松冈先生两次会谈和书信往来中出现的某些要点。他和我谈话、写信，是把我看作朋友而非大使，我本来不想加以利用，但我还是坚信，外相长时间出访归来在外务省第一次和我会晤后所交换的这一切意见，不管方式多么特殊，仍只能当作官方意见看。至于松冈先生表示的意见是否代表日本政府全体的观点，那又是另外一回事了。

就我们打交道的一般情况而言，不妨这样说：我和松冈先生的私人关系还是很好的；我把他当作自己在日本的私人朋友之一，在交往中我喜欢他的直率，至少从表面看上去他还算直率。讨论问题时，他的有些话用词过于强硬，有些话甚至逼得我非提出强烈的正式抗议不可，但即便是在这种时候，我也尽量在言辞中少带情绪；作为外相和大使之间交换意见，有时还可以无所顾忌地互相攻其不备，迫使对方吐露实情。有些言辞虽可以解释为意在侮辱对方的国家，例如他竟说美国应该怎么做才算"好汉、体面、合乎情理"，但那是冲口而出、有口无心的，而且一经责难他便愿意收回，并没有背着人而耿耿于怀。

若问松冈先生在心理上和政治上是否诚实，我不想表示怀疑。在东京，政治把戏层出不穷，有时人家就引他的话，证明他在这个场合讲的是一套，在那个场合又完全是另外一套。他讲话的确太随便，滔滔不绝，若时间许可，能讲上几个钟头。在此情况下，要他说话一点也不自相矛盾，那才是不可想象的。不过，他跟我谈话时，我倒觉得他是在遵循着一个经过缜

392

密考虑过的方针，即尽量把美国和德国开战的后果描绘得非常可怕。这很可能是出于一种错误的估计，以为用这种手法就可以对美国政策施加抑制性的影响。

松冈先生就职后不久就暗示过，他的政纲是恐吓美国，迫使它对远东和欧洲都采取完全不介入的态度。他自认为这是能办得到的，也应该这样去做。订立三国同盟，就是为了贯彻这个政纲。殊不知弄巧成拙，这一招不仅没有收到预期的效果，而且刺激了美国舆论，成了促使美国舆论脱离孤立主义的主要因素之一。计划是惨败了，但看样子松冈先生恐怕还是不会改弦易辙，而宁愿在一条充满极大危险的路上走下去。因为另外制定方针，就无异于自认完全看错了美国人的性格和气质，就必然导致他的外相位子坐不稳。

德国催逼日本进攻荷属东印度群岛

1941 年 6 月 10 日

有位对我们友好的国会议员因有亲美的名声，不敢来大使馆。今天他通知我，松冈正受到德国大使馆和日本某些极端分子两方面的强大压力，要他对荷属东印度采取有力行动；因为荷属东印度当局已答复日本的要求，送来的照会严正有理，婉言拒绝将全部财物奉送给日本或其他任何国家。据说，德国人催逼日本动手，而以美国不可能同时在大西洋和太平洋两面作战为理由。日本的极端派则是想在德国胜利结束战争之前拿下荷属东印度，因为他们害怕德国也在打荷属东印度的主意。

那位报信者还告诉我，纳粹分子已钻进日本的文化团体及393 其他各种团体，其渗透程度比一般人知道的要深得多，他们正在煽动群众，挑起后者对荷属东印度的恶感，想借此迫使松冈行动。政府中也有人相信，美国舰队大部分已从太平洋调赴大西洋，这种认知对情势当然也有明显的影响。

关于上述情报，我向国务院评论道：日本袭击荷属东印度会冒多大风险，目前我还没有把握来做判断。从技术上来看，只要对华战争还在打下去，日本进攻荷属东印度恐怕就要冒极大的风险。但事情又有另外一面，我们必须记住，松冈先生已是轴心国的掌中物，面对来自德国的压力，他往往俯首顺从。在日本国内，他还拥有一大批有势力的追随者。他的言行无不包含着对美国的蔑视，他总是以为，美国对日本的扩张野心无可奈何，不会有什么强硬措施。日本极端派在军政两界的影响力不可低估，若低估实际上就是短视。

苏德开战前夕的日本国内情势

1941 年 6 月 19 日

东京一直有传言称，内阁内部在大政方针上意见不一，尽管日本宣称忠于三国条约，但对极权主义，特别是纳粹型的极权主义，仍有人持强烈的抵制态度，这种态度越发明显。现在东京之所以笼罩着一种"停滞不前"的气氛，上述情况也许就是原因之一。此外，美国政策的趋向还摸不准，德国有进攻苏俄的可能，以及国际上其他方面的事态发展，或许也与造成这种气氛有关。

日本国内这种意见分歧的有些迹象也许还会使人感到有趣。其中一个非常显著的反映就是日本给荷属东印度群岛的答复极为温和。

根据从大政翼赞会协力委员会最近一次会议上透露出来的

394 消息，代表们在讨论中并没有把松冈先生 5 月 28 日在日比谷的演说内容列入议题。在那次演说中，外相曾拼命为纳粹德国的极权制度辩护。他论说日本的经济结构远不如德国，又骂日本政府领导人和日本实业家缺乏责任感，全是无能之辈。很可能就是出于上述原因，加上那种十足希特勒式的腔调，虽然松冈先生本人提供了演说全文，印了二十万份小册子，内务省却禁止发行。

听说近几个月来，司法大臣柳川将军已下令逮捕了四百四十名基层官员，理由是这些人的极权主义言论触犯了《思想取缔方策具体法案》。该法规定，主张推翻资本主义者，均应受罚。现在我们又知道，6 月 11 日农林大臣石黑先生辞职的直接原因是农林省的农政局局长盗用公款用于极权主义宣传，最近被关押。

6 月 17 日，报上宣布，内阁将新设一个"思想对策协议会"，主要目的之一就是要压制官员中的危险思想。

对日本政策的不满，对纳粹和法西斯思想倾向的反抗，在大政翼赞会协力委员会代表们的发言中同样有所流露，这值得注意。会上好几个发言者都承认，日本国内亲美亲英者大有人在，另外至少有一个发言者还力主日本不要模仿纳粹德国的极权主义制度。

国内意见不一致，既强烈表现在上述迹象中，也表现在报纸社论谨慎的评语中。这些现象都说明，日本的外交政策尚未最后确定，突然改变方向也并非全无可能。

德国进攻俄国：初步印象

1941 年 6 月 22 日

395 今天传来德苏开战的消息。此事早在意料之中，但这样突如其来，仍令人惊异。我原以为德苏战争还要再迟一点才会爆发。自欧战爆发以来，我只敢做两个有把握的预言：一是英国不会战败，二是德国和苏俄早晚会打起来。一个预言已经成为事实；另一个到一定时候也将证实。

这个消息似乎证明了两点：第一，德国人已经放弃了今夏入侵英国的打算；第二，德国人越发迫切追求补给品，尤其是石油。我不知道苏军的潜在战斗力如何，我们当中也没有任何人能有准确认知。

俄德开战后日本陷入窘境

1941 年 6 月 23 日

德苏战争使日本左右为难。它对轴心国做过保证，对苏俄也保证过要保持中立，现在到底该执行哪种政策呢？有个日本高级人士说，在他看来，日本将先抱骑墙态度，到交战双方胜负判明时才会进去捡便宜。不管此说是否正确，反正内阁几乎是在连续不断地开会，陆海军将领也在开会，另外还有御前会议，日本人忙得不亦乐乎（此后还忙了许多天）。我们还不知道这一切会产生什么结果，但可以肯定的是现在是日本采取新的方针、与美国和解的时候了。如果日本能采取一些建设性的政治措施，和解是大有可能的。这个时刻正是改变方向的可能性甚大之际。

荒木将军那帮人向来认为，若不夺取海参崴和沿海州，日本就永远不会有安全感，目前这种局势一定会使他们陷入焦躁状态。我对这个消息是有理由相信的：有个做过首相的日本政界高级人士正打算责备松冈，说他的政策已将日本拖入以下境地：

（1）关于德国，由于与轴心国缔下盟约，日本被绑住了
396 手脚；

（2）关于苏俄，中立条约也把日本束缚住了；

（3）关于和中国的冲突，解决遥遥无期；

（4）与荷属东印度的谈判并未得到公众因听信官方宣传
而日久期盼的那种结果；

（5）日本同美国的关系在不断急剧恶化。

我们别忘了一点，德国缔结防共协定之后，又和苏俄签订
了互不侵犯条约，曾经出卖日本。那时的平沼－有田内阁曾因
此引咎辞职。现在正有人这样看：近卫－松冈内阁现在也应当
效法那时的内阁总辞，至少松冈本人应该下台。

日本采取观望政策

1941 年 6 月 26 日

我们获悉，6 月 24 日苏联大使确实问过外务省，日本对
苏德之战报以何种态度，所得的答复是日本的方针尚未确定。
松冈说，哪一方应负开战的责任，这对日本的决策将有很大影
响；又表示，日本的根本政策是以轴心国为基础，因此日本尚
需判明，苏日关系现在是否仍能与日本的根本政策相协调。

显而易见，当初日本加入轴心国集团，是假定德国和苏俄的
亲密关系将继续下去。苏德战争一爆发，也就把这种亲轴心的根
本政策毁掉了。至少在理论上可以这样讲。我们则静观其变。

日本否认有反苏企图

1941 年 7 月 5 日

今天收到国务卿特奉总统之命寄来的、要转交给近卫首相

的信件。信中表示：近来听闻日本有意进攻苏俄，美国但愿此说不实；美国政府希望能使太平洋地区的和平更加可靠和稳固，深知日本也同有此心。如果日本有攻苏之意，那么这些希望也就随之破灭了。总统说，若能从近卫公爵那里得到维护和平的保证，他将深感欣慰。

397

我立即写信，由可靠的人送交首相私邸，问他我可否向他当面递交来自总统的信件，并请他指定会晤地点，只要能避免引人注意就行。不久，他的私人秘书牛场来了，称首相很乐意见我，但又恐我去他的私邸仍将被人注意，遂拟寻个高尔夫球场，在那里相会。可是不巧碰到星期日，所有高尔夫球场里都挤满了人，第二天也是假日。因此近卫公爵认为星期二或星期三以前实难会晤。我说，这事很紧急，不能耽搁，但为免使首相为难，我想就由牛场本人把总统的信带去。于是，我便把信交给了他，并对他说，我将整天待在大使馆，等候回音。晚上，回话来了：先为传信表达谢意，然后就说等外相自御殿场返京后，近卫公爵的回信就立即尽快由外相交给我。

这种做法有点欠妥，牛场先生在传达回话时为此表示抱歉。然而，他又说，在外交事务上，首相同外国大使直接打交道，在日本是没有先例的。我便委婉而明确地提出意见，请牛场先生替我转告近卫公爵：如果以为我是故意撇开外相，那就错了。我的办事程序与野村大使在华盛顿同罗斯福总统直接商谈并无二致，总统甚至对野村大使说过，随便什么时候他都乐意会见后者。我毫不含糊地对牛场先生讲明，如果近卫公爵认为不能直接答复总统的来信，我深感遗憾。

我告诉国务院，我绝没有把近卫公爵的态度看作故意拒绝答复。这不过是日本的先例和传统发挥作用的案例而已。想当

初比尔·卡斯尔来日本时，身负特殊使命，以订成海军条约为
目的。尽管兹事体大，他也只是同外务大臣交涉，并没有谋求
直接接触当时的首相。

　　为了讲完这件事，这里还得记下：7月8日，松冈约见了
我，把首相的复信交给我，请我转交总统，信中大意是：迄今
为止，日本政府还没有考虑对苏俄作战的可能性。他还给了一
份他在7月2日向苏联大使发表的声明，意思也差不多，只是
加了这么一点：日本将来的政策主要取决于今后的事态发展。
我问松冈，他认为所谓今后的事态发展会有哪些。他答道，可
能连带发生的事非常多，例如苏俄会不会与英国结盟，美国会
不会设法经由海参崴向苏俄运送军用物资，用以对付日本的盟
友德国。松冈说，日本国内的实权人物正在对他施加巨大压
力，逼着要同苏俄开战，如果真发生上述他所想到的那些情
况，极端分子的政治资本就会大大增加，他苦心为维持和平而
做出的努力就会遇到比现在更大的困难。松冈还说，他曾向斯
大林和莫洛托夫两人都呼吁过，他现在的处境已经很困难了，
希望不要增加他的困难。

　　经过这次和松冈的谈话，我告诉国务院，我觉得很难相信
此刻日本已经决定要和苏俄打仗。

　　顺便一说，在交给我的回信中，外相已按捺不住，竟问总
统和美国政府是否真有介入欧战的打算。7月11日，我接到
国务院的回信，除别的话而外，还叫我告诉外相，无论美国采
取什么行动，都将纯属防御性质。至于是否有参战的打算，希
特勒先生最能提供这方面的情报，只需要他能把今后打算采取
的侵略步骤透露出来就行了。

　　然而，这个故事还没讲完。因为7月17日大桥又把我请

到外务省去，交给我一份外相的口头声明。其中提到，日本政府不想就我方回信中所提论点进行讨论，但美国政府或者任何别国政府若暗示可以滥用所谓自卫权，日本政府便不能置之不理，它既不能赞成美国回信中暗含的对德国的指控，也不能同意美国政府的下述看法：任何国家只是向美国暗示它应停止其自卫政策，就意味着把自己归入企图征服全世界的侵略国一边。

当时称病卧床的松冈在前一天晚上已经辞职了，他的后任很快就接替了他。这样看来，上述声明也很可能就是他在外相生涯结束时发出的最后声音，其语调很尖刻，跟一年来我们大部分交往中他那种敌视美国的态度是一致的。他在政治上死了，作风至死不变，他的最后言辞结束了这个时代极为有趣的外交中一个有趣的时期。

罗斯福总统要求近卫首相否认日苏 即将开战的传说

国务卿特奉总统之命给日本总理大臣近卫文麿公爵阁下的信，1941 年 7 月 4 日

美国政府从各方面的报道得知，日本政府可能有与苏联开战之意。

正如日本政府所深知，维持和保障太平洋地区的和平一向是美国政府诚挚的愿望，为了达到这个崇高目的，美国政府曾尽了最大的努力。

从近几个月日本驻美大使野村大将在会谈中向国务卿赫尔先生所做的陈述，以及日本可靠官员的言论中，美国政府看到希望，相信维持和保障太平洋地区的和平也是日本政府的愿望。现在美国政府得到的报道与这些陈述和言论却完全相反，以至于美国政府觉得这些报道难以令人相信。

美国政府一向希望太平洋地区的和平不仅不会被进一步破坏，而且会有更加巩固和得到保障的可能。据了解日本政府也同有此心，但是如果日本走上军事侵略和征服的道路，那么这种行动就必然会使美国政府所抱希望化为泡影。

但愿所传日本决定与苏联开战之说并无事实根据，日本总理大臣阁下若能就此点做出保证，实为美国政府所热切希望的。

日本帝国外务大臣奉总理大臣之命复书美利坚合众国总统，昭和十六年（1941）7月7日（译文）

在现在这种时候，不仅在日本，而且在其他各国，各类谣言都在肆虐。

防止欧战蔓延到大东亚地区，维持和保障太平洋区域的和平，始终是日本政府的真诚愿望，为达此崇高目的，日本政府一直都在竭诚尽力，这几乎是无须赘言的。

为了回答来函的最后一段，日本政府希望澄清：迄今为止，他们还没有考虑参加对苏作战的可能性。对于苏联与轴心国之间的战争，日本政府的立场已在 1941 年 7 月

2 日帝国外务大臣向苏联驻日大使发表的口头声明中阐明了。为使总统了解日本在目前情势下不得不实行的方针政策，拟附上这份声明，供其细阅。毋庸多言，美国政府自会把这个声明当作绝密文件看待。

另需指出，日本政府也想借此机会探问清楚，总统或美国政府是否真有介入欧战的意图？考虑到欧战的前景，日本政府当然非常关心，他们也从各方面听到一些谣言，深感不安。

日本在观察德国对苏联的进攻

1941 年 7 月 6 日

我觉得，现在已有充分的证据足以评价日本政府在 7 月 2 日御前会议上重新决定的立场和政策了，评价自不免含有几分推测的性质，但仍然可以体现我见解的大概倾向。 401

由于德国进攻苏联，日本决策层及各派皆不知所措。在十天的商讨和审议中发生了严重的混乱，即使这种混乱还不能被称为内部危机，但从我们得到的证据来看，这种混乱现象也越来越明显了。按我们的估计，局势已经到了这样的地步：松冈和平沼男爵之间的冲突已多少有点公开化了。现正闹得满城风雨，有人还说，平沼男爵曾发出威胁，要倚仗他内务大臣的地位逮捕几个极端派的头面人物。不过，该命令还没有执行，因为他接到警告称如果真的这么做了，他就会遭到刺杀（据我对平沼的了解来判断，这个传说不像是真的）。但至少可以说，这些谣言，不管真与不真，都可能反映出在日本领导人当中存在尖锐的意见分歧。我们认为，在没有统一的思想，也没有哪一派思想占统治地位的情况下，日本不会有积极有为的政策，以免卷入新的纠纷或承担新的义务。

在结束上次大战的过程中，日本取得了大国地位，踌躇满志。此后，直到日本入侵满洲的问题被提交国际联盟的时候，人们才对日本在多大程度上涉足纯属欧洲的、与它关系不大的问题有了充分的了解。记得1932年日本退出国联后便马上宣称，它要结束它对欧洲承担的义务，要立足东亚。这次大战爆发后，它又正式确认这个政策，并称之为"自由独立的政策"。这个政策执行了八年，表现得相当坚决，但到三国同盟缔结时，却来了一个急转弯。这个同盟再次使它卷入欧洲事务，在德国进攻苏俄以前已有一种看法在滋长，认为日本既与德意结盟，便承担了一些本来可以避免的风险。

关于德国集团和日本集团，特别是关于日本在新联盟体系中预期将居于次等地位的问题，德国和日本在概念上其实有很大分歧。实际上，日本也开始明白德国希望在中国取得特权地位而无视"东亚新秩序"。日本已开始怀疑：德国的诺言是否靠得住；是否德国真打赢了，就什么都对日本有利了。松冈多次遇到挑战：据说他在柏林时，希特勒曾劝告日本与苏联订约，以改善苏日关系，可是话音未落，德国就进攻苏联，这不是蓄意欺骗日本吗？对此松冈不得不一再反驳。这并不是说，日本对德国的诚意已经完全失去了信心。我不想夸大其词，但也不认为，这种信心如今还是那么坚定，以至于他们可以赞成任何倡议，即便到了为德国的利益效力比为日本自身谋利还周到时，还觉得这个联盟有理。

因此我认为，在德苏已经开战的形势下，若不考虑上面说到的三个因素，就无法重新制定我们的日本政策。这三个因素是：①日本国内没有一致的意见；②希望在日本已经承担的义务所能许可的范围内，尽量降低卷入欧战的风险；③日本对德国的诚意的信任程度已在减弱。

据在东京的外国观察家说，御前会议已决定，在攻打苏联沿海州以前，先持观望态度，一面注视德苏战争的总趋势，一面推动"南进"。据说这个计划的第一步是以印度支那为目标，要在金兰湾及其他一些地方取得基地，但要逐步推进，以免和美国发生公开冲突。他们还说，这个推动"南进"的决定是针对德国的，其用意是要赶在德国获得全胜而能遏制日本的野心以前，把日本在南方的地位巩固下来。

一般认为，德国最希望的是日本采取措施，转移美国对欧洲的注意，而非催逼日本参加对苏俄的进攻。如果德国的愿望真是这样，那就可以说，上述所谓御前会议的计划倒正好与之相符。

但是，所谓御前会议的"重大决定"，也可以说是日本下决心要实行一种伺机而动的政策，静待苏联的崩溃。要证实这种估计，也可以举出几点：①近卫公爵曾对派拉蒙影片公司的门肯（Menken）说，对德国和苏俄承担的义务日本都要履行；②松冈先生曾向苏联大使发表声明；③外相7月4日还与某某某谈过话，想通过这次谈话造成一种印象：日本国内意见普遍一致，三国同盟各成员国之间完全相互信任。这就显然和实际情况相反，使我们对他的话不得不持保留态度。

日本加紧动员

1941 年 7 月 12 日

东京不断有谣传称某几类预备役人员正在被军事当局召集

入伍，但这似乎只不过是目前形势下应有的预防措施。

这是此后持续了几周的大规模动员的最初迹象之一，不久又开始有消息从神户、大连、沈阳和哈尔滨传来，谓大批部队似乎主要是朝满洲方向调动。我们听说，军部正在召集三十五岁至四十二岁的男子，限一两天内报到，有个电车公司一周内就有五十个司机被征召。我们使馆也走了一个厨师副手。大阪报道，预定在本周举行的年度网球赛和其他运动会一律取消，因为有很多学生要坐火车来参加比赛，而火车将移作别用；大阪还报道，局势显得非常沉闷，气氛日见紧张，人们普遍确信将会有事，却只能猜测是什么事。

动员活动已经紧张到不许外国人旅经濑户内海，不许外国人乘火车出入国境，因为这样走就一定要乘坐下关和釜山之间的渡轮。禁令妨碍了正常的交通，给一些想去上海的美国人带来极大不便，他们已经订好了日期要从上海坐船回国。这还不算什么，到 8 月初就更厉害了，驶往美国的日本船只全部停航，连去上海也变得困难，在多数情况下根本去不了。

英国朋友写出了心里话

1941 年 7 月 24 日

有一位之前两三年在东京住过的英国朋友来了一封长信，有几段值得引述，因为写得相当好，而且指出了一个我很早就知道的事实：许多似乎讷于言辞的英国人，天生具有很强的感情和鉴识力，只是由于英国人在气质上偏于抑制，所以往往不肯外露。我想，大概主要是因为他居留日本时与美国人过从甚密，才彻底突破这种自我压抑，才能这样敞开心扉，他走时，我曾到车站去送他。

承蒙您亲赴车站送别，深表感激。我不能让星期四就那样过去，一去不返，因此把感激之情记录下来。

我们敬爱的外交团团长为了几分钟的送别，不辞辛劳，远道而来；何况那天其他的人要去中禅寺，您也要去轻井泽，行前有许多事要忙。您如此看重这次告别，我认为不仅是出自您那令我十分珍视的友情，而且也为了让我得享此等荣幸。

实际上，您拨冗前来，只为赶上和别人一起最后道声再见和一路平安，但这类小事却使友爱、忠诚和敬重的火焰永燃不灭。而有的人却连点燃这种火焰的力量也没有。

与您及其他诸友相处如此愉快，确实难分难舍。终于得归故里，与爱妻及家中亲人团聚，固觉欣慰；但我有幸得到的友情，一旦割舍，即使是暂时的，也令人万分遗憾，黯然神伤。

不过，我深信乌云消散的日子终将到来，尽管我还得流着"血、泪、汗"冲过层层暗堡，披荆斩棘，但我敢肯定，我们当中至少有一些人还是能活下来，将会在某地重聚，再享往日无限幸福的日子。

可是，若在某处再打高尔夫球的时候，发现自己不是作为您的伙伴出现的，我这个幻想仍绝不能算圆满……

两年半以来一直生活在各国籍的朋友的圈子里，他们多半都是同邻居说话也要特别谨慎的类型，今后我不会再过这样的日子了。

我今后的生活将是同另外一些朋友（世界上最优秀的人）在一起，犹如同舟共济；必须万众一心，燃成一股火焰，同怀一个理想，抱定一个目标。

405

我的工作就是要点燃这股火焰。这些朋友的献身精神、互相关心和忠诚不渝的精神（无论什么行业，要成大事，这种精神是必不可少的）将在战争中经受对人类耐久力最严峻的考验。

格鲁先生，您的恩情，我永远也无法报答。

您给了我很多教益。如何才能点燃这股火焰并使之永放光明，我在东京时已经有了一个光辉的榜样和典型，凭此火焰，就将战无不胜、事无不成。

谨向格鲁夫人致以最好的祝愿；谨向您的友情表示最深的谢意。满怀诚挚之心，敬向我亲爱的格鲁先生告别。

再见。

维希政府把印度支那的基地让予日本

1941 年 7 月 25 日

我们现已获悉，维希政府的官方发言人 24 日宣布，日本已提出要求，要在印度支那的战略地点占有基地；谈判正在维希和河内同时进行，日本并未提出最后通牒，德国也未施加压力。该发言人还说，将在 1940 年 8 月 30 日法日协定的范围内做出安排，只要法国对印度支那的主权不变，只要日本不提出领土要求，暂时扩大法日协定也没有什么不可以的。

有个新闻记者问维希政府的发言人：法国曾宣布，它将保卫它的帝国，使其不受任何国家的侵犯。现在这种决定是否与原来的政策不符？他答道：由于叙利亚出了事，法国政府不得不做出这个决定。又问：法国是否曾请求美国帮助维持印度支那的现状？对于这个问题如何回答，发言人显然是有准备的，因为他立刻答道：1940 年法国曾经求助于美国却未能如愿，因此这回觉得不必多此一举了。以前这个发言人碰到难题时，往往推说要请示上级，这次他却没有用这个老办法来回避。

丰田外相说明日本何以决定保护印度支那

1941 年 7 月 25 日

新外务大臣丰田海军大将今天分别接见外交使节。跟我谈话时，他先说，他奉命出任外务大臣实在是出乎意料，对于外交，他是外行，所以期待我的帮助；然后就说，三国同盟将继续有效，日本的政策仍以三国条约为基础。关于政策，他没有再说什么了。

我则说，为了给美日关系做一点永久性的贡献，我一直工作了九年，自然希望与外相合作，把这项工作继续做下去。我说，改善两国关系，不仅对美国来说很重要；对日本来说，也有益无害。不过我又说，必须记住，友谊不是单行道。

我这么说，外相表示感谢，保证给予合作。他说，今天与各国使节会见完毕后，就将立即和我长谈。

当晚 9 点半，我应邀拜访新任外务大臣，再次会谈。他说，明天中午日本政府将发表正式声明，宣布与维希政府达成的关于日军计划进入印度支那的协议，但鉴于美国关心此事，他想事先向我说明一下这次行动的理由和意图。丰田将军随即交给我一份日文文件，外带一份非正式的英译本。

看过文件后，我表示：我将立即把此件转交我国政府，但同时我还想告诉外相，我将把我国代理国务卿昨天曾对报界发表的一篇声明交给外相；我这样做，对日方文件中的某几点来

407

说可能已是最好的回答。接着我便把今天电台选播的声明中的几段念给外相听，并说明天就送给他全文。

在接下来的讨论中，我又着重说明了威尔斯先生声明中重要的几点。我说，指责别人"包围"日本，说什么日本的行动是旨在"保卫印度支那，维护其安全"，都是十足的谬论。我还说，我注意到了日方文件中"日本无意将印度支那南部变为武装进攻毗邻地区的基地"的这句话，感到很高兴；但是，就日本历届外相的诺言和保证而言，我国政府和我本人几年来领教了很多，其虚伪性已令我们大失所望，导致我们只有相信事实和行动而不能相信言辞。外相没有试图反驳这个声明，只是恳求我信任他。

在接下去的谈话中，我历数了日本"南进"的各个步骤，直至如今又要占领印度支那南部的基地，从而危及包括菲律宾群岛在内的太平洋其他地区。这次行动肯定会对新加坡和荷属东印度群岛构成威胁，我国关心这些地区的安全是出于合乎实际、合乎逻辑的理由。这些我都详尽阐述过了。

外相没有试图反驳我的论点，只是重述日本拟进军印度支那是志在和平，不同意我们使用"占领"一词，因为日本并无领土野心。我答道，"占领"一词的意思无关时间长短。

谈话结束时，外相热情向我呼吁，希望我尽最大努力转告我国政府：日本抱持和平目的；最要紧的是，在此关键时刻，不要采取刺激日本人民和妨碍改善日美关系的措施。他说，他将把我们的谈话内容告知野村将军。

美国冻结资产令——适用于日本和中国

下面是一项声明的内容，注明的日期是 1941 年 7 月 26

日，发给报界的时间是 7 月 25 日晚 8 点。

　　总统因考虑到他已宣布国家处于无限期紧急状态，特颁布行政命令：冻结日本在美国的资产，方式与 1941 年 6 月 14 日冻结欧洲各国的资产相同。此项措施是要把涉及日本利益的一切财政和进出口贸易事务置于政府管制之下，并对违犯此令者处以刑罚。此项行政命令，一如 1941 年 6 月 14 日命令，其目的主要在于防止利用美国的财政金融设备和日美间的贸易来危害美国的国防和利益，防止把用强迫手段或征服得来的资产在美国变换现金，制止在美国进行的颠覆活动。

　　应蒋介石大元帅的要求，并为援助中国政府起见，总统同时也已将中国在美国的资产纳入冻结管制之列。对中国资产实行许可证制度，将以加强中国政府的外贸和外汇地位为目的。按中国政府的意愿把中国包括在此项行政命令之内，乃是本政府援华政策的继续。

我们从完全可靠方面获悉，日本新内阁成立后不久，德国大使就去见了外相，请他转告首相，大意是：①德国在俄国的战争将在 8 月间胜利结束；②英国将在 9 月间迎来德国入侵；③冬天以前德国将大获全胜，从而结束战争。日本受到劝告，在这种形势下，它应当继续忠于轴心国盟约。

提供消息的这个人还说，德国也希望除掉松冈，不仅因为他要对与苏俄签订中立条约负责，而且因为他说得太多；又称德国希望日本入侵苏俄，而不是要它继续"南进"。

日本新外相为何睡不着觉

1941 年 7 月 26 日

应外务大臣的邀请，今天再去见他，详细讨论日本在印支南部建立基地及美国冻结日本在美资产（已传有此行动）后的新形势。由于两人对所论问题的看法大相径庭，结果毫无共识，谈话主要是重述昨晚会谈中都已提过的意见。

这次刚要来见外相的时候，恰好接到关于代理国务卿和日本大使会谈的报道。因此我便把其中的内容告诉了丰田将军，希望他准确知道代理国务卿对野村将军讲的话。代理国务卿曾说，他看不出现在还有什么把华盛顿会谈①继续下去的基础，外相特别注意这句话，要弄清楚准确的含义。他请我解释。我告诉他，我们只能按字面的意思来领会这句话。外相很怕华盛顿会谈破裂，其焦虑之情溢于言表。我有理由相信，就在我们会晤之前天皇接见过他，所以我觉得，他很可能是在反映天皇对此事的关切。

丰田将军告诉我，代理国务卿对日本大使说德国曾对法国政府施加压力，他对这话尤其感到遗憾，并称日本同法国政府就印支问题进行谈判时，绝没有借助过任何外来的压力。

跟对付英国大使一样，丰田将军竭力拿英国对叙利亚采取的措施②来同日本对印度支那的行动相比，但我在回答时强调这两件事截然不同。

---

① 指从 1941 年 4 月起，美国国务卿赫尔和日本驻美大使野村吉三郎在华盛顿围绕"美日妥协"与"中国问题"进行的一系列会谈。
② 1941 年 6 月英国为了保障中东殖民地的安全，主动出兵占领了当时仍在法国维希政府统治下的叙利亚。

丰田将军反复念叨，美日间目前这种可悲的局面全是美方误解日本的真意所致。对此我答道，日本官员和报刊已经摆弄这个毫无根据的论断很多年，我们都听腻了。为了说明日本的真意，之前几届日本政府都做过保证、许过诺言，结果如何呢？我便扼要重述了许多惨痛教训。我又说明了美国政府和人民为什么终于无法相信日本关于所谓"真意"的保证和解释。

外相显得非常关切地问道，除冻结日本在美国的资产而外，美国政府是否还打算采取更多的报复措施。我答道，我的办公室还没有接到任何消息。

丰田将军告诉我，这几夜他几乎睡不着觉。这样看来，由于事态变化，他确实很懊丧，一上台做外务大臣就碰到现在这种局势，尤为苦恼。我详细回顾了多年来我为把日美关系构筑在健全持久的基础上而做出的努力，特别讲到米内内阁时期所做的努力，还由此提到野村将军最近在华盛顿为这个目的所做的工作。

我说，我不想在失败主义的气氛中结束这次谈话，说完便竭力敦促他，希望他尽最大努力防止美日关系进一步恶化。如果日本在太平洋地区再有任何侵略行动，美日关系就必然会进一步恶化。

东京有不少朋友都问我，丰田将军明知日本即将在法属印度支那有所行动，也预见到由此而产生的后果必须由他去应付，为什么还是接受了外相的差事？在我个人看来，和大多数日本官员一样，丰田将军也报有一个明显的信念，即美国不会采取报复措施；因此美国一冻结日本资产，针对日本进军印度支那一事采取反击，他们就感到突然。我不清楚日本这样错误估计美国的政策，是由于日本驻美官员不能正确掌握美国的舆论，还是由于他们的汇报不能在这方面说服日本政府。无论哪次和日本政府打交道，我都竭尽全力试图矫正这种错误估计。不过，日本对最近的事态发展感到突然和严重关切，我确信是真的。美国政府的行动已引发强烈的愤恨，我相信也是真的。

日美和好闪现一线希望

1941 年 7 月 27 日

本周日早晨，代理国务卿来了一封极重要的电报，转达了一个同样重要的建议①。这个建议是总统向野村将军提出来的，是为了稳定整个远东局势，避免日美关系急剧恶化，而恶化直接源于日本在世界这个地区的侵略政策和行动。建议的内容属于绝密性质，所以我现在不想记录其细节，但这些细节的确给日本提供了一条合理的出路，使它可以摆脱它所谓的困境和所谓正在威胁其安全的 ABCD 四强②对它的包围。

看电报时，我额手称庆，幸而留在东京，没有去轻井泽。因为据我看，极重要的是，不仅应当立刻弄清楚丰田将军是否已经完全明白了这个建议的全部要旨，而且应当尽量发挥我的影响力，使其能够被接受。我在日记里说过，今夏我没有回国，是因为预计有朝一日可以发挥我的影响力，我认为现在恰恰就是当时所预想的那种时刻。因此我马上打电话到外相私邸，虽是星期日的早晨，但也请求约见。上午 11 点半，在官

412

① 1941 年 7 月 24 日，美国总统罗斯福接见日本大使野村时提出：由美、英、中、荷四国发表联合声明，宣布印度支那为中立区，如果日本政府同意这个建议并撤出该区域，那么日本有可能自由地从美国等国获得所需的原料和粮食。

② 指美、英、中、荷四国。ABCD 是四国英文名字的首字母。

邸见到了外相，我自己做主、自己负责，在长谈中尽力提出最强烈的呼吁，也可以说是做了我从未做过的最强硬的陈述。

我把这次行动告诉了国务院，并表示我确实越权了，但经过深思，考虑到三点，我觉得这样做是对的：①最重要的是，应当让丰田将军完整、准确地了解总统的建议；②时间因素也很重要，时间不允许我预先请国务院授权；③我相信，总统一定希望我们想尽办法，确保他的建议能得到最大限度的重视，确保日本政府能充分认识到它的深远而开明的要旨，因为太平洋未来的和平也许就系于日本是否接受此项建议。使我惊讶的是，丰田将军竟说他没有收到这份三天前即 24 日就已送交野村将军的总统建议。他走开约五分钟，显然是去打电话问外务省，回来后又说确实没有收到。两天后，我们从外务省美洲局局长寺崎处获悉，野村将军在同总统会谈那天只是给东京发了一封非常简短的电报。我和丰田谈过后，寺崎旋即通知野村，叫他立刻呈送一份详尽的报告来。

两天后，收到萨姆纳·威尔斯来讯，颇感欣慰。他说，在这个时刻，我的行动有极大的助益和价值，总统和他本人都表示赞同。我不能说结果一定圆满。我极度乐观，但会谈时我曾告诉丰田将军，他现在得到了一个可以大显才略的良机，一条可以扭转他上台时遇到的险恶局势的途径。实际上，我还说，他现正碰到一个机会，可以使他成为日本最伟大政治家之一而名垂青史。无论日本接不接受总统的这一提议，从历史的观点来看，此举其实已将美国置于无懈可击的地位，总有一天其完整经过会被载入史册。如果日本人不能利用这个机会，在历史上他们就将处于不值得羡慕的地位。30 日我再电国务院，又就上述问题提了一些建议。

413   在最近与丰田将军的几次谈话中，我觉得意味深长的是，真让他激动的唯有一件事：我说到我国有人认为，日本奉行目前这样的政策应归咎于德国的压力；每次我一提起，他就断然否认德国现在还能对日本施加任何影响。顺便一提，以前有个同僚告诉过我，松冈曾电询里宾特洛甫，据传德国即将进攻苏俄，此说有无根据？里宾特洛甫断然否认，而四十八小时后，德国就入侵苏俄了。松冈本人证实过这个故事。这再次充分表明，日本人正越来越厌恶德国人，后者显然和往常一样，手段又玩得太过火了。

日美距战争只有八码远

1941 年 7 月 31 日

在印支危机当头的时候，我看日本人真是愚不可及，竟让他们的海军航空兵向停泊在重庆的美船"图图伊拉号"（Tutuila）投了一颗炸弹，险些闯下大祸。我最担心就是这种事件，这话我对松冈讲过。所幸，炸弹距"图图伊拉号"约有八码远而未击中，但船身受损，而且另一颗炸弹又险些击中美国驻华使馆。只是由于奇迹降临，才免于灾祸。若说是事出偶然，我看是无法令人相信的：有三位美国官员曾在能俯瞰该船的山上目睹此事；天气理想；轰炸机在接近城市的一万五千英尺的高处离开编队，改变航向，直冲到"图图伊拉号"和大使馆的顶上。美国官员一致认为，这是蓄意轰炸使馆区和"图图伊拉号"，只差一秒的几分之一就击中目标了。

我还来不及做什么，外务省代理次官山本就在上午 11 点来到了使馆办公室，代表日本政府深表歉意。后来我被告知，外相本人打算下午 2 点到使馆来见我；后又改到 2 点半；最后通知，2点半外相正与首相会晤，丰田将军觉得最好还是我在 2 点 45 分去见他，我去了。我不知道外相为什么要改变计划。不过，他也道了歉，并要我相信事件纯属偶然。对此，我公开提出异议。

后来野村将军秘密地告诉萨姆纳·威尔斯，为免将来发生类似事件，日本人将停止空袭重庆，这次事件就此了结。日本人又玩了一次火。

另值得一提的是，美国新闻记者将有关这次事件的报道发回美国时，曾遭到审查员的阻挠，电话、电报均不许使用。当天我和一名日本高级官员商谈了几次，我提醒他："帕奈号"事件发生时，广田马上就来使馆见我，而我也在五分钟之内就把广田此举通过美国记者电告美国，正是这样才使美国的民愤平息下来。因此，现在就应当立刻让记者传送消息，以便把山本来访及迅即道歉一事报道出去。我认为此点极其重要。这位官员尽力去做工作，但又和审查员发生一连串误会，直到傍晚才把电讯渠道打通，为时已晚，恐怕已经赶不上美国东部晨报的前几版了。有些记者趁着线路开放时发了消息，但五分钟后审查员又把线路关了，有个通讯员就没能发出电讯。不过，这位日本官员还是很能干，电波虽已转到南美洲，但下午 4 点左右又拨回美国几分钟，让这个美国通信员将报道发出。

关于日本某些内部弱点的内幕消息

1941 年 8 月 7 日

有个日本人最近和我的一个馆员谈话时发表了一些十分有趣的意见，此人我很熟悉，从他的地位和无可怀疑的诚实来看，可以肯定，他所说的事是他确实了解的，其要点如下。

日本驻美大使馆的人员能力不济，野村将军本人虽是干才，但他手下没有第一流的参谋。在东京，政府中许多年轻官员虽有强烈的反美情绪，近卫公爵却能起稳定作用，调整美日关系的唯一希望就寄托在他的身上。

近卫公爵知道我很想多和他谈谈，就如总统常和野村将军叙谈那样，但就怕泄露和张扬，所以没有来请我。他还暗示，我馆呈送华盛顿的报告当然都会被日本当局侦悉，虽然他知道我们确实有"一种密码"（很有意思，但若使用他所说的这种密码，我觉得还是绝对保险的）。

有一位住在柏林的日本线人最近来电话说，日本如果有人认为德国在苏俄的攻势并非即将取得全胜，那就是胡说。恰恰相反，攻势正完全按计划进行，这个在柏林的日本人觉得奇怪，为什么日本还迟迟不进攻苏俄。在东京接电话的这位先生只答道："你才是胡说呢。"

从美英的观点来看，要是松冈组阁，身兼首相和外相，那才是日本史上最危险的内阁。这个报信人证实了我们对最近内阁改组的解释。他说，这次内阁改组让德国人和日本驻德大使大岛将军都不高兴，自新内阁成立以来，大岛几乎一封电报也没有来过。

此人相信，丰田将军觉得在这个时候如果和我再谈几次可能会很有助益，希望能有机会和我加强联系。

从日本看大西洋会议

1941 年 8 月 14 日

416　今天听到罗斯福和丘吉尔在大西洋某地举行了历史性会

议，发表美英关于战争与和平目标的八条宣言①，关于这条消息，《日本时报和广告报》只用小标题登了一栏，而新近出版的德国战报则横跨三四栏。罗斯福政府的反对派当然会把宣言看作承担了各种各样的义务而使美国卷入欧洲事务，但我认为不论将来发生什么情况，历史都将把这次会议及其结果视为威尔逊总统宣布"十四点"② 以来最开明的措施之一。

这些年来，人性也许并没有多大改变，但通过稍嫌惨痛的经验，人们无论如何也学到了一点东西。我敢相信，现在人们决不会再容许政客们将罗斯福和丘吉尔宣布的这种深谋远虑的计划毁掉。要实现这样一个计划，需要较长时间，甚至很长时间，但在这个时刻把它宣布出来，我认为是一个表现雄才大略的行动。轴心国肯定又要骂上一阵，但无论它们如何咆哮，这个行动总会占上风的，并预先就打破希特勒想在适当时候表示和平姿态的希望。我很久都没有像今天这样高兴了，和往常一样，我为我们国家及其当前的作为感到无比自豪。

丰田将军的和平建议

1941 年 8 月 18 日

外相今天下午约见我，进行了我与外交当局谈话以来最长的一次谈话。谈了两个半小时，译电室的职员直到次日清晨 5

---

① 即《大西洋宪章》。1941 年 8 月，美国总统罗斯福和英国首相丘吉尔在大西洋的纽芬兰海面上举行会谈，双方一致表示：反对与人民自由表达的愿望不相符合的领土变更，尊重各国人民的主权，摧毁纳粹暴政，解除侵略国武装。

② 一战结束后，美国总统威尔逊提出了十四点和平原则，即废除秘密外交、民族自决、建立国际联盟维持大国和平等主张。

点 35 分才译完我的汇报，我自己则一直写汇报写到午夜后很久。

这天真是酷热难当。我记录他话的时候汗如雨下，所以一小时后丰田将军便命人送来冷饮，提供冷毛巾来擦汗。他做出宽衣的姿势，以笑问的样子看看我。我当然点头，于是两人都脱去外衣，卷起袖子，打起精神来接着谈。外相的英语还过得去，我说的他都听得懂，不需要翻译，但他总是叫外务省美洲局的稻垣坐在旁边，在谈话进入"正式"阶段后把他的话翻成英语。

今天的谈话太重要了，所以我把他的话全都记下来，约有十二页之多。记完时，手几乎都抽筋了。他是一个通情达理的人，在我接触过的外相中，我比较喜欢他。我们的私人关系很好。今天，在我们拿冷毛巾擦汗时，我说："将军，您曾经时常站在战舰的舰桥上，看见过持续数日的暴风雨，但自接掌外务省以来，却遇到了一场冗长、持续不断的风暴，没有片刻宁息。你我都必须尽可能去平息怒涛。"外相纵情大笑，我想他定会把这几句话拿到内阁会议上去说，但他没有利用这个机会，却还我一句："好，可是如果美国停止向日本输出石油，我们又如何去平息呢？"

这次谈话开始于今天下午 4 点，丰田将军口述意见、从日语译成英语，我又把它记下来，共花了两个半小时。为解决当前日美间的危局，他提出了一个极其重要的建议。他还说，最要紧的是不能泄露出去，尤其不能让德国人和意大利人知道。他希望我向华盛顿汇报时提防别人看到我的电报。我说，电报将用密码发送。我希望并相信这套密码是破译不了的。至于我这里，只有杜曼先生和我的机要秘书阿诺德女士——她要誊录这次谈话——将会知道这个建议的内容。得到这样保证以后，

417

外相似乎相当疲惫……

外相开头说，这将是一次绝密的长谈，要谈的问题非常重要，希望我合作。他说，他将作为海军军官而非职业外交家和我坦率交谈。我答道，自己也讨厌旧世界的那种外交，也是习惯于极坦率地、直截了当地讲话。下面就是丰田将军讲话要点的意译。

418

（1）根据《日法共同防卫印度支那协定》而派日军进驻印度支那，是一个和平的和掩护性的行动，目的在于解决中国事变。这是日本主动采取的、独立自主的行动，德国或任何其他方面都没有施过压力。

（2）尽管已经请我转达，同时还命令野村将军传达过上述保证，美国还是认定日本在德国的唆使下运用武力，并采取了经济措施（指美国冻结资产令的措施），已把两国推到了完全断绝经济关系的边缘，给美日和平关系的悠久历史留下了很大的污点。

（3）外相说，日本人民与他有同样看法。公众舆论极为愤慨，但政府仍禁止贴标语、开大会、发表带敌意的报刊评论，尽量抑制人民的愤慨情绪。

（4）日本政府对总统 7 月 24 日建议的答复已直送华盛顿。赫尔国务卿 8 月 6 日回到华盛顿时，野村大使已将答复交给了他。答复是经过仔细全面考虑后草拟的，希望尽量满足美国政府的愿望。

（5）日方答复中有约束两国政府的重要建议，即中国事变一旦解决，日军就撤出印度支那；答复中有约束各方政党的三点建议。

（6）不过，总统的建议毕竟是专论印支联防措施的，因此日本的答复也相应地只限于这个问题。应当单独地对待日方的答复，不要同赫尔国务卿与野村将军已在讨论的两国关系的宏观问题牵扯在一起。

（7）8月8日，野村将军从赫尔国务卿处接到了美方对日方建议的答复，其中只是重复总统 7 月 24 日建议的内容，野村将军对此感到遗憾。日方曾慎重考虑总统的建议，美方却对这些建议太不重视了。

（8）换言之，日本政府虽已明确表达其意图，一旦中国事变解决，日军就立即撤出印度支那，因为中国事变是远东和平的障碍；但美方的建议看来仍是以日军撤出印度支那作为先决条件。

（9）如果美国真想在远东实现和平，日本政府就希望它充分考虑日本政府的声明，与日本合作，解决作为远东和平障碍的中国事变。

（10）正如大使所深知的那样，本届和上届近卫内阁都曾以最诚恳的态度希望调整日美关系。外相还深信，罗斯福总统及赫尔国务卿无疑同样有此愿望。

（11）丰田将军担心，两国和平关系破裂将是一件极惨痛的事。日本和美国，作为在当前世界情势下对维持世界和平举足轻重的最后两个国家，若不能运用政治家的才略，就会使本已糟糕的世界情势变得不堪设想。这将会给人类历史留下最大的污点，未来的历史学家将无法了解破裂的本质。最后，我们作为政治家，如果容许这种情况发生，那就意味着我们未能对两国人民尽到责任。

（12）外相认为，日本和美国都必须在当前危机中尽力承担世界救星的责任。因此，这两个隔着太平洋相望的大国必须在平等的基础上，在冷静、友好的气氛中考虑它们的问题。

（13）外相不得不承认这样一个事实：尽管有上述那些道理，由于两国间发生的误会，加上第三国的阴谋，目前的美日关系已变得十分紧张，若不设法改善事态，局势就可能极为危急。

（14）外相认为，要克服这场危机，唯一的办法就只有使两国负责人当面会谈，彼此表明真意，着眼于挽救危局，寻求拯救人类和促进世界和平的方法及手段。

（15）换言之，外相认为，如果两国领导人能在上述精神的激励下，从大局出发，为调整美日关系而开诚布公地交流，那将是非常合适的。因此他深信，最为合适的是：如果总统同意的话，近卫公爵将前往檀香山，亲自与罗斯福总统会谈。丰田已于 8 月 7 日将此意告知野村将军。他想叫野村将军在罗斯福总统回到华盛顿时就亲自去见他。

（16）据新闻报道，总统已于昨日返抵华盛顿。因事关重大，所以外相才跟我讲这些话，他希望得到我的合作。

（17）外相想到我曾为增进美日友好关系竭诚尽力，持续九年之久，就坚信我肯定会给予合作。

（18）毋庸多言，首相出国访问，在日本是史无前例的。然而，近卫公爵这个首相下了很大决心，要去会见总统，尽管他明知道国内有很多人反对。近卫公爵的这个决定无非是表现出一种极强烈的愿望，要尽一切努力拯救世界文明，使其免遭毁灭，并维护太平洋的和平。外相坚信，总统必有同样的想法，定能同意日本政府的这个建议。

（19）首相与总统会谈时，若双方领导人均表现出高度的政治家风范、高瞻远瞩，那么日本并不会拘泥于 8 月 6 日野村将军送去的日方对总统 7 月 24 日建议的答复，坚信极有可能就日美关系的一般问题达成公平合理的协议。关于此事，外相希望我注意：千万不要在两国和国外引起误解或造成一种印象，以为日本政府与美国政府谈判是因为受到美国的压力。据此，外相认为，最好莫过于立即停止执行那些对日本施加经济压力的措施，或大大减轻其程度，日本政府当然也愿意采取与之相对应的行动。外相希望美国政府注意到这一点。

（20）上述各点，就是这个极其重要、绝对机密的建议内容，外相今天特别约见我也就是为了这件事。由于事关重大，性质微妙，万一泄露，后果不堪设想，所以不言而喻需要绝对保密。正是出于这个原因，迄今为止，他只命野村一人在美国讨论和办理此事，但为使建议得到实现，他才愿意十分坦率地向我交底，目的是要取得我的帮助与合作。如果建议中有什么问题，他很乐意与我商讨。

在外相讲前几段话的时候，即还没有说到提议檀香山会谈的时候，我曾提到日本的逐步"南进"。我指出，尽管获得过许多关于和平的保证，美国政府仍旧只能依据事实和日本的行动而不能依据言辞。我还注意到，上次谈话时，外相曾说，日军之所以进驻印度支那，是因为日本有受到美英等国包围的危险，现在他却只把解决中国事件当作此事的动因。对于这些评语，外相默不作答。

我还对他重述了 7 月 23 日副国务卿向日本大使发表的声明，大意是赫尔先生看不出现在还有什么把国务卿和野村将军在华盛顿的会谈继续下去的基础。我又说到 8 月 8 日赫尔先生对野村将军讲的话，其大意是在美国政府看来，8 月

6 日日本大使交给国务院的建议并没有响应总统 7 月 24 日提出的建议。

据传满洲发生中国人骚动

1941 年 8 月 20 日

我们从可靠方面获悉，满洲骚动四起，严重的动乱正在中国人当中迅速蔓延。动乱的原因是：经济困难；政府为修筑边防工事而蛮横地征召所有行业的工人当兵，连必不可少的煤矿工人也无法幸免；预计终将与苏俄打仗；中国人对日本人的憎恨愈加强烈。游击队越来越多，夺取农村的粮食和物资，对治安的影响已相当严重。如果同俄国打起来，估计这个运动还会达到革命的规模。连"满洲国"的军队也受到骚动的影响，正准备一有机会就发动兵变，日本人也都知道这一切。

1941 年 8 月 22 日

大连领事馆送来报告，近几周来自各方面的情报都说有迹象表明，在满洲的日本人对东京政府的外交政策和经济政策日益不满。税负日增，管制日严，很多日本人都感到厌恶，不惜设法逃税和规避各种禁令。要是在一年前，这种行为会被视为不爱国。当地的预备役军人也常常表示极不愿意被征入伍。政府的政策正在军事上、财政上给国家套上艰巨的任务，人们极度悲观，认为这些是难以承受的。据传已经有几个人自杀了。毫无疑问，当地日本人的士气和爱国心在过去一年显已低落，包括官吏在内，很多人都对政府的现行政策反感。

422

石油禁运和资产冻结对日本产生了影响

1941 年 8 月 29 日

美洲局局长寺崎先生今天下午 3 点前打电话告诉我，外相虽曾计划 3 点约见我，但鉴于事态又有发展，他担心这种会晤将会惹人注意。因此他改请寺崎先生代表他把外务省的信息送来。于是，寺崎先生来到大使馆，代表外相把日本首相致总统函的文本交给我，供我参考。此信已由野村将军于 8 月 28 日在华盛顿递交。

寺崎先生的来访是代替我去见外相，因为日本报界已从华盛顿知道了日本首相致函总统一事，消息既已以这种形式传到了日本，政府也就不可能再对日本公众隐瞒。

寺崎先生代表外相说话，详述了华盛顿方面宣扬此事①后的恶劣影响。报道虽然没有透露首相致总统函的内容，但确已向日本公众、亲轴心国分子及极端分子透露了一点：在美国政府最近采取步步进逼的措施而引发日本举国愤慨的时节，近卫公爵却主动采取了明显的求和行为。美国的进逼措施包括先明令冻结日本在美国的资产，后来又宣布运油给苏联的美国油船已从加州各港启航，还决定向蒋介石派遣由马格鲁德（Magrude）将军率领的军事代表团。寺崎先生指出，泄露首相的信的结果只能是直接有利于日本的极端分子和亲轴心国分子。这不仅使政府今后很难再采取和解性的行动，而且大大增加了近卫公爵受刺的可能性。他还说，今天下午警视总监就曾

---

① 指野村吉三在走出白宫时向美国报界宣布他刚才向总统递交了一封日本首相的亲笔信。——作者注

暗示，首相的生命危险增大了。

寺崎先生向我传达了丰田将军的呼吁，要我请我国政府采取下列三个步骤，否则近卫公爵促进美日谅解的努力恐怕就会遇到严重障碍。

（1）美日两国政府首脑的会晤应当立即举行。若再迟延，就会给反对与美国进行任何和解尝试的分子提供机会，使他们能够组织党羽，向日本公众传播一种观点：近卫公爵正屈服于美国的压力，不顾公众将美国措施视为挑衅，竟谋求与美国达成谅解，这是在丢日本的脸。

（2）美国政府应暂缓派油船赴苏联，至少也要等到拟议中的总统与首相会谈有了结果之后。寺崎先生说，外相认为对于油船问题，群情激愤，情况确实危险，并非夸大其词。关于油船的事，他还说据日本当局得到的情报，有五艘开往海参崴的美国油船已经穿过了津轻海峡和宗谷海峡。

（3）在拟议中的两国政府首脑会谈期间，美国政府先应暂停执行冻结日本在美资产的法令。

寺崎先生又代表外相向我着重指出，日本政府已与美国政府坦诚相见，已向美国保证：中国事变一旦解决，现驻法属印度支那的日军就会撤退；驻印支日军不再在该地区采取进一步行动；只要苏联信守中立条约的文字和精神，日本也将遵守这个条约。他还说明，这些都是目前日本政府所能做出的最大限度的保证和承诺。日本政府既已尽其所能做了这些保证，外相认为美国政府方面也应尽最大努力，做到上述三点，协助首相贯彻其现行方针。由于美国方面的泄密，这个方针现正面临极大的困难和危险。

寺崎先生说，外相是在向我呼吁，希望我向总统和国务卿充分说明首相的处境，恳求美国政府不要从法理而要从心理的观点来对待日方所提出的让步。

寺崎先生说完上述要点后，我首先把刚收到的国务院 8 月 28 日来电第一段的实质内容告诉他，阐明国务卿对日本政府就运油给苏联提出异议一事的看法。我趁机强调，国务卿在这个问题上所持的立场是符合逻辑的，有强大的说服力。为了使日本大使关于他最近在华盛顿谈话的报告不致被曲解，我还向寺崎先生口述了国务院通报这些会谈的电报的内容。

谈到相互冻结资产的现行规章时，我再次向寺崎先生强调：美国执行冻结法规时对待日本侨民是很宽大的，和日本对美国公民及美国利益那种苛酷的待遇大不相同。寺崎先生在答话中只是重申外相的要求：这类问题应当从在日本人心理上会产生什么影响来考虑，因为在两国关系紧张的这一时期，心理上的影响特别强烈。于是我又请寺崎先生注意，日本报刊的反美情绪正在高涨，对此寺崎先生答道，他可以极机密地告诉我，管宣传事务的内阁情报局的某些人员抱有明显的亲轴心国情绪，日本政府感到这个问题真是难以应对。

与寺崎先生讨论到上述外相提出的三点时，我没有让他抱什么幻想，无论是第二点还是第三点，美国政府绝不可能同意里面那些荒谬的要求。

与近卫公爵餐叙

1941 年 9 月 6 日

今晚首相邀我以朋友身份赴私邸餐叙。在座的只有杜曼先生和首相的私人秘书牛场先生。谈话三小时，极坦率地论述了两国的基本观点。首相请求把他的话以私人信函的方式转告总统，相信这些话可以解释和阐明他命野村将军在华盛顿通过外交途径所提的建议。

近卫公爵，即日本政府，明确地、全心全意地同意以国务院宣布的四项原则①作为改善美日关系的基础。

近卫公爵承认，两国关系沦落到现在这样可悲的地步，他确实要负责。他也认为虽然自认能力有限，但也只有他能够促成两国关系得到恢复，不负各方的期望。他若失败，以后就没有哪个首相至少在他在世期间能办得成这件事了。所以他才下了决心，顶住一切反对势力，一定要不遗余力地推进他现在的计划。

首相希望，丰田将军向我传达的、日本政府准备承担义务一事，已经为总统和他本人的会谈打下了一个合理的基础。不过，首相也已意识到有几点恐怕还需要澄清并进一步做精准的说明。他有信心，双方的意见分歧定能得到彼此都满意的圆满解决，特别是因为日本海陆两军的首领都抱有善意，不仅赞成他的建议，而且将列席计划中的会谈。首相还讲明，对于他向美国提出的建议，陆海军两大臣都曾表示完全赞同。

从日本大使向首相汇报的大使与美国总统及国务卿会谈的情况来看，首相觉得，美国政府对日本现内阁的力量十分怀疑；它无法确定内阁若采用和平计划，是否能够挡得住反对派的攻击。近卫公爵告诉我，自从在华盛顿举行非正式会谈以来，他自始即得到陆海两军负责人的大力协助。就在今天，他

① 第一，尊重各国的领土完整和主权；第二，拥护不干涉他国内政的原则；第三，拥护机会均等，包括商业机会均等的原则；第四，除可能用和平手段改变的情况外，不得改变太平洋的现状。——作者注

刚和陆军大臣议妥，陆相已答应派一位大将随同首相去和总统会晤；海相也同意派一位海军大将跟首相同去。近卫公爵还秘密表示，他估计海军方面的代表很可能是前海军大臣吉田将军。另外还将有参谋次长、军令部次长及其他陆海军高级将校随行，这些人都是与他志同道合的。他承认，军部中是有人不赞成他的政策，但是他确信，既然有陆海军负责人的充分支持，那些人即使兴风作浪，他也可以制服他们。

近卫公爵反复强调：最重要的因素是时间。制定出全面解决方案的一切细节也许需要一年半载；由于日本国内对来自国外的经济压力的愤慨情绪正不断增长，一年半载后是否还能执行这类和解计划，他就不敢担保了。不过，他确能保证在目前这个时刻，他可以带领日本人民走向他所选择的目标，在拟订他可能承担义务的细节时，如果遇到困难，这些困难也可以被顺利克服，因为他的政府已下定决心，不完成它现在的努力誓不罢休。

在讨论过程中，我概述了我国政府以往的惨痛教训：历届外相都曾信誓旦旦向我许下承诺，但日本政府均未能兑现。结果美国政府终于得出结论：不能信赖日本的诺言和保证，只能看行动和事实。首相没有试图反驳这话，他只是强调他的政府现在希望实现美日关系的彻底重建。他向我保证，他将承担的义务绝不会像以前我们得到的那些"不负责任的"保证那样，他不许诺则已，一旦许诺就言出必行。首相说完这一点后，我明白了，他的意思是只要有成事之愿就总能找到办法。

近卫公爵说，如果总统有什么机密建议想向他个人传达，他很愿意另做安排，与我秘密会晤。不过，他仍表示，切望能尽早安排拟议中的和总统的会晤，考虑到日本国内的现状，自是越快越好。近卫公爵相信，一切问题和悬案一定能在与总统的会谈中得到彼此满意的圆满解决，并以此结束了今天的会谈。他决心顺利完成重建日美关系的计划，不惜代价，已将个人安危置之度外。

大使馆参赞与近卫私人秘书的谈话

1941 年 9 月 18 日

我馆参赞尤金·杜曼与日本首相近卫公爵的私人秘书牛场友彦谈过一次话，下面是他今天送来的报告：

> 牛场先生昨天下午打电话到我家，问我可否让他立刻来访。我对他说，我因感冒已卧病在床，若他不怕传染，我也愿意跟他谈一会儿。下午 5 点多，牛场先生来了，到将近 7 点才走。
>
> 牛场先生问，大使关于最近与首相会谈的汇报是否已得到华盛顿的批示。我答道，国务卿已发来电报，对近卫公爵的态度和见解表示赞赏。然而，野村将军于 9 月 4 日向国务院提交的一份文件却把事情打乱了，所以大使认为他没有足够材料来要求再次会见首相。
>
> 牛场先生说，关于野村将军的行动，格鲁先生已告诉丰田将军。内阁听到以后，深感不安。他说，野村将军是收到过近卫公爵的一份草案，那是回答美国 6 月 21 日草案的，但因当时日本发生内阁危机，野村将军就没有把文件送去。他另外写了一封短信给国务卿，这封信毫无补益。牛场先生推断，野村 9 月 4 日送去的文件并不是得自东京的那份草案，因为日本政府的基本观念之一就是想通过总统居中斡旋，在日本和中国之间打开一条通道，而野

429

村将军 9 月 4 日的文件却显然没有提到请总统斡旋之事。

我便向牛场先生解释道，华盛顿难以准确解读日本政府立场（例如 9 月 4 日的文件）的原因不止一个。我希望我们正在解开缠到一起的一团乱麻。不过，为弄清问题又浪费了一周多的时间，这也不是我们的过错。

牛场先生以惊人的坦率说道，他绝没有责怪美国政府的意思，在决定美日两国政府首脑会晤这样重大的行动前，美国当然先要准确了解日方的目的与意图。归根结底，问题的症结在中国。他认为，日本政府早已很清楚地表示它愿意维持中国"门户开放"的原则，但迄今为止它还没有明确提示过为解决中日冲突它将向中国提什么条件。华盛顿会谈已经拖了几个月，国务卿也已一再明示，在预先知道日本的议和条件之前，他不打算让美国政府在任何决定中承担义务，而且条件要符合他为调整两国关系所提出的那些原则。如此，他才会满意。

牛场先生建议，美国政府应要求日本政府透露议和条件。因为他可以向我保证，对于任何这样的要求，日本政府都会立即答复。我说，我并不明白他的意见：正如牛场先生自己所讲的，美国早已表示过希望知道日本议和条件的性质；在我方 6 月 21 日草案的第三节中，我们曾插进一个短语，目的就是想暗示：日本政府本来应该先将议和条件通知美国政府，这样总统才好去跟中国政府交涉。因此我断定，我方之所以终未得到通知，是因为日本政府不肯向我们透露议和条件。

牛场先生说，他不十分清楚是什么造成目前这种情况，但他可以向我保证，日本政府非常乐意把议和条件告知总统，并由总统转告中国政府和其他有关的各国政府。讨论后，两人认为，最好是日本方面采取主动，将议和条件通知美国。牛场先生将向近卫公爵建议，由近卫将条件告知格鲁先生，以进一步证明日本政府抱有诚意，有与美国政府开启正式谈判的意图。我们还同意，如果近卫公爵觉得可以由美方采取主动态度的话，那就由格鲁先生向近卫公爵表示，希望知道日方议和条件的性质。

后来我们又讨论到美日两方对欧战的态度。牛场先生说，日本不可能预先就向美国承诺：美国对德国采取任何有可能导致美德战争的行动，日本都将视之为防御行动。他认为，丰田将军送给格鲁先生的那个方案可以大致表明在计划中的两国首脑会晤之前日本政府能够承诺到什么程度。不过，他又说日本各派势力已经达成谅解，这将使近卫公爵能够直接向总统就日本的态度做出口头保证。他相信，此项保证肯定能完全符合总统的要求。

此方面还有一个问题令他非常担心，那就是与美国就此点达成协议后，日本政府又将如何向德国解释。我说，素来拥护条约神圣不可侵犯原则的美国，绝不会要求日本背叛它的条约义务。不过，在我看来，同盟条约的权利义务与各盟国制定自己的政策之间仍有明显的区别。当然也可以说，盟国固然应奉行为共同目标服务的政策，但是三国盟约绝不会产生一种义务，一定要日本奉行单方面只能为德国服务的政策。日本可以通知德国，日本虽准备履行盟约第三条规定的义务，但它已做了保证，要实行与美国政策相符的政策，这难道不可以吗？从法律层面来讲，三国同盟终究是一个防御性同盟；签约时天皇颁布的敕令表

431

示得很清楚，日本政府当时是把盟约看作一个和平工具。松冈先生从莫斯科回来时曾告诉驻东京的某国大使，如果德美之间发生战争，日本将会拿事前的情况与其盟国磋商。他确信，日本是否站在德国方面参战，几乎在一切情况下都将由日本政府自己决定。

牛场生表示惊讶。他说，松冈先生解释过盟约第三条，而且与近卫公爵的解释截然相反，这个他是知道的。但是，他不知道松冈先生还向外国政府的代表者透露过他自己的解释。顺便一提，他还说，松冈先生告诉过首相，格鲁先生曾向华盛顿报告，上次内阁改组是由于美国对日本施加压力。我告诉牛场先生，我们从来没有那样报告过。我说，我可以私下对他讲，我们的报告是说内阁改组主要有两个原因：第一，德国进攻苏俄，推翻了日本签订三国盟约时以为德苏将保持和睦的预估；第二，关于三国同盟的适用范围和含义，首相和松冈先生两者的解释有矛盾。牛场先生表示，我们完全正确。

谈话最后部分的主要内容是，牛场先生强调，美国政府应尽快对日本的建议给予善意的答复。他认为这点非常要紧。牛场先生反复提到三国盟约签订一周年的日子即9月27日即将到来。

日本提出了与中国媾和的条件

1941 年 9 月 22 日

432　今天下午应邀拜访丰田外相。他用日文读了一份文件，随后译成英文，又发表一份口头声明，大意如下。

（1）关于总统与近卫公爵会晤的建议，已包含在首相致总统的函件之中。

（2）日本政府的意图是，计划中的会晤将讨论两国间需要达成协议的问题，然后通过正常的外交途径来推敲细节，以保障在执行上能达成谅解。可是美国政府另持一种意见，要等初步非正式会谈中出现的问题谈妥以后，再举行首脑会议。

（3）外相解释道，他已在9月4日向我做的声明中回答了美国政府所提出的全部问题，9月4日的声明是扩大而非缩小了日本政府愿意谈判的范畴。

（4）随后外相便把日本拟订的与中国议和的基本条件交给了我，请我转交国务卿。外相着重说明，这些条件不应被视为新的建议，它们是同9月4日声明连为一体的，应视之为声明的补充。当时他曾确认，日本政府仍希望总统从中斡旋，结束日中冲突。

（5）丰田将军告诉我，由于总统与日本首相会晤的消息在国外传开了，国外电台报道中提到了正在进行的日美会谈。一个月来，日本国内已发生巨大变化。幸亏日本政府尽力，日本公众和报刊大都还不知道这些情况，但国内有些势力听到了国外的宣传，反对日美谅解的分子已在加紧活动。

（6）9月27日将是日本参加轴心国一周年，日本政府将设法防止发生事变或特殊事件，将只允许私人团体进行庆祝活动。不过，如果27日后美国还是迟迟不表态，那些反对日美谅解和得知日美会谈的分子可能就会乘机煽动舆论，导致会谈很难继续。

（7）丰田将军指出，日本政府迄今为止还在等待美国回答他在9月4日声明中提出的各个要点。他相信在那份声明里，

433

日本政府已经向美国政府毫无隐瞒地展示它的目的和期望。

当外相问我华盛顿有无新消息寄来时，我便把国务院9月20日来电的内容讲给他听，电文是我来见外相前刚译出来的。丰田将军特别留意国务卿向日本大使讲的一句话：美国政府与日本政府所见完全相同，也希望尽快推进。外相认为，美国政府还想就所议之事同别国政府商量一下，这是可以理解的。不过，这样一来就不免耽误时间，进而也就可能会导致极坏的结果。

谈到日本驻美大使对9月27日这个日本参加轴心国一周年的日子不大上心时，丰田将军表示，野村将军对日本国内现在的情势相当不了解，所以觉察不到这个日子的危险性。我对外相说，他竟没有把他自己对此事的担忧告知驻美大使，这令我感到惊讶。

谈到日中议和条件时，我告诉外相，在美国政府有机会审议这些条件前，我不想做任何评论，但为弄清问题，我仍想知道第三点中所谓"现存协定和惯例"的准确含义。外相答道，这些词语必须按本意来了解；不过他由此还提到美国在中国驻有海军陆战队，只作为一个实例，用以说明这几个字。

我答应立即向国务卿转达上述声明，包括他交给我的日中议和条件。但我又讲明，从日美两国政府间来往的函电来看，要在9月27日以前就对如此重大的问题做出决定，我无法表示乐观。

1941 年 9 月 22 日日本外务大臣提交美国大使的日中议和基本条件的文本

一、睦邻友好

二、尊重主权和领土完整

三、日中联防

日中联防是为了防止共产主义活动和其他颠覆活动，这些活动可能会对两国安全及维持中国社会秩序构成威胁。

为了达成上述目的，根据现存协定和惯例，在必要期间，日本可在中国领土内的某些地区驻扎陆海军。

四、撤回日军

除第三点规定的驻军外，为应付中国事变派赴中国的日军在事变解决后即撤出中国。

五、经济合作

（1）日中间应实行经济合作，以开发和利用中国国防所必需的资源为主要目的。

（2）上条之意，并非限制第三国在中国的经济活动，但这些活动须在公平的基础上进行。

435

六、蒋介石政权与汪精卫政权合并

七、不兼并领土

八、不索赔款

九、承认"满洲国"

日本重述罗斯福与近卫会谈的条件

1941 年 9 月 25 日

寺崎先生今天下午要求来访，向我传达了一篇口头声明，基本内容如下。

丰田将军不止一次地、详细地告诉过我，日本政府目前的态度就是随时等候美国政府答复日本政府提出的美国总统与日本首相会晤的建议。因时间紧迫，丰田将军又不在外务省，美洲局局长才主动来见我，目的有二：第一，他想问问关于上述建议，我国政府有无信息下达；第二，他有个文件要交给我。

文件乃是日本政府对美国政府 6 月 21 日草案内容和议事准则的答复，同时也是给 9 月 4 日外相交给我的建议所做的说明。里面没有什么新建议，不过是把外相 9 月 4 日建议和另外几次说明中阐述的日方立场归纳在一个文件里，以便参考之用。这个文件不应视作条约一般的正式文件；其文本是"完全灵活的"，所以美国政府要怎么修改都可以，但要改变文件的实质，日本政府就不会欣然同意了。

驻日大使呈送国务卿的报告

（摘要）

（国务院所记原稿的大意）

1941 年 9 月 29 日

提及在华盛顿和东京举行的预备性会谈时，大使指出：重读一下今春以来关于此事的来往电讯，便可发现为安排近卫公爵与罗斯福总统会晤，日本政府的兴趣是越来越大了，最近更是加紧努力，以求不再耽延。大使承认，在会谈中，他只是起一个传信人的作用，但他自然还是希望做一点建设性的贡献，尤其是想尽量正确估计日方对会谈有直接间接影响的那些因素和情况，供总统和国务卿参考，并设法促使日本政府采取美国政府视为达成两国谅解或协议所必需的措施和政策。自 1940 年 7 月米内内阁倒台后，日本的对美外交一度暗淡失色。不过，今年 7 月近卫－丰田内阁成立后，对美外交又获重获新生，变得活跃起来。因此大使迫切希望，虽然新的基础还不够稳固，不足以使人坚信在此基础上逐步构建起来的楼房能够长存，但还是不要错过这么一个有利的时机。

大使记得他以前说过的话：在日本，钟摆总是在稳健政策和极端政策之间摆来摆去；在目前的情形下，任何领导人或领导集团要改变扩张计划，就休想能够存续下去；只有设下无法逾越的障碍，才能阻止日本人永久盘踞中国和向南推进。大使还记得他有这样的看法：采取积极措施维护美国未来的安全，固然要冒风险，但不那样做，危险就可能要大得多；只是因为顾虑到美国的潜力，日本才不敢更放肆地侵犯美国的利益；只有显示武力和表明决心在必要时会使用武力，才能制止日本执行其暴力扩张计划。大使还记得他说过，美国这样做，若能使日本领导层最终丧失威信，日本最后就可能发生一场思想革新，日美关系也就可以恢复正常，整个太平洋问题亦将随之得到重新调整。

大使指出，美国已在非常英明地实行前面设想的政策。这种政策，加上世界局势的发展，已在使日本领导层丧失威信方面发挥了作用。松冈外相下台就是一个明显的例证。关于世界局势的发展，大使举了两个例子，一是日本缔结三国盟约，二是日本承认南京汪精卫政权。这两件事都是发生在德国进攻苏联之前。德国一进攻苏联，便打乱了三国盟约的基础，日本加入德意轴心，原是为了防备

437

苏联，获得这一面的安全，以避免受苏美夹击的危险。目前日本正欲摆脱极端危险的处境，以修正原先的错误。大使记得他曾向国务院报告，大意是由于国外事变的冲击，日本的外交政策必然要改变；由于世界局势转向，到一定时候日本的稳健派可能会占上风。他认为这样的时机已经到来了。他认为，如果罗斯福总统和丘吉尔首相宣言所预示的那种重建世界的纲领能够实行，现在倒是一个机会，可促使日本同走这条路。美国多年来的政策总是克制的，既耐心辩论、努力说服，又加上明示决心，必要时也会采取积极措施，已使日本的政治土壤适宜于播上新的种子。大使认为，假如细心栽培，新种子就可能开花结果，促成预想中的日本思想革新以及日美关系的彻底调整。

美国政府无疑也注意到，某些方面曾提出一种看法，在这个时候达成日美协议只会让日本有一个喘息的机会。借这个喘息期间，日本将先借美国的协助从日中冲突中解脱出来，然后恢复和加强力量，日后一有机会又会继续执行其扩张计划。这种看法不一定能被驳倒。这派人又认为，由于日本国内经济恶化，由于美、英、荷逐步加大经济压力而导致日本的财政、经济、社会都有崩溃的危险，日本也将会被迫放弃扩张计划。大使则进一步说，如果这个论点被视为是正确的，那么美国为达其目的，就只能在两种方法当中择一而行：一是日益收紧经济制裁的绞索；二是谋求建设性的和解，但这不是所谓的绥靖政策。

大使认为，自华盛顿预备性会谈开始、罗斯福总统原则上接受日本首相关于两国政府首脑会晤的建议以来，美国政府采纳的是第二种方法。大使说，诚然美国始终没有背离与日本谈判一切问题的意愿，尽管那时日本已经在从事武力扩张。他觉得，从远大的战略来看，美国如此明智的选择看来是无可挑剔的。即使积极和解的方法现在或以后归于失败，但也随时可以改用另一种方法，即逐步加紧经济制裁。根据大使的意见，美日关系的发展趋向不论是好是坏，今后美国显然必须长期保持备战状态。英国在世界大战中终将获胜，那时许多问题将会自动解决。想到这一点，就有理由感到莫大鼓舞。

大使承认，无论实行哪种对日方针，都必然会有风险，但他经过仔细研究后，仍相信如果讨论中的两国政府首脑会谈能沿着预备会谈的路线最后达成协议，就将大有希望，起码可以防止远东局势恶化，甚至还可以确保今后取得积极的成果。大使提到他以前表示过的意见：关于美日关系主要的争论点并非美国要不要制止日本的扩张计划，而是什么时候制止的问题。他提出这样的问题：现在美国是正逢良机，可以不经一战便制止日本的扩张计划，还是即刻就得冒战争的危险？不利用现在的机会，美国是否将会遭遇更大得多的战争危险？大使坚信，这两个问题的答案应该都是前者。

某些方面认为，在目前情况下，无论美国在太平洋采取什么行动，日本都不大可能故意采取将会导致日美战争的对抗行动。大使说，日本和美国都会有人采取易于激怒对方舆论的行动，致使战争不可避免，他无法同意若放任这些行动——不论是胡来的还是经过考虑的——之后不一定会发生战争。在这点上他想起了"缅因号"事件和"帕奈号"事件。

439

　　大使强调了解日本人心理的重要性，日本人的心理根本不同于任何西方人的心理。对任何特定情况，都无法估计日本人会做出什么反应，也不能用西方的任何计算尺度来预测日本人的行动。对于一个不久前还处于封建社会的国家来说，这并没有什么奇怪的。大使觉得，他的主要职责就是要尽量正确解释日本人的心理。他说，在过去的岁月里，在呈送国务院的许多报告中，他都是力求这样做的。大使总是抱着这个想法，所以不怕赘言，特提出以下需要考虑的各点。

　　在现在的预备会谈中，如果美国希望或期待日本政府同意明确承担义务，而这些义务又在原则上和具体细节上都能满足美国政府，那就几乎可以断定，会谈必将无限期地、无结果地拖下去，直至希望与美国恢复亲善的近卫内阁及其支持者终于确定协议已属无望，美国只是在拖延时间。在这种情况下，加上日本那种异常的敏感，那种丢了面子就不得了的古怪心理，不难想象日本的反应必将是强烈的。结果将是近卫内阁丧失威信，反美情绪突然高涨，这又很可能会导致激烈行动。这些行动究竟会造成多大损失尚难估计，其性质却很可能会激怒美国人，同时报复措施和反报复措施又将会造成一种使战争难以避免的局面。逻辑上必然的后果将是近卫内阁倒台，日本建立军事独裁，其倾向和气质都不是要避免与美国发生正面冲突。问题在于，这种情况甚至比罗斯福总统与近卫公爵的会谈——如果按计划举行的话——不能达成十分满意的协议更严重。换言之，问题仍旧是真诚谈判而不能获得完满的成功，比起美国显得不愿进行这种谈判的严重性是不是还要小一些。

大使继续说，他曾无数次强调，他认为这些宣言必须按其表面意义来理解，在罗斯福与近卫会晤和正式谈判以前，日本政府不可能把它将做的保证和将承担的义务讲得比之前各类表述更具体。大使解释道，日本之所以持这种立场，据他私下得知，原因之一是前外相松冈在 7 月间辞职以后，曾向德国驻日大使详述华盛顿会谈到那时为止的全过程。由于有许多松冈的支持者仍留在东京的外务省，恐怕无论有任何消息，这些人都会毫无顾忌地泄露给德国人和国内极端分子，这就会使现内阁的地位难以维持。

日本政府虽已暂时接受某些原则，但在预备会谈中提出的关于日本未来目的和政策的定义和模式，以及对这些定义的补充说明很抽象、很含糊、可做宽泛解释，以致不仅不能阐明日本政府准备承担的义务，而且反而造成混乱。大使同时又说，他已被告知，近卫公爵既然要与罗斯福总统直接谈判，就能够向总统提出保证，由于会谈具有深远影响的性质，这些保证不会满足不了美国。至于这个说法是否准确，大使无法肯定。不过，他指出，特就日本与轴心国的关系而论，日本政府虽始终不肯保证它将公开抛弃三国同盟成员国的身份，但它既然表示想与美国进行正式谈判，实际上也就是表示愿意把日本的三国同盟关系化为一纸空文了。因此大使认为，近卫公爵直接向罗斯福总统提出保证或许比预备会谈过程中答应的更为明确和令人满意，这并非不可能的。

基于上述他完全有理由认为正确的观察，大使认为，在预备会谈中坚持或继续坚持要日本做出只见于最后正式协定或条约的那种明确而具体的许诺，是达不到美国的目

441

的的。大使认为，美国应对近卫公爵及其支持者公开表示的诚意和善意给予适当的信任，相信他们能按他们准备接受的基本原则制定日本将来的政策，能随即采取措施，逐渐却忠诚地履行这些原则，不用说，美国亦将同时采取相应的措施以履行其义务；只有这样，日本才能够实现转变方向，改弦易辙，从而全面改善日美关系，一场终将爆发的太平洋战争也才有可以避免的希望。要打垮日本军事机构和陆军的威风，唯一的办法是使他们在军事上一败涂地，大使看不出现在有这种可能。另外就只有一个可取的办法（在大使看来也是唯一明智的办法），那就是按美国现在努力的方向，通过积极的和解，促使日本发生一场思想和观点的更新。大使问道，在美国努力的势头尚未消失，因此尚能克服大使断定会不断加强的日本国内反对势力以前，是否应该把大部分智慧和谋略用于贯彻这种努力，使其获得成果？

442

呈报上述意见时，大使十分尊重罗斯福总统和赫尔国务卿的高瞻远瞩，而且完全明白自己是在驻日大使馆视界的局限下提出自己对问题的看法的。

日美最后会谈的背景

1941 年 9 月 30 日

至 9 月底，若要再为美日间自初春以来即已进行的所谓预备会谈严守秘密，那就有点像鸵鸟了，因为这事现已传遍全世界，近卫公爵关于"在太平洋某地"，其实是在美国领土上与总统会晤的建议，在日本军政界也是众所周知。这类事是不可能保密的，至少在日本是这样，因为听到消息的人太多了。但我们自己绝对保密：国务院关于此事的来电只有杜曼和我本人能启阅，我的回电亦标明只交国务卿。

据我揣测，野村将军处理他那一头的事务时却不怎么内行，他曾多次延误执行训令，而且至少有一次还对工作起过阻碍作用。那次他竟自行提出一个新的协议草案，被华盛顿视为是在倒退而不是促进谈判。等到我们得知此件并非东京所拟、东京并不知情，应予撤销时，几个星期已经被浪费掉了。据丰田将军说，由于语言有困难，他想把会谈移到东京。不过，国务院虽同意可以在东京举行平行会谈，但考虑到总统直接关心此事，仍非常希望主要会谈依旧在华盛顿进行。因此现在会谈多在华盛顿和东京两地重复着，彼此电告情况，如此至少可以保证核对信息是否正确和完整。在华盛顿，总统和赫尔先生，有时是韦尔斯、霍思贝克、汉密尔顿或巴兰廷同野村将军或其助手若杉会谈；在东京，则由杜曼和我同近卫公爵或丰田将军或寺崎会谈。

若把这些会谈的背景分解为一些简单的事实就一目了然：日本人发现，松冈（当然是在近卫公爵和大多数军人的支持下）引导他们加入三国同盟，是下错了赌注；果不出我所料，纳粹分子在日本趾高气扬，结果适得其反；美、英因日本进军印支南部而分别实行经济制裁后，日本政府终于开始看到恶果，不仅认识到与德国结盟，无论德国胜败，日本都将一无所获，而且感到英、荷、美施加的经济压力之重，绝非日本的经济体制所能承受。

早在这些事情发生以前，会谈实际上已开始了。一批有影响的日本人士曾劝说当时的大多数阁员与美国和好是符合需要的，松冈本人则长期坚决反对此举，最后还是被劝说便不再激烈反对。尽管他仍旧对我说，根据他自己对三国盟约第三条的理解，美国若与德国开战，也就肯定会有一场美日战争。但之后，与松冈在柏林得到的所有保证相反，德国竟进攻苏俄，由于估计极端错误，松冈被赶出了内阁，以丰田将军为外相的新内阁不久便加紧活动，争取与美国达成谅解。

把国家引到了现在这种境地，近卫公爵要负重大责任，但既然有松冈当了替罪羊，首相也就继续留任了，并且显然并非不愿支持和推动方针的转变。日本正在迅速滑向与美英交战的边缘；我们还知道，天皇很久以前就告诉过他的大臣们，不管实行什么政策，都绝不要使日本陷入与这两国中任何一国的战争。我看毫无疑问，天皇对三国盟约并没有好感，之所以允予批准，不过是因为松冈诈称日本即将在经济上被民主国家扼杀，德国必将战胜英国，同时也是因为政府宣传机构精心培植起来的支持极权主义国家的公众舆论，尤其是军部的意见，当时占压倒性优势。

无论如何，反正新内阁成立后，近卫公爵和丰田将军便开始全力以赴，争取尽早与美国达成协议，声称愿意满足美国的一切要求，要把预备会谈提升到高峰层级，由首相亲自出马，与总统在美国领土上举行正式谈判。就我所知，首次暗示要举行这样的会晤，是日方4月送来的早期草案中提出来的；后来又提出，预备会谈达成谅解后，美日双方的代表便尽快在檀香山开会，由罗斯福总统和近卫公爵揭幕。① 不过，作为日本政府的明确建议，这个计划是由外相在8月18日两个半小时的

---

① 此项建议是在未经日本政府确认的纯非正式文件中提出的。——作者注

长谈中向我传达的，据我们的记录，此件又于 8 月 23 日由野村将军提交总统。一个日本首相，在这个崇奉惯例和传统的国家，竟能如此打破惯例和传统，并且可以说是卑躬屈膝，甘愿到美国领土上去拜会美国总统，就是一个标志，表明日本政府已下了决心，要消除给我国造成的巨大损害，这种损害已经得罪并逐渐激怒了一个强国。

现在正是 9 月底，尽管日本政府声称自信已经全面满足了我国的要求，会谈却几乎毫无显著的进展，预期的目标也并未清晰。之所以会如此，只因日本人有一种心理，致使日本政府不能让自己把自称准备承担的义务用简洁清晰的语言表示出来。他们提出方案，其措辞总是给争论留下可以做最广泛解释的余地，不是澄清问题而是让人更糊涂，然后要我们接受这些方案，若不全盘接受，即表示惊异，并又着手安排，希望两国政府首脑立即会晤。近卫公爵乘坐的军舰已准备就绪，等着送他去檀香山或阿拉斯加①或总统指定的其他任何地方，随行的高级文武官也挑好了，只待出发。

在此期间，我竭尽全力向我国政府描述日本国内形势的实情。9 月 29 日发的电报长达十五页，可算我发过的电报中最长的一封。目的就是要对日本国内有关当前会谈的情势进行一个清楚的并自信是准确的陈述，但也讲明我只是从日本使馆的角度看问题，我呈上的意见完全服从于总统和赫尔先生广阔的视野。他们得考虑似乎日益倾向于赞成对日本采取更强硬措施

445

---

① 战争爆发后，美国流行一种说法，称计划中的罗斯福总统与近卫公爵的会晤将在日本军舰上举行，日本人的意图是要绑架总统。这种揣测当然是没有根据的。近卫公爵是建议在美国国土上会晤，在檀香山或阿拉斯加，或在总统提出的别的什么地方。——作者注

的美国舆论，当然还得考虑整个世界形势，远东虽与全局紧密相关，但毕竟只是其中的一部分。

刚才有机会重读了几封我以前写的函电，我曾在里面指出，那时和解的时机已经过去，主张对日本实行强硬政策。我现在仍然相信我当时写的每一句话，后来我还说过，日本政府现在致力于改变方针，包括与美国和解，这在一定程度上是因为我国政府极明智地完全执行我所主张的政策，当时我提的意见，结语是这样的："倘使我们如此行动能促使日本现今的领导者终于失势，日本国内就可能会发生一场思想革新，那时日美关系才有可能恢复正常，整个太平洋问题也从而得以重新处理。"松冈的失势和倒台主要是由于在德国进攻苏俄的问题上估计错误，但间接促使他垮台的正是美国的强硬政策，日本每采取一个侵略步骤，就用我们自己的一个步骤来对付它。我认为，现在有了一个促使日本思想革新、恢复日美正常关系、解决整个太平洋问题的良机。要做到这一切很不容易，在很大程度上要看日本是否感到我国的经济措施真会使它在经济上陷入绝境，但也绝不是不可能的，如果我们继续施展妙腕的话。

我现在的这些主张并不是绥靖政策，而是"建设性的和解"。"建设性"一词很重要。它有构建之意，要建一幢永久性的建筑物，谁也不会那样傻，竟想把它建在不牢固的地基上。与日本进行探索性的会谈，目的就是找到一块牢固的地基，要打下这样的地基，就绝不能在美国政策所依据的基本原则上妥协。其次，正是由于我们实行了我所主张的强硬政策，所以才造成了有可能实现建设性和解的形势。

对付这些困难而又非常复杂的问题时，不要忘记，外交实为国防第一线，我们的海军只不过是第二线，我们的陆军则可以说是第三线。如果作为第一线的外交奏效，其他两线就不需要动用了；而作为前线后备军的其他两线一出现，又可以大大增强第一线。作为第一线的外交，必须负起责任，做到无须动用这两个后备军，我正是从这个角度来看待我在日本这里的职责的。我不知道最后结果如何，也没有哪个人知道，但在我的人生观里没有失败主义。

日本对和平的渴望仍在增加

1941 年 10 月 1 日

有个地位很高的日本朋友把我拉到一边对我说，他从黑龙会中的密友处获悉，首相拟赴美国地界会见合众国总统一事，东京政界现在都知道了。人们考虑到经济形势，都认为与美国达成一项解决办法实属绝对必要，所以一般赞成这个建议，连军部中也有人赞同。各重要政治团体的代表均见过首相，并已向他保证，他争取与美国达成协议的努力将得到日本全国的支持。这些团体虽显然认为日本政府早已满足了美国的要求，但仍进一步断言，如果首脑会议得以进行，很难想象近卫公爵会让自己陷入无法完成使命、失败而归的情境，因此首相必然会接受美国的条件。上述团体很重视下列事实：警察现正严密监视日本境内的德国人；三国条约签订一周年纪念日时，首相故意离开东京；周年庆祝活动的规格降至最低级。 447

只有近卫公爵能拯救和平

1941 年 10 月 3 日

另外一个日本人告诉我，当前的日美会谈若不迅速获得成果，肯定就会因日本极端分子及亲轴心分子日益加剧的反抗而被破坏，那时近卫内阁很可能倒台。除了近卫公爵，就没有哪个日本政治家能够做到与美国达成谅解了。我认真听着，然后对他讲，通过外相，我和日本政府经常有接触，他考虑到的那类情况，外相也当然随时在告诉我，我当然也经常把日本的实况和我对情况的估计呈报给我国政府。

沈阳的白俄被动员起来为日本效命

1941 年 10 月 6 日

10 月 3 日，沈阳的白俄①都被警察叫去开大会，会上他们被告知，凡属白俄，不论男女，年满十八岁至三十五岁者，均须立即领取一定式样的制服，很快就要受体育训练，须随时听候下达任务，至于是什么任务以后再说。会上还有个日军特务机关的军官向他们训话，对他们说，六十天内满洲将处于紧急状态，他们必须静候为国效忠。驻沈阳的美国领事说，他将尽力在几天内送点评论来说明这个异常的行动。

杜曼再晤牛场

1941 年 10 月 7 日

今天我馆参赞尤金·杜曼再度会见近卫公爵的私人秘书牛场友彦，杜曼关于此事的报告照录如下：

　　牛场先生昨天来电话求见，我提议请他今晨来我家和

---

① 指在俄国革命后和俄罗斯内战期间离开俄罗斯的俄裔居民，他们大多反对当时的苏维埃政权。

我共进早餐。牛场先生按约定时间准时到来。由于进餐时有仆人在场，谈话中需要记录下来的内容不多，实质内容如下。

牛场先生说，由于日美预备会谈毫无进展，首相处境困难。近卫公爵不知道下一步该怎么办，反对派现已有了一些具体材料，可以用来攻击内阁，前景相当暗淡。他说，除非我们充分理解首相是在什么情况下来提议会谈的，否则就不会懂得局势的全部含义。陆军很想结束日中冲突，但绝不肯来负责倡议结束这场冲突。当近卫公爵负起责任时，陆军便给他充分的、无条件的支持，他的崇高愿望若无法实现，他就得为此"负责"，以后谁也不会有他那样敢冒风险的勇气了，也不会有他那样的声望和政治地位，足以通过谈判来解决日中冲突这样的国家重大事务，同时还能得到陆军的支持。

牛场先生继续说，美国政府方面一张牌也不肯摊出来，这就加深了日本政府中人的悲观情绪。诚然，美国政府对其原则已做了充分的说明，但它没有明确说明过要日本政府承担什么。会谈开始已经几个月了，美国政府显然还是步步留神，不让日本人知道任何细节，真是令人失望至极。自收到美国上次的备忘录（10月2日）以来，日本政府中有更多的人认为，日本已落入陷阱，论点大致如下：美国本就没有与日本达成协议的意图；现已使日本暴露了它的政策和目标；这些政策和目标与美国的政策和目标不符，因此美国有正当理由拒绝与日本达成协议，应继续对日本保持敌对态度。

我对牛场先生说，这种揣测是毫无根据的。我记得，

10月2日的备忘录曾提到美国公众对关于正与日本进行会谈的报道是怎样反应的，并曾讲明美国政府对解决太平洋问题的渴望并不下于日本政府，但美国的舆论既然是这样，就需要在开正式谈判以前先就一些根本问题取得一致意见。

牛场先生问，我们曾否收到这个备忘录的文本。我给他看的摘要（10月4日我让他看过备忘录的摘要）简单明了、陈述客观，但据他说实际上备忘录的文本"令人极不愉快"。里面充斥争辩和教训，寸步不让，没有一点旨在推动日本政府满足美国政府愿望的暗示或迹象。他还举出涉及对欧战的态度的那段内容作为例子，反问道：备忘录为什么不暗示一下到底期望日本政府做出什么承诺？

最后牛场先生表示意见称，日本政府只剩下一个请求，那就是美国究竟要日本做何种性质的承诺，请美国政府提出一个具体的清单，这个请求若得不到明确答复，那就终止会谈。①

与此同时，我于今晨应邀拜见外相。一开始他告诉我，这里已经收到了国务卿10月2日交给日本大使的备忘录正文，正在细加研究。外相问我对备忘录有何看法，我答道，大使馆只收到一份摘要，在我有机会研究全文以前，我想还是不表示意见为好。

丰田将军接着又告诉我，他已被告知我与首相9月6日私下会晤的情况，且已获悉我已将近卫公爵在会晤时讲的话作为

---

① 要对日记从东京角度所述形势下美国政府的立场有个清楚的概念，须研究国务院1942年5月19日的备忘录，载 *Foreign Relations of the United States, Japan*：1931—1941，page 325。——作者注

"个人密信"通过国务卿转给了总统。外相说，他希望我明白，他绝无反对我同近卫公爵接触之意；相反，他倒期望通过这样的会晤可以很好地交换意见。丰田将军说，首相关于9月6日会晤的私人记录表明，近卫公爵虽已"在原则上"接受了国务卿一直强调的四点，但仍表示，在将这四点应用于实际情况时，还须进行某些修正。可是，10月2日美方交给日本大使的备忘录却说首相"完全同意"那四点。因双方记录有异，所以就命令野村将军告诉国务卿，若认为这话是首相在那次私人会晤中讲的，就应该把"完全同意"改为"在原则上"。

外相声称，首相在9月6日讲的话纯属私人的、非正式的性质，目的不过是让我知道在日本政府决策中居重要地位的一个人的私见而已。托我将他的意见的要旨作为私信转致总统，是近卫公爵在会谈当中才想到的。丰田将军说，因此万没有料到，首相在这种情况下对我讲的话，竟会被收进一份正式公文中，这份公文是要在许多并不知道我和近卫公爵会面过的日本政府官员中传阅的。美国政府的官方文件中既然出现了有关首相意见的错误记录，事前外相和我又没有彼此核对过关于9月6日近卫公爵和我会晤时的谈话的记录，所以有必要把首相谈话的日方记录拿出来澄清。（首相用日语说的、经杜曼译给我听的意见，在我汇报那次会谈的电报中叙述得很恰当、很准确，这是丝毫不容置疑的。上述所谓日方记录，一定是把首相后来说的两句话搬到前面去了，这两句是："他确信意见分歧是可以很好地调和的""他明白，有几点还需要阐明和澄清"。）

谈到这里，丰田将军说，他希望研究完毕后，即可对国务卿10月2日的备忘录提出意见，在此期间，最好不要讨论那些他所谓"技术性程序"引起的事项。他指的是某些分歧，

451

例如对近卫公爵 9 月 6 日的谈话和日本大使提交国务院的一些
材料曾有不同的理解，这些东西有的并非正式文件，有的颇不
完备，日本大使 9 月 4 日提出的草案就属于这一类。丰田将军
觉得，费力去澄清这类由技术性程序引起的细节，只会使讨论
复杂化。不过，一旦会谈真取得进展，他还是准备处理这类
问题。

外相说，至于国务卿 10 月 2 日的备忘录，他想先提个简
单的意见：他有个印象，美国政府是要日本政府立即无条件地
恢复到四年前的原状。自那时以来，日本已经卷入了一场大规
模的战争，要求日本国民忍受困苦和牺牲，日本国民是受过教
导的，他们把经受这些考验视为尽爱国之责。日本政府愿意并
452 准备恢复到四年前的原状，但重要的是美国政府应当理解，实
际上要在顷刻之间就把以往四年做的事一笔勾销，这是个无比
艰巨的任务，要完成这个任务，必须在许多方面进行根本性的
调整。

丰田将军问道，对国务卿 10 月 2 日备忘录概述的美国政
府的立场，我可否非正式地表示一点个人的意见。我答道，美
国政府是想把远东情势放在一个稳固耐久的基础上，没有这样
一个基础，就不能做任何持久性的安排。我告诉他，我个人对
国务卿 10 月 2 日备忘录的反应是，我觉得美国政府是在力求
得到保证：日本将真诚地、不折不扣地遵守那些原则；若不是
这样，就不能为太平洋区域的持久和平建立牢固的基础。

1941 年 10 月 8 日

因得到外务省的特许，自颁布冻结令以来，今天我第一次
可以把薪俸支票存入花旗银行并提取现款，用以支付一些账单
和家用账目，包括欠轻井泽万平旅社的账。然而，馆员们仍旧

取不到钱。不过，就快要有个协议了。英国人在冻结令发布后几天内就有了协议，所以这事全解决了，我们的协议却一拖再拖。

伦敦电台今晚广播了伦敦《每日邮报》的一条报道，说我昨晚在一次宴会上表示相信美日之间将会达成协议。我确实曾经在美国协会的年会上做过一次非正式的、不供发表的讲话，会员全是美国公民，我恳求他们不要外传。在讲话中，我重述了赫尔国务卿在 9 月 13 日记者招待会上论及预备会谈时讲的话，另外还说道："如果能把几年来极度紧张的关系调整好，那将是皆大欢喜，我们何尝不想，但要实现这个愿望，必先解决许多悬案，而解决悬案，又取决于许多因素，所以我们的工作就变得异常复杂，困难重重。结局如何，我无法奉告。我不知道，谁也不知道。"

后来我又说："我从来不相信我们两国的关系会破裂，现在也没有这样想。我们要有撼山改地的信心，说不定我们真能够移山倒海。我认为这终究是做得到的。" 453

我详述了日本这几年来把两国关系弄到现在这种境地的政策和行动，也讲到美国政府的观点：任何国际架构都必须把地基建在国际交往中的一些根本原则上，涉及这些原则，就绝不能妥协。

冻结信贷使日本濒于破产

1941 年 10 月 9 日

据我一个属员从可靠方面获得的情报，日本政府现在可以利用的外汇总数约为两万德国马克。在这种情况下，需要付外汇的契约到期时，日本政府势必拖欠。美、英、荷属东印度实施的冻结令已经完全切断了用这三国货币来支付的交易，用南美诸国货币来支付的交易也大大减少了。据提供情报的这个人说，他手里的契约就要付总数约为五百万瑞典克朗的外汇，近几个月来，日本买瑞典的货物主要是由柏林供给资金，大概是用德国提供的信用贷款。

最近日本接到德国的通知，这些信贷已被冻结，只能用来买德国货。据这个人说，德国人采取这个行动，可能是预计到日本将退出轴心国集团。来自另外一处的消息则说，瑞典因扩充军备，欠德国的债甚多，所以现在德国人要求瑞典用货物偿还，不要瑞典克朗。坊间盛传，日本现已欠了德国八千万马克的债。

从国际金融的观点来看，日本现在的处境之窘迫实已与日本国内某些被指名的外国人一样了。

丰田将军又想促成罗斯福－近卫会谈

1941 年 10 月 10 日

454 今天下午外务大臣约见我。

他在开头便说，他虽然仔细研究了国务卿 10 月 2 日的备忘录，但其要旨仍然有点难以把握。但他已得出结论，美日两国政府有争议的点大致集中于三个问题：①日本在中国驻军；②美日两国对欧战各有各的态度；③在中国维持机会均等。外相又表示，10 月 3 日他曾命日本驻美大使去问国务卿，在上述三个问题上，美国政府可否用明确的话语描述要日本政府承担的义务。日本大使没有回报。10 月 6 日，他又再叫他去问。10 月 9 日，日本大使电复外相，那天他已见到国务卿，但外相要问的事，他无可回报。丰田将军说，命日本大使去探询，原是想获得一些消息，结果却白白浪费了一周的宝贵时间。如果能获得消息，可以促进一下当前会谈的进程。外相今天又向野村将军发了训令，命他继续努力，取得回音，但为避免再有拖延，他又特请我转告我国政府，盼以答复下述声明的形式给他一个回信：

> 日本政府曾就某些问题向美国政府提过解决方案，这些方案显然未能使美国政府感到满意。若想美国政府满意，日本政府要承担哪些义务？现在美国政府可否向日本政府提出来，供其考虑？

455

谈到这里时，我趁机回应了日本报刊对当前会谈没取得进展的批评。我向丰田将军强调指出，美国政府决定和执行其政策时，总要考虑和权衡美国舆论的发展和现状。丰田将军说，即便在日本，也不能无视公众舆论。不过，近卫公爵与总统的会晤如能实现，从而达成协议，控制日本的舆论，倒是一件比较容易的事。外相向我保证，在首脑会议上，日本政府有可能承担广泛的义务，但在目前情况下，日本政府不能在会前将它愿意承担的义务全盘托出。他一再表示担心，事态如果老是如现在这样悬而不定，政府就会抑制不住日本国内的极端分子。

谈话开始时，外相曾对我昨天将日本拟向法属印度支那增兵的报道函告他表达了谢意。所以我又回到这个问题，向他强调指出，日本在我们两国政府正进行会谈的这个时增兵印支，将会造成一种很微妙的局势。而且在我看来，还必将对会谈产生严重的、恶劣的影响。我告诉外相，我已请他注意日本当局最近在印支的行动，例如威逼要接管电报、邮政、海关，要求更多的空军基地之类。此时此刻，又增派日军到印支，这就必然会使人抱极大的怀疑，不知日本对印支是何居心。外相答道，他正在仔细研究我谈论这个问题的非正式的私函，且已与陆军大臣商议过，希望几天内即能给我回信。他又说，他还和陆相讨论过我请他注意的印支日本当局的行动，已请陆相尽快采取措施，改善局势。

456　　　外相还告诉我，他觉得日本驻美大使明显已经非常疲劳，所以正在考虑派一个经验丰富的外交家去华盛顿协助大使将目前的会谈继续下去。丰田将军说，他已经想到一个有大使级身份的高级外交官，但尚未与此人联系，所以还不知道他是否同意担负这个使命。如决定派他，不知美国政府能否为他在马尼拉至旧金山的班机上订个座位。此事若能确认，对外相将有很大帮助。丰田将军说，这位官员不是向美国政府委派的，而只是作为日本驻美大使馆的一个临时的、非正式的属员。我向外相表示会向我国政府转告此事。

谈话结束时，外相再三叮嘱：由于时间紧迫，必须加快会谈的进程。

近卫内阁倒台

1941 年 10 月 16 日

今天下午 5 点近卫内阁倒台，8 点 15 分已正式宣布。巴西大使听到这个消息就来电话告诉我，我们刚结束为杰克·柯蒂斯（Jack Curtis）饯行的晚餐，十几个人正聚在我的书房里。每个人，包括我自己，都感到惊讶。因为我虽知道日美会谈没有进展迟早会拖垮近卫内阁，但没有料到会如此之快。

与近卫公爵通信

1941 年 10 月 17 日

近卫公爵今晨寄来一封私函：

1941 年 10 月 16 日

大使阁下：

非常遗憾而又失望的是，由于国内政局，我的同僚及我不得不辞职，日后或许有机会向您说明详情。

457

不过，我确信继任的内阁定会竭尽全力把我们坚持至今的会谈继续下去，直至取得成果。因此我切望，您和贵国政府都不会因为更换内阁，又或只凭新内阁的概况或一时的印象而过分失望或气馁。我向您保证，我一定尽心竭力协助新内阁去完成我的内阁曾力求达到而未能达到的崇高目标。

一直以来，有幸获得您的协助与合作，我趁此机会表示衷心感激，无论继任者为谁，均切盼您赐予他同样的恩惠。

向您致以最亲切的问候。

近卫文麿谨上

我的复信：

1941 年 10 月 17 日

总理大臣阁下：

您友善的来函奉悉，承蒙夸奖，万分感激。您深信新内阁将尽一切努力，务必使两国政府间的会谈以竟全功，这让我十分鼓舞,特向您致谢。您说您本人也将帮助新内阁完成您和您的同僚为之奋斗的崇高目标,这令我十分欣慰。毋庸赘言,您的继任者当然可期待我的真诚合作、同心协力,将两国政府已做的努力继续下去,直至获得成果。

请允许向您表示一点希望:在长期为贵国操劳、屡建功勋后,若能暂卸重任,则可寻得宽舒,稍事休息。

向您,亲爱的近卫公爵,表达我最崇高的敬意和诚挚的问候。

约瑟夫·格鲁谨上

458　　同时,近卫公爵的私人秘书牛场来见了杜曼,对导致内阁倒台的情势做了极有趣的说明,并称首相曾经力争并终于获得保证,日本将会任命一个能将日美会谈继续下去的继任者。他是奉近卫公爵之命来告诉杜曼,要杜曼转告我。所述情节妙得很,将来也许可以成为日本历史上的重大时刻之一。这种种情况将导致什么结果,尚难预料。

上午 10 点,我们电告国务院,现任关东军司令官梅津将军很可能是首相候选人。下午 5 点,我们又获报告,被选中的是前陆相东条将军,他将以首相身份兼任陆相和内相。东条是今年春天不顾松冈反对、最初支持与美国举行会谈的五大阁员之一。这点至关紧要。

我们获悉,前德国驻旧金山总领事、希特勒的亲信弗里茨·魏德曼(Fritz Wiedemann)正在来日途中。后来又听说,魏德曼很可能是要去天津当总领事,他将以那里为基地,管理德国军事谍报网的远东组,他本人的特长是搞破坏和进行恐怖活动,拥有进行这些活动的大笔秘密资金。据信他将从天津指

挥远东各谍报组织和盖世太保机关，现驻上海的迈辛格
（Meisinger）和驻曼谷的许伯尔都归他统辖。据信这个远东组
的主要目标是印度和缅甸，它的任务是充当在远东搞"钳形
运动"的前哨，是要与德国伸入西亚的另一支钳子配合，从
两面威胁印度。印度是自亚历山大大帝以来所有最大征服者都
要夺取的目标，据说希特勒也非常重视这个目标。

美国大使馆里的西部风情

1941 年 10 月 19 日

我将这个周日的时间留下来，打算用来仔细重阅美日预备
会谈自春天开始以来的全部材料，写一份要点概略。若用一张
曲线图来表示会谈的进展和退步，就会看出会谈起伏特别大， 459
最近则一直是在倒退。我是想熟悉会谈的全部情节，以便在会
见新外相东乡并讨论到这个问题时可以应付裕如。

如今真有重返昔日美国"西部世界"之感。一个多月来，
特别是 9 月 18 日近卫公爵遭到袭击以来，我身边总是带着一
支手枪。9 月 18 日那天，近卫刚离私邸外出，就有四个手持
匕首和短刀的汉子跳上汽车踏板，要刺杀他，所幸车门是锁着
的，刺客也很快就被私邸的便衣警察制服了。9 月 27 日是三
国条约签订一周年纪念日，我整天都严阵以待，任何事情都可
能发生。在那些刺杀事件迭出的日子里，卡梅伦·福布斯就曾
被列入一个所谓"爱国社团"的刺杀名单，只是因为那次他
碰巧不在东京，所以才幸免于难。我知道，我同样在现在的一
些黑名单上榜上有名。在大使馆官邸的入口处，警察主动加强
了守卫，办公楼入口附近也设立了警卫室，但使馆的围墙很
长，夜间几个持刀者随便都可以从某处翻过墙来，破窗而入。

这仍是轻而易举的事。我不喜欢充英雄，但更不喜欢没有好好回敬一下这群暴徒就束手待毙。

某次跟一位日本官员谈话时，他拿着我的手去按他的胸膛。我原本猜他是想表示他的心态摆得很正，可是他的"心"摸起来硬邦邦的。我马上就明白了，那个硬东西根本不是他的心，而是一把实实在在的手枪。与我们无异，很多日本人也同样受到军部极端分子的威胁。

对东条政府的分析

1941 年 10 月 20 日

鉴于美国报刊和广播几乎普遍认为，日本新政府的成立是一个预备中的步骤，下一步就会是进攻俄国，要不就是采取某种必然会导致日美冲突的行动。我便根据事实与合理的推断，列出一些因素，这些因素表明，那些关于这次更换政府含义的看法虽似已为美国公众所接受，但不见得就是正确观察形势而做出的恰当预估。

近卫公爵的一个心腹告诉我们，近卫决定辞职并在辞职时要求保证继任的首相将是一个能把前政府开创的政策继续下去的人选。换言之，继任者要能谋求与美国重修旧好并解决中国问题。

我们曾认为，要是探索性会谈破裂，或拟议中的正式谈判失败，近卫公爵就会被迫引退，继之而来的就将是军事独裁，而不会是文官政府。会谈还没有破裂，从这个事实来看，与上述预测相关联的条件并没有出现。我们觉得，前政府辞职的动机应该是：近卫公爵相信，美国政府若是与一个得到陆军支持、处在支配地位，即能决定大政方针，从而具有权力的首相打交道，而不是同一个中间人交涉，日美会谈就会取得较快的进展。尽管不出所料，接替近卫首相的并非文官，而是一个军人，但有迹象表明东条内阁愿意按上述政策继续会谈。这就意味着，给东条内阁戴上军事独裁的帽子，认为它的任务就是要加紧推行势必引起日美武装冲突的政策，那就未免太轻率了。

重要的是，我们应该看到东条将军与日本以往的军人首相有别，他不是退役军官，而是一个现役大将。这就是说，最近若干年来，日本陆军第一次为日本政府的政策和行为公开承担责任，以前它是坚决不肯的。由此又可以推想，东条将军既保有现役军衔，就必能对陆军中的极端分子施加较大程度的控制。

我有个馆员曾在莫斯科结识新外相东乡先生，近几个月来又在东京与东乡先生的夫人和小姐见过几次面。他告诉我，新外相当驻苏大使时颇受苏联政府敬重，被视为近年来日本派往莫斯科的使节中最受欢迎的一位。据可靠的人说，东乡先生曾主持日苏间在莫斯科进行的旨在签订一项政治条约的会谈。由于主持得很好，1940 年秋他被解职时，苏联政府曾明确表达失望的态度，还为他饯行，给予他异乎寻常的礼遇。此外，不要忘记，去年有一批外交官被松冈解除第一线职务，东乡先生亦在其中。据信，解职的原因是，他不赞成松冈所推行的那种极端的外交政策。

日本官方通讯社——同盟通讯社刚才发表声明，大意是，由于近卫内阁已经定下了日本的根本国策，东条内阁将不另定新政策。

评外务次官西春彦

1941 年 10 月 22 日

今天报上宣布，西春彦被任命为外务次官。西春彦近年来专管苏日关系，两度被派往莫斯科执行任务。在那里他与东乡共事，东乡之所以挑选他，无疑是因为个人关系，现在外务省的两个枢要职务俱由这两个人担任了，他们都有处理对苏事务的直接经验，且均被认为是对苏友好的人士。我认识西春彦这个人，也很喜欢他，他并没有多大学问，也没有什么杰出的才能，但大家都觉得他为人正直，可以信赖。他接替的是天羽的职位。

"妥协、妥协、再妥协"

1941 年 10 月 24 日

有个日本朋友对美日会谈发表了一些意见。他主张，美国应同日本发表一篇联合宣言，声称美国无意"渗透"印度支那。他还如往常一样地说，美国如要会谈取得进展，必须妥协才行。我严肃地回答，指出没有妥协的余地，并且说明，发表他所建议的那种联合宣言简直是荒谬绝伦。我给了他一份我9月1日写给某某人的长信的副本，请他阅读、做记号、记住并深刻领会其内容。我虽然很喜欢这位朋友，但很难和他辩论，因为不管你讲什么，他总是又回到他原先的论点，要我们妥协、妥协、再妥协。

天皇是如何干预决策的

1941 年 10 月 25 日

有位给我们提供情况的可靠的日本人士告诉我，就在近卫内阁倒台前，天皇曾召集枢密院和陆海军的要员开会，问他们是否准备推行一种保证不会同美国爆发战争的政策。参加会议的陆海军代表皆不回答。于是，天皇便讲起他祖父明治天皇实行过的进步政策，并破例命令陆海军要服从他的愿望。天皇的立场既如此明确，那就需要挑选一个能够有效地控制陆军的人来当首相，东条将军就是这样受命组阁的。东条依旧是现役军官，同时又负有责任，要尽力使当前的日美会谈取得成果。

提供情报者向我强调指出，日本各阶层，特别是现在的政治领导人，都有一个愿望，即日美关系必须实现调整，怎么做都行；日本报刊最近的反美论调、亲轴心分子和某些派别的过激言论并不代表这种愿望。关于这点，他又说新外相东乡先生接受这个职位，其具体目标就是要尽力完成当前的会谈，若达不到这个目的，他就辞职。这已是不言而喻的了。

日本领导人大都认为，与美国达成谅解的主要障碍是日军撤出中国和印度支那的问题，但他们又都确信，如果美国不那么坚持，一定要全部日军立即撤出这些地区，置日本于十分为难的境地，那么部分撤军还是办得到的。

这位与最上层有联系的报信人还说，现在的形势和日本现存的政治体制是十年来第一次使日本的政策和行动有转变方向的可能。

华兹华斯时代的英国和丘吉尔时代的英国

1941 年 10 月 27 日

一百三十五年前，普鲁士覆灭后，仅剩英国孤悬海外，独自对抗着拿破仑独霸下的欧洲之时，华兹华斯①写道：

---

① 威廉·华兹华斯（William Wordsworth，1770—1850），英国诗人。拿破仑主宰欧洲大陆时（1804～1814 年）曾对英国实施封锁政策，英国则处于孤立状态。

又是一年！又一次致命的重击！

又有一个大帝国被打倒了！

我们没有盟友，也可能不会再有盟友，

我们是敢与敌人斗争的最后一个国家！

那好吧！从此我们明白：

能保卫自己的只有我们自己；

凭自己的右手打败敌人；

靠自己站稳脚跟，要不然就趴下！

据英国《重击》（*Punch*）周刊的报道，1940年又有两个老水手以散文的形式表述了同样的心境，一个望着英伦海峡对面仍硝烟弥漫的法国北部港口说："嗯，现在只剩下我们了。"另一个答道："是啊，我们共有四亿个血肉之躯。"

德国人对东条内阁的反应

1941年10月29日

下面是某国驻东京使馆人员搜集的材料，描述了这里的德国人对当前政局的反应，据信相当可靠。

德国人对新内阁并不热情。近卫公爵一辞职，他们就以为一定会成立一个力主参战的内阁，但新内阁使他们大失所望。新内阁就职后，又马上逮捕了两个德国人，这就更给他们泼了一盆冷水。

464　　一旦美德开战，日本将做何反应，自大使以下的德国人都感到捉摸不定。他们把日本人看作不能信赖的机会主义者。

德国人现在主要是尽力挑拨日本人进攻苏联。德国商界的重要人物最近被德国大使馆叫去，并被告知，尽管生意清淡，他们的薪水仍将照发，条件是他们应自视为德国政府的代理人。他们的特定任务是在日本人当中散布流言，怂恿日本人既反对美日会谈，也反对俄国，鼓吹现在正是进攻俄国的最好的时机。德国人这样做，据信是反映以下两点：①德国统帅部急切希望赶快打垮俄国，特别是因为在冬季战役中，德军的冬装很难供应得上；②希特勒本人想转移日本对荷属东印度群岛的注意，他自己想要这个地方（不过，为了牵制民主国家，德国又想怂恿日本"南进"，因此要是没有第一点，第二点就会被抵消）。

这时，在德国侨民中则继续搞战备，德国陆军武官除从事某些航运活动外，又在东京德国会馆组织战前训练，所有适龄德国人每周都须参加一次。据摇传，德国人还打算成立一支"自由军团"，一旦日本参战，即与日军并肩战斗。

这里的德国人一般虽仍保有胜利的信心，但对时局的某些方面也还是担忧，例如俄国战场伤亡甚大，德国国内粮食不足，美国可能参战，特别是法国时常发生的刺杀和处死人的事件，给他们留下深刻的印象：所谓的"新欧洲"并不太平。

有个一向可靠的人给我们提供了下述情报：

　　由陆海军联合占领泰国的详细计划已拟订完毕。计划以德国攻打比利时和荷兰的作战方案为蓝本。要求用空降部队和伞兵同时占领所有机场、港口和战略要地。二百五十架运输机集结在台湾和海南岛，或者准备着随时调用。只要一声令下，即可执行此项计划。

东乡外相接见各国使节

1941 年 10 月 30 日

465 　　今天下午 3 点，东乡新外相分别接见各国大使，公使则将在明天被接见。候见时区别对待：英国一边的使节、德国一边的使节、中立国使节分在三个不同的等候室。我是外交团团长，又是最先到的，却被引入一个小小的休息室，那个我们常在那里聚会的大客厅无疑是留给轴心国使节了。我看见驻日年资次于我的阿尔塞纳 – 亨利驱车到来，但没有进我那个房间；我不知他们到底把他归入哪一类。克雷吉没有来，因为昨天他已被外相紧急约见，不过可以想象，我们定会被划在一起。

　　一进外相的房间，迎面就是一列常见的排得密密的新闻摄影机和电影摄影机，我与外相合影，只用了几分钟。此后，这些摄影记者便被"嘘"的一声赶出去了，因为只准他们拍摄外交团的团长。翌晨，《日本时报和广告报》照例登出我们这张照片，大大地放在头版。对此，他们亲爱的盟友奥特将军恐怕会不大高兴吧。

　　丰田将军与东乡多么不同啊。前者轻松愉快，非常友好，谈正事前总要先开开玩笑；后者则冷漠无趣，毫无笑容，沉默寡言。东乡的英语说得还可以，但声音太低，谁也听不明白，我则更是一脸茫然，他要是用个译员，我反倒高兴。加濑和我坐在一张沙发上，他口齿清楚，英语又极好，所以我不会有什么听不见的。尽管白忙一场，我还是怀念自己和丰田将军实在而愉快的交往。丰田是那种无论所办之事如何麻烦，但你总是乐于与其打交道的人。

　　交谈时，东乡先生说道，几年前他在外务省时，美日关系已经不大妙了。自那时以来，每况愈下，终于恶化到今天这种地步。若再恶化下去，就充满极大危险。谈到从春季持续到现在的日美两国政府非正式会谈时，外相声称希望会谈仍继续下去，并能毫不拖延地顺利结束。他请求我合作，共同实现这个目标。

466

东乡先生说，为了取得进展，美国应当正视某些现实和事实。他随即举日本在中国驻兵为例。他说，别国现在也仍有军队驻在中国的某些地区，例如外蒙古就驻有苏军。外相没有再提到预备会谈，只是说，他希望在适当的时候再和我谈谈。

我先请外相相信，自己也很想跟他合作，接着向他说明，我们国务卿希望会谈仍在华盛顿进行，因为总统对会谈十分关心，而且还会积极参与。不过，在东京举行平行会谈也是有帮助的，可以提供一个互相核对的机会，使美国政府的意见得到较完整较准确的了解，所以在过去一段时期，我常常将国务院直接电告我的有关华盛顿会谈的内容转告外相。之后，我便把国务院通报 10 月 24 日副国务卿与若杉先生会谈的来电的释义交给东乡先生。

我对东乡先生说，外相当然不可能——亲阅美国大使馆致外务省的函件，所以我以前总是把特别重要的信件另送丰田将军，请他亲自关注。这个做法是得到他允许的。东乡先生同意我继续这样做，这次会谈到此结束。

告辞时，加濑先生对我说，他已被任命为外务省美洲局第一课课长，乐于充当外相和我之间的直接渠道，只要我愿意。我感谢加濑先生，并提起我们以往的交情，又对他说，再次见到他在我和外相的会谈中发挥译员的作用，我很高兴。

驻日大使呈送国务卿的报告

（摘要）

（国务院所记原稿的大意）

东京，1941 年 11 月 3 日

大使向赫尔国务卿及威尔斯副国务卿汇报如下。

他引用《东京日日新闻》11 月 1 日的社论（已以同日第 1729 号电报呈报），又称该报还在"帝国濒临最大危机"的头号标题下发表了一条来自纽约的专电，摘要报道了据说是日本大使馆交给《纽约时报》的一篇关于必须结束美日经济战的声明。据信，所引社论和评语都是当前日本人情绪的准确反映。

大使引述了许多电文，那些都是他数月来对日本国内影响政策的一些因素的分析，并表示他已没有补充，也不想进行什么实质性的修改。他认为，以下述各点来观察现状和最近将来的局势，也许就可以对日本的立场做出一个结论性的判断。

（1）日本不可能把日本或日中冲突同欧洲的战线及其变动分割开来。

（2）日本的政治思想，从中世纪思想到自由主义思想，应有尽有。因此，其公众舆论是一个变量。任何一派思想占优势，都可以随时对国外事件和形势的冲击产生决定性作用。（民主国家则不然，由于影响和指导外交政策的原则同属一类，由于引起意见分歧的多半只是方法而非原则，舆论形成的方式则有所不同。）例如，去年德国在西欧大获全胜，随之而来的便是亲轴心国分子在日本得势；后来德国未能入侵英国本土，又让日本对德国的最后胜利产生怀疑，而这个因素又有助于增加稳健派的力量；最后，德国进攻苏联，推翻了苏德将保持和睦的预估，这又使日本人认识到把日本拖进三国同盟的人其实犯了大错。

（3）近卫公爵力求调整日美关系，并希望借此来促成与中国媾和，东条内阁也答应继续这样做。从这里可以看出，他们是想纠正1940年的错误。如果此举失败，如果德军继续得胜，那么日本就会同轴心国结成最终的、更紧密的联盟，这在意料之中。

（4）美国许多第一流的经济学家都推断，由于财力物力有减无增，以致最终枯竭，作为军事强国的日本很快就会崩溃，但驻日大使馆从来不相信这种理论。这类预测是不自觉地以一个假定为根据，即日本必优先考虑保持资本主义制度。没错，日本的商业大部分的确已遭重挫，工业生产量锐减，国内资源消耗殆尽，但他们预言的那种结果并没有出现。相反，使国民经济一体化的计划已在严格实施中，若不是如此，日本就真会如预言的那样崩溃了。由此可见，至此刻为止所发生的一切并没有证明那种推断，即对日继续实施禁运便是有效的，必要时还能进行封锁（有人提议过），这样就可以避免在远东作战。

大使谈到他1940年9月12日发的第827号电（报告日本军部把德国在欧洲得胜所造成的形势视为扩张的"绝好机会"）。他的电报是在这种情况下发出的：当时美国若采取和解措施，看来既不明智又徒劳无益。电报中建议的强硬政策随后即为美国所采纳。这种政策，加上世界政治事件对日本的冲击，迫使日本转而谋求与美国和解。大使推断，谋求和解的努力如果失败，日本的钟摆就可能再次摆回以前的立场，甚至可能摆得更远。这又会导致日本进行他所称的全力以赴的殊死斗争，以顶住外面的经济封锁，宁冒民族切腹的危险，也不向外国压力屈服。据每天在感受日本国民气质和心理的观察者的认知，毫无疑问，这种事故不仅是可能发生的，而且几乎是一定会发生的。

469　　若认真研究日本人的性格和气质，就会明白：逐步加紧实行严厉的经济措施即可避免战争之说完全是一个靠不住的假设。根据这个假设来考虑美国的政策和措施是危险的。据大使馆的意见，采取这一方针并不能避免战争。不过，每种观点只是一家之言。因此大使馆也认为，把任何一个观点定为绝对正确，并据以确立政策，都是违背美国国家利益的。这也是本末倒置。根本问题在于，如果国防的第一线，即外交工作失败，与日本开战是否符合美国国家的目标、政策和需要。这显然是首先要决断之事，因为只有在这个决断的基础上，罗斯福政府才能够奉行一种尽量不会因摇摆不定、见风使舵、意见纷纭诸因素所影响的大政方针。大使并不怀疑，由于一经做出便不容轻易改变，这种决断一定已经过充分讨论并且落实，因为剩下的时间已经不多了。

大使特别强调，他在对这个重大问题发表上述议论时，并不了解政府的意图和想法。他的意思并不是说政府正在实施一种考虑不周的政策。他也并不是想主张美国对日本实行"绥靖政策"，或者从作为指导和调整国际关系包括美日关系的基础的根本原则后退一丝一毫。方法可以灵活，在原则问题上却绝不能妥协。日本有可能贸然对美国发动自杀式袭击，大使的目的只不过是要防止美国因误解这一点而遭到日本袭击。诚然，若遵循正常的治国安邦之道，日本是不会采取那种行动的。然而，不能用美国的推理标准来衡量日本。

大使认为不必过分担心目前日本报刊的好战腔调和报道内容（几年来都在猛烈攻击美国，时起时伏）。但他又指出，日本显然已有准备，一旦和平计划失败，便执行另一个计划。如果对这点估计不足，就是短视。他还说，认为日本的备战不过是炫耀武力，目的只在于给日本的高压外交以精神支持，并根据这种看法来制定政策，也同样是短视。日本的行动，不仅会使日美武装冲突变得不可避免，也许还会是危险的、戏剧性的突然爆发。

470

民族切腹大有可能

1941 年 11 月 4 日

我对日本国内涉及美日关系的一般情势的看法，已在 11 月 3 日电报中说过了。如果爆发战争，我希望历史不要忽略这封电报，尤其不要忽略那几句话：如果我们的和平努力归于失败，日本为了使自己不受外来经济压力的损害，也许就要全力以赴地殊死斗争，甚至不惜实施民族切腹。在最近的日子里，我们与此类气氛直接接触者都能认识到，这不仅是可能的，而且几乎是一定会发生的。对于日本的逻辑规范或理性，无法用任何西方的计算尺度来衡量。有些人以为，我国的经济压力并不会把日本推向战争。若以这种想法来制定政策，将是危险的。和平计划一旦失败，日本就要打仗，它已经准备好了。无视或低估这点，或把此类备战行为仅视为日本在外交上的虚声恫吓，都是目光短浅的。日美间的战争可能会危险地、戏剧性地突然爆发。那封重要电报已永远记录在册。

来栖准备起程赴美

1941 年 11 月 4 日

中午 12 点 10 分，加濑来访，传达外相的话：外相要派来栖赴美协助野村将军进行会谈，但美国的航班定于明晨从香港起飞，他要是赶不上这一班而搭下一班，须等两周，那就太晚了。"出于技术性原因"，他必须在 13 日以前——这当然是指必须在 15 日日本国会开会以前——到达华盛顿。如果航班不能停两天等来栖，而是先飞往香港，那么就只能让来栖先飞塞班岛，然后乘驱逐舰至关岛，在那里赶上班机。我很清楚，我国政府是不会欢迎第二个计划的。

杜曼打电话到华盛顿给马克斯·汉密尔顿（Max Hamilton）。一定是汉密尔顿工作得力，因为几小时后他就来电话说，一切都安排好了，航班飞离香港的时间将从 5 日延至 7 日。我立刻用电话告知东乡，他似乎高兴极了。

晚上 9 点，来栖因为将于明日清晨动身，前来辞行。他说，昨天下午东乡才把使命交给他，当时他感到惊讶。此后他一直在研究有关会谈的文件，这才明白自己碰到了一个难题。他说，自己此行只是要为会谈增加一个新观点，并尽量设法达成协议。看样子他口袋里并没有什么具体的新方案。假如飞机上能多找到一个座位，他还想把外务省美洲局的结城带去当秘书。

以前与石油公司进行长期谈判时，来栖曾任外务省通商局局长，后来先后在罗马和柏林当过大使，签订三国条约的就是他，但我没有理由认为他现在对纳粹德国比对美国还好。他的妻子是美国人，女儿弥惠是埃尔西的好朋友。我们进行了坦率的长谈，听我讲美国的立场时，他没有激动，只是平心静气地阐述日本的立场。追溯到币原外交时代以及币原外交失败的原因时，他提到中国人皆把这种外交看作软弱的表现。

日本新闻界破坏会谈

1941 年 11 月 5 日

《日本时报和广告报》今天发表一篇恶毒攻击美国的社论，列举美国应当主动采纳的七点，作为向日"赔偿损失"的方案，内容如下。

472

（1）停止所有外国对重庆政权的一切军事和经济援助。停止军事代表团现在试图使重庆继续同日本作战或保持内乱状态所做的宣传。

（2）完全不干预中国与日本进行的交涉，以求结束战争，建立经济合作。美国可以劝重庆政府与日本议和。

（3）停止用陆海空军基地和经济壁垒来包围日本。不再以国防为借口在西太平洋调动陆海军。

（4）承认日本的大东亚共荣圈和日本在西太平洋的领导地位，对"满洲国"、中国、印支、泰国、荷属东印度及其他国家和保护国各自与日本建立政治经济关系，不加任何干涉。

（5）如果"满洲国"希望得到承认，即应采取显属必要的步骤来予以承认。它是一个由皇帝当政的国家，已经存在了，任何人也无法改变这个事实。即便没有伟大政治才略，只要稍有政治常识，就应该明白理应给予其外交上的承认。

（6）立即无条件停止冻结日本和中国在美、英、荷属东印度及一切实行此项挑衅性措施的地方的资产。

（7）恢复通商条约，取消对航运和商业的一切限制，废除一切借和平之名行备战之实的恶劣措施，无论是经济上的还是军事上的。

昨晚将近午夜时，美国新闻记者预先被告知将发表此社论，他们立即赶回各自的分社。据我了解他们已将社论全文逐字电告美国，此文一到，定会成为美国报纸的头版新闻。假如有什么东西能使美日达成协议的希望全成泡影的话，那恐怕就是这篇社论了。谁不知道这家报纸是日本外务省的机关报。我想美国人民将不会赞成再进行争取和解的努力。这种烂文章既令人泄气，又愚不可及。它即使不预先就毁了来栖的使命，也对他绝无任何好处。

这件事最能说明日本人的幼稚：他们希望也需要同美国达成谅解，却在为此继续努力的时候，仍不断在他们的报刊上发表这类充满敌意的文章，这些文章只会使谅解成为不可能。当然，文章在一定程度上是写给本国人看的，表示他们是多么爱国，但同时也是想恐吓美国人，特别是那些孤立主义者及和平主义者，迫使美国政府按日本的条件与日本妥协。日本报纸将美国孤立主义者的言论用大标题展示在头版，无怪乎日本国民皆以为孤立主义者是代表美国舆论的多数派。日本照例追随它的德国盟友，总是错估外国人的心理，尤其是英美人的心理。

对华盛顿会谈能取得什么进展，我几乎不抱什么希望，但如果谈判之门能够继续开着，避免彻底破裂，也许我们还能渡过难关。直到德国及其军事力量的必然崩溃开始显现，那时问题将会逐渐自然解决，目前最乐观的设想也只能这样了。

10月31日《日本时报和广告报》又发表了一篇非常恶毒的社论，煞有介事地说，作为以《租借法案》向重庆提供援助的交换条件，美国曾提出实际上相当于以中华民国为"抵押"的要求：①取得保有和利用中国四个未指名的海军基地的独占权，战后亦将保持此种权利；②由中国采取经济措施，如取消贸易限制、无差别地听任外国使用原料等，其结果实际上将造成美国在经济上统治中国。社论说，这些"要求"，是马格鲁德代表团倚仗武力提出来的，已为重庆政府在原则上接受，作为商讨的基础。

社论指出重庆政府并不能代表中国，又以所谓美国的"要求"与日本对华方案那种"合作""互惠"的性质相对照，最后下结论：由此可见，按《租借法案》给重庆提供的援助，并不是要帮助"贫穷的中国"，而是在增加美国的财富。

我对国务院说，一般而言，对日本报纸这类虚妄恶毒的攻击，我觉得最好的办法是不予理睬。不过，我认为这篇社论所提出的指责非常重要，不能听之任之。我问国务院可否准我发表一篇否认的声明。国务院答道，它赞赏我不理睬那些错误言论和攻击的克制态度，但这次情况特殊，授权让我发表否认的声明。因此我写了下面这封信，11月5日，《日本时报和广告报》在"美国大使馆辟谣"的标题下把它登出来了：

474

编辑先生鉴：

虽然对于报刊上出现关于美国政策和行动的错误报道，美国驻日大使馆公开予以关切并非常例，但 10 月 31 日《日本时报和广告报》社论提出的指责性质特殊，在目前情势下，大使馆不得不为此破例。

据社论说，美国曾在重庆提出一些要求，若被接受，就会把中国变成"抵押品"。详言之，这些要求是：①取得保有和利用中国四个未指名的海军基地的独占权，战后也将保持此类特权；②中国将采取某些经济措施，其结果实际上会使美国在经济上统治中国。

美国大使馆正式发表声明，这些指责是没有事实根据的，完全是子虚乌有的。

东乡和重光尚可理喻

1941 年 11 月 7 日

在今天苏联大使馆庆祝国庆的招待会上（它是现在唯一还在举行这种招待会的使馆），对于上述《日本时报和广告报》的社论，即列出七点作为美国向日本"赔偿损失"的方案的那篇社论，凡有跟我谈话的日本人，我都乘机向他提出最强烈的抗议，并指出这篇社论造成的危害是如何严重，特别是在来栖衔命赴美、力求胜利结束当前会谈的这个时刻。我说，当前大家都在盼望得到建设性而非破坏性的结果之际，舆论却制造敌对气氛，又给美国公众留下恶劣印象，真是愚蠢极了。
475 我坦承自己并不是妄加干涉日本的舆论，只是想如实地指出，众人皆知《日本时报和广告报》是受外务省控制的，社论自应是代表日本政府的观点，这类社论在美国翻印出来，必然会产生很坏的影响。

外相东乡对社论似乎毫不知情，声称肯定不是外务省授意写的。不过，他答应调查，并且马上就把该社社长乡敏叫来，把我的话告诉了他。我也和乡敏谈了。他说，社论应由他一人负责，是他自己写来说明日本的最高要求的，这些要求肯定要比政府在会谈中提出的要求高得多。我说，他也许还不知道自己已经造成多大的危害。别人告诉我，乡敏反对秘密会谈，他发表这篇社论就是对这种秘密状态的抗议。

我也和重光①谈了，他完全同意我的意见，并表示他将尽力制止这种事。同盟通讯社主编松本②则向我保证，日本报刊的调子和内容即将有所改变。他很守信，报刊的论调果然立刻就有了好转。看来我的激将法相当成功，他们全都行动起来了。在苏联大使馆的那次聚会显然很有用。

后来再访东乡时，我又重申上述抗议。他答道，外务省从来没有控制过《日本时报和广告报》，但若从现在起能加以控制也是件好事。不管乡敏怎么说，社论仍说不定是外务省指使写的。有个给我们提供情报的人说，乡敏的确是奉命而写。不过，我想若真是如此，那多半是部下瞒着外相干的，我相信外相的确是一点也不知情。

也许我过分强调了社论对美国公众的影响，但我猜测它一定已成了美国报纸的头版新闻，因为广播评论员总是大谈

---

① 前日本驻英大使，1943年4月继东乡任外相。——作者注
② 松本重治（1899—1989），祖上有日本著名实业家松本重太郎与元老松方正义。曾作为同盟通讯社的记者常驻上海，著有回忆录《上海时代》。战后，参与创建了日本美国学会。

476　这件事。

　　讲到宣传问题时，我发现当年詹姆斯·加勒廷（James Gallatin）（我正在重读他那引人入胜的日记）在《根特条约》①签订前尽力促使英美两国媾和时的情况和现在非常相似，而且很有趣的是 1814 年 4 月 21 日，他从伦敦寄了一封信给陆军部部长威廉·H. 克劳福德（William H. Crawford），信里写道：

　　　　他们（英国人民）期待"惩罚美国"。美国有什么正当理由要和英国打仗呢，他们连想都没有想过。他们是这样看的：美国以为波拿巴正在得意，英国则危在旦夕，所以赶在此时与他合作，希望趁火打劫。这里的大多数人普遍有这种看法一点也不奇怪，为了取得这种效果，从而使对美战争得到民众的支持，英国政府认为最好的办法是翻印和传播美国联邦党的言论和报纸。如果说皮克林（Pickering）、昆西（Quincy）、斯特朗（Strong）、汉森（Hanson）等人②未能把绝大多数美国人民争取到他们这边来，至少在这方面他们倒是完全成功了，没有费什么力气就使得那些从政治刊物上了解消息的英国人确信，美国（加入 1812 年的战争）并不是有什么缘由，只是充当波拿巴的盟友而已。

　　若把皮克林、昆西、斯特朗、汉森等人的名字换成当今美

---

① 结束 1812～1814 年英美战争的和约，1814 年 12 月签订于比利时的根特。加勒廷是当时谈判和约的美方代表之一。

② 皆为 1812～1814 年英美战争期间反对美国与英国开战的美国政治人物。

国的孤立主义者，相似之处就很明显了，因为日本报纸头版大
登特登的正是这号人物的言论，日本人自然就把他们假定为绝
大部分美国民情的代表者。

总统今天说，美国政府正在考虑撤走现正驻在北平、天津
和上海等中国口岸的美国海军陆战队的问题。

日本为何宁可静观而不愿与俄国开战

1941 年 11 月 7 日

关于日本可能进攻苏联远东各省的问题，其真实计划如
何，显然无从得知。

只能说，自东条内阁成立以来，毫无迹象表明，进攻苏联
是该政府最近的意图之一。最近出现的一些尚难确认的迹象显
示，东条内阁反而试图与苏联政府保持正常关系，也许还希望
利用苏联目前的处境，通过谈判来满足日本的某些要求，特别
是在苏联的对华政策方面。外相和外务次官两人都有与苏联政
府进行善意协商的直接经验，从这个事实也可以看到日本在这
方面新近意图的一些蛛丝马迹。

人们已经注意到，自新政府成立以来，新闻界对苏德战争
的态度一般比以前慎重和客观。10 月 13 日《东京日日新闻》
的社论提到苏日关系中某些悬而未决的问题，并评论道，虽有
日苏中立条约，苏联却仍继续支援蒋介石。这种态度对改善两
国关系是一个障碍，因此请求新外相利用现在的机会解决这些
问题。此外，素称有外务省喉舌之称的《日本时报和广告报》
前两周撰文评论德苏战争时，已大体上倾向于强调这样的观
点：即便包括莫斯科和列宁格勒在内的俄国欧洲部分全落入德
国人之手，苏维埃政权也并不会垮台，因为苏联政府还拥有充

477

足的人力物力和工业基地，可以继续打下去，另外还有英美通过西伯利亚提供援助。

如果苏维埃政权有任何即将瓦解的征兆，形势显然就会顿时发生变化，但仍有迹象表明，至少在今后一段时期内，日本将在苏联远东国境线上保持过往的静观态度。据现有的最可靠估计，日本在满洲的兵力为 50 万至 80 万。在老练的军事观察家看来，这支军队用以在苏维埃制度崩溃后西伯利亚处于解体状态时进行袭击则有余，用以在远东苏军保持原状的情况下对西伯利亚发动正式进攻却不足。

据说有艘叫"气比丸"的日船被苏联水雷击沉。① 到目前为止，报上还没有企图利用这个事件的任何迹象，日本的反应只限于向苏联大使抗议，但根据上面的分析，要判断此事会对苏日关系产生什么影响还为时尚早。这次惨案是在日本多次指控苏联在日本附近水域布有浮动水雷之后发生的。

日本新闻界谨慎了一些

1941 年 11 月 8 日

上周，日本报刊仍有许多专论美国和外交政策的文章，照样大放厥词，但从今晨的报纸来看，那种连篇累牍的恶骂却好像突然停止了。这点变化很有意思。除《都报》有一篇评来栖出使和日美会谈的社论外，其他报纸都只限于评论一些在我们看来实属无害的问题。

---

① 1941 年 11 月 5 日，日本客货船"气比丸"在朝鲜半岛清津港东南水域触苏联水雷沉没，造成一百五十六人死亡。

丘吉尔保证立即宣战

1941 年 11 月 11 日

丘吉尔发出声明："如果美国卷入一场对日战争，英国随之立刻就会对日宣战。"英国首相这种无条件的、不给日本留丝毫幻想余地的声明，听来令人高兴。

"狗一受惊就会狂吠"

1941 年 11 月 13 日

这个星期《日本时报周刊》的社论头一句就是："日本和法属印度支那间正在实行的政治经济计划，提供了一个日本关于共荣圈的思想的横断面。"印度支那的现状如何，日本今天对印支的控制是用什么方法得来的，我们已经知道了。现在日本又明确承认了自己的计划如何，听来真是使人神清气爽。

479

日本人的天真实在是惊人的。他们总是爱用一些冠冕堂皇的公式和口号来掩饰自己的企图，意在使他们的计划带上最纯正的正义性，甚至用来自欺欺人，使他们自己也真的相信自己的所作所为全是正义的。"大东亚新秩序""东亚共荣圈"及其"永远不变的"政策等就是这样来的。前几天有个日本朋友对我说："日本人本来还是小孩，应被当作小孩对待，你们却视之为成人，待之如成人，你们英美人的毛病就在这里。一句鼓励的话，一点鼓励的表态，就可以使他们产生信心。德国人懂得日本人的这种心理，并利用了这种心理，收到了显著的效果。"我还可以顺便说一点：假如真是这样，那就算我平生第一次了解到德国人也懂得外国人的心理。

当我说到日本报刊、撰文者、演说者的恶意言论贻害无穷时，这位朋友答道："狗一受惊就会狂吠，越吓它，它叫得就越凶。今天的日本人都处于惊恐中，就连军人也一样。不要理睬日本新闻界。"

我只得对这位朋友说，如《东京日日新闻》那样重要的报纸竟然也在前几天发表文章，说美国的行为"犹如一个娼妓在阴暗的角落窃窃私语"。让一个美国人和美国人民连这都不要计较，就有点难了。

东条在国会致辞

1941 年 11 月 16 日

今晨我参加了有天皇驾临的国会开幕式，使馆人员特纳和费尔里陪同前往。轴心国外交官大批出席，中立国使节来了几个，克雷吉没有来。加拿大和澳大利亚的代表同我商量过，他们都来了。我知道，如果自己缺席，就会被人注意，而且没有什么理由要让轴心国使节独占会场，或造成一种印象，认为我觉得日美关系已处于危急状态。在天皇面前，尤其不应留下这种印象。在接待大厅中，大家仍聚在一起，我也照例同德国大使奥特、意大利大使因代利（Indelli）握手，但在外交官专席上，我们却首次被分开了：在式部官长大久保的小心引导下，土耳其、泰国使节和我在左边坐下，德国和意大利大使则移到右边就座。大久保护卫着外交团，眼睛很尖：他赶走了一个人，因为那人只穿短上衣而没有按规矩穿晨礼服；还有个来给上司当译员的，因为名字不在外交官名册上，也被他发现并赶走了。

第二天是首相和外相演说，我们使馆有四个人坐在外交官席上。东条讲完后，我们的海军武官史密斯－赫顿（Smith-Hutton）探过身去对我馆秘书本宁霍夫（Benninghoff）耳语道："还好，他总算没有宣战。"《朝日新闻》评道：

> 有四位美国使馆人员第一次出现在贵族院的外宾席上，首相在院里发表首次施政演说。首相的讲话结束时，雷鸣般的掌声响彻全场，往常在这里，即使是最好的演说也没有人鼓掌。美国使馆这四个人突然乱成一团，交头接耳，随后又都大摇其头。此种举动究竟是何用意，谁也不晓得。外宾席上其余的人都凝视着他们。

首相和外相的演说主要是讲给本国国民听的，但传到我国也不会留下好印象，尤其是东乡提出的要与美国达成谅解的三点内容。这三点是：

（1）如何顺利结束中国事变，日本自有考虑，第三国不得阻碍；

（2）帝国周围的国家不仅不应对本帝国施加直接的军事威胁，而且应取消经济封锁之类的敌对性措施，与日本恢复正常的经济关系；

（3）应竭力防止欧战和各地动乱波及东亚。

这就是日本"永远不变的"政策。

和平能否维持，取决于美国

1941 年 11 月 18 日

今晨《日本时报和广告报》的社论有这么一段：

481

　　正如格鲁大使所言，日美间有数以百计悬而未决的问题。但在目前这个时候，最关键的似乎是美国政府应该认识到给予日本安全感的极端重要性。美国联合英国、荷属东印度、澳大利亚和中国重庆国民政府，在日本周围设下以海空军基地连成的巨大的包围圈，构成了对日本帝国的直接威胁。这种战略形势存在一天，日本就一天不会有安全或安稳的感觉。如果美国希望世界的这部分地区不要再有战争，就应该懂得，解决全局的钥匙就在它自己的手中。

　　这种观点在这里很有代表性。威胁别人的永远是美国；潜在的侵略者永远是美国，绝不会是日本。接着，又推论出：美国完全"误解"了日本构建新秩序和共荣圈的和平用意，"包围"（纳粹德国也很爱用这个词）无辜无害的日本，这才导致双方不可能调整关系。

重新考虑近卫公爵

1941 年 11 月 21 日

　　常常想到在近卫公爵内阁倒台时我回复他的那封信，特别是信里说到他为国操劳、功绩卓著的那段话。这话也许会受到某些人的挑剔，他们会指出正是他本人导致国家陷入困境，包括与轴心国结盟在内，都是他领导的结果。这些我全都承认，但我觉得这一切更应该归咎于松冈的恶劣影响，松冈的过错要大于近卫本人，因为近卫还得应付军部和极端分子。

　　我之所以提到他的功绩，主要理由是只有他还想扭转车头，而且为此努力不懈、无所畏惧，甚至愿冒生命危险，事实上他也几乎丧命。不管他以前在指导日本政策上犯过多少错误，他至少是有理智、有勇气去承认错误的，并且试图把他的国家引上与美国修好的新方向。我认为，单凭这一点，他已应得到某种程度的善意对待。在华盛顿会谈期间，正值日本入侵印度支那，不是生活在日本的人、不了解日本国内充斥着各种势力和压力的人，实在很难理解近卫的处境，但我理解，所以才会在信中讲到他的功绩。假如我再来写这封信，我不会改掉那段话。

482

来栖：德国对他赴美深感不安

1941 年 11 月 20 日

今天是感恩节。在美国联合教堂做礼拜，为让我们能在中午 12 点参加埃辛 - 泰克的婚礼，礼拜提前在上午 10 点半举行。克雷吉、奥菲瑟（Officer）、波利蒂斯、福尔托姆（Forthomme）夫人等外国人士也来参加礼拜，意在对我国表示感谢。阿克斯林（Axling）博士做了很好的讲话，我听完很受鼓舞，非常高兴，但没有料到他要讲那么长，克雷吉和我们只好在礼拜结束前退场。照例读了总统的感恩节公告。柏林来电颇有趣，称来栖赴美，日本驻德大使馆深感不安。有怨言称，大岛大使向德国人坚决表示，不管华盛顿出什么事，日本都将一心一意地推行其"南进"政策。听说大岛认为，在目前这个时候，日本若进攻荷属东印度或滇缅路，美国不会采取什么行动来阻止，所以现在的形势比将来有利。

纳粹分子正尽力使在柏林的日本人认为德国在俄国战场上的胜利是决定性的，大岛的这些看法可能正反映了这种情况，但也很可能是由于大岛深知，日本的政策如果真转向稳健，那么他自己在柏林和东京都会陷入窘境。大岛将军在思想上属于白鸟派，是个彻头彻尾的亲纳粹分子。

美国的十点建议传到日本

1941 年 11 月 29 日

483　我国政府已将调整远东全局的十点建议草案提交日本当局。这是一个客观的、宽宏大量的、有政治眼光的文件。这个文件几乎给了日本它自称一直在为之奋斗的一切，只要它不再实行侵略政策即可。采取这种新方针，它就可以不受限制地获得必需的原料，自由地进行贸易和通商，得到财政上的合作和支援，资产冻结令也将解除，并且还有与美国商订新商约的机会。如果它仍想在政治和经济上宰制东亚各国（美其名曰"东亚新秩序"和"东亚共荣圈"）——日本极端分子大都确有此意——如果它动用武力推行"南进"政策，很快它就会同 ABCD 四国处于交战状态，那就会必败无疑，沦为三等国家。但要是聪明一点，应对得当，它就可以不用再战斗而得到它自称不惜发动一场斗争而迫切需要的一切，即战略、经济、财政、社会等各方面的安全。

日本的舆论总是可以在较短期内改变。政府现在有个巧妙的办法可用，那就是劝国民相信，政府在华盛顿会谈中已赢得外交上的巨大胜利，可以不用武力而得到它一直在力争的安全和"自由"。

此后两三天里，我常在东京俱乐部，依照上述道理同几个日本知名人士攀谈。后来我听说，自己那些慎重讲明纯属私人和非正式性的谈话已引起东乡、近卫公爵、松平、木户侯爵等人的注意。和我谈话的那些人，看来大多数是知道美国建议的草案内容，并因此显得非常悲观，但话被传到东乡等人的耳里，想必还是有用。但愿我的话能一直传到天皇那里。这些话确实有说服力。

不过，在此期间，日本人又在把大批军队和补给品运入印支南部，显然有入侵泰国的企图。此外，在此紧要关头，首相还借庆祝防共协定签订五周年的机会发表演说，称美英为了攫取远东霸权，正在挑拨东亚各民族互斗，"为了人类的荣誉和尊严，我们必须把这种惯常伎俩都彻底清除出东亚"。

总统中断了在佐治亚州温泉的短期访问，提前赶回华盛顿。我相信，总统如此急促的原因之一至少是东条的好战演说。在此危急时刻发表这样的演说，真是愚蠢之极；尽管主要是讲给国内听的，但也明确显示了大多数日本人的信念：只要把武力威胁的分量加足，就可以吓倒美国；日本政府即使真想同美国保持和睦，也继续给国内的反美舆论加油，看来真是糊涂透顶。有个日本朋友说过，狗一受惊就会狂吠，越惊恐，叫得越凶；又说，日本人就像是小孩，应被作为小孩对待。我再次感到他的话确实中肯。我看首相的演说真是非常幼稚。日本昔日甚为自负的经国之才如今都藏在哪里呢？

日本对美国的建议反应悲观

1941 年 12 月 1 日

几天来，我同一些日本知名人士谈过，其中一些人是与外相有直接联系的，大多数也都好像了解我国政府最近提出的十点建议草案的内容。他们虽希望华盛顿会谈继续下去，但都表现出一种悲观的反应，认为弥合两国的立场实有困难，似乎都认为我国提案的"调子"毫不协调，并且很在意这一点。

在每次谈话中我都着重表达我个人的意见：我国草案着眼于一个客观的、广阔的计划，是一个有极高政治家风度的方案，因为它所提供的实际上正是日本所谓一直在为之奋斗的东西。它还提供了一条和平的、合乎逻辑的途径，使日本可以不再通过武力而得到它挂在嘴边的、迫切需要的东西。同时，我又毫不含糊地表示惊讶：在此危急时刻，首相竟会觉得适合发表那样的演说，这篇演说无论调子还是内容都只能被认为是好战的。我还讲明，这篇演说必将在美国引起可悲的、严重的反应，美国政府和人民都必定会有这种反应。

485

我还说，日本政府现在可以改变舆论，使其相信政府已在会谈中赢得外交上的胜利（如果非要保全面子的话），可以不战而达到它当初所谓不惜为之动武的目标。

今晚报纸报道，内阁今天决定，不管达成调整关系的协议有多大困难，会谈仍将继续下去。

今晚在东京俱乐部遇见一位日本老友，他容颜苍老，面带愁容。他告诉我，内阁已决定中止会谈。我说，要是那样的话，恐怕什么都完了；看来不久后，我就会离开日本。可是报纸随即宣称，会谈将继续下去。然而，这位朋友的精神好像已经垮了。

东乡感到失望

1941 年 12 月 3 日

参加贺阳太妃的葬礼，全部仪式都按照皇室丧礼的惯例。天气很冷，因不能穿大衣，我只得穿上两套内衣裤和一件毛衣。列队等候灵车时，发现靠近我的是德国大使，我只问了一下奥特夫人可好。他答道，她在神户。我率领外交团来到祭坛前，献上榊枝，出来时恰好走在首相东条将军的后面。等车时，东乡外相对我说："我非常失望。"我答道："无论如何，还是继续会谈吧。"海军大臣岛田将军向我问候，倒显得非常殷勤。

华盛顿向日本下了最后通牒

1941 年 12 月 5 日

昨天收到一封与政府人士有密切联系的日本名人的亲笔信。部分内容如下：

> 放眼时局，令人沮丧。至于我有何感想，您是知道的。您的心情，我大概也能理解。现有许多心里话，请允许我坦率直言。我和朋友们谈过，仔细考虑了他们的感想之后，我得出的结论是，他们觉得美国 11 月 26 日文件的实际内容虽不得而知，但华盛顿的确是向日本下了最后通牒。这就是日本人的心理，非常遗憾。所以，我认为眼下只有一个办法，那就是美国先同意把日本方案视为商讨另一个临时协定的基础，以后再按美国方案制定最后协议。我只希望事情善始善终，故不揣冒昧，特致此函。

486

我看这封信真可以说是当前日本舆论的典型。

更多的日本人疑心美国在拖延时间

1941 年 12 月 6 日

据一个素来可靠的、向我们提供消息的日本人说，东条将军 11 月 30 日演说的讲稿是首相和其他阁员事前都没有看过的，据信是大政翼赞会的人起草的。所谓演说不过是由代表者照读讲稿而已，其内容和语调与东条将军过去所有的演说都不太一样。

有人密报，根据相当可靠的人传出的消息（但尚未证实），魏德曼领导的纳粹恐怖组织正在拼死活动，力图破坏华盛顿会谈，最近轰炸西贡美商油库和美国领事馆的事件就是这个组织的三个德国特务干的，目的是要给美国人造成一种印象，认为这种袭击是日本人主使的。这个组织的主要目的就是要破坏美国在远东的利益，不久后很可能还会有所活动。

罗斯福向裕仁呼吁

1941 年 12 月 7 日

今天的广播宣称总统曾寄信给日本天皇，但没有报道内容如何、通过什么渠道传达的。直到深夜，赫尔先生发来一封十万火急的简短电报，表示正在译制一封电报，内有总统的信息，让我收到后必须尽快送交天皇。我立刻叫杜曼到大使馆来，打电话给东乡的秘书友田，请安排我和外相在午夜左右紧急会面。换言之，信息一到我就去见他。在译码时，杜曼就得打电话。据电报上所注的收报时间，这封电报在中午的时候就已经到达日本邮电局了，虽属急电，却直到夜里 10 点半才被送到使馆来。这两封电报是国务院分别在 12 月 6 日晚上 8 点和 9 点发出的。我这么晚请求约见，友田似乎很不安。他问杜曼，事情是否急到连明天都不能等。第二天，杜曼感到那时的友田一定还不知道战争即将爆发。

不过，友田还是安排了会面，我们的司机早已回家，我们就找本宁霍夫帮忙，于午夜 12 点 15 分把我送到外相官邸。东乡立即见了我，我请求觐见天皇，面呈总统的信，随即朗读此信，给了东乡一份副本。国务院让我自行斟酌这封信如何送才合适，我觉得最好是请求面见天皇，这样才能极大地加重这封信的分量，并确保交到他本人手上。起初，东乡说他还要研究一下这份文件。我问他，这是不是意味着他能替我请求觐见。他答，还不能肯定，他要先将此事奏明天皇。他又说了一些话，评论华盛顿会谈。我说，关于 12 月 5 日的会谈，我自己还没有接到报告，如果要我把他的这些评语向国务院重述一遍，这只会使问题复杂化。他便说，没有必要汇报。我约在午夜 12 点 30 分告辞。

国务卿的指示和总统致天皇的信如下：

十万火急

第 818 号，12 月 6 日晚 9 点

机密

请尽快以您视为适当的方式将总统的信送交天皇，内容如下。

日本天皇陛下：

近一个世纪前，美国总统曾致书日本天皇，向日本国民献上美国国民的友谊。这一提议得到接受，在此后美日持续和睦友好的悠长时期内，依靠双方国民的德行、治国者的贤明，两国俱日臻昌盛，对人类都做出了巨大贡献。

唯因兹事体大，在对两国至关重要的紧要时刻，我才需要直接致函陛下，商讨国事。我认为现在"我必须这

488

样做"，因为影响深远的紧急事态看来已在酝酿之中。

我们两国间的长期和平，对两国、对全人类都产生过有益的影响，现在太平洋地区却正在发生会使我们失去这种影响的事态。这些事态也可能包含着悲剧。

赞成和平及各国皆有权存在并让他国存在的美国人民，一直在热心地注视着数月来我们两国政府间的会谈。我们希望结束目前的日中冲突。我们希望太平洋的和平能达到这样境界，即由多个民族构成的各个国家都能并肩共存而免遭侵略之害，各国人民都能摆脱难以负荷的军备重担，各国都能恢复既不歧视任何国家也不垄断在任何国家的通商关系的状态。

我相信，陛下一定和我一样明白，要追求这些伟大的目标，日美双方就应该赞同消除一切形式的军事威胁。若非如此，就无法实现这些崇高的目标。

一年多以前，陛下的政府与维希政府缔结协定。据此协定，五六千日军被允许开进法属印支北部，以保护更北面正在对中国作战的日军。今年春夏，维希政府又允许日军开进印支南部，共同防卫印支。实际上，从未有人攻打印支，也没有人这样策划过。我想我这样说是正确的。

这几周来，全世界都发现，派到印支南部的日本陆海空军数量庞大，致使别国有理由怀疑，这样不断在印支集中兵力并不属于防御的性质。

在印支集中的兵力规模既如此之大，现已遍及印支半岛的东南角和西南角，菲律宾、荷属东印度的成百上千的岛屿、马来亚、泰国等地的人民当然会产生疑问：这些日军是否正在准备或计划朝这许多方面发起一路或几路进攻？

489

我深信，陛下将会理解这些国家人民的担心都是合情合理的，因为这关系到他们的安宁和国家存续。对于日本建立陆海空军基地，拥有大量人员和装备，组建能够发动攻势的大军，美国也有许多人正报以怀疑的眼光，我相信陛下也是能理解的。

显而易见，很难想象这种局面能继续发展下去。

上述各国人民，谁也不能无限期地或永久地坐在火药桶上。

如果日本陆海军撤出印度支那，不留一兵一卒，美国就绝对不会有入侵印支的想法。

我想，从荷属东印度、马来亚、泰国等地的政府那里，我们也可以得到同样的保证。我甚至可以出面要求中国政府做出同样的保证。如此一来，日本从印支撤军，就可以确保整个南太平洋地区的和平。

我致书陛下，就是希望在此危急时刻，陛下能和我采取一致行动，想方设法驱散战争的乌云。我深信，这不仅是为了我们两个大国的人民，而且是为了邻近地区的民众，我双方都有恢复传统友谊、防止世界上再有更多死亡和破坏的神圣职责。

富兰克林·D. 罗斯福

这里的报界仅得到这样的通知：总统已致函天皇。

赫尔

第六章　一个世界，一场战争

（1941 年 12 月 8 日 ~ 1942 年 5 月 31 日）

日本对美国的进攻绕开了我们国防的第一线，即外交，直接不宣而战。这导致美国驻东京使馆人员及处于日本势力范围内的其他官员都发现自己对这一系列震惊世界并将美国卷入全球总体战的大事全然不知。1941 年冬季至 1942 年初春，菲律宾、威克岛、关岛、香港、马来亚、新加坡，以及荷属东印度群岛与缅甸，全都落入日本之手。至 5 月底，美日交换外交官的手续安排妥当时，日本人不仅已达到这一年来扩张的极限，而且已在珊瑚海吃了第一个败仗，东京也遭到了一次轰炸。美国正经历自内战以来最黑暗的几个月，不过战局已开始出现转折的征兆。

战争

1941 年 12 月 8 日

早上 7 点，被加濑打来的电话唤醒，他叫我尽快去见外相。他说，从早上 5 点起一再打电话，都打不通。我急忙更衣，约 7 点半来到外相官邸。加濑很亲热，东乡却一脸严肃、态度拘谨。他发表一篇简短声明，该声明现已纳入我呈报国务院的报告。接着他又交给我一份长达十三页的备忘录，写明日期是 12 月 8 日。他说这份备忘录今天已由野村将军交给了国务院，通知国务院停止会谈。下面是备忘录的最后一段：

> 日本政府感到非常遗憾，不得不告知美利坚合众国政府，鉴于美国美利坚合众国的态度，日本政府只能认为继续谈判将不可能达成协议。

东乡说，他已觐见过天皇（我听说在凌晨 3 点）。这个备忘录也就是天皇对总统来信的回答。他还讲了几句道谢的话，感谢我在会谈期间的合作，随即送我下楼，在门口道别。他只字未提珍珠港的事。

我返回使馆后即洗漱剃须，吃早饭。然后，向国务院发去报告，但此电未必成功送出。随即得知，大本营①已宣布：日本已向美英开战。这是《读卖新闻》今天清早的一篇报道的内容。报道虽全带官方口吻，但初读时仍令人难以置信。不久后，外务省的大野来拜访克罗克，拿着正式通告，两手发颤向

---

① 战争期间设置的日本陆海军最高统帅机关。

他读道：两国的武装冲突已经开始了。

随后，使馆的大门被封锁。我们则被告知，任何人都不能出入。外务省的职员增尾被任命为联络官，充当我们与外务省之间的通道。我们又被告知，不得拍发任何密码电报，所有电报均须先送外务省批准。罗伯特·克雷吉爵士来看我，却在门口被警察挡住。他走下车，表明他的身份，可是警察仍抓住他的两膀。他推开他们，找到一个负责的警官，这名警官把他放了进来。我们进行了最后的倾谈，为我们的合作互致谢意。他说，我们的这种合作是他驻日数年间少有的乐事。丹麦公使的妻子蒂利茨（Tillitse）夫人也来看望艾丽斯，回去时遇到刁难难以返家，最后是在一位便衣警官的帮助下才得以返家。我们的最后来访者是清晨前来的希腊公使波利蒂斯，以及西班牙公使的妻子德·比戈（de Vigo）夫人，她是来看艾丽斯的。

一群日本无线电技师在使馆办公楼和职员宿舍进进出出、仔细搜查，把所有的短波收音机都拿走了。他们很有礼貌，却查得非常彻底。来到大使官邸时，我说我只有两台收音机，他们也就相信了，只拿走收音机并没有搜其余的房间。他们都非常客气，陪同前来的外务省的大野尤为谦恭，特为打扰道歉。

一听到开战的消息已经证实，我便下令烧毁全部密码和机密信件。

同时又交代大家，为了自己的安全，每个人都应该留在使馆院内。拟好一封明码电报，告诉国务院使馆全体人员均平安无事，但暂未发出，因为核查人数时发现漏了兰德尔·琼斯（Randall Jones）。原来他今天休假到横滨去了，还没有回来。大家一度担忧，最后见他穿过院子走进使馆，这才松了一口大气，而且有点惊异。大致是这么回事：他在横滨听到开战的消息后，便乘头班火车赶回来，并没有出事。之后，又从新桥站坐出租汽车来大使馆，也一切正常。到达后他才发现使馆的门都被封锁起来了，不许进出。他站着不知如何是好，正在想办法的时候，有个便衣警官走过来，指了指隔壁海军武官住的院子，建议他用史密斯－赫顿武官的花园墙边的梯子爬过使馆围墙。那梯子几年来一直放在那里。他接受了这个建议，所以安全回来了。

大使馆参赞尤金·杜曼记述今日之事的日记中有两段也应该放在这里，以便留下记录：

495

我的男仆每天早晨都在7点半叫醒我。今晨他却提前叫醒了我，说美联社记者马克斯·希尔先生有电话来。我听希尔先生说："我得问问警察是否允许我同你讲话。"我可以隐约听到希尔先生在电话那一头和某个日本人谈话的声音。我明白了，希尔先生的话意在向我透露信息。过了好一阵，他的女仆才在电话里说，希尔先生已不得不离开寓所。我答道：我完全明白。

我立即打电话给本宁霍夫先生，请他立刻去希尔先生家查明实况，因为我非常担心他已被警察逮捕。约8点半，本宁霍夫先生来到我家，说刚去看过希尔先生。他称：希尔先生被软禁在家，正在用早餐，餐后就要去警视厅，他将在那里受审。美联社次席特派记者戴南特（Dynant）先生和合众社记者罗伯特·贝莱尔（Robert Bellaire）也在希尔先生处，但本宁霍夫先生报告说，警察不许他们同希尔先生交谈。后来提到的这两位记者显然没有遭到逮捕。贝莱尔先生找到几分钟的机会对本宁霍夫先生说，大本营已宣布，日本舰队已在西南太平洋某处与美英舰队交战。贝莱尔先生还说，他听说今天清晨日本飞机已轰炸檀香山。本宁霍夫先生和我共进早餐，随即回去洗澡，准备做今天的工作。

日本人采用了德国闪电战的策略，在会谈尚未破裂时就这样干，实属卑劣之举。我还不知道袭击的准确时间，但是我非常怀疑在轰炸夏威夷、战争开始以前，野村将军是否已通知赫尔先生会谈决裂。日本人要是仅限于在远东扩张、只进攻菲律宾，美国国内本会有和平主义者和孤立主义者跳出来说：远东的事横竖与我们无关。可是，他们一旦进攻了夏威夷，美国人民肯定就会群情激愤，团结一致。电台援引惠勒（Wheeler）参议员的话：美国必须"狠揍日本人一顿"。这话说得容易，做起来可就难了。可能需要很长时间，在我们的力量充分施展之前，我们也许还会受到一些沉重打击。但从长远来看，日本必败无疑，因为美国人民一旦愤起，就绝不会善罢甘休，由于美、英、澳、荷属东印度，甚或苏俄、中国都终于起来反对它，不久它就会应接不暇。

我在最近的一封电报里说过，日本绝对干得出这种事：全力以赴、殊死斗争，以顶住外面的经济压力，即便意味着民族切腹亦在所不惜。其行动还可能会是"危险地、戏剧性地突然爆发"，我们应当有所准备：我很高兴此言已记录在案。现在发生的事果然是这样。

禁止出入时，幸好我们的其他所有馆员，包括非受任命的人员在内，都在使馆院内；只有琼斯在横滨，但也平安地回来了。在被关在屋里之前，我已经禁止馆员外出。纷传日本国内境况严峻，甚至说东京已宣布戒严，我却不相信。但也很可能有反美的示威游行，我馆一等秘书兼总领事梅金森（Makinson）报告说，他透过办公楼的窗子看见约有两百名日本人正向大使馆走来。不过，他们显然是绝对到不了使馆这里的。

今天马克斯·汉密尔顿从华盛顿给我打电话，我听得很清楚，他却似乎很难听清我的话。他说，国务院正在考虑委托谁来照管我们在日本的利益，他征求我的意见。我提出阿根廷和巴西，尽管我认为后者可能会参战。英国人已把他们的利益委托给了阿根廷人。后来，我又在电报中提出中立国如瑞士、西班牙和葡萄牙，但不知他能否收到此电。我说，我们已非正式地向外务省建议，"龙田丸"仍应继续驶往美国，接载日本大使馆和各领事馆的人员，日本人也可以将另一艘船交给我们使用，我们当然没有做出任何承诺，因为我还不知道政府的意见如何。"龙田丸"上有许多美国人和外交人员，因此我料想我们不会阻碍它的行程。但也许它不管怎样已经折返日本了。汉密尔顿代国务院全体同僚向我们致亲切的问候。

下午 6 点 45 分，我们把大使馆和领事馆的全体人员请来举行酒会，共约六十人。杜曼发表了一篇关于艾丽斯和我的短小精炼的讲话，使我们深为感动。住在馆外的科尔斯（Coles）小姐、杜曼、威廉姆斯、克罗克、波伦、特纳、本宁霍夫、库珀（Cooper）和埃斯皮（Espy）俱已迁入使馆，床铺全由我们供给，也多与我们共餐。在宿舍有房间者则为需要床铺或地铺的人提供临时床位。我们是一个团结、合作的集体，又是一群志趣相投的人，在此种时刻更体现出这一点。就我所知，日本是历史上唯一先对美国宣战的国家，今晚在与日本开战的第一天，每个人都疲惫不堪。

8日凌晨我见到东乡时，他当然已经知道战争爆发了，可是他只字不提。如果说有什么迹象的话，那就是他进屋后把日方对我国新建议的复文"啪"的一下丢在桌上的那种态度，等于说：这是最后的回答。但和往常一样，他的态度十分冷静，谈完后站起来时，他还和颜悦色地地讲了几句感谢我合作的话。离开他的官邸时，除知道会谈已经破裂外，我丝毫也没有感觉到战争已经爆发了。东乡想必也觉察到了我没有起任何疑心。以前日军开进印度支那时，会谈也一度破裂，但后来还是恢复了。我在11月3日预言过，战争恐将是"危险地、戏剧性地突然爆发"。除了这点感觉外，从大使馆的角度来说，这次闪电战确是完全出乎意料的。

意味深长的是，国务院12月6日晚9点发出的传达总统致天皇书的第818号电报，其实是在7日正午到达东京中央电信局的，可是直到晚上10点半才被送到使馆来。电报上打印的收报时间的日语记号表明了这一点。

日本的俘虏

1941年12月9日

498　　　今晨，警视总监留冈幸男带着一个副官兼译员来找我（仍由特纳当翻译），说他会尽量使我们感到舒适和方便。他非常和气。后来警察却擅自闯入使馆办公楼和宿舍，甚至闯入大使官邸，对我们从馆外购进食物和衣着用品的行为百般刁难。即便不把我们当作阶下囚，他们也完全把我们当作俘虏来看待：这种种行为和态度无疑是出自下级警官的命令，出自看守警察的愚昧无知，不去了解一下我们的地位就按自己揣测的上意来行动。这些情况，总监恐怕还一点也不知道。

外务省欧洲局的太田也来过。他说，外务省美洲局的加濑今天本是要来的，但不巧太忙。太田说，他刚去过英国大使馆，看能做点什么来改善那里的境遇。为了改善这里的境况，他很想听听杜曼的意见。杜曼便把本宁霍夫叫来，一起开了一张很长的必办事项的清单，交给了太田。供应新鲜食品、来这里的日本官员彼此之间互不协调、供给燃料油等问题都列在上面了。太田说，所有这些事项他都会加以考虑。本宁霍夫走后，太田谈到周日晚杜曼与友田通电话的事。杜曼问太田，外相表示不愿太迟就寝，所以不大想见他，这是否意味着外相试图避免在开战以后和他再见面。太田有点急，提高嗓门道："绝对不是。袭击夏威夷一事，外相一点也不知道，是到第二天清早才听说的。"无须深究，日军将要采取战争行动，天皇陛下的外务大臣却似乎对事态并不了如指掌。

史密斯－赫顿一家暂时还能继续住在使馆隔壁的屋子里，还可以给大约十六人提供食宿之便，用梯子（此梯久负盛名，"二二六事变"期间就已用过）翻墙，就能进入使馆院子，所以他们又可以给我们带报纸来。警察当然晓得爬梯子的事，起初并不反对。后来，我们的一个领事未经与杜曼或我们当中的任何人商量就去找他的中国仆人，叫他越墙而入；仆人抱着一包鸡蛋，在黑暗中掉进反光的水池里，引起一片喧嚷声，警察跑来了。这又招来了调查：梯子被拿走，史密斯－赫顿全家及其宿客不得不长久地住进使馆来，使馆得多供养十六个人的食宿，以致办公室里也铺上了床，史密斯－赫顿一家三口则迁入大使官邸，一如杜曼、威廉姆斯、克罗克、波伦、特纳、本宁霍夫、艾丽斯的秘书科尔斯小姐等。我们还每天都摆下可坐十四人的餐桌，轮流邀请其他馆员和办事员来用餐。

为了留下记录，特将 8 日早晨外务省美洲局第二课课长大野交给克罗克的信函照录如下。拟了一电，向国务院呈报此件，交外务省代表增尾代发，后来听说已经发了，但无法肯定国务院究竟能否收到。

第 136 号——绝密——调查 5

外务省

东京，1941 年 12 月 8 日

阁下：

谨通知阁下，自今日起，贵国与日本已进入战争状态。我就此机会向阁下再次致以最崇高的敬意。

外务大臣　东乡茂德

致美利坚合众国驻东京特命全权大使　约瑟夫·克拉克·格鲁阁下

大野读完后，克罗克说："现在是一个很可悲的时刻。"大野答道："是的，我的这项任务令人生厌。"

500　　大野接着又念了下述声明的译文，这是日本当局拟定的有关大使馆及其职能的几项规定：

1941 年 12 月 8 日，大野先生向克罗克先生宣读了下述声明：

（1）大使馆及各领事馆的职能自今天起停止。

（2）大使馆及各领事馆的人员将按国际惯例获得保

护及生活上的便利。

（3）为获得上述保护和便利，建议使馆全体人员集中住在使馆院墙内。

（4）与外界的通信，包括电话和电报，一律停止。凡有人外出，均须通过即将派驻使馆的增尾联络官向外务省取得许可。他已随我来到此地。

（5）代表贵国利益的国家确定后，即允许贵使馆与该国代表建立为代表贵国利益所需要的联系。

（6）对于保护美国公民将给予应有的关切。

（7）立刻交出所有无线电发报机。

（8）不许再保有短波无线电接收机，无论公私，一律交出。

（9）关于战争状态的通知，可用明码电报转告贵国政府，电报可通过联络官拍发。

表扬大使馆日籍雇员

1941 年 12 月 12 日

我馆日籍雇员的品格值得一再表扬。他们全都表示希望留下，直到我们启程回国，但因为不允许他们在受雇于美国政府期间外出，也不许与家属联络、回家，所以我们只得解雇一些担任非必需任务的雇员。预计早晚还是会全部解雇的。防止房屋庭园损坏，维修机械和设备，仍旧需要相当多的人手，盼望将来代管美国利益的使馆能做出安排，继续雇用我们的日籍雇员。

我恳求国务院允许我为这些雇员做担保，在极困难的境况下他们仍怀有异乎寻常的忠诚和责任感。同时，我还请求政府支付被解雇者足够的补偿，并设法在战争期间继续雇用那几个老人。负责送信的那位在使馆工作了近四十年之久，还有好些人也已受雇十年或十年以上。

苦中作乐

1941 年 12 月 13 日

这个周六晚上，馆员们想在馆内公用室开舞会。尽管我也希望利用一切可行的方式来维持士气，但还是否决了舞会的建议。因为我觉得在这个严峻的时刻，开舞会可能会给馆内转来转去的警察造成一种印象，即以为我们这些使馆的人在面对局势时态度轻佻。这是很不明智的。我明白跳跳舞本身并无害处。但不幸的是只要有跳舞的念头，就总会给外人留下心情愉快的印象，而我们此刻的心情绝非轻松愉快的。其他一切消遣和保持士气的办法我还是都赞成的。

由此，在露丝·凯利（Ruth Kelley）的布置和得力管理下，公用室便成了著名的"游乐场"，给馆员们提供了一个舒适的聚会场所。这里有敞开的炉火、大安乐椅，有可以演奏的钢琴和留声机、可打桥牌和扑克的桌子、麻将牌、象棋，还有图书杂志。艾丽斯午饭后几乎每天下午都来这里打桥牌。

此外，我们的助理海军武官斯通中校还在低处的院子里巧妙布置了一个高尔夫球场，可以玩"推击"和"轻击"，让我们有机会练习和消遣。启用球场时，我们还正式举行了开幕式和比赛，波伦赛获胜。球赛被命名为"大东亚黑硫温泉高尔夫球锦标赛"。因为听说驻华盛顿的日本人被拘留在白硫温泉，我们如此命名确实有调侃的意思。

瑞士使馆负责代管

1941 年 12 月 14 日

瑞士公使戈尔热（Gorgé）先生于 9 日接到他政府的通知，美国在日本的利益将由他照管，但直到昨夜（13 日）他才被允许与我会面，于是他今天早晨便来我们使馆。我们却看见他的车在门口被警察拦住，他只得转赴外务省，要求外务省打电话通知警察。外务省与警察当局之间互不通气。这类事例很多，这只是其中之一。

门终于开了，公使的车也开进来了，警察还是禁止杜曼与公使讲话。但是杜曼马上给馆员们传了话，馆员们来到庭院，当公使下车时，他们向公使欢呼。警察气坏了，试图制止，欢呼却反而更加热烈，警察束手无策。杜曼用手指碰了一下嘴唇，向公使暗示他不能讲话，公使就在一大批警察的簇拥下来到大使官邸，一个警察在其前，两个在其左右，一两个在其后面。把我们视为囚徒，当作罪犯对待，这显然从一开始就是警察当局的态度。约近三周后，由于公使抗议，警察们才被撵到馆外，并被告知不得如此苛刻，这时他们又恼羞成怒，进而想拿我们出气，搞了许多小动作。只是因此他们丢了面子。

之前即最初三周，警察就在使馆院内走来走去，随意进入办公楼和私人住处，在大使官邸窗前窥视。有一次还走进客厅，监视打包行李，经请求才退出。各处设立岗亭，有一次我挟着一包东西去办公楼，就看见一个警察在他的笔记本上登记。文明世界的国际外交惯例就这样被全然无视了。还有种种刁难，幸亏被拘留前刚好收到旧金山"联合食品公司"寄来

503

的一大批罐头食品，不然后果真不堪设想。提供给我们的取暖用油少之又少，为了节约，我们几乎冻僵了。

起初，警察还不准杜曼参加我和瑞士公使的商谈，但不久他就冲破了障碍，时常列席。公使每两三天来一次，他条理清晰兼具组织意识，非常清楚依照外交惯例我们应享有什么权利。我们随之庆幸有这样一个坚强人物来当我们的代表者。凡有抱怨的事，他都记下来，向佐藤或西提出抗议，且终于收到显著效果。前外相佐藤受命主持一个委员会，专门处理我们的问题，但他优柔寡断，令人大失所望。西外务次官则较能合作，也比较明事理。在对待我们的问题上，外务省和警察当局各行其是，再也找不到比这更明显的例子了。

日本下级官吏的行径

1941 年 12 月 16 日（摘自杜曼的日记）

今天还算平静无事。不过，有件事值得一记，因为它正暴露了日本人的优柔寡断、易变以及幼稚。现在我们的值日官已在使馆大厅里支起一张办公桌，工作了两天，效果甚好。除了能充作一个极有用的信息中心，兼顾传达室的职能并办其他事而外，还立刻起到了加强大家的秩序纪律观念的作用。因为我们每二十四小时才能匀出够开两小时暖气的燃料，所以正门必须经常关上，为此还特意贴了一张用英日文字写的大纸条。值日官的任务之一就是要提醒未随手关门者，记得回身去关门。今天白天来了一个穿制服的日本警官，军刀在腰间当啷作响，砰地把门打开，阔步穿过门廊，朝外务省联络官增尾的办公室走去。值日官很客气地对他讲，请把门关上。警官停在原地，显然踌躇了一会儿，才转回去关门。当时我们没有把此事放在心上，但约六小时后，我们却不得不又再记起这件事了。晚上10点，大使馆译员藤本跑来找我，有点慌张，说首席警官叫他来告诉我，必须取消值日官的设置，撤掉办公桌，理由是日本政府已下令停止大使馆的职能，因此任何馆员均不得执行任何职务、不得公然行使任何权力。那位被请回去关门的警官当时是吃了一惊，无法做出拒不听从的决定，所以去把门关了。可回到办公室一思量，另一个想法便浮上心头：他居然被一个馆员指挥，这岂能容忍？他很可能又想到布告板上的通告，上面列有值日官的任务，其中之一是："监督整理（Policing）馆舍的内务。"熟悉美国军队习语的人都知道，"policing"一词，不过是指打扫、整理内务而已。但这个日本人必然认为我们授权给值日官，要他监督日本警察的任务，这简直是无法容忍的侮辱。还有一种可能，晚上10时以前，这个警官自己左思右想，想必还跟气愤的同事们谈过，折腾了六小时，大概又喝了两杯，这才把心一横，一定要废掉这个值日官制度。但他行动时又不通过正当途径，即通过外务省联络员给大使一份书面文件。真要这样办，就必须做出不可改变的决定，他又不想这样做。于是，他就要了一套非常典型的日式把戏：施以威吓，再看是否奏效。

无论是什么手段，内德·克罗克都请藤本去回答，在请示大使以前，什么也办不到。我们的打算是置之不理，

504

静观其变。不过，克罗克还是把布告板上的通告取下来重新写过，把"policing"改为"cleaning"（打扫），改了措辞以免再有会引起日本人反感的字眼。

结果值日官还是没有被取消。

平安夜和圣诞节

1941 年 2 月 24 ~ 25 日

505　　这个平安夜令人难忘。吉恩·杜曼（Gene Dooman）为晚餐贡献了一只弗吉尼亚糖腌火腿，这是他一直留着在特殊时节用的。内德·克罗克则带来两瓶 1933 年的贝恩卡斯特尔葡萄酒。简和汉克·史密斯－赫顿夫妇、科尔斯小姐、威廉姆斯、特纳、本宁霍夫、波伦、克雷斯韦尔等均在座。我代表艾丽斯和我本人以香槟祝酒：一是向全体受委任和非受委任的馆员，感谢他们在现在这个艰难时刻所表现出的杰出的组织能力、首创精神、深思熟虑和广泛的帮助，并表示我们将永远铭记在心；二是祝他们留在国内的夫人们，希望她们早日能与丈夫欢聚，愿上帝保佑她们。杜曼致答词，情意感人。

有些朋友陆续送花来，法国大使的夫人约朗德·阿尔塞纳－亨利（Yolande Arsène-Henry）送给艾丽斯一封漂亮的书信，还有纪念品，西外务次官的夫人晚餐前给艾丽斯送来两只火鸡，这是西表示私谊的一种方式，此举值得深谢。全体馆员也向艾丽斯和我赠花，多好的属员啊！

但这天真正动人的事发生在晚饭之后，馆员几乎全馆出动，约三四十人走上坡来，为我们住在官邸的人唱圣诞赞美诗和颂歌。他们先在大厅里用拉丁文唱《齐来崇拜》（Adeste

Fideles)，然后唱着德文的《平安夜》(Heilige Nacht) 慢慢走进凉廊。这是自发的行动，因为他们只练习过一次，但在本宁霍夫的指挥下唱得极为美妙。艾丽斯和我都深受感动；她甚至失声痛哭，可怜的老伴，我却得抑制自己。他们继续唱了一阵，最后慢慢离去。出去时，他们以最轻的声音再唱了英文的《平安夜》(Holy Night)，下坡时再用英语唱《齐来崇拜》(Oh Come, All Faithful)。这是我们将永志不忘的一夜。后来馆员们仍继续在馆舍的公用室里唱歌和弹钢琴。我相信，这一晚一定能给他们久被压抑的感情和那些士气正受着严峻考验的人提供一个健康的排遣机会。

圣诞节

天气晴朗宜人，在午后阳光的照射下气温和暖如春。艾丽斯这几天都膝关节痛，今天好了一些，我们照常带着萨沙和米基二犬在草坪上散步，她觉得很舒服。被拘留已经十八天了，第一次收到几份《日本时报和广告报》。虽然读起来不是特别令人高兴，但我们并不完全相信日本人传来的那些陆海军的所谓捷报。我仍旧坚信德国终必崩溃，一旦德军开始瓦解，最后结果的预兆就会显现出来，因为德国退出舞台后，力量不断增强的美英海空军就可以全部用来攻击日本，后者终必败亡，这将是显而易见的现实。那时恐怕连那些目空一切、凶猛好斗的日本人也不会看不到。尽管这是主观愿望，但也是言之有据的，因为我深知德国人的特性。1918 年的景象很可能重演，希特勒打错算盘去进攻苏俄，这将被证明是自取灭亡。历史将会证实这个预言。

一如平安夜，正是因为有现在的处境以及这种处境激发起来的同舟共济的精神，我们度过了一个在东京这么多年来从未有过的圣诞节。阿诺德小姐及其共炊伙伴斯库兰太太（Skouland）、加德纳小姐（Gardiner）、普莱费尔太太（Playfair），以及约翰逊（Johanson）和斯图尔特（Stuart）两位军官都前来官邸参加酒会，下午1点又共进圣诞大餐，菜肴有西夫人送来的火鸡和内德·克罗克贡献的泡了热白兰地酒的葡萄干布丁。大家互赠礼物，我通过一个友好的警察给艾丽斯弄来两盆优美的兰花，看来他是找遍全城才买到的。

下午4点，我们的仆人下田、深谷、船山和加藤接到通知，准许他们的家属进使馆，他们这才能在馆舍前欢聚，那是十分动人的场景。自从我们被拘留后，他们就不能同家人通话了。

此后我们便在公用室的圣诞树前聚会。我们有两棵圣诞树，一棵摆在官邸，一棵摆在办公楼，这原是下面院墙边挡住房屋光线的两棵树，吉恩·杜曼叫人砍来，挂上往年剩下来的装饰物。开头是副领事戴维·托马森（Dave Thomasson）和我弹钢琴，然后大家唱圣诞赞美诗和颂歌，最后是古尔德上尉扮的圣诞老人出现，向大家分赠礼品，朗诵优美悦耳的诗句。他表演得很精彩，这是一次非常成功的聚会。

圣诞庆祝到此结束，这事我们永远都会记忆犹新。

交换外交人员的事宜已在安排

1941 年 12 月 30 日

瑞士公使告诉我们，日本政府已接受我们提出的在洛伦索－马贵斯①交换外交官的建议，现正将说明细节写成照会并

---

① 即今莫桑比克南部城市马普托（Maputo），曾为葡萄牙殖民地。

译为法文。公使说他立即经伯尔尼将这个照会电转华盛顿。这样看来，事情似乎终于有了进展。根据杜曼的好建议，我马上召集馆员开会，把消息告诉他们。他们一闻此讯便高声欢呼；这将有助于维持士气。日本外务省已放弃（其实它自己都从未认真对待）在横滨和旧金山两地直接交换外交官的建议，因为日本陆海军当局断然拒绝考虑让一艘美国船开进日本水域。

我把一只装外交团团长文件的金属大箱交给公使，请他交给新团长阿尔塞纳－亨利，在转交以前，须先去外务省，请木内检查这些文件，让他们放心，我们没有把别的文件夹在里面偷送给法国大使馆。还得由一个日本官员偕戈尔热一起坐车去外务省。警察对我们施加的隔离措施无以复加。

轴心国的外交官不大乐意让法国大使当外交团团长，比较喜欢资历浅一些的巴西大使。阿尔塞纳－亨利能否侥幸当选，还得静观其变。

有些日本朋友忠实如故

1941 年 12 月 31 日

有位日本朋友来看我。他说两国间爆发战争时，他痛心疾首，所以未能早来。他代朋友们向我转达关心，还捎来两封日本友人的信。他说，拘留的头两周警察苛待我们，是由于战争来得太突然，他们没有制订过任何应付这种紧急情况的计划，所以起初政府各机关之间毫无协调可言。我说，现在已有显著的改善，但我们所受的待遇依旧是囚犯的待遇，与日本驻美大使及其属员和领事馆人员所受的体恤和宽待一点也不相称。

下面是那两封信：

508

东京，1941 年 12 月 17 日

亲爱的格鲁先生与夫人：

尽管近年来发生了很多不幸事件，但谁也没想到两国间长期的友好关系竟落得这么一个悲惨的结局。我记得很清楚，您常对我说，增进我们两国的友谊将是您的终身事业。我还知道，为使华盛顿会谈不致破裂，直至最后一刻，您仍在认真努力。您那样的不懈努力也无法拯救和平，着实令人痛心。但您可以永远相信，您对我国和我们的情谊，我们绝不会忘记。在结束这封信以前，我还得说一件事。夏季时，每天我都在自己妻子的病榻前对她讲华盛顿会谈的进展情况，那时她都是尽量绷紧她脆弱的神经，认真倾听，不想有一字遗漏。她生前没有见到我们友好关系迎来悲剧般的结局，反倒成了她的幸事。

感谢您对我和我全家的深情厚谊。

某某谨上

东京，1941 年 12 月 30 日

亲爱的格鲁先生：

我带着极为沉痛的心情写下这封信。尽管我们为防止两国关系破裂做出了真诚不懈的努力，但可怕的事变终究还是发生了。我不想多说导致这场战争的原因和形势，我只希望目前的斗争也许只不过是两国长期友好关系史上一个短短的插曲，两国很快就能重修旧好。

您与格鲁夫人，凭你们长达九年的精明能干的工作，已在我的同胞中结交了很多朋友。正如您所深知的那样，轻易忘却朋友，尤其是如你们那样令人敬佩的朋友，却不是我们日本人的习性。请您相信，我们中有很多人对你们的艰难处境深怀同情。

毋庸多言，能收获您那宽仁厚道的友情，是我的莫大荣幸。但愿我们还会有为增进两国关系而再次精诚合作的一天，我只切盼这个好日子很快到来。

我已调职，日内即动身赴任。恭贺新禧，并祝归途平安。

某某谨上

新年前夜在办公楼用自助晚餐。晚 11 点 59 分，把灯关了，齐唱《友谊地久天长》（*Auld Lang Syne*）。灯再亮时，古尔德上尉扮作"时间老人"出现在人群中，他简单致辞，大家又手挽手地再唱《友谊地久天长》。艾丽斯和我却在 10 点半左右就走开了，没有等待新年的到来。我们也觉得没有什么可守候的，没有那种心境。

新年伊始

1941 年 1 月 1 日

天气晴朗。早晨去馆舍给馆员们拜年，又向负责保护使馆的巡查部长清河及其属下九个警官拜年。1936 年"二二六事件"时清河也保护过使馆，后来还曾和我坐车出去游玩。他向我提起那个时候的经历，说那时我送过他一只银烟盒。清河说，这是一场国与国之间战争，但并不是个人之间的战争。

瑞士公使来访，他马上就要去皇宫参加新年招待会。今年的招待会，就外交团来说，我想规模一定会比往年小一些。戈尔热说，日方虽已接受了我方提出的在洛伦索－马贵斯交换外交人员的建议，但他们有些人又想改在塔希提岛，因为去那里的航程要短得多。戈尔热说，他也会将此作为日方的建议转告华盛顿。外务省已写了一个照会给他，详述交换事宜，他给了我们一份照会的副本。

一杆进洞

1942 年 1 月 4 日

510　　在使馆的高尔夫球场上打球，我一杆进洞。在这里打球以来，这还是头一回。球场长四百二十二码，有九个洞，洞边还有小小的轻击区，一应俱全。有一杆得翻过或绕过住房，若想平直打过屋顶，就有危险。不过，迄今为止只打坏过一个窗子。池塘里的鱼现在快活了，假如它们喜欢玩球的话。

每餐总有十至十四人同桌，所幸我们是一群志趣相投的人。不和我们一同用餐的职员和其他馆员也经常轮流上来吃一餐，如此保持彼此的联系。艾丽斯也常去馆舍看看供应部门或公用室，去拜访各处的公寓。

"让自己忙起来"

1942 年 1 月 9 日

昨夜外务省失火，房屋差不多烧掉一半。有关我们最后撤退的那些文件想必也烧毁了一些。虽然瑞士公使可以按他自己的记录提供复本，但这样一来，本已经耽延的事恐怕又要推迟了。不过我们还算过得舒适，只是屋里太冷，因为必须节约燃料（直到傍晚才敢开暖气）。日子过得很快。早上我从早餐后一直工作到 11 点半；然后打一小时左右的高尔夫球，为的是运动一下，呼吸一点新鲜空气；晚上早睡。有充裕的时间看书。刚看完克罗宁的《天路历程》①，这真是一本好书。

交换

1942 年 1 月 16 日

瑞士公使带来了日方对我国政府关于在洛伦索 - 马贵斯交换外交人员的建议的答复。日方接受了交换地点，但对波伦所拟备忘录中提及的两项提案有许多异议。我召集全体馆员开会，把谈判取得的进展告诉他们，对他们保持高昂的士气和卓越的和衷共济精神再次表示赞佩。

1942 年 1 月 18 日

听从艾丽斯的建议，这周日的早晨我们有许多人在馆舍的音乐室聚会，唱了好几首大家最爱唱的赞美诗，琼斯弹钢琴，本宁霍夫当指挥。玛丽昂·阿诺德清亮的嗓音十分悦耳。

因闲时较多，有了大量读书的机会。约翰·梅斯菲尔德（John Masefield）的《曙鸟》（*Bird of Dawning*）已看完第二遍，这是古今描写海洋的最伟大史诗之一，不可不读。又看完了达格代尔夫人（Dugdale）写的鲍尔弗（Balfour）传记的第二卷，现在正在看杰塞普教授（Jessup）写的伊莱休·鲁特（Elihu Root）② 传记。西奥多·罗斯福处理远东问题时，鲁特曾参与

① 讲述天主教传教士在中国华北传教的故事。1944 年曾被改编为电影，由著名影星格利高里·派克出演。
② 亦译作罗脱，曾任美国国务卿、战争部部长。1908 年曾与时任日本驻美大使高平小五郎就两国在东亚的利益签订《罗脱 - 高平协定》。1912 年，获得诺贝尔和平奖。

其中。在现在这个时刻，关于他的言行，读起来别有味道。

1942 年 1 月 19 日

瑞士公使戈尔热和他的夫人终于被允许来看艾丽斯。今晨来访，两位夫人聊了约两小时。其间，许多日本朋友和另外一些人送来鲜花和水果，共二十二批，还有一些人想送，但未能获准。有几个外交界的同僚也送花来。

1942 年 1 月 20 日

现在日本报纸那种得意忘形的自吹自擂，读起来真令人作呕。我正准备带两整套 12 月 8 日以来的《日本时报和广告报》回去，一套送国务院，一套留给自己。

1942 年 1 月 22 日

在高尔夫球赛中略胜斯通一筹，但不久就被鲍勃·费尔里（Bob Fearey）打败了。本宁霍夫在一场紧张的羽毛球决赛中战胜了拉姆。此外还有桥牌、象棋、跳棋等比赛。我们总是搞得很热闹。

我为我的私人秘书鲍勃·费尔里感到自豪，他是马萨诸塞州劳伦斯主教的孙子，非常称职。由于缺乏洗衣设备，每个馆员，不论男女，都是自己洗衣服，半个大院看去就像后院一样，晾满了衣服和寝具。费尔里却在官邸阁楼上找到一台旧洗衣机，于是他便在拉斯塔德（Rustad）的帮助下每天为全体馆员浆洗两次。他还是他那座公寓的防空监视人兼体育指导员，另外还轮流当值日官和主持整理办公楼的内务。顺便一提，他还是个电学家、无线电专家和飞行员，曾做过五百余次跳伞。这些本领都是他在哈佛念书时利用暑假学的。费尔里真是个精明能干而又热心公益的青年，前途未可限量。

1942 年 1 月 24 日

荷兰公使帕布斯特将军因心脏病于今天在圣路加医院去世。他从 1923 年起当驻日公使，在此以前早已任公使馆的陆军武官，是这里资格最老的外交家。一如克雷吉和罗默，他是我最亲密的同僚之一。他有荷兰人典型的固执，但为人谦和，与我意气相投。我将永远怀念他，把他看作我在日本结识的为数不多的最值得尊敬的朋友之一。他的突然去世令我非常难过，但对他来说，这倒是个幸福的解脱，因为我想他没有什么亲人，又是鳏居，战争造成的事态必定更加深了他的愁苦。

1942 年 1 月 25 日

星期日又唱了赞美诗，现在这要成为定例了。这类聚会颇有鼓舞士气的作用。日子过得很快，星期日与星期日之间的间隔似乎很短。我们一点也不感觉厌烦，至少我没有这种感觉，我相信很多人也和我一样，特别是那些可以做点学问而以此自娱的人。

杜曼正忙于写一本很有趣的书，根据网球球友堀田伯爵提供的日本文献讲一些汤森·哈里斯出使日本的逸事，堀田是一个在哈里斯那个时代相当于外务大臣的日本高官的后裔。那时日本官僚特别是警察当局的心理和今天使馆中我们这些人遇到的情况何其相似，这一点显得格外有趣。

在馆员中，我确实感到遗憾的只是极少数馆员。这些人没有做学问的兴趣，极少或毫无常读有益书籍的念头。大多数人都忙于馆舍和院子里的日常勤务，甚至得承担离职打杂女工的活，每晨轮流擦洗和打扫。但有些馆员恐怕是太离不开纯粹的社交活动了，这种人必定有感到厌烦的时候。

513

帕布斯特将军的丧礼

1942 年 1 月 29 日

瑞士公使又来过了。他通常有许多问题要讨论，但每隔几天总要来一次，以便保持联系。不可能有比他更合适照管我们的利益的人了。他善于观察形势，办事讲求实际，性格坚强，又十分谨慎，力求避免因采用不适当或非正统的办事程序而事倍功半。同时，他的助手豪斯赫尔（Hausheer）也常来。他是个务实的人。他们的态度让我清楚地想起了 1917 年和 1918 年照管德国利益的瑞士驻美临时代办，那时我是国务院西欧司司长，他常来国务院找我，几乎每天都要讨论一大堆问题。

今天在圣路加医院附属教堂为帕布斯特将军举行丧礼。日本政府已做了安排，每个敌国使馆可以派一人参加。在外务省官员增尾和巡查部长清河的陪同下，五十二天以来我第一次走出使馆。我从挂有丧帘的侧门走进圣路加医院，马上就被领进教堂，没有跟任何人讲话的机会。我想悄悄坐在后排，但正在当招待的岸热情招呼我，把我引到右边第二排靠通道的座位上。在右边第一排就座的是照管荷兰利益的瑞典公使巴格（Bagge）和荷兰临时代办勒赫林（Reuchlin）夫妇及荷兰公使馆的其他人员。我们这一排也有一些荷兰使馆的人员，另外就是罗伯特·克雷吉爵士夫妇，我们后面是比利时大使福尔托姆夫妇，以及秘鲁、哥伦比亚、希腊和其他现正与日本交战或已与日本断交国家的使节。

左边第一排是西外务次官、广田、佐藤和币原。币原迟到了，走路时挂着拐棍，摇摇晃晃，显得老态龙钟。他们后面是阿尔塞纳－亨利夫妇，他是以外交团团长的身份坐在那里的，再后是蒂利茨夫妇、戈尔热夫妇、智利公使、阿根廷代办和所有非敌国的外交官。还有很多日本人。礼拜全用日语进行，只有荷兰牧师致辞时用荷兰语，又用英语说一遍。结尾时有一位荷兰人来到风琴前，奏荷兰国歌。

巴格公使和勒赫林夫妇先走；我随即被引出来，恐怕所有敌国外交官都是这样被带出来的，以防彼此交谈。我和巴格及勒赫林夫妇握手后，立即上车。临走时，克雷吉夫妇出现了，我只和他们说了一句话，不过寒暄而已，另外就是说了一声"船上见"。本想停下来聊一聊，但警察表示过，任何谈话特别是和克雷吉交谈，将会给他们带来很大麻烦，所以只得作罢。艾丽斯虽也接到外务省的邀请，但没有去参加葬礼，后来我们间接听到日本朋友说，她的敏感可以理解，亦应感谢。

新加坡陷落

1942 年 2 月 15 日

新加坡——现称"昭南"——陷落了。这新名字兼有"昭和时代"和"南进"之意。这是个沉重打击，但我仅视其为一时的打击。日本人终究会撤出一切非法占领的地区：日本列岛本身易遭攻击；他们的海军和有限的商船经不起消耗，早晚会被削弱，总有一天我们可以有效地封锁日本，把它的本土与南方占领区完全断绝开。到其在海上决战遭遇失败，或者俄国参战，或者德国垮台，或许要等很长时间，但在任务完成以前，我们绝不会放弃。

1942 年 2 月 16 日

瑞士公使带来一份最新的我国政府关于撤退外交人员的照

515 会。照会是通过西班牙渠道寄来的，从华盛顿发出的日期是2月5日，已经迟误好几天了。看来定是外务省的太田把它扣了五天后，主管此事的佐藤才晓得有这份文件。戈尔热非常气愤，认为谈判不让他过问，至少没有经伯尔尼通知他有照会寄来。看样子，必定是日方要我国政府把谈判渠集中于西班牙方面，可是佐藤又对戈尔热说并无此事。我猜想，这不过是外务省惯有的缺乏协调的又一次表现而已。

一件事就足以说明日本人想问题、进行交涉是多么拖延：瑞士公使为替我们把汽车、酒等什物卖给外交界同僚，曾与日方多次商谈，皆无结果，这点小事竟拖了两个多月才终于做出安排。

今天日本人正忙于庆祝新加坡陷落，一大群队伍来到我们使馆前示威，英国使馆门前想必也有人示威。助理陆军武官巴布科克少校（Babcock）跑出去站在阳台上向示威者挥手。示威者也欢笑着挥动手帕回敬，领队者尽力制止这种友好的表示，大家反而大笑起来，走过去以后仍笑声不绝。

尽管大搞战争宣传，民众对美国似乎还是没有什么深仇大恨。我们还从各方面获悉，日本虽取得一些初步战果，民众仍在自问，美国有无穷无尽的资源，日本究竟是否真能打胜。

必须彻底打败日本

1942 年 2 月 17 日

今天我召集全体馆员开会，将谈判撤退工作目前的进展告诉他们。我还对他们讲，我绝对相信，目前的日子纵然暗淡，但我国终将获胜，我给他们念了下面这段日记：

> 我们即将回国参加工作，不论是受到适当的要求，还

是自发找到机会，我们应接手一切对美国在这次世界大战中最终赢得胜利有所贡献的工作。我们是带着坚定的信念回国的：轴心国虽获得初期胜利，但终究会失败，终将受到严酷无情的清算，这是必然无疑的，其必然性犹如引力定律。为了日本自身的利益，为了美国未来的安全和幸福，为了世界文明的安全和幸福，就必须彻底打败日本。因为在目前的情况下，只有这样，才能使日本的军队、军事机构、军事体制声誉扫地并接受清算，才能使日本民族永远走上和平的道路。不管这个过程有多长，不管需要美国人流多少"血、汗、泪"，都必须最终地、有效地完成这个基本职责，不达目的，誓不罢休。在太平洋地区，一个爱好和平的美国和一个穷兵黩武的日本无法共存。

516

任驻日大使十周年

1942 年 2 月 19 日

十年前的今天，领命出使日本。这是有趣的十年。使命虽归于失败，但即便是为了经历这些事件，我现在也不愿舍弃这十年的经验。

历史的教训

历史当然以事实为根据，以当时的有助于阐明这些事实的评论为根据。可人类若不汲取历史教训，在治国方略上得到积极的指引，那么历史研究就是无益的。文明的某些方面的飞速发展，特别是科学、经济、交通和运输的发展，已使一国的闭关自守成了时代错误。世界各国已紧密相连，结为一体，以至于正如我国政府近年常说的那样：两国或数国之间一旦发生战争，就会牵一发而动全身地扰乱世界经济，进而引起其他所有国家的关注。世界各地一出现势必或即将导致战争的局势，我国政府会立即表示关切的原因就在这里。

不过，对这类局势在道义上或实际上进行干预的权利，必然会产生另一种义务：我们当然不能一方面以事关我国利益为由，对国际上可能导致战争的局势进行道义或实际的干预；另一方面却对造成这种局势的原因漠不关心。今天各国互相依存，这已经是事实，不只是理论：在现在这样一个彼此紧密相连的世界里，每个国家的政策和行动，都会产生波及世界五大洲与七大洋的影响。用征服的手段夺取和抢先占据本应由大家共同利用资源的地区，是不能被允许的。然而，只要任何一国实行排斥别人、保护自己、增进一己私利的政策，不热心于帮助解决别国问题——别国的福祉也是现存世界经济运转必需的——那么文明的进步和人类的幸福就会因无益的战争迭起而不断受到阻碍。

在现在与将来的世界上，没有哪个国家可以"只顾自己"，因为邻国，包括所有邻国的问题必然会变成它的切身问题的一部分。明智的治国理政者就必须承认"光荣孤立主义"或集团孤立主义的实际效力早就永远消失了。在我国未来外交、政治、立法等各方面的政策与行动中，要是我们不能领悟历史的教训，认识不到过去曾经失掉的许多机会，我们作为一个国家，就必定还会错过良机，不能运用我们物质上的、道义上的无限国力去发展文明和增进我们本国人民的福祉，却将生命财富耗费在无益的战争中。

名副其实的拦路抢劫

1942 年 2 月 21 日

瑞士公使今天又来过。他告诉我们，变卖汽车、酒等物件的事现在要全盘重新考虑了，因为大藏省坚持要瑞士公使将卖得的钱存入横滨正金银行，另立账户，与他的公事费用的账目分开。现在同意我们取款，应付日常开支，但我们一走，这笔钱就要冻结。不许公使取用以支付公务开支，以便转入我们各人在华盛顿的账户。正如公使向木内指出的那样，这等于就是没收。我决不愿在这种条件下变卖我的汽车或美酒，我请公使暂缓办理此事，只将实情报告华盛顿。

这是名副其实的拦路抢劫。大藏省、内务省、陆军省都已决心擅作主张，不与外务省商量，更不考虑国际惯例。据说，外务省并非从未得到过主持外交的机会，但都失败了。简直是太丢脸了，现在它只能靠边站。有个日本外交官的太太告诉戈尔热，她的丈夫很郁闷，想离开，因为他被置于这样一种境地：受权向公使做了一些保证，后来由于别的部门擅自改变决定，导致他不得不收回之前的保证。例如在大藏省看来，照管大使馆及其人员的财物的应是大藏省而不是瑞士公使，一切事关这些财物处理的事都得由它决定。这当然是荒谬的，戈尔热十分正确地向木内指出，如果真是那样，大使馆人员就没有什么被保护的合法权利了，因为他们不能诉诸日本法院。可是其他各部依旧独断专行，既不和外务省商量，也不理国际法和国际惯例。

还有一件事，横滨警察当局拒绝瑞士代表去查看一个敌侨拘留营，只许侨民派两个代表来警察署见瑞士代表。这当然是

518

违反一切国际惯例的，也意味着那个拘留营有问题。警察当然会警告侨民代表不要诉苦，否则就要对他们更不客气。上次大战期间德国并没有这类禁令，我们常去看设在鲁勒本的拘留营，至少每周一次，日本其他地区却又允许瑞士人单独和被拘留者谈话，不受警官监视。看来又是彼此各不通气，每个警官都可以自作主张、各行其是。

华盛顿诞辰日

1942 年 2 月 22 日

华盛顿诞辰日①，星期六。唱完赞美诗，又唱了《共和国战歌》②，接着唱国歌。上午 11 点半，邀请全体馆员来官邸聚会，我提议为总统干杯。

日本必败

1942 年 2 月 28 日

日本正在不断扩张其征服的疆域，同盟国的账上至今尚无收益，以至于同盟国最终胜利与日本最终失败的希望似乎正变得渺茫。但对于日本的失败，我没有丝毫怀疑。我已经说过，在我看来日本必败的道理犹如引力定律。

未经事实证明的预言，大多不过是痴人说梦。但对最后结果，我有我的想法，大致如下：或因经济解体，特别是石

---

① 又称总统日，为纪念美国的开国元勋和第一任总统华盛顿而设立，定于每年 2 月 22 日，已成为美国法定假日。

② 《共和国战歌》（*Battle Hymn of the Republic*）是一首源自美国内战时期的爱国歌曲。英国著名足球俱乐部曼联曾将此曲改编为队歌，使该歌曲在全世界广为流传。

油匮乏；或因发生革命，革命可能在被占领国首先爆发，德国终将垮台。根据长期经验，我了解德国人的特性：志得意满时，他们是嚣张的恶霸；形势逆转，他们就会立马变成懦夫与哀声泣诉的失败主义者。食物和原料的供应紧张，且必将日益加剧。不论在俄国还是在别的地方，一旦军队不再连战连捷，破竹之势就会急转直下。士气将会垮下来，末日就不远了。来自俄国战场的伤亡名单将产生可以料想的后果，戈培尔的宣传谎言总会有不再能支撑士气的一天，民心总有涣散的时候，这一天说不定很快就会到来。丘吉尔最近说，胜利的到来，也许比原来预想的要快。如此乐观的话从他口里说出来，非比寻常，因为他一向总是爱描绘局势的阴暗面，我想他说这话时考虑到了上述情况，而且很可能还真有德国军民即将解体的证据。

德国一旦退出舞台，意大利自然也就随之退场了，留下来的将是日本单枪匹马对付美英海空联军的局面，也许还要加上苏俄。那时如果苏俄参战，很难想象它会放过收复失地，进而让自己永久处于不败之地的良机。如此一来，那么问题就大大简化了，因为盟国海空军可以海参崴为基地，可以迅速封锁日本本土，轰炸它的城市，摧毁它的船舶，完全掐断它的生命线以及其同国外军队的联系，最后甚至可以占领日本。

即使苏俄保持中立，要等英美获得全胜后才来解决它自己与日本的问题，那么完全摆脱了大西洋战事的美英联合海军也肯定能推进至能够打得到日本的空袭距离，收复一些基地，潜艇和飞机仍旧可以由此截断它的航运，封锁日本列岛。

当然，德国退场后，日本政府也不会看不到战争的必然结果，为了挽救它的城市，为使商船不致全毁而只是有一些逐渐

520

产生的损耗，日本很可能在轴心国垮台后就会乞降。但我们得警惕，不要过早地议和。

再谈欧洲，我看德国一开始有崩溃之象，被占领国人民，包括法国人民一定会爆发大规模起义。那时土耳其很可能参战，罗马尼亚则很可能背弃轴心国而去进攻匈牙利，以夺取特兰西瓦尼亚。意大利也将很快从舞台上消失。

上述一切当然是把未来的图像想得很美，但我觉得这些假设并不是强词夺理。纵使结局不会来得如我们所希望的那样快，轴心国倒台后，必然是我国全胜的进程，一切都将立即开始。

美国佬忆往事

1942 年 3 月 10 日

父亲冥寿一百周年，他生于 1842 年 3 月 10 日。正餐时，我举杯祝酒以资纪念，并做了简短的致辞，提到一些陈年往事。其中说了我祖父的一件逸事，他临终时在病榻上总为一个问题烦恼，在快咽气时终于讲出来：有一天早上（我记得是个元旦，他要照例送书作为礼物），他从海德公园来波士顿时忘了带钱包，遂在火车上向列车员借了五分钱付马车费。他在临死前嘱咐，这笔债一定要还。其愿得偿。

大使馆杂记：社交及其他

1942 年 3 月 24 日

521 　有颗牙齿坏了，镶边脱落，去牙医小谷大夫处就诊。遇见英国大使馆的胡斯顿－博斯沃尔（Houston-Boswall）和肯尼迪（Kennedy）夫妇，谈了一会。我们称这个诊所为东京社交俱乐部，因为在这里常常会碰见一些外交界同僚。

我们有个叫藤本的译员，是一个纯粹的、非双重国籍的美国公民。① 今天竟被警察从大使馆拐走并被逮捕，据称违反了日本法律。究竟犯了什么法，我们不知道。最后一次看见他时，他在送一个警察出门。一定是警察诈称有人找他，一到门外就悄悄把他抓走了。他的妻儿还在大使馆。他的家族要他留在日本，但他决定要和我一起回去，回美国的那个家。后来他给他妻子写了一封信，说他早已决定留在日本。我们却认为，这肯定是警察对他施加了压力。瑞士公使已提出强烈抗议，但迄今尚无结果。外务省说，它正在等司法省的报告。这不过是日本警察加诸我们身上的又一次暴行。

一个美国出生的日本人选择留在日本

1942 年 3 月 25 日

杜曼的生日。开茶会，吃蛋糕，举杯祝他健康。我讲了几句话，大意是，再也找不出比他更能干的参谋长、比他更好的行政官了。他日常所思的，都是如何为我们集体和个人谋福利。后来他对我说，他太感动了，以至于不知说什么好，只能简单讲几句来应付。

关于那位在美国出生的日裔译员愿意留在日本一事，杜曼的日记有所叙述，现摘录如下：

---

① 明治维新后，开始有大量日本人向夏威夷及美国本土移民。珍珠港事件后，有超过十一万日裔美国人被迫离开居住地而被关入迁徙营。1943 年后，美国开始尝试组建由日裔组成的战斗部队，出现了如第 442 步兵团这样几乎全部由日裔美国人组成的部队，它们先后在意大利、法国南部与德国参与作战。

昨晚将近 6 点，本宁霍夫向我报告说，译员藤本失踪了。藤本是在美国出生的，原持双重国籍，几年前返美时已放弃日本国籍。后又回到日本，从此就一直是大使馆的一员。

据本宁霍夫说，最后看见藤本是在上午 10 点半。他妻子刚发现他不在时，还不怎么惊慌。到下午 3 点左右，她开始紧张起来，跑来报告本宁霍夫，说找不到她的丈夫。本宁霍夫和特纳马上到处寻找，找遍各房舍和场地，都没有踪影。本宁霍夫便去找驻使馆警察队负责人清河。他见清河正在批阅文件，问他否知道藤本在哪里。清河继续写他的公文，头都不抬，只问了一声："他不在这里吗？"本宁霍夫把怎么找也找不着的情况讲了一遍，并说藤本显然不在使馆内了。清河一直在写他的文件，没有抬头望过一眼。平时有谁不告知清河而擅自离馆，他肯定会激动万分，可是这次藤本失踪，他却漠然置之。本宁霍先明白了，这事清河是知道的。

本宁霍夫来报后，我立即去见了清河，问他：藤本的失踪，他是否知情。清河直视着我，说他一点也不知道，但可以打电话问警视厅。他走进隔壁有电话的房间，我通过开着的门听见他在电话里说，杜曼正在询问藤本的事；又听见他请示，他应该采取什么态度。他很快又回到原来的房间，说这就去警视厅调查此事。我要清河马上打电话给瑞士公使，请公使来见大使。清河生气了，说他没有义务服从我的命令，讲完扬长而去。

晚饭后，大使给我一张条子，要请瑞士公使第二天一早就来，我拿着条子去找值班的警察，问他是否允许立刻送这张条子给瑞士公使。他又打电话问警视厅，然后告诉我，条子要到明早才能送。

早上清河一到使馆，我就问他藤本的事可有消息。当时清河说，他能告诉我的情况只是藤本已被捕了。我告诉清河，昨晚他矢口否认知道此事时，我就完全明白了，他是知道的，可能还帮忙逮捕了藤本。清河承认是这样，但又说当时我是以咄咄逼人的态度问他，所以他才生气了。过了一会，他又冷静下来。之后，我终于从他那里听到了不少消息。看来大概是这么回事：藤本的母亲强烈反对藤本回美国，为了找个借口把他扣留下来，他的族人便跳出来控告他犯了某种重罪。

1942 年 3 月 27 日

我为"大东亚桥牌马拉松赛"颁奖。史密斯－赫顿得头等奖，梅金森得二等奖，帕克斯得安慰奖或参与奖。

丹麦公使的妻子蒂利茨夫人致函艾丽斯，称岸终于为我们安排停当，可以出外打高尔夫球，而公使自己也想和我打一回。我把我的想法告诉馆员们，然后写封信给蒂利茨夫人。我知道英、加、奥使馆的人去打过一次，但克雷吉没有去。

婉拒高尔夫邀约及理由

美国大使馆

东京，1942 年 3 月 29 日

亲爱的蒂利茨夫人：

岸先生费心为我们安排打球，好像都已经安排妥当了。艾丽斯都已告诉我了。他这样做，我衷心感激，您或公使若有机会向他转致此意，我将非常感激。岸一向是我在日本最值得尊重的朋友之一，任何东西都无法改变我对他的私谊和钦慕之心。无论已经发生或将会发生什么事，这种感情都将永存不渝。他筹办球赛，如此体贴、仁厚，正是他经常助人为乐的体现，我认识他这十年来，他这种特性只有我最了解。我希望有一天我们能在较愉快的场合重逢，继续我们的友谊，一如既往。

524

　　遗憾的是，我有许多理由不能接受打球的邀请。虽然岸先生已尽力，但这些理由我想他应该是知道的。很久以前瑞士公使也做过类似的努力，但我一开始就告诉他我断不会接受这种邀请，请他不必费心。事实上，有位高尔夫球俱乐部的干事就曾对公使说过，如果我们到那里去，将会使俱乐部的成员尴尬。我也决不愿意到任何俱乐部去而自陷于为难之境。尴尬的感觉是彼此都会有的。

　　我之所以无法接受这次邀请，还有更重要的理由。除看病外，日本政府不许我们离馆外出已有近四个月之久了。现在撤退之日将近，日本当局才开恩允许我们去球场消遣。也许一次，也许两次，我不清楚。由此可以合理地推断，他们现在这样做不过是为了给拘留我们的记录添上一点光彩而已。我很清楚日本宣传部门的伎俩。如果我接受邀请，他们就将大肆宣扬，借以表明在整个拘留期间我们都是受优待的。可是我们所受的待遇绝谈不上优越，在初期日本当局还违反了国际惯例的一切规矩。我们不仅被视为俘虏，甚至被当作罪犯，在整个拘留期间都不断受到警察的侮辱和压制。我不愿细说，以免增加您的精神负担，但这些事将来还是很难忘记的。

暂且放下在大使馆受到的待遇问题不谈，我也抱着美国人所共有的那种反感，其强烈程度实难形容。

至于馆员们，我已做如下决定：不希望他们把这次邀请作为游乐或消遣来接受，不过假如他们出于身心健康的考虑，觉得需要出去走一走，我也不反对他们自己去打球。部分馆员，特别是那些不像我那样在苦难中有妻室的人，被拘留久了，确实很不好受；他们希望也需要到空旷的地方去一下，我完全同情这种需要。他们会不会接受邀请，我不知道，但他们要去，我完全允许。

岸先生既有此美意，又如此尽力，我想他定会谅解我这种态度。这封信也可以给他看看。

谨向您和公使致以最热情的问候。

格鲁谨上

525

1942 年 3 月 28 日

瑞士公使来访。他今天来到使馆门口时，大门半闭，警察只是袖手旁观，瞪眼看着他，既不走过去开门，也不叫汽车司机自己去开。公使遂转赴外务省，将此事告诉木内。木内说："这可太严重了。"他打电话给警视厅总部，但戈尔热坚持要个外务省官员陪他一起来。在外务省官员面前，警察也还是那个样子，司机只得自己下车来开门。我很高兴，外务省官员亲眼看见了这种情况。这也许只是个别警察的态度问题，但故意侮辱的可能性则更大，其原因大概是公使来得太频繁，也可能是我们抗议藤本事件，把他们惹火了。戈尔热当然很气愤，很恼火，因为这是对他的直接侮辱。又一次无礼，我们身在使馆，无可奈何。

1942 年 3 月 30 日

加濑来看我，替一位任高官的日本朋友给我带来一块羊肉和几个橙子。我和加濑谈到藤本事件及警察侮辱我们的种种行为，希望他转告东乡。

天野医师的夫人来到使馆，给我们所有人首次注射伤寒和副伤寒预防针。

1942 年 3 月 31 日

瑞士公使来访。日本政府已向我国政府提议，我们可于 4 月 25 日前后乘船经上海、西贡，也许还有新加坡前往洛伦索 – 马贵斯，于 5 月 20 日到达。船可载客约一千一百人，因官员约有五百人，所以还有空位，大致可载六百名平民。戈尔热建议，这六百个舱位大致可分一百个给侨居印度支那和泰国的平民，给侨居日本和中国者各二百五十个。日方希望美方撤侨船亦同时开到洛伦索 – 马贵斯。

撤离计划依旧落空

1942 年 4 月 1 日

我今天召集全体馆员开会，告诉他们日方提议我们可于 4 月 25 日或其前后离日，搭载撤退人员的日船将在上海和西贡停泊，接运其他撤离人员，5 月 20 日前后可抵洛伦索 – 马贵斯。这个消息给了大家很大鼓舞，情绪马上高涨。不过，这个提议至少现在尚未实现。

1942 年 4 月 5 日

在馆舍内做复活节礼拜，唱了几首复活节赞美诗，有音乐伴奏：琼斯弹钢琴，蒂索（Tiso）和普莱费尔夫人拉小提琴，威廉姆斯小姐吹长笛。我还读了选自《约翰福音》的日课。警察问我们要不要请个美国牧师来主持礼拜，我们谢绝了，宁愿举行一次非正式的集会。使馆里的天主教徒则被带往天主教堂做弥撒。

1942 年 4 月 8 日

瑞士公使来访。现在看来，恐怕最早要到 5 月中旬才能走。想起来真有趣，去年 12 月，艾丽斯说最好还是把木柴保存起来，因为可能要到 2 月才能走，当时大家都笑了，以为是句笑话。我曾和内德·克罗克打赌，我认为情人节以前定能出发，结果输了十美元给他。他还和另外一些人赌哪个月能走，我想他也赢了。

吉米·杜立特[①]空袭东京

1942 年 4 月 18 日

瑞士公使又来过。午饭前他刚要告辞的时候，我们听见许多飞机飞过头上，看见五六个方向燃起大火，浓烟滚滚。最初我们以为是演习，但很快就知道了，这是美国轰炸机首次大举空袭日本。据报道，这次是先轰炸北海道，然后依次轰炸东京、横须贺、名古屋和神户。我们见到一架飞机，看上去似乎失控了，飞得很低，擦着屋顶向西飞去。起初，我们还担心它已经坠毁了，后来才明白这是有意实施的战术，以避开驱逐机

527

---

① 即詹姆斯·杜立特（James Doolittle，1896—1993），美国陆军航空兵的缔造者之一。1940 年 4 月 18 日，他率领十六架 B16 轰炸机从"大黄蜂号"航母上起飞，成功空袭东京。他也因此壮举获颁荣誉勋章。

的俯冲和高射炮的火力。在东面又看到一架飞机，尾部拖着一长道黑烟，显然被高射炮射中了；它的样子不像轰炸机，我们猜想，这恐怕是日本高射炮部队惊慌失措，把自己的驱逐机打下来了。

这一切都很激动人心，但当时很难相信这并非日本飞机在搞实弹演习。日本报纸自称击落九架敌机，我们却不相信有什么损失，因为即使只有一架被击落，报纸也一定会得意扬扬地刊登出有飞机残骸的照片。美机看去很大，不像是从航空母舰上来的，想必是从阿留申群岛起飞而前往在中国新建的空军基地降落。我们使馆中人皆大欢喜，而且深感自豪。后来英国使馆的人告诉我们，那天他们喝了一天的酒，向美国飞行员致敬。

巴丹和珊瑚海两役之后

1942 年 5 月 26 日

日本的宣传实在是过于幼稚，简直是笑话。巴丹陷落后，《日本新闻》于 4 月 15 日（晚刊）登出一张照片，说那是被占领基地的入口，但是，大油漆招牌上却写着 "U. S. Navy Vase, Mariveles"，竟把 "base" 写成 "Vase"。第二天，《日本时报和广告报》也登出这张照片，但显已发觉有错，因为 "V" 字已经给刮掉了，草草换成 "B" 字，刮痕犹清晰可见。那块牌子当然是日本人自己写的，用以向公众证明他们确已占领该地。

5 月 26 日，《都新闻》和其他日文报纸刊登了珊瑚海战役的照片，有一张拍到了一艘船的尾波，似乎是一直通到一个水雾和烟的喷口。报上说，这里有一艘被击沉的美舰。但在报纸的另一页，又有一张显然是摄自同一地点的照片，只是稍微移向右边一点，却现出一艘美国航空母舰，正离开"爆炸"处，朝相反的方向前进。显而易见，前面那张照片所照的，只不过是这艘船的航迹。

准备起程

1942 年 5 月 29 日

召集馆员开会，宣布一个好消息：我们有望于 6 月 18 日 528 起程回国。一片欢腾。

1942 年 5 月 31 日

"阵亡将士纪念日"，在大使官邸集会，唱《祖国颂》《共和国战歌》和《美国国歌》，我讲了话。全体出席，共六十三人。

"阵亡将士纪念日"上的讲话："我们的祖国"

按纪念阵亡将士的传统，长久以来每年的 5 月 30 日我们都在横滨公墓用鲜花装饰葬在日本的美国陆海军军人与平民的墓地，我们的海军武官每年都把花圈投入横滨附近的海中，悼念死在海上的人。这些含有纯朴敬意的祭典，正象征着美国精神：不论是投身于激烈的战斗之中，还是恪尽职守，致力于创造化干戈为玉帛的条件，只要是为我们祖国献出生命的人，我们都没有忘记，也永远不会忘记。葬在日本的这些美国陆海军军人与平民，幸运地属于后一类人。世上既有奋战沙场者，也有不待战争爆发而为和平尽力者，谁能说这二者之中哪一类人对祖国的贡献更大呢？有许多美国人生活在国外、死在国外，无声无息，但他们仍曾忠实地、无私地、满腔爱国热忱地为他们心目中祖国的最大利益效劳。可是，如果战争爆发，如果自由、正义、法律、秩序与不法、混乱、奴役、野蛮的掠夺本能开始了面对面的较量，那么：

> 理智与爱支离破碎，
> 一个声音独自慨叹：
> 在当为真理献身时，
> 偷生比死亡更可怕！①

529　在被拘留的这几个月里，我们总是举行这样的礼拜日唱诗会，参加的人想必都会感觉到，这种集会是自发的，是在虔诚的气氛中进行的，我们由此得到鼓舞。我们并没有去教堂做礼拜的那套仪式，但能够按《诗篇》里的话，按我们自己的方式，"在圣洁之美中礼拜上帝"，形式虽然简单，却是发自真心。我认为，在这段郁闷的日子里，这种礼拜日集会有助于增强我们基督教信仰的光辉；能使我们暂时脱离一个受战祸折磨的世界，能把我们团结在一起。今年的阵亡将士纪念日，虽然我们在实践上无法举行以花饰祭墓的传统仪式，但我还是用这次礼拜日集会在心灵上纪念那些为我们祖国献出生命的人，如此我们倒可以永远地怀念他们。

我曾谈到，在这艰难的几个月里，我们大家都定会有沮丧的时刻。就我来说，这种沮丧的时刻，却只是一瞬间。对我们在这场世界大战中必获最后胜利，我没有一丝一毫的怀疑。要说这是盲目的信念，那也悉听尊便。这和解数学题不一样，不是坐下来算一算就可以证明的。无法估量的因素太多了。冷静

---

① 出自美国诗人爱默生的诗《牺牲》（*Sacrifice*）。

的逻辑可以把这种信念仅归因于想当然，但除此而外，还有别的。我们可以称之为基于许多明显因素的本能一般的根本信念。对我来说，其说服力正和数学论证一样，假如我能把这种信念和信仰传递给你们，加在你们自己的信念上，哪怕只传十分之一，它也能化为你们的信念。

现在我们终于就要回国了。我曾说这几个月是艰难的日子。对我们每个人来说，在不同程度上，由于种种原因，这几个月都是艰苦的，在某些方面还极其艰苦。对那些远离家庭的人，我们的同情和体谅之心强烈到无法形容。至于我自己，这几个月里，我曾有充裕的时间来考察这一生事业的轨迹，就像一个建筑师在地震和火灾之后凝视一幢大厦的废墟那样。这幢大厦是他设计的，是他一砖一瓦建起来的，力求坚固，能永远顶住暴风雨。这座城堡已经坍塌在我们身边了。这当然不是一幅悦目的图景。

我们当中的某些人日后回顾时，无疑会把自去年11月以来的这段经历看成一场噩梦。然而在我看来，这绝不是一场噩梦。因为在一个人充满生动经历的漫长社会生活中，这是一段最激励人心的经历。这里是一个由许多不同成分，也可以说是异类成分，组合起来的团体，各有各的兴趣、性格和偏好。人性始终是人性。在监禁中，大家每日每时都紧密地共处一地。日子久了，我们这个小团体总会顶不住这种重压，至少也有顶不住的可能性。至于结果是否顶住了，我请你们各自去判断。我自己的印象是处在同样境地的同类团体，恐怕没有哪个能像我们这样经得住考验了。集体精神，共享合作之心，彼此互助，在绝大多数情况下均能舍己奉公，尤其是在空间及活动都受限制的生活中仍自得其乐，风趣不逊平时。这一切都使我深

530

感自豪。这种自豪感，就像我跟大家的深情厚谊一样，我将铭记终生。充满这个团体的精神，以及由此产生的极其令人满意的合作气氛，本质上是美国所固有的传统。这种集体精神和互助的特性，是使我国成为伟大国家的天性之一。将来回顾这段经历时，我想我们定会认识到这并不是一个停滞的时期，而是我们每个人都有所收获、每个人都发展了可能需要发展的特性、每个人也许都在精神上获得了成长的时期。梅瑞狄斯①写道："如果我为很快就要消失的赦免而痛饮，我的灵魂是多么渺小。"我们没有虚度这段时期，相反，我们关心着最大多数人的最大幸福，并为此而工作。这就是我感到颇受鼓舞的原因。我冒昧地希望，你们大家都能有这种感觉，那高尚的集体精神还将带着我们回去，直到踏上我们亲爱的祖国的国土。

现在我们就要回国了，去参加我们能找到的或被号召去做的各种工作，为祖国的伟大事业效力。如果你们同意的话，请和我一样坚信，这种努力不会是徒劳的。我们将需要我们的信念所产生的勇气，在国内和同胞们共事时，仍将需要密切合作的精神，在这几个月的同舟共济中，我们已经学到了一点这种精神。"有信，有望，有爱"② 是人类行为指南相当坚实的基础，但我一向觉得，现在比以往更觉得，"信心、勇气、爱"这几个词倒可以更好地表达《圣经》中这句话的本旨。这几个词为我们未来的航程指出了正确的方向，因为信仰和希望需要用勇气来支持，然后才能有生气、有活力，否则就只是虚伪的妄言。而为使我们的合作精神也同样蓬勃旺盛，并用之于日

531

---

① 乔治·梅瑞迪斯（George Meredith，1829—1909），英国维多利亚时期的小说家、诗人。

② "faith，hope，cherity"，出自《圣经·哥林多前书 1》13：13。

常生活，那么信仰和希望也需要用我们的赞歌《美丽的美国》
(*America the Beautiful*) 中所说的"四海之内皆兄弟"这句名
言来加强。

在我的大半生里，我遵守着两个微不足道的个人传统。一
个是幼年时开始的，我把这个传统带进我们的家庭。当孩子们
渐渐长大、我们每次从海外归国、经过纽约港的自由女神像
时，我们常把四个小女孩带到船头，大家一齐朗诵司各特①的
感情炽烈的诗句，就是爱德华·埃弗雷特·黑尔 (Edward Everett
Hale) ——其实他还是我们祖上的姻亲——在他的《无国之人》
(*The Man without a Country*) 一书中沉痛地引用过的那几句：

> 呼吸健在，魂灵已亡，
>
> 他从不对自己说，
>
> "这是自己的故土、故乡"；
>
> 当一个人的脚步迈向家园，
>
> 不再于海外飘荡，
>
> 谁的内心不像火烧一样？
>
> 如果确有那种人活着，请注意啊，
>
> 绝不要为他朗声高唱。
>
> 哪怕他地位显赫、名满四方，
>
> 哪怕他称心如意地富满天下，
>
> 尽管他有头衔、权势、金钱，
>
> 但卑鄙者，只惦念自己；

---

① 沃尔特·司各特 (Walter Scott, 1771—1832)，英国著名的历史小说家、
诗人。

他即便活着，名誉终将一扫而光，

最终躯壳跟灵魂也都消亡，

来自尘土，归于尘土，

无人流泪，无人悼念，无人为他作诗一行。

另一个小传统是，每逢阵亡将士纪念日，总要背诵林肯的《葛底斯堡演讲》（*Gettysburg Address*）。今天我想借此机会跟大家一起念一遍。因为在英语文章中，我从来没有见过用词有它那样优美和动人的。它是怎样草拟和发表的，你们肯定都知道。疲惫而充满烦恼的总统乘火车前往葛底斯堡，在一个旧信封背面草拟了这篇演说的提纲，当晚在旅馆里写成讲稿。第二天，1863 年 11 月 19 日，在旧战场的纪念集会上，先有一个我国第一流的演说家按当时的习惯啰啰唆唆地讲了一通。身体瘦高、其貌不扬的林肯站了起来，只讲两三分钟，又坐下去了。听众不禁愕然，满以为在这种场合可以听到一篇他们所习惯的洋洋洒洒的长篇大论，谁知正好相反，于是大失所望。林肯演说之后，大煞风景的是全场寂然，几乎没有一个人鼓掌，着实可怜。林肯本人也认为这篇演说是一次惨败。人们后来细读讲稿，才领会到其词句的雄浑庄严之美。这时世人才发现，他给历史上的文学宝库增添了一篇最伟大、最鼓舞人心的杰作。在近八十年后的这个纪念日来读这些名言，是多么贴切啊。我们大家都必定会深受感动。

八十又七年之前，我们的先辈在此大陆接生了一个新国，她孕育于自由，奉献于人受造而平等之公理。

如今，我们已卷入一场伟大的内战，以考验这国家，或任一如此孕育并奉献的国家，能否常存。我们来到这里，在一处伟大的战场集会，是要把战场的一角献给长眠于此的将士；他们捐出自己的生命，乃是要国家永生。而我们此举，是完全合宜而正当的。

然而，在更崇高的意义上，这片土地是我们无法奉献——无法祝圣而使之归圣的。那浴血于此的勇士，那生还的和牺牲了的，已经将它祝圣了——远非我们的微力所能增损。此刻我们说的，这世界未必会留意、铭记；但他们在此做的，却永远不会被遗忘。毋宁说，奉献于此的，是我们生者，以继续那未竟的事业，他们一路奋战、光荣推进的事业。毋宁说，在此奉献于那留存我们面前的大任务的，是我们——

让我们多多领受这些牺牲者的荣耀，忠于他们为之捐躯尽忠的伟业——

让我们在此庄严保证，战士的血绝不会白流——

让这国家，上帝保佑，获自由之新生——

让这民有、民治、民享之政权，在大地上，永不消亡。①

致美国人民的结束语

——通过哥伦比亚公司广播网发表的广播演说

首先我想说，我们刚登上交换外交人员的船只"格里普 533

---

① 此译文引自冯象《那生还的和牺牲了的：林肯〈葛底斯堡演说〉新译新注》，《上海书评》2016 年 6 月 15 日，https://www.thepaper.cn/newsDetail_ forward_ 1482547。

斯霍尔姆号"（*Gripsholm*）时，许多朋友即来致候，全国各地又纷纷来信表示欢迎，我们（我的同事和我）大为感动。这种欢迎温暖人心、令人难忘。同时，在日本和日本占领区度过许多艰难日子以后重返家园的欢乐之情，简直无法形容，这同样是难忘的。恐怕难以一一答谢各方的慰问函电，现在，在所有听众面前，请允许我为此深情厚谊表示最深挚的感谢。

我眼中的祖国从来没有如此时此刻这样美丽过。重返祖国，从来没有像这次一般意义深长。撤退侨民的船在最后驶离日本海域之前，曾在横滨港停泊七天。如果我把这最后七天的情况告诉你们，重返故乡对我们来说意味着什么，你们就可以理解一点了。当时关于交换人员的谈判还没有结束，我们在那里等着，不知道谈判能否成功。如果不成功，不知道我们会不会全都被押回日本，再次被监禁。我们当中有许多美国人（传教士、教师、新闻记者、商人）在上船前，都遭受过单独监禁，被关在寒冷的小牢房里，缺衣少食，还不时遭到最残酷、最野蛮的拷打。如此熬过了六个月。拷问的花样繁多，我不想多谈细节，只提一件：在"格里普斯霍尔姆号"船上，有三位美国老人，其中一人已年逾七十，给我演示了他们多次遭受过的灌水刑。清晨，我们走到船头，一个朋友就在那里演示受刑的样子。人被捆着，膝盖被按到下巴下，脖子贴着膝盖，手被紧紧反绑在背后，拷打时绑手的绳子竟深陷进肉里。

534 然后把他翻过来，脸朝天，向他的鼻和嘴灌水。这只是一次实况演示，但单从那些人口述的拷问情景中，我已经可以想象了。日本警察会用上六大桶水，因为受刑人每次都会失去知觉，然后还被泼水，让他醒过来。有一位老传教士被指控为间谍，遭受了六次灌水刑，要他把诬告他偷到的情报内容供出来。

美国传教士、教师、新闻记者和商人，几乎都被视为有可能成为间谍。日本警察的愚蠢，仅次于他们的残暴。这个美国人又告诉我，有一次他被捆着，躺在地上。有个日本人用靴底在他脸上蹭来蹭去，然后又狠狠踢他，踢断了一根肋骨。最后松绑时，他只能勉强站起来。他说自己有根肋骨恐怕已经断了。有个日本警察问他，断骨在哪里，接着就去摸他的身子。摸到断骨时，警察问道，"是这里吗?"这人答道，"是"。于是那个警察便把手抽回去，挥起拳头，使劲打那根断骨。还有一件事，有位美国知名人士因在狱中被虐待，生了坏疽，导致了严重残废。多年前我就认识他，当我在船上看见他时，不禁猛吃一惊，几乎看不到他过去的样貌。

日军攻占南京时干下了骇人听闻的暴行，在香港又用刺刀杀死战俘：这些都是我之前间接听到的。但在船上我有了直接证据，因为有个女乘客曾亲耳听见那些战俘临死时的惨叫声，她把这个可怕的故事告诉了我。这绝不是第二手证据，而是可靠证人的亲口讲述。至于拷打，其直接证据则是受刑者本人提供的。

在横滨港等候的七天里，有几个人对我说，如果关于交换人质的谈判失败，他们就宁愿自杀，死也不肯再回到日本去坐牢：这话你们觉得奇怪吗？我知道，他们肯定会这样做的。

最重大的时刻终于到来了。6月25日凌晨1点，我醒了。 535
感觉到好像有点响动，望向舷窗外边，只见一片树林在水中慢慢移过去。又有一片树林移动，比先前的快。我们终于启航了，航速慢慢加快，直到开足马力，离开了横滨，离开了日本，向家乡前行。这是个多么令人激动的时刻！尽管还得航行

一万八千英里，历时七十天，才能在纽约港的自由女神像前经
过。我泪流满面，暗诵：

> 呼吸健在，魂灵已亡，
> 他从不对自己说，
> "这是自己的故土、故乡"。

今晚我还有些话要说，要提到日本的军事系统。它发动了
这次战争，现在我们正在和它激战。但在转到这个话题之前，
有些事我不能不提一下，我在日本住了十年。我在日本交了许
多朋友，我钦佩、尊敬、爱戴他们当中的一些人，他们并不是
发动这场战争的人。然而他们作为爱国者，将会为他们的天皇
和国家而战，必要时还将奋战到底，尽管他们内心深处并不希
望打仗，战争也并非他们发动的。我们被拘留在东京期间，警
察企图把我们同外界完全隔绝开来，经常制造障碍。即便在这
段时间内，还是有许多朋友时常设法给我们送礼物来。那些礼
物不是通常的鲜花之类，而是食物，例如有时送来一块肉，这
是他们能送的最珍贵的礼品，因为他们自己也很少能够得到肉
类。我和他们互相酬酢了十年，他们个人对我自始至终都十分
忠诚。

但是，这个图景还有另一面——丑恶的一面，残酷、野
蛮、禽兽不如，发动这次战争的日本军事系统是残忍和贪婪
的。为了美国和联合国未来的安全与幸福，为了文明世界和全
人类未来的安全和幸福，就必须彻底粉碎日本的军事系统、军
阀集团和军事体制，必须彻底摧毁它们的名声和支配地位。总
而言之，在太平洋区域，一个爱好和平的美国，联合国中任何

和一切爱好和平的国家，同一个穷兵黩武的日本，都没有共存的余地。

现在，在结束这个话题之前，我还想讲一些我们正与之交 536 战的日本军事系统之前的所作所为。这个系统是历经多年培植和演化的，因为早在1931年入侵满洲以前，它就已经制定了一个目标，不仅要北攻俄国，而且要"西侵"和"南进"，以便掌控日本人后来所谓的"包括南洋在内的大东亚共荣圈"。"共荣圈"的实际含义自不必多说，就是日本要在政治上、经济上绝对控制这个辽阔区域。

1931年，日本入侵中国满洲；1937年，入侵长城以南的整个中国。由于蒋介石及其英勇的军队、坚强的人民斗志高昂，日军终于在中国陷入泥淖而无法自拔。尽管如此，这个战场还是被利用了，日本陆海军士兵可以在此进行实战训练。他们不断发展和改进战术，后来在南洋各地登陆和征服这些地区时，这些战术就派上了用场。

不要以为因为日军在中国的失败，日本国民就会丧失斗志，千万不要有这种想法。正相反，这种失败反而会锤炼他们的意志，促使他们产生愿做更大牺牲的决心，使他们有更好的准备，去进行另一场企图征服东亚的战争，而这场战争终于已经开始了。他们明白必须越来越努力，因此对国家按战时需要必然会推进的各方面的改变，他们都以他们所特有的那种镇静而坚决的态度来承受。

日本所有武装力量都充满着进攻的精神，日本人之所以在这场战争初期取得胜利，这或许是最主要的因素。军事专家都认为，这种精神是克敌制胜的最重要的无形要素，所以日本现代陆军自建立以来，即注意培养和保持这种精神。假如敌人缺乏进取心，进攻的精神就会成为一种优势，日本统帅部对这种优势寄予很大的期望。他们认为白种人软弱无力，他们非常强调这一点。他们认为，我们美国人不过是一群体质虚弱的人，生活养尊处优，不愿在一场对付以斯巴达式的简单方式准备和训练起来的军事机器而进行的战争中做出牺牲，不能按战争的要求来吃苦受累。他们非常看重美国国内以前在战争问题上的意见不统一，而且仍然指望要过一段相当长的时期，美国国民才能奋起，才能发挥自己的特长，才能培养出自己的斗争精神。他们料定，在这个时候到来以前，日本早已完全控制整个东亚。他们发动这场战争时，并没有为失败做准备，也没有给自己留退路。他们用全部力量出击。在彻底毁灭以前，他们都将继续以这种方式来作战。

在适当时候，我们一定能摧毁这个军事系统、军阀集团和军事体制，但是，假如我们美国人（集体和个人）以为，我们仍旧可以过如常的日子，自我牺牲的精神只是陆海军军人的事，加紧执行生产计划也可以顺其自然，那么这场美日战争就肯定会有陷入僵局的危险。我这样说，是根据我旅日十年的经验，根据我对日本陆海军实力及日本人的顽强精神和战斗意志的了解。我认为把这些事告诉我的同胞，乃是我应尽的责任。我对我的祖国比对日本了解得更清楚，对我们终将获得胜利没有一丝一毫的怀疑。但是，我不希望看到我们流血、流汗、流泪的日子无限期地、不必要地延长。我国人民必须清楚我刚才讲的这些实情，必须认识到，我们面对的是一个强大的战争机器，面对的是这样一个民族：甚至接连战败也打不垮他们的士气，经济困难也压不倒他们，他们作为集体或个人，都心甘情愿地为他们的天皇和国家献出自己的生命。只有真正打败他们，把他们彻底赶出他们暂时征服的地区，或者逐渐消耗他们的海军力量和商船，从而完全切断其本土同周围地区的一切联系和通道；总之，只有在战争中把他们彻底打败，才能使他们回到现实中来。

我无须再多说什么了。我已经把自己经过长期体验和观察所了解到的实情告诉了你们。我已经带着自己在远东工作的同事们回国来参加战时的工作，与你们一道努力。我们只有在进攻中，作为个人和集体最大限度地发挥我们的能力，才能使我们亲爱的祖国安全穿越深渊，抵达渴望已久的胜利、和平的彼岸。

我们进行这场战争是为了维护正义、法律和秩序。但首先还是为了自由，为了我们美国公民的光荣传统所赋予我们的自由，为了联合国中其他国家同样的自由。我们作战，是为了反对世界上的邪恶势力、不法行为和混乱，但主要还是为了免于遭受奴役，倘若我们失败了，那么被奴役的厄运就会落到我们头上。我确信，这不是危言耸听。毫无疑问，我们的事业，是值得为之牺牲的事业，是值得为它而生、必要时为它而死的事业。 538

> 理智与爱支离破碎，
> 一个声音独自慨叹：
> 在理当为真理献身时，
> 偷生比死亡更可怕！

日本主要官员及各国派驻日本的主要外交使节人名一览

（括号中的日期为上任时间）

1932 年 6 月

总理大臣

斋藤实子爵（1932 年 5 月 23 日）

外务大臣

斋藤实子爵（1932 年 5 月 23 日）

内田康哉伯爵（1932 年 7 月 6 日）

外务次官

有田八郎先生（1932 年 5 月 23 日）

内阁成员

陆军大臣：荒木贞夫中将（1932 年 5 月 26 日）

海军大臣：冈田启介将军（1932 年 5 月 26 日）

大藏大臣：高桥是清先生（1923 年 5 月 26 日）

商工大臣：中岛久万吉男爵（1932 年 5 月 26 日）

大使①

比利时：阿尔贝特·德·巴索姆皮埃尔男爵（Albert de Bassmpierre，1921 年 9 月 15 日）

苏联：亚历山大·特罗扬诺夫斯基先生（Alexander Tyoyanovsky，1928 年 2 月 1 日）

德国：恩斯特·阿图尔·福雷奇博士（Ernst Arthur Voretzsch，1929 年 1 月 22 日）

意大利：乔万尼·切萨雷·马约尼先生（Giovanni Cesare

---

① 外交官按上任时间先后排序。

Majoni，1930 年 6 月 17 日）

法国：达米安·德·马特尔伯爵（Damien de Martel，1930 年 7 月 7 日）

巴西：西尔维诺·居雷尔·多·阿马拉尔先生（Sylvino Gurel do Amaral，1931 年 6 月 8 日）

英国：弗朗西斯·林德利爵士（Fancis Lindley，1931 年 7 月 8 日）

美国：约瑟夫·C. 格鲁先生（Joseph C. Grew）

公使

荷兰：J. C. 帕布斯特将军（J. C. Pabst，1932 年 7 月 7 日）

波兰：兹齐斯瓦夫·奥肯茨基先生（Zdzislaw Okecki，1928 年 6 月 13 日）

瑞士：埃米尔·特拉维尔西尼先生（Emile Traversini，1928 年 10 月 26 日）

智利：恩里克·加拉德·涅托先生（Enrique Gallarde Nieto，1928 年 10 月 31 日）

瑞典：J. E. 胡尔特曼博士（J. E. Hultman，1929 年 4 月 12 日）

加拿大：赫伯特·马勒先生（Herbert Marler，1929 年 9 月 18 日）

墨西哥：米格尔·阿隆索－罗梅罗博士（Miguel Alonzo-Romero，1929 年 11 月 25 日）

挪威：路德维格·凯撒·奥贝特先生（Ludwig Caesar Aubert，1930 年 3 月 22 日）

葡萄牙：茹斯提诺·德·蒙塔尔旺先生（Justino de

Montalvao，1930 年 9 月 17 日）

古巴：奥雷斯特斯·费拉拉先生（Orestes Ferrara，1931
年 5 月 28 日）

中国：蒋作宾将军（1931 年 10 月 5 日）

阿根廷：鲁道夫·弗雷雷博士（Rodolfo Freyre，1931 年
12 月 24 日）

波斯：哈桑·阿里·希达亚特先生（Hassan Ali Hedayat，
1932 年 2 月 25 日）

西班牙：圣地亚哥·门德斯·德·比戈先生（Santiago
Mendez de Vigo，1932 年 4 月 25 日）

捷克斯洛伐克：弗兰蒂泽克·哈夫利切克先生（Frantisek
Havlicek，1932 年 5 月 6 日）

代办

罗马尼亚：乔治·斯托伊切斯科先生（George Stoicesco，
1929 年 7 月 18 日）

芬兰：乔治·温克尔曼先生（George Winckelmann，1930
年 4 月 22 日）

土耳其：内比尔·贝先生（Nebil Bey，1931 年 12 月
22 日）

美国大使馆

参赞：埃德温·L. 内维尔先生（Edwin L. Neville）

陆军武官：詹姆士·G. 麦基尔罗伊中校（James G.
McIlroy）

海军武官：艾萨克·C. 约翰逊海军上校（Isaac C.
Johnson）

商务参赞：哈勒克·A. 巴茨先生（Halleck A. Butts）

一等秘书：厄尔·R. 狄考福先生（Erle R. Dickover）

三等秘书：威廉·T. 特纳先生（William T. Turner）

S. 沃尔特. 华盛顿先生（S. Walter Washington）

总领事：阿瑟·加雷尔斯先生（Arthur Garrels）

1933 年 1 月 1 日

总理大臣

斋藤实子爵（1932 年 5 月 23 日）

外务大臣

内田康哉伯爵（1932 年 7 月 6 日）

外务次官

有田八郎（1932 年 5 月 23 日）

内阁成员

陆军大臣：荒木贞夫中将（1932 年 5 月 26 日）

海军大臣：冈田启介将军（1932 年 5 月 26 日）

大藏大臣：高桥是清先生（1932 年 5 月 26 日）

商工大臣：中岛久万吉男爵（1932 年 5 月 26 日）

大使

比利时：阿尔贝特·德·巴索姆皮埃尔男爵（Albert de Bassmpierre，1921 年 9 月 15 日）

苏联：亚历山大·特罗扬诺夫斯基先生（Alexander Tyoyanovsky，1928 年 2 月 1 日）

德国：恩斯特·阿图尔·福雷奇博士（Ernst Arthur

Voretzsch，1929 年 1 月 22 日）

意大利：乔万尼·切萨雷·马约尼先生（Giovanni Cesare Majoni，1930 年 6 月 17 日）

法国：达米安·德·马特尔伯爵（Damien de Martel，1930 年 7 月 7 日）

巴西：西尔维诺·居雷尔·多·阿马拉尔先生（Sylvino Gurel do Amaral，1931 年 6 月 8 日）

英国：弗朗西斯·林德利爵士（Fancis Lindley，1931 年 7 月 8 日）

美国：约瑟夫·C. 格鲁先生（Joseph C. Grew，1932 年 6 月 14 日）

公使

荷兰：J. C. 帕布斯特将军（J. C. Pabst，1932 年 7 月 7 日）

波兰：兹齐斯瓦夫·奥肯茨基先生（Zdzislaw Okecki，1928 年 6 月 13 日）

瑞士：埃米尔·特拉维尔西尼先生（Emile Traversini，1928 年 10 月 26 日）

智利：恩里克·加拉德·涅托先生（Enrique Gallarde Nieto，1928 年 10 月 31 日）

瑞典：J. E. 胡尔特曼博士（J. E. Hultman，1929 年 4 月 12 日）

加拿大：赫伯特·马勒先生（Herbert Marler，1929 年 9 月 18 日）

墨西哥：米格尔·阿隆索 - 罗梅罗博士（Miguel Alonzo-Romero，1929 年 11 月 25 日）

挪威：路德维格·凯撒·奥贝特先生（Ludwig Caesar

Aubert，1930 年 3 月 22 日）

葡萄牙：茹斯提诺·德·蒙塔尔旺先生（Justino de Montalvao，1930 年 9 月 17 日）

古巴：奥雷斯特斯·费拉拉先生（Orestes Ferrara，1931 年 5 月 28 日）

中国：蒋作宾将军（1931 年 10 月 5 日）

阿根廷：鲁道夫·弗雷雷博士（Rodolfo Freyre，1931 年 12 月 24 日）

波斯：哈桑·阿里·希达亚特先生（Hassan Ali Hedayat，1932 年 2 月 25 日）

西班牙：圣地亚哥·门德斯·德·比戈先生（Santiago Mendez de Vigo，1932 年 4 月 25 日）

捷克斯洛伐克：弗兰蒂泽克·哈夫利切克先生（Frantisek Havlicek，1932 年 5 月 6 日）

暹罗：披耶·因德拉·威集将军（Phya① Indra Vijit，1932 年 10 月 6 日）

代办

罗马尼亚：乔治·斯托伊切斯科先生（George Stoicesco，1929 年 7 月 18 日）

芬兰：乔治·温克尔曼先生（George Winckelmann，1930 年 4 月 22 日）

土耳其：内比尔·贝先生（Nebil Bey，1931 年 12 月 22 日）

---

① "Phya"译作"披耶"，是泰国贵族的一种冠称，其后乃人名。

美国大使馆

参赞：埃德温·L. 内维尔先生（Edwin L. Neville）

陆军武官：詹姆士·G. 麦基尔罗伊中校（James G. McIlroy）

海军武官：艾萨克·C. 约翰逊海军上校（Isaac C. Johnson）

商务参赞：哈勒克·A. 巴茨先生（Halleck A. Butts）

一等秘书：厄尔·R. 狄考福先生（Erle R. Dickover）

三等秘书：威廉·T. 特纳先生（William T. Turner）

S. 沃尔特. 华盛顿先生（S. Walter Washington）

总领事：阿瑟·加雷尔斯先生（Arthur Garrels）

1934 年 1 月 1 日

总理大臣

斋藤实子爵（1932 年 5 月 23 日）

外务大臣

广田弘毅先生（1933 年 9 月 14 日）

外务次官

重光葵先生（1933 年 5 月 16 日）

内阁成员

陆军大臣：荒木贞夫中将（1932 年 5 月 26 日）

海军大臣：大角岑生将军（1933 年 1 月 9 日）

大藏大臣：高桥是清先生（1932 年 5 月 26 日）

商工大臣：中岛久万吉男爵（1932 年 5 月 26 日）

大使

比利时：阿尔贝特·德·巴索姆皮埃尔男爵（Albert de Bassmpierre，1921 年 9 月 15 日）

巴西：西尔维诺·居雷尔·多·阿马拉尔先生（Sylvino Gurel do Amaral，1931 年 6 月 8 日）

英国：弗朗西斯·林德利爵士（Fancis Lindley，1931 年 7 月 8 日）

美国：约瑟夫·C. 格鲁先生（Joseph C. Grew）

苏联：康士坦丁·尤列涅夫先生（ Constantin Yurenev，1933 年 3 月 20 日）

意大利：贾钦托·奥里蒂先生（Giacinto Auriti，1933 年 7 月 10 日）

法国：费尔南德·皮拉先生（Fernand Pila，1933 年 11 月 30 日）

德国：赫伯特·冯·迪克森博士（Herbert von Dirksen，1933 年 12 月 27 日）

公使

荷兰：J. C. 帕布斯特将军（J. C. Pabst，1932 年 7 月 7 日）

瑞典：J. E. 胡尔特曼博士（J. E. Hultman，1929 年 4 月 12 日）

加拿大：赫伯特·马勒先生（Herbert Marler，1929 年 9 月 18 日）

墨西哥：米格尔·阿隆索－罗梅罗博士（Miguel Alonzo-Romero，1929 年 11 月 25 日）

挪威：路德维格·凯撒·奥贝特先生（Ludwig Caesar

Aubert，1930 年 3 月 22 日）

中国：蒋作宾将军（1931 年 10 月 5 日）

阿根廷：鲁道夫·弗雷雷博士（Rodolfo Freyre，1931 年 12 月 24 日）

波斯：哈桑·阿里·希达亚特先生（Hassan Ali Hedayat，1932 年 2 月 25 日）

西班牙：圣地亚哥·门德斯·德·比戈先生（Santiago Mendez de Vigo，1932 年 4 月 25 日）

捷克斯洛伐克：弗兰蒂泽克·哈夫利切克先生（Frantisek Havlicek，1932 年 5 月 6 日）

暹罗：披耶·因德拉·威集将军 （Phya Indra Vijit，1932 年 10 月 6 日）

"满洲国"：丁士源先生（1933 年 5 月 18 日）

芬兰：胡戈果·瓦尔万内先生（Hugo Valvanne，1933 年 10 月 5 日）

波兰：迈克尔·莫希奇茨基先生（Michael Moscicki，1933 年 10 月 5 日）

阿富汗：哈比布拉·塔尔齐先生（Habibullah Tarzi，1933 年 10 月 18 日）

代办

罗马尼亚：乔治·斯托伊切斯科先生（George Stoicesco，1929 年 7 月 18 日）

土耳其：内比尔·贝先生（Nebil Bey，1931 年 12 月 22 日）

美国大使馆

参赞：埃德温·L. 内维尔先生（Edwin L. Neville）

陆军武官：威廉·C. 克兰少校（William C. Crane）

海军武官：弗雷德·罗杰斯海军上校（Fred F. Rogers）

商务参赞：弗兰克·S. 威廉姆斯先生（Frank S. Williams）

一等秘书：厄尔·R. 狄考福先生（Erle R. Dickover）

二等秘书：爱德华·S. 克罗克先生（Edward S. Crocker）

三等秘书：威廉·T. 特纳先生（William T. Turner）

莫里斯·N. 休斯先生（Morris N. Hughes）

乔治·D. 安德鲁斯先生（George D. Andrews）

总领事：阿瑟·加雷尔斯先生（Arthur Garrels）

1935 年 1 月 1 日

总理大臣

冈田启介将军（1934 年 7 月 4 日）

外务大臣

广田弘毅先生（1933 年 9 月 14 日）

外务次官

重光葵先生（1933 年 5 月 6 日）

内阁成员

陆军大臣：林铣十郎将军（1934 年 1 月 21 日）

海军大臣：大角岑生海军大将（1933 年 1 月 9 日）

大藏大臣：藤井贞先生（1934 年 7 月 5 日）

高桥是清先生（1934 年 11 月 27 日）

商工大臣：町田忠治先生（1934 年 7 月 5 日）

大使

比利时：阿尔贝特·德·巴索姆皮埃尔男爵（Albert de Bassmpierre，1921 年 9 月 15 日）

美国：约瑟夫·C. 格鲁先生（Joseph C. Grew）

苏联：康士坦丁·尤列涅夫先生（Constantin Yurenev，1933 年 3 月 20 日）

意大利：贾钦托·奥里蒂先生（Giacinto Auriti，1933 年 7 月 10 日）

法国：费尔南德·皮拉先生（Fernand Pila，1933 年 11 月 30 日）

德国：赫伯特·冯·迪克森博士（Herbert von Dirksen，1933 年 12 月 27 日）

英国：罗伯特·克莱夫爵士（Robrt Clive，1934 年 6 月 28 日）

巴西：卡洛斯·马丁斯·索萨先生（Carlos Martins Sousa，1934 年 9 月 17 日）

公使

荷兰：J. C. 帕布斯特将军（J. C. Pabst，1932 年 7 月 7 日）

瑞典：J. E. 胡尔特曼博士（J. E. Hultman，1929 年 4 月 12 日）

加拿大：赫伯特·马勒先生（Herbert Marler，1929 年 9 月 18 日）

墨西哥：米格尔·阿隆索－罗梅罗博士（Miguel Alonzo-Romero，1929 年 11 月 25 日）

挪威：路德维格·凯撒·奥贝特先生（Ludwig Caesar

Aubert，1930 年 3 月 22 日）

中国：蒋作宾将军（1931 年 10 月 5 日）

西班牙：圣地亚哥·门德斯·德·比戈先生（Santiago Mendez de Vigo，1932 年 4 月 25 日）

捷克斯洛伐克：弗兰蒂泽克·哈夫利切克先生（Frantisek Havlicek，1932 年 5 月 6 日）

暹罗：披耶·因德拉·威集将军（Phya Indra Vijit，1932 年 10 月 6 日）

"满洲国"：丁士源先生（1933 年 5 月 18 日）

芬兰：胡戈果·瓦尔万内先生（Hugo Valvanne，1933 年 10 月 5 日）

波兰：迈克尔·莫希奇茨基先生（Michael Moscicki，1933 年 10 月 5 日）

阿富汗：哈比布拉·塔尔齐先生（Habibullah Tarzi，1933 年 10 月 18 日）

哥伦比亚：多明戈·埃斯格拉博士（Domingo Esguerra，1934 年 4 月 28 日）

暹罗：拉克夏先生（Phra Raksha，1934 年 6 月 18 日）

葡萄牙：托马兹·里贝罗·德·梅洛先生（Thomaz Ribeiro de Mello，1934 年 7 月 2 日）

波斯：米尔札·巴盖尔·阿齐米先生（Mirza Bagher Azimi，1934 年 10 月 18 日）

代办

罗马尼亚：乔治·斯托伊切斯科先生（George Stoicesco，1929 年 7 月 18 日）

土耳其：内比尔·贝先生（Nebil Bey，1931 年 12 月 22 日）

美国大使馆

参赞：埃德温·L. 内维尔先生（Edwin L. Neville）

陆军武官：威廉·C. 克兰少校（William C. Crane）

海军武官：弗雷德·罗杰斯海军上校（Fred F. Rogers）

商务参赞：弗兰克·S. 威廉姆斯先生（Frank S. Williams）

一等秘书：厄尔·R. 狄考福先生（Erle R. Dickover）

二等秘书：爱德华·S. 克罗克先生（Edward S. Crocker）

三等秘书：威廉·T. 特纳先生（William T. Turner）

莫里斯·N. 休斯先生（Morris N. Hughes）

乔治·D. 安德鲁斯先生（George D. Andrews）

总领事：阿瑟·加雷尔斯先生（Arthur Garrels）

1936 年 1 月 1 日

总理大臣

冈田启介将军（1934 年 7 月 4 日）

外务大臣

广田弘毅先生（1933 年 9 月 14 日）

外务次官

重光葵先生（1933 年 5 月 6 日）

内阁成员

陆军大臣：桑岛查元将军（1935 年 9 月 4 日）

海军大臣：大角岑生海军大将（1933 年 1 月 9 日）

大藏大臣：藤井贞先生（1935 年 7 月 5 日）

商工大臣：町田忠治先生（1934 年 7 月 5 日）

大使

比利时：阿尔贝特·德·巴索姆皮埃尔男爵（Albert de Bassmpierre，1921 年 9 月 15 日）

美国：约瑟夫·C. 格鲁先生（Joseph C. Grew，1932 年 6 月 14 日）

苏联：康士坦丁·尤列涅夫先生（Constantin Yurenev，1933 年 3 月 20 日）

意大利：贾钦托·奥里蒂先生（Giacinto Auriti，1933 年 7 月 10 日）

法国：费尔南德·皮拉先生（Fernand Pila，1933 年 11 月 30 日）

德国：赫伯特·冯·迪克森博士（Herbert von Dirksen，1933 年 12 月 27 日）

英国：罗伯特·克莱夫爵士（Robert Clive，1934 年 6 月 28 日）

中国：蒋作宾将军（1935 年 6 月 20 日）

"满洲国"：谢介石先生（1935 年 7 月 4 日）

公使

荷兰：J. C. 帕布斯特将军（J. C. Pabst，1932 年 7 月 7 日）

瑞典：J. E. 胡尔特曼博士（J. E. Hultman，1929 年 4 月 12 日）

加拿大：赫伯特·马勒先生（Herbert Marler，1929 年 9 月 18 日）

西班牙：圣地亚哥·门德斯·德·比戈先生（Santiago

Mendez de Vigo，1932 年 4 月 25 日）

捷克斯洛伐克：弗兰蒂泽克·哈夫利切克先生（Frantisek Havlicek，1932 年 5 月 6 日）

芬兰：雨果·瓦尔万先生（Hugo Valvanne，1933 年 10 月 5 日）

波兰：迈克尔·莫斯奇茨基先生（Michael Moscicki，1933 年 10 月 5 日）

阿富汗：哈比布拉·塔尔兹先生（Habibullah Tarzi，1933 年 10 月 19 日）

哥伦比亚：多明戈·埃斯格拉博士（Domingo Esguerra，1934 年 4 月 28 日）

暹罗：拉克夏先生（Phra Raksha，1934 年 6 月 18 日）

葡萄牙：托马兹·里贝罗·德·梅洛先生（Thomaz Ribeiro de Mello，1934 年 7 月 2 日）

伊朗：米尔扎·巴盖尔·阿齐米先生（Mirza Bagher Azimi，1934 年 10 月 18 日）

瑞士：沃尔特·图恩希尔先生（Walter Thurnheer，1935 年 2 月 7 日）

墨西哥：弗朗西斯科·J. 阿吉拉尔将军（Francisco J. Aguilar，1935 年 3 月 14 日）

阿根廷：爱德华多·拉塞多先生（Eduardo Racedo，1935 年 11 月 28 日）

代办

罗马尼亚：乔治·斯托伊切斯科先生（George Stoicesco，1929 年 7 月 18 日）

土耳其：内比尔·贝先生（Nebil Bey，1931 年 12 月 22 日）

美国大使馆

参赞：埃德温·L. 内维尔先生（Edwin L. Neville）

陆军武官：威廉·C. 克兰少校（William C. Crane）

海军武官：弗雷德·罗杰斯海军上校（Fred F. Rogers）

商务参赞：弗兰克·S. 威廉姆斯先生（Frank S. Williams）

一等秘书：厄尔·R·狄考福先生（Erle R. Dickover）

二等秘书：爱德华·S. 克罗克先生（Edward S. Crocker）

卡博特·科维尔先生（Cabot Coville）

三等秘书：莫里斯·N. 休斯先生（Morris N. Hughes）

乔治·D. 安德鲁斯先生（George D. Andrews）

总领事：阿瑟·加雷尔斯先生（Arthur Garrels）

1937 年 1 月 1 日

总理大臣

广田弘毅先生（1936 年 3 月 19 日）

外务大臣

广田弘毅先生（1936 年 3 月 19 日）

有田八郎先生（1936 年 4 月 2 日）

外务次官

堀内谦介先生（1936 年 4 月 1 日）

内阁成员

陆军大臣：寺内寿一将军（1936 年 3 月 9 日）

海军大臣：永野修身将军（1936 年 3 月 9 日）

大藏大臣：马场瑛一先生（1936 年 3 月 9 日）

商工大臣：川崎卓吉先生（1936 年 3 月 9 日）

大使

比利时：阿尔贝特·德·巴索姆皮埃尔男爵（Albert de Bassmpierre，1921 年 9 月 15 日）

美国：约瑟夫·C. 格鲁先生（Joseph C. Grew，1932 年 6 月 14 日）

苏联：康士坦丁·尤列涅夫先生（Constantin Yurenev，1933 年 3 月 20 日）

意大利：贾钦托·奥里蒂先生（Giacinto Auriti，1933 年 7 月 10 日）

德国：赫伯特·冯·迪克森博士（Herbert von Dirksen，1933 年 12 月 27 日）

英国：罗伯特·克莱夫爵士（Robrt Clive，1934 年 6 月 28 日）

"满洲国"：谢介石先生（1935 年 7 月 4 日）

巴西：佩得罗·莱奥·韦洛索先生（Pedro Leao Velloso，1935 年 12 月 24 日）

土耳其：R. 胡斯雷·盖勒德先生（R. Husrey Gerede，1936 年 3 月 23 日）

中国：许士英先生（1936 年 4 月 6 日）

法国：阿尔贝特·卡默勒先生（Albert Kammerer，1936 年 7 月 2 日）

公使

荷兰：J. C. 帕布斯特将军（J. C. Pabst，1932 年 7 月 7 日）

瑞典: J. E. 胡尔特曼博士 (J. E. Hultman, 1929 年 4 月 12 日)

西班牙: 圣地亚哥·门德斯·德·比戈先生 (Santiago Mendez de Vigo, 1932 年 4 月 25 日)

捷克斯洛伐克: 弗兰蒂泽克·哈夫利切克先生 (Frantisek Havlicek, 1932 年 5 月 6 日)

芬兰: 胡戈果·瓦尔万内先生 (Hugo Valvanne, 1933 年 10 月 5 日)

波兰: 迈克尔·莫希奇茨基先生 (Michael Moscicki, 1933 年 10 月 5 日)

阿富汗: 哈比布拉·塔尔齐先生 (Habibullah Tarzi, 1933 年 10 月 18 日)

哥伦比亚: 多明戈·埃斯格拉博士 (Domingo Esguerra, 1934 年 4 月 28 日)

暹罗: 拉克夏先生 (Phra Raksha, 1934 年 6 月 18 日)

葡萄牙: 托马兹·里贝罗·德·梅洛先生 (Thomaz Ribeiro de Mello, 1934 年 7 月 2 日)

伊朗: 米尔扎·巴盖尔·阿齐米先生 (Mirza Bagher Azimi, 1934 年 10 月 18 日)

瑞士: 沃尔特·图恩希尔先生 (Walter Thurnheer, 1935 年 2 月 7 日)

墨西哥: 弗朗西斯科·J. 阿吉拉尔将军 (Francisco J. Aguilar, 1935 年 3 月 14 日)

阿根廷: 爱德华多·拉塞多先生 (Eduardo Racedo, 1935 年 11 月 28 日)

丹麦: 鲁道夫·巴尔图 – 莱恩男爵 (Rudolph Bertouch-Lehn, 1935 年 12 月 19 日)

罗马尼亚：乔治·斯托伊切斯科先生（George Stoicesco，1929 年 7 月 18 日）

智利：马丁·菲格罗亚先生（Martin Figueroa，1936 年 5 月 14 日）

挪威：芬恩·科伦先生（Finn Koren，1936 年 5 月 28 日）

加拿大：R. 伦道夫·布鲁斯先生（R. Randolph Bruce，1936 年 11 月 7 日）

秘鲁：里卡多·里韦拉·施雷伯博士（Ricardo Rivera Schreiber，1936 年 12 月 18 日）

美国大使馆

参赞：埃德温·L. 内维尔先生（Edwin L. Neville，离职）

陆军武官：威廉·C. 克兰少校（William C. Crane）

海军武官：哈罗德·比米斯海军上校（Harold Bemis）

商务参赞：弗兰克·S. 威廉姆斯先生（Frank S. Williams）

一等秘书：厄尔·R. 狄考福先生（Erle R. Dickover）

约瑟夫·F. 麦格克先生（Joseph F. McGurk）

二等秘书：爱德华·S. 克罗克先生（Edward S. Crocker）

卡博特·科维尔先生（Cabot Coville）

三等秘书：乔治·D. 安德鲁斯先生（George D. Andrews）

总领事：阿瑟·加雷尔斯先生（Arthur Garrels）

1938 年 1 月 1 日

总理大臣

林铣十郎将军（1937 年 2 月 2 日）

近卫文麿公爵（1937 年 6 月 4 日）

外务大臣

林铣十郎将军（1937 年 2 月 2 日）

佐藤尚武先生（1937 年 3 月 1 日）

广田弘毅先生（1937 年 6 月 4 日）

外务次官

堀内谦介先生（1936 年 4 月 1 日）

内阁成员

陆军大臣：中村孝太郎将军（1937 年 2 月 2 日）

海军大臣：米内光政将军（1937 年 2 月 2 日）

大藏大臣：结城丰太郎先生（1937 年 2 月 20 日）

　　　　　贺屋兴宣先生（1937 年 6 月 3 日）

商工大臣：伍堂卓雄将军（1937 年 2 月 2 日）

　　　　　吉野信次先生（1937 年 6 月 3 日）

大使

比利时：阿尔贝特·德·巴索姆皮埃尔男爵（ Albert de Bassmpierre，1921 年 9 月 15 日）

美国：约瑟夫·C. 格鲁先生（Joseph C. Grew，1932 年 6 月 14 日）

意大利：贾钦托·奥里蒂先生（Giacinto Auriti，1933 年 7 月 10 日）

巴西：佩得罗·莱奥·韦洛索先生（Pedro Leao Velloso，1935 年 12 月 24 日）

土耳其：R. 胡斯雷·盖勒德先生（R. Husrey Gerede，1936 年 3 月 23 日）

法国：夏尔·阿尔塞纳 - 亨利先生（Charles Arsène –

Henry, 1933 年 11 月 30 日）

"满洲国"：阮振铎先生（1937 年 3 月 12 日）

苏联：米哈伊尔·斯拉乌茨基先生（Mikhail Slavoutski, 1937 年 9 月 2 日）

英国：罗伯特·克雷吉爵士（Robert Craigie，1937 年 9 月 11 日）

波兰：塔代·德·罗默先生（Thaddée de Romer, 1937 年 11 月 2 日）

德国：尤金·奥特将军（Eugen Ott, 1938 年 4 月 28 日）

公使

荷兰：J. C. 帕布斯特将军（J. C. Pabst, 1932 年 7 月 7 日）

捷克斯洛伐克：弗兰蒂泽克·哈夫利切克先生（Frantisek Havlicek，1932 年 5 月 6 日）

芬兰：胡戈果·瓦尔万内先生（Hugo Valvanne, 1933 年 10 月 5 日）

阿富汗：哈比布拉·塔尔齐先生（Habibullah Tarzi, 1933 年 10 月 18 日）

葡萄牙：托马兹·里贝罗·德·梅洛先生（Thomaz Ribeiro de Mello, 1934 年 7 月 2 日）

瑞士：沃尔特·图恩希尔先生（Walter Thurnheer, 1935 年 2 月 7 日）

墨西哥：弗朗西斯科·J. 阿吉拉尔将军（Francisco J. Aguilar, 1935 年 3 月 14 日）

阿根廷：爱德华多·拉塞多先生（Eduardo Racedo, 1935 年 11 月 28 日）

丹麦：鲁道夫·巴尔图－莱恩男爵（Rudolph Bertouch–

Lehn，1935 年 12 月 19 日）

罗马尼亚：乔治·斯托伊切斯科先生（George Stoicesco，1929 年 7 月 18 日）

智利：马丁·菲格罗亚先生（Martin Figueroa，1936 年 5 月 14 日）

挪威：芬恩·科伦先生（Finn Koren，1936 年 5 月 28 日）

加拿大：R. 伦道夫·布鲁斯先生（R. Randolph Bruce，1936 年 11 月 7 日）

瑞典：维达尔·巴格先生（Widar Bagge，1937 年 3 月 12 日）

暹罗：披耶·西·塞纳先生（Phya Sri Sena，1937 年 11 月 11 日）

美国大使馆

参赞：尤金·H. 杜曼先生（Eugene H. Dooman）

陆军武官：哈里·克雷斯韦尔中校（Harry I. Creswell）

海军武官：哈罗德·比米斯海军上校（Harold Bemis）

商务参赞：弗兰克·S. 威廉姆斯先生（Frank S. Williams）

一等秘书：约瑟夫·F. 麦格克先生（Joseph F. McGurk）

二等秘书：爱德华·S. 克罗克先生（Edward S. Crocker）

卡博特·科维尔先生（Cabot Coville）

乔治·D. 安德鲁斯先生（George D. Andrews）

总领事：查尔斯·卡梅伦先生（Charles Cameron）

1939 年 1 月 1 日

总理大臣

近卫文麿公爵（1937 年 6 月 4 日）

外务大臣

广田弘毅先生（1937 年 6 月 4 日）

宇垣一成将军（1938 年 5 月 26 日）

有田八郎先生（1938 年 10 月 29 日）

外务次官

堀内谦介先生（1936 年 4 月 1 日）

泽田廉三先生（1938 年 12 月 1 日）

内阁成员

陆军大臣：杉山元将军（1937 年 12 月）

板垣征四郎将军（1938 年 5 月 26 日）

海军大臣：米内光政将军（1937 年 2 月 2 日）

大藏大臣：池田成彬先生（1938 年 5 月 26 日）

商工大臣：池田成彬先生（1938 年 5 月 26 日）

大使

比利时：阿尔贝特·德·巴索姆皮埃尔男爵（Albert de Bassmpierre，1921 年 9 月 15 日）

美国：约瑟夫·C. 格鲁先生（Joseph C. Grew，1932 年 6 月 14 日）

意大利：贾钦托·奥里蒂先生（Giacinto Auriti，1933 年 7 月 10 日）

巴西：佩得罗·莱奥·韦洛索先生（Pedro Leao Velloso，1935 年 12 月 24 日）

土耳其：R. 胡斯雷·盖勒德先生（R. Husrey Gerede，1936 年 3 月 23 日）

法国：夏尔·阿尔塞纳 – 亨利先生（Charles Arsène –

Henry，1933 年 11 月 30 日）

"满洲国"：阮振铎先生（1937 年 3 月 12 日）

苏联：米哈伊尔·斯拉乌茨基先生（Mikhail Slavoutski，1937 年 9 月 2 日）

英国：罗伯特·克雷吉爵士（Robert Craigie，1937 年 9 月 11 日）

波兰：塔代·德·罗默先生（Thaddée de Romer，1937 年 11 月 2 日）

德国：尤金·奥特将军（Eugen Ott，1938 年 4 月 28 日）

公使

荷兰：J. C. 帕布斯特将军（J. C. Pabst，1932 年 7 月 7 日）

捷克斯洛伐克：弗兰蒂泽克·哈夫利切克先生（Frantisek Havlicek，1932 年 5 月 6 日）

芬兰：胡戈果·瓦尔万内先生（Hugo Valvanne，1933 年 10 月 5 日）

阿富汗：哈比布拉·塔尔齐先生（Habibullah Tarzi，1933 年 10 月 18 日）

瑞士：沃尔特·图恩希尔先生（Walter Thurnheer，1935 年 2 月 7 日）

阿根廷：爱德华多·拉塞多先生（Eduardo Racedo，1935 年 11 月 28 日）

丹麦：鲁道夫·巴尔图－莱恩男爵（Rudolph Bertouch－Lehn，1935 年 12 月 19 日）

罗马尼亚：乔治·斯托伊切斯科先生（George Stoicesco，1929 年 7 月 18 日）

智利：马丁·菲格罗亚先生（Martin Figueroa，1936 年 5

月 14 日）

挪威：芬恩·科伦先生（Finn Koren，1936 年 5 月 28 日）

瑞典：维达尔·巴格先生（Widar Bagge，1937 年 3 月 12 日）

暹罗：披耶·西·塞纳先生（Phya Sri Sena，1937 年 11 月 11 日）

埃及：那比勒·瓦哈卜·贝先生（Nebil Wahab Bey，1938 年 1 月 17 日）

秘鲁：里卡多·里韦拉·施雷伯博士（Ricardo Rivera Schreiber，1936 年 12 月 18 日）

葡萄牙：若阿金·佩德罗索先生（Joaquim Pedroso，1938 年 9 月 8 日）

西班牙：圣地亚哥·门德斯·德·比戈先生（Santiago Mendez de Vigo，1932 年 4 月 25 日）

美国大使馆

参赞：尤金·H. 杜曼先生（Eugene H. Dooman）

陆军武官：哈里·克雷斯韦尔中校（Harry I. Creswell）

海军武官：哈罗德·比米斯海军上校（Harold Bemis）

商务参赞：弗兰克·S. 威廉姆斯先生（Frank S. Williams）

一等秘书：约瑟夫·F. 麦格克先生（Joseph F. McGurk）

爱德华·S. 克罗克先生（Edward S. Crocker）

二等秘书：卡博特·科维尔先生（Cabot Coville）

三等秘书：弗兰克·A. 舒勒先生（Frank A. Schuler）

马克斯·W. 施密特先生（Max W. Schmidt）

总领事：查尔斯·卡梅伦先生（Charles Cameron）

1940 年 1 月 1 日

总理大臣

平沼骐一郎男爵（1939 年 1 月 4 日）

阿部信行将军（1939 年 8 月 30 日）

外务大臣

有田八郎先生（1938 年 10 月 28 日）

阿部信行将军（1939 年 3 月 30 日）

野村吉三郎将军（1939 年 9 月 25 日）

外务次官

泽田廉三先生（1938 年 12 月 1 日）

谷正之先生（1939 年 8 月 30 日）

内阁成员

陆军大臣：畑俊六将军（1939 年 8 月 30 日）

海军大臣：吉田善伍将军（1939 年 8 月 30 日）

大藏大臣：青木一男先生（1939 年 8 月 30 日）

商工大臣：伍堂卓雄先生（1939 年 8 月 30 日）

大使

美国：约瑟夫·C. 格鲁先生（Joseph C. Grew，1932 年 6 月 14 日）

意大利：贾钦托·奥里蒂先生（Giacinto Auriti，1933 年 7 月 10 日）

法国：夏尔·阿尔塞纳 – 亨利先生（Charles Arsène – Henry，1933 年 11 月 30 日）

"满洲国"：阮振铎先生（1937 年 7 月 2 日）

英国：罗伯特·克雷吉爵士（Robert Craigie，1937 年 9 月 11 日）

波兰：塔代·德·罗默先生（Thaddée de Romer，1937 年 11 月 2 日）

德国：尤金·奥特将军（Eugen Ott，1938 年 4 月 28 日）

巴西：弗雷德里科·德·卡斯特罗－布兰科·克拉克先生（Frederico de Castello－Branco Clark，1939 年 4 月 10 日）

比利时：皮埃尔·福尔托姆先生（Pierre Forthomme，1939 年 11 月 6 日）

苏联：康士坦丁·斯梅坦宁先生（Constantin Smetanin，1939 年 11 月 20 日）

土耳其：法里德·泰克先生（Ferid Tek，1939 年 12 月 14 日）

公使

荷兰：J. C. 帕布斯特将军（J. C. Pabst，1932 年 7 月 7 日）

瑞典：维达尔·巴格先生（Widar Bagge，1937 年 3 月 12 日）

泰国：披耶·西·塞纳先生（Phya Sri Sena，1937 年 11 月 11 日）

秘鲁：里卡多·里韦拉·施雷伯博士（Ricardo Rivera Schreiber，1936 年 12 月 18 日）

西班牙：圣地亚哥·门德斯·德·比戈先生（Santiago Mendez de Vigo，1932 年 4 月 25 日）

哥伦比亚：多明戈·埃斯格拉博士（Domingo Esguerra，1934 年 4 月 28 日）

阿根廷：鲁道夫·弗雷雷博士（Rodolfo Freyre，1931 年 12 月 24 日）

墨西哥：普里莫·比利亚·米歇尔先生（Primo Villa Michel，1939 年 4 月 7 日）

丹麦：拉尔斯·P. 蒂利茨先生（Lars P. Tillitse，1939 年 4 月 10 日）

希腊：阿萨纳西·G. 波利蒂斯先生（Athanase G. Politis，1939 年 4 月 24 日）

阿富汗：佐尔·法卡尔·汗（Zul Facar Khan，1939 年 6 月 12 日）

罗马尼亚：乔治·帕拉锡维斯科先生（Georges Parachivesco，1939 年 6 月 12 日）

芬兰：查理·古斯塔夫·伊德曼博士（Charles Gustave Idman，1939 年 11 月 6 日）

智利：阿尔马多·拉夫拉·卡瓦哈尔先生（Armando Labra Carvajal，1939 年 11 月 30 日）

匈牙利：乔治斯·德·吉卡先生（Georges de Ghika，1939 年 12 月 21 日）

美国大使馆

参赞：尤金·H. 杜曼先生（Eugene H. Dooman）

陆军武官：哈里·克雷斯韦尔中校（Harry I. Creswell）

海军武官：亨利·H. 史密斯－赫顿海军少校（Henri H. Smith－Hutton）

商务参赞：弗兰克·S. 威廉姆斯先生（Frank S. Williams）

一等秘书：爱德华·S. 克罗克先生（Edward S. Crocker）

斯图尔特・E. 格鲁门先生（Stuart E. Grummon）

二等秘书：威廉・T. 特纳先生（William T. Turner）

三等秘书：弗兰克・A. 舒勒先生（Frank A. Schuler）

马克斯・W. 施密特先生（Max W. Schmidt）

詹姆士・埃斯皮先生（James Espy）

总领事：查尔斯・卡梅伦先生（Charles Cameron）

1941 年 1 月 1 日

总理大臣

阿部信行将军（1939 年 8 月 30 日）

米内光政将军（1940 年 1 月 16 日）

近卫文麿公爵（1940 年 7 月 22 日）

外务大臣

野村吉三郎将军（1939 年 9 月 25 日）

有田八郎先生（1940 年 1 月 16 日）

松冈洋右先生（1940 年 7 月 22 日）

外务次官

谷正之先生（1939 年 8 月 30 日）

大桥忠一先生（1940 年 8 月 19 日）

内阁成员

陆军大臣：东条英机将军（1940 年 7 月 22 日）

海军大臣：及川古志郎将军（1940 年 9 月 5 日）

大藏大臣：河田烈先生（1940 年 7 月 22 日）

商工大臣：小林一三先生（1940 年 7 月 22 日）

大使

美国：约瑟夫·C. 格鲁先生（Joseph C. Grew, 1932 年 6 月 14 日）

法国：夏尔·阿尔塞纳 - 亨利先生（Charles Arsène - Henry, 1933 年 11 月 30 日）

英国：罗伯特·克雷吉爵士（Robert Craigie, 1937 年 9 月 11 日）

波兰：塔代·德·罗默先生（Thaddée de Romer, 1937 年 11 月 2 日）

德国：尤金·奥特将军（Eugen Ott, 1938 年 4 月 28 日）

巴西：弗雷德里科·德·卡斯特罗 - 布兰科·克拉克先生（Frederico de Castello - Branco Clark, 1939 年 4 月 10 日）

比利时：皮埃尔·福尔托姆先生（Pierre Forthomme, 1939 年 11 月 6 日）

苏联：康士坦丁·斯梅坦宁先生（Constantin Smetanin, 1939 年 11 月 20 日）

土耳其：法里德·泰克先生（Ferid Tek, 1939 年 12 月 14 日）

意大利：马里奥·因代利先生（Mario Indelli, 1940 年 7 月 20 日）

"满洲国"：李绍庚先生（1940 年 12 月 24 日）

公使

荷兰：J. C. 帕布斯特将军（J. C. Pabst, 1932 年 7 月 7 日）

瑞典：维达尔·巴格先生（Widar Bagge, 1937 年 3 月 12 日）

泰国：披耶·西·塞纳先生（Phya Sri Sena, 1937 年 11 月 11 日）

秘鲁：里卡多·里韦拉·施雷伯博士（Ricardo Rivera Schreiber，1936 年 12 月 18 日）

西班牙：圣地亚哥·门德斯·德·比戈先生（Santiago Mendez de Vigo，1932 年 4 月 25 日）

哥伦比亚：阿尔弗雷多·米切尔森先生（Alfredo Michelsen，1939 年 2 月 14 日）

阿根廷：鲁道夫·弗雷雷博士（Rodolfo Freyre，1931 年 12 月 24 日）

墨西哥：普里莫·比利亚·米歇尔先生（Primo Villa Michel，1939 年 4 月 7 日）

丹麦：拉尔斯·P. 蒂利茨先生（Lars P. Tillitse，1939 年 4 月 10 日）

希腊：阿萨纳西·G. 波利蒂斯先生（Athanase G. Politis，1939 年 4 月 24 日）

阿富汗：佐尔·法卡尔·汗（Zul Facar Khan，1939 年 6 月 12 日）

芬兰：查尔斯·G·伊德曼博士（Charles G. Idman，1939 年 11 月 6 日）

智利：阿尔马多·拉夫拉·卡瓦哈尔先生（Armando Labra Carvajal，1939 年 11 月 30 日）

匈牙利：乔治斯·德·吉卡先生（Georges de Ghika，1939 年 12 月 21 日）

瑞士：卡米尔·戈尔热先生（Camille Gorge，1940 年 3 月 5 日）

葡萄牙：路易斯·埃斯特韦斯·弗尔南德斯先生（Luiz Esteves Fernandes，1940 年 3 月 29 日）

澳大利亚：约翰·G. 莱瑟姆爵士（John G. Latham，1940年 12 月 24 日）

美国大使馆

参赞：尤金·H. 杜曼先生（Eugene H. Dooman）

陆军武官：哈里·克雷斯韦尔中校（Harry I. Creswell）

海军武官：亨利·H. 史密斯－赫顿海军少校（Henri H. Smith－Hutton）

商务参赞：弗兰克·S. 威廉姆斯先生（Frank S. Williams）

一等秘书：乔治·D. 安德鲁斯先生（George D. Andrews）

　　　　爱德华·S. 克罗克先生（Edward S. Crocker）

　　　　斯图尔特·E. 格鲁门先生（Stuart E. Grummon）

二等秘书：威廉·T. 特纳先生（William T. Turner）

三等秘书：马克斯·W. 施密特先生（Max W. Schmidt）

　　　　约翰·K. 埃默森先生（John K. Emmerson）

　　　　查尔斯·A. 库珀先生（Charles A. Cooper）

　　　　詹姆士·埃斯皮先生（James Espy）

1942 年 1 月 1 日

总理大臣

近卫文麿公爵（1940 年 7 月 22 日）第二次内阁

近卫文麿公爵（1941 年 7 月 18 日）第三次内阁

东条英机将军（1941 年 10 月 18 日）

外务大臣

松冈洋右先生（1940 年 7 月 22 日）

丰田贞次郎先生（1941 年 7 月 18 日）

东乡茂德先生（1941 年 10 月 18 日）

外务次官

大桥忠一先生（1940 年 8 月 19 日）

天羽英二先生（1941 年 8 月 15 日）

西春彦先生（1941 年 10 月 21 日）

内阁成员

陆军大臣：东条英机将军（兼任首相）（1941 年 10 月 18 日）

海军大臣：岛田繁太郎海军大将（1941 年 10 月 18 日）

大藏大臣：贺屋兴宣先生（1940 年 10 月 18 日）

商工大臣：岸信介先生（1941 年 10 月 18 日）

大使

美国：约瑟夫·C. 格鲁先生（Joseph C. Grew，1932 年 6 月 14 日）

法国：夏尔·阿尔塞纳 – 亨利先生（Charles Arsène – Henry，1933 年 11 月 30 日）

英国：罗伯特·克雷吉爵士（Robert Craigie，1937 年 9 月 11 日）

德国：尤金·奥特将军（Eugen Ott，1938 年 4 月 28 日）

巴西：弗雷德里科·德·卡斯特罗 – 布兰科·克拉克先生（Frederico de Castello – Branco Clark，1939 年 4 月 10 日）

比利时：皮埃尔·福尔托姆先生（Pierre Forthomme，1939 年 11 月 6 日）

苏联：康士坦丁·斯梅坦宁先生（Constantin Smetanin，

1939 年 11 月 20 日）

意大利：马里奥·因代利先生（Mario Indelli，1940 年 7 月 20 日）

"满洲国"：李绍庚先生（1940 年 12 月 24 日）

泰国：披耶·西·塞纳先生（Phya Sri Sena，1941 年 10 月 2 日）

中国汪伪政权：徐良先生（1941 年 11 月 27 日）

公使

荷兰：J. C. 帕布斯特将军（J. C. Pabst，1932 年 7 月 7 日）

瑞典：维达尔·巴格先生（Widar Bagge，1937 年 3 月 12 日）

秘鲁：里卡多·里韦拉·施雷伯博士（Ricardo Rivera Schreiber，1936 年 12 月 18 日）

西班牙：圣地亚哥·门德斯·德·比戈先生（Santiago Mendez de Vigo，1932 年 4 月 25 日）

哥伦比亚：阿尔弗雷多·米切尔森先生（Alfredo Michelsen，1939 年 2 月 14 日）

丹麦：拉尔斯·P. 蒂利茨先生（Lars P. Tillitse，1939 年 4 月 10 日）

希腊：阿萨纳西·G. 波利蒂斯先生（Athanase G. Politis，1939 年 4 月 24 日）

阿富汗：佐尔·法卡尔·汗（Zul Facar Khan，1939 年 6 月 12 日）

芬兰：查尔斯·G·伊德曼博士（Charles G. Idman，1939 年 11 月 6 日）

智利：阿尔马多·拉夫拉·卡瓦哈尔先生（Armando Labra Carvajal，1939 年 11 月 30 日）

瑞士：卡米尔·戈尔热先生（Camille Gorge，1940 年 3 月 5 日）

葡萄牙：路易斯·埃斯特韦斯·弗尔南德斯先生（Luiz Esteves Fernandes，1940 年 3 月 29 日）

澳大利亚：约翰·G. 莱瑟姆爵士（John G. Latham，1940 年 12 月 24 日）

巴拿马：安吉洛·费拉里先生（Angelo Ferrari，1941 年 3 月 13 日）

伊朗：阿布卡西姆·纳吉姆先生（Abolghassem Nadjm，1941 年 3 月 13 日）

罗马尼亚：乔治斯·巴古勒斯科先生（Georges Bagulesco，1941 年 4 月 28 日）

匈牙利：尼古拉斯·德·韦格先生（Nicolas de Vegh，1941 年 6 月 11 日）

墨西哥：何塞·路易斯·阿美斯夸将军（José Luis Amezcua，1941 年 9 月 18 日）

美国大使馆

参赞：尤金·H. 杜曼先生（Eugene H. Dooman）

陆军武官：哈里·克雷斯韦尔中校（Harry I. Creswell）

海军武官：亨利·H. 史密斯 – 赫顿海军少校（Henri H. Smith – Hutton）

商务参赞：弗兰克·S. 威廉姆斯先生（Frank S. Williams）

一等秘书：乔治·A. 梅金森先生（George A. Makinson）

爱德华·S. 克罗克先生（Edward S. Crocker）

二等秘书：威廉·T. 特纳先生（William T. Turner）

查尔斯·E. 波伦先生（Charles E. Bohlen）

H. 梅里尔·本宁霍夫先生（H. Merrell Benninghoff）

三等秘书：约翰·K. 埃默森先生（John K. Emmerson）

查尔斯·A. 库珀先生（Charles A. Cooper）

詹姆士·埃斯皮先生（James Espy）

图书在版编目（CIP）数据

使日十年：1932~1942 年美国驻日大使约瑟夫·C. 格鲁的日记及公私文件摘录 /（美）约瑟夫·C. 格鲁（Joseph C. Grew）著；沙青青译. -- 北京：社会科学文献出版社，2020.3

书名原文：Ten Years in Japan：A Contemporary Record Drawn from the Diaries and Private and Official Papers of Joseph C. Grew, United States Ambassador to Japan, 1932 – 1942

ISBN 978 – 7 – 5201 – 5438 – 3

Ⅰ.①使… Ⅱ.①约… ②沙… Ⅲ.①第二次世界大战 – 史料 Ⅳ.①K152

中国版本图书馆 CIP 数据核字（2019）第 263211 号

使日十年
——1932~1942 年美国驻日大使约瑟夫·C. 格鲁的日记及公私文件摘录

著　者／〔美〕约瑟夫·C. 格鲁（Joseph C. Grew）
译　者／沙青青

出 版 人／谢寿光
组稿编辑／张金勇　陆大鹏
责任编辑／沈　艺

出　　版／社会科学文献出版社·甲骨文工作室（分社）（010）59366527
　　　　　地址：北京市北三环中路甲 29 号院华龙大厦　邮编：100029
　　　　　网址：www. ssap. com. cn
发　　行／市场营销中心（010）59367081　59367083
印　　装／三河市东方印刷有限公司

规　　格／开　本：889mm × 1194mm　1/32
　　　　　印　张：21.25　插　页：0.625　字　数：481 千字
版　　次／2020 年 3 月第 1 版　2020 年 3 月第 1 次印刷
书　　号／ISBN 978 – 7 – 5201 – 5438 – 3
定　　价／99.00 元